国家出版基金项目
NATIONAL PUBLICATION FOUNDATION

20世纪中国科学口述史

亲历者说『金银滩传奇』（上）

THE LEGEND ON GOLDEN AND SILVERY GRASSLAND

任益民 胡思得 王菁珩等◎口述
侯艺兵 曹治炜◎访问整理

湖南教育出版社

王以文　[illegible]　吴安清

廖孝成　[illegible]　温建[illegible]　阎伯铭

刘振东

沈禎祥　[illegible]

刘文翰

[illegible]　周松榛　刘水民

柯[illegible]技　赖祖武

赵泽民

于[illegible]涛　[illegible]　胡思得

黄允骥　李根昌

[illegible]　王之赓　刘宝生　孙维昌

张[illegible]文　[illegible]　[illegible]　李诗清

张玲　王绍丰　王士俊

主编的话

以挖掘和抢救史料为急务

自文艺复兴以来，西方经过宗教改革、世界地理大发现、科学革命和产业革命，建立了资本主义主导的全球市场和近代文明。在此过程中，科学技术为社会发展提供了最强大的动力，其影响至20世纪最为显著。

在从传统社会向近代社会的转型中，国人知识结构的质变，第一代科学家群体的登台，与世界接轨的科学体制的建立，现代科学技术学科体系的形成与发展，乃至以“两弹一星”为标志的一系列重大科技成就的取得，都发生在20世纪。自1895年严复喊出“西学格致救亡”，至1995年中共中央、国务院确定“科教兴国”的国策，百年中国，这“科学”是与“国运”紧密关联着的。百年中国的科学，也就有太多太多的行进轨迹需要梳理，有太多太多的经验教训需要总结。

关于20世纪中国历史的研究，可能是格于专业背景方面的条件，治通史的学者较少关注科学事业的发展，专习20世纪科学史者起步较晚，尚未形成气候。无论是精治通史的大家学者，或是研习专史的散兵游勇，都共同面临着一个难题——史料的缺乏。

史料，是治史的基础。根据20世纪中国科学史研究的特点，搜求新史料的工作主要涉及文字记载、亲历记忆、图像资料和实物遗存这四个方面。

20世纪对于我们，望其首已遥不可及，抚其尾则相去未远。亲身经历过这个世纪科学事业发展且做出过重要贡献的科学家和领导干部，大都已是高龄。以80岁左右的老人为例，他们在少年时代亲历抗日战争，大学毕业于共和国诞生之初，而国家科学事业发展的黄金十年时期（1956—1966）则正是他们施展才华、奉献青春、燃烧激情的岁月。这些留存在记忆中的历史，对报刊、档案等文字记载类史料而言，不仅可以大大填补其缺失，增加其佐证，纠正其讹误，而且还可以展示为当年文字所不能记述或难以记述的时代忌讳、人际关系和个人的心路历程。科学研究过程中的失败挫折和灵感顿悟，学术交流中的辩争和启迪，社会环境中非科学因素的激励和干扰等等，许多为论文报告所难以言道者，当事人的记忆却有助于我们还原历史的全景。

湖南教育出版社欲以承担挖掘和抢救亲历记忆类史料为己任，于2006年启动了《20世纪中国科学口述史》丛书的工作计划，在学界前辈和同道的支持下，成立了丛书编委会，于科学史界和科学记者群中招兵买马，认真探索采访整理工作规范和成书体例。通过多方精诚合作，在近两年中已出版图书20种，得到了学术界和读者的认可。

近年兴起的口述史（Oral History）热潮，强调采访者的责任，强调采访者与受访者之间的互动，强调留下“有声音的历史”。不过，口述史内容的“核心”是“被提取和保存的记忆”（唐纳德·里奇《大家来做口述历史》）。把记忆于头脑中的信息提取出来，方法上有口述与笔述之差别，但就获取的内容而言，并无实质性的差别。因此，本丛书当前在积极组织从事口述史采访队伍的同时，也积极动员资深科学家撰写回忆文本，作为“笔述系列”纳入本丛书中来。

科学，作为一种社会事业，除科学研究之外，还包括科学教育、科学组织、科学管理、科学出版、科学普及等各个领域，与此相关的人物和专题皆可列入选题。

本丛书根据迄今践行的实际情况，在大致统一编辑规范的基础上，将书稿划分为5种体例：

1. 口述自传——以第一人称主述，由访问者协助整理。

2. 人物访谈录——以问答对话方式成文。

3. 自述——由亲历者笔述成文。

4. 专题访谈录——以重大事件、成果、学科、机构等为主题，做群体访谈。

5. 旧籍整理——选择符合本丛书宗旨的国内外已有文本重新编译出版。

形式服务于内容，还可视实际需要而增加其他体例。

受访者与访问整理者，同为口述史成品的作者。忆述内容应以亲历者的科学生涯和有关活动为主线展开，强调以人带史，以事系史，忆述那些自己亲历亲闻的重要人物、机构和事件，努力挖掘科学事业发展历程中的鲜活细节。

书中开辟“背景资料”栏，列入相关文献，尤其注重未经披露的史料，同时还要求受访者提供有历史价值的图片。这些既是为了有助于读者更好地理解忆述正文的内容，也是为了使全书尽可能地发挥“富集”史料的作用。

有必要指出，每个人都会受到学识、修养、经验、环境的局限，尤其是人生老来在记忆力方面的变化，这些会影响到对史实忆述的客观性，但不能因此而否定口述史的重要价值。书籍、报刊、档案、日记、信函、照片，任何一类史料都有它们各自的局限性。参与口述史工作的受访者和访问者，即便是能百分之百做到“实事求是”，也不能保证因此而成就一部完整的信史。按名家唐德刚先生在《文学与口述历史》一文中的说法，口述史“并不是一个人讲一个人记的历史，而是口述史料”。史学研究自有其学术规范，不仅要用各种史料相互参证，而且面对每种史料都要经历一个“去粗取精，去伪存真”的过程。本丛书捧给大家看的，都是可供研究20世纪中国科学史的史料，囿限于斯，珍贵亦于斯。

受访者口述中出现的历史争议，如果不能在访谈过程中得以澄清或解决，可由访问者视需要而酌情加以必要的注释和说明。若对某些重要史实有不同的说法，则尽可能存异，不强求统一，并可酌情做必要的说明或考证。因此，读者不必视为定论，可以质疑、辨伪和提出新的史料证据。

本丛书将认真遵循求真原则和史学规范，以挖掘和抢救史料为急务，搜求各种亲历回忆类史料，推动20世纪中国科学史的研究！

欢迎各界朋友供稿或提供组稿线索，诚望识者的批评指教。谨以此序告白于20世纪中国科学史的研究者和爱好者。

樊洪业

2011年元月于中关村

亲历者说"金银滩传奇"

Legend on the Golden and Silvery Grassland

CONTENTS 上册目录

	张兴钤序	001
	王菁珩序	003
	引　言	007
第 1 章	筹划、选址、建九所	002
	筹划布局	003
	广揽人才	003
	配好班子	009
	三位一体	013
	站高看远	015
	三驾马车	021
	基地选址	022
	初选张掖	022
	一见钟情	027
	好事多磨	030
	中央拍板	033
	水文调查	036

北京建所 039
花园路3号 039
九所的机构 045
苏联的援助 052
人才基地 058
长城内外事 059
第2章 **前方基地建设** 064
跑马圈地挺进快 065
先遣组 065
初上草原 066
黑风口遇险 067
羊肉奶茶 069
民族政策 071
完成先遣任务 072
勘察测绘 073
机构规划和布局 075
机构和名称 075
规划与布局 077
组建建筑公司 078
筹备处和筹建处 080
统筹兼顾 085
步步为营循序进 089
西宁办事处 089
职工医院 090
羊圈篝火 093

建保密室 097
天大困难压不垮 **099**
“争气弹”的由来 099
迎着困难也要上 101
困难时期 110
生产自救 115
生产准备 128
大干快上早建成 **134**
抢建爆轰试验场地 134
筹建第二生产部 141
保证物资供应 144
开足马力搞建设 146
草原换新颜 149
第 3 章 **团结协作　众志成城** 154
保卫保密 **154**
军事机密 154
保卫工作 155
壮大队伍 159
制度、条例 165
人事劳资 **168**
两批骨干 168
新军涌进 171
成立政治部 172
劳动工资 176
九局在京机构 **182**

九局科研生产准备处 182
外协任务、科生管理 184
北京供应办公室 186
北京科研生产办公室 187
邮电通信 188
神秘的任务 188
万事开头难 190
郊区邮电局 195
人机建设 195
神经中枢 198
器材外协 201
对外协作任务繁重 201
供应队伍精兵强将 201
九院物资供应特点 204
全国支援大力协同 205
财会保障 219
财务工作概况 219
九局财务处 227
基地财务处 228
“特殊政府” 241
矿区办事处 241
矿区商业局 243
青海省支援 247
工会工作 248
建职工俱乐部 248
开展文体活动 252

亲历者说"金银滩传奇"

Legend on the Golden and Silvery Grassland

张兴铃序

1958 年开始筹建的金银滩二二一厂，已于 1987 年经国务院批准撤厂销号，完成历史使命，1995 年正式退役，如今已成为青海著名旅游胜地——海晏县原子城，闻名遐迩的国家级爱国主义教育示范基地。2017 年是二二一厂撤厂 30 周年，我国核武器从无到有的突破在这里实现，核武器继续研究和发展所需的人才队伍在这里培养壮大。我作为一名科学工作者，1963 年踏上青海高原，与近万名九院人一起栉风沐雨生活在金银滩草原，为我国第一颗原子弹、第一颗氢弹的研制生产做出了应尽的努力。今年是我国第一颗氢弹爆炸成功 50 周年，核武器研制是成千上万人的事业，依靠广大核工业战线的同事，依靠全国人民的大力支援，在这么短的时间内完成原子弹、氢弹技术的突破，有许多值得总结的经验，也有一些难忘的教训。我离开青海金银滩草原已经 50 多年，抚今思昔，感慨良多。如今我已是年近百岁的老人，无时不在关心我们核武器事业的发展，关心中国梦早日实现。现在几十位老同志用口述

张兴铃（1921—），金属物理学家。曾任二二一厂实验部主任，厂副总工程师。现任中国工程物理研究院专家顾问。研究员，中国科学院院士。

历史的方法，讲述221基地建设发展历程，全面揭开这个充满神秘感的核武器研制基地的面纱，给后人留下十分珍贵的史料，并借此机会向仍在从事核武器设计、生产、试验的九院人和全国从事核工业的战友，以及养育她的青海同胞表示由衷的敬意。书中多位口述者曾经是我的同事，读着他们的回忆感到十分亲切。我赞同本书的宗旨，认可九院人采编此书的努力。虽然回顾一段历史，不同的人有不同的视角，看法有异是很正常的事，真实只能是逐步地接近，何况许多人已经离我们而去，无法补救。由亲历者口述编成的本书，其反映的历史也只是沧海一粟，片面性难以避免，希望广大读者宥谅。

张兴钤

2017/3/20

（写于丁酉年春）时年96岁

亲历者说“金银滩传奇”

Legend on the Golden and Silvery Grassland

王菁珩序

青海省海北藏族自治州海晏县的金银滩草原（代号221基地），是我国第一个核武器研制、生产基地。这里诞生了第一颗原子弹、第一颗氢弹，研制的核武器进行了16次试验并装备部队；这里培养了一大批核科技人才，为核武器持续发展做出了不可磨灭的贡献。221基地是发展我国核武器首先立功的地方。这里有党和国家领导人留下的足迹，有科技工作者攻关的场所，有爆轰试验608工号场地，有核设施退役处理的“填埋坑”。对肩负研制、生产重任的九院（现中国工程物理研究院）人来说，221基地是一个承载着九院厚重历史和眷恋情怀的单位，金银滩草原更代表着一段刻骨铭心的经历，是永远忘不掉的“老家”。

如今，60年过去了，金银滩草原一片安详，早已恢复了往日的宁静。一首名为《在那遥远的地方》的歌曲，唱得天高云淡，牛羊成群，游客如织。昔日的核武器研制基地变成了国家级爱国主义教育示范基地、国家重点文物保护单位、青海著

王菁珩（1937—），曾任国营二二一厂最后一任厂长，中国核工业总公司计划与经营开发局副局长（正局级），研究员级高级工程师。

名的红色旅游胜地。而在60年前，那里则是金戈铁马、人声沸腾的繁忙之地，千军万马会聚草原参加大会战，誓言造出中国“争气弹”……

核武器的研制工作，是一项综合性很强的宏大科学研究工程。本书采访了33位曾在221基地工作的老同志，详细讲述了在党中央和以周恩来总理为主任委员的中央专委运筹帷幄，核工业部直接领导下，金银滩的选址、建设、会战、军管、搬迁、再生、退役的波澜壮阔的发展历程。本书追忆当年艰苦卓绝、激情燃烧的岁月，呈现了许多尘封已久、鲜为人知的史料；通过受访者的讲述，当年艰辛创业，科研攻关，参加核试验的过程，以及“文革”运动中遭受磨难的画面都一一呈现在读者面前；梳理了我国核武器从金银滩草原起步腾飞，到成为核大国的一段艰难历程。这些第一手的口述资料，初步复原了核武器从无到有的全过程，留下让人信服的珍贵史料。这些亲历者是一代筚路蓝缕的创业者，是千里之行的跋涉者。

通过一些亲历者口述，把这段波澜壮阔的科研史卷全景式地展现出来，让更多的人了解核武器研制基地不平凡的往昔，是一种好方式。历史，更多地被嵌在细枝末节之中，与梳理大事件的思路不同，与回忆文章中抒发个人感怀不同，我们这次听到亲历者的声音，由他们将创业初期的艰难、筹建一个个机构部门的背景、参加一次次核试验的经历娓娓道来，从他们看似平静的语调当中，细节和故事的魅力让沉寂了数十年的枯燥的历史又变得鲜活起来。

我们并不期许人们从讲述者口中梳理清楚整个核武器事业的发展脉络，而是希望那些鲜为人知的史料能为读者带来一些惊喜和收获。比如科研管理组织中的“大鸣放”“大会战”“科研三部曲”，以及为适应科研生产而设置新机构；思想政治工作提出的“响了就是最大的政治”等经验做法。这些创新的举措对当年突破原子弹、氢弹起到直接的作用，对今天乃至于今后的科研管理也有重要的启迪。

最早上金银滩草原的老同志都年事已高，有的已经去世。留下他们的口述资料，既有史料研究价值，也是一项抢救性工作。核武器研制工程是千万人的事业，参与其中的亲历者，哪怕只有少数人的回忆，也很值得留存。编者所看重的不是揭秘什么真相，而是发掘在当年那种极端困难的条件下如何形成信念与精神的力量，以及这种力量对后代人的昭示。

金银滩草原是“两弹”精神孕育、形成之地，是几代核事业人梦牵魂绕的地方。20世纪60年代末，在国际风云变幻的背景下，中央决定九院战备搬迁，研制和生产分开。1974年1月，院、厂分家后，留在青海草原的二二一厂承担起核武器和地面设备的批量生产、工艺研究、贮存性能研究、产品复检和部件返修更换等任务，实现了第一代核武器定型和优质批量生产。职工们又继续工作了20年，直至完成基地的退役工作。即便在撤厂过程中，仍圆满完成中近程弹道导弹常规弹头的研制、试验、定型、生产、出口，为国防建设做出了重要贡献。作为最后一任厂长，我和其他同志一起组织实施了国务院、中央军委决定的国营二二一厂撤点销号工程。经过几年的努力，妥善安置全厂职工，完成核设施退役、基地移交地方的任务，还金银滩草原一片净土和蓝天，这是二二一厂交给祖国和人民的又一份完美答卷。如今，在金银滩旧址建起第一个核武器研制基地纪念碑和原子城纪念馆，越来越多的年轻人前往参观访问，了解前辈们铸造中国核盾牌的历史。今年恰逢我国第一颗氢弹爆炸成功50周年，二二一厂撤点销号30周年，《亲历者说“金银滩传奇”》的出版，令我们这些曾在那里工作过的老人感到十分欣慰。

一代创业者卧薪尝胆，砥砺前行，在青海高原研制出原子弹、氢弹，新的基地再接再厉，完成了第二代核武器的研制，追赶上美俄水平，铸就了国防基石、挺起了民族脊梁，祖国不会忘记他们的无私奉献，不会忘记他们顽强拼搏和百折不挠的钢铁意志！

前辈们在草原上的创举和辉煌成就，必将激励着后来人迎难而上，奋勇前进。愿新的一代传承老一辈的信念和事业，不忘初心，不负使命，以锐意进取和矢志奋斗的“两弹”精神，为中国特色核武器科技事业谱写新的篇章。

愿将本书推荐给广大读者，是为序。

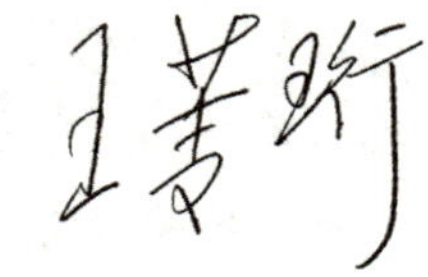

2017年3月20日

引　言

青海221基地[①]地处青海省海晏县金银滩草原，是我国第一颗原子弹、氢弹研制生产基地。从事核武器研制的职工都亲切地称其为"老家"，那是一代核武人永远忘不掉的"故乡"。从青海高原来到西南腹地，无论走到哪里，"老家"一直伴随着思念留在记忆的深处。转眼60年过去了。从2016年元旦开始，终于有机会找一批老人谈谈"老家"的历史，听他们讲述"金银滩"的故事。经过近两年时间的口述采访，整个221基地面目逐渐地清晰起来。正如我们事先预料到的那样，第一个核武器研制生产基地的历史十分庞杂，涉及的内容非常广泛，我们不断地调整采访提纲，顺藤摸瓜似的增加采访人数，增加录音的工作量。

一个新单位的诞生，必然牵扯到千头万绪的准备工作，何况又是极其保密的国防单位，涉及众多的部门和机构。此外，

① 关于青海核武器研制基地，本书中出现的名称有221基地、221厂、221总厂、国营综合机械厂等，其中国营综合机械厂（简称综合机械厂）是青海核武器研制基地对外掩护名称。实际上，青海核武器研制基地在不同时期有不同名称，1965年以前叫221基地，1965年改为221厂，1974年院、厂分家后，留在青海的老基地正式更名为国营二二一厂。总之，几种名称异名同义，整理者未强求统一。

还有各路攻关的科研工作，都缺一不可，漏掉哪一个部门都说不过去。在档案不公开的情况下，为了核实一件具体的事情，核实一个时间，甚至核实一个姓名都需要付出极大的努力。我们就像进入了一个迷宫，为了一探究竟，从开始东摸西寻，到慢慢理出一些头绪，终于初步揭开金银滩草原那段扑朔迷离的历史。

我国第一个核武器研制基地的诞生，经历了曲折的过程。一开始苏联给予援助，选址定点，提供初步设计图纸，但是工程地基刚刚打下不久，苏联专家就全部撤走，草原上仅剩下几根光秃秃的柱子。中国人民自力更生，奋发图强，硬是在青海高原上建起第一个核武器研制生产基地。

本书 33 位口述者中间有两院院士，有九院党委书记、二二一厂厂长、车间主任等管理干部，也有科技人员和普通工人。他们现在平均年龄八十余岁，用亲身经历勾勒出一幅全景式的历史画卷，把我们带到那个如火如荼的年代。访谈录音长 300 多个小时，披露了许多珍贵的历史资料，成就一段“传奇”！

本书共分为六章，简要介绍如下：

第一章讲述了 221 基地的由来，涉及中央的决策、苏联专家的援助、二机部九局成立以及骨干的调入。从筹划布局到基地选址，其中对如何选择在金银滩草原以及打桩划界的讲述尤为精彩。从青海省西宁市往北 102 公里，便是海北藏族自治州海晏县辖地金银滩草原，此地平均海拔 3200 多米，高寒缺氧，紫外线强，年平均气温零下 0.4 摄氏度，自然条件恶劣。但优点是地势平坦，金滩和银滩合在一起有 1167 平方公里，只有几千个藏民放牧生活，便于搬迁和安全警卫。为了国防建设需要，世代居住在金银滩草原的 1279 户 6000 多牧民，收拾好行装和帐篷，赶着15万头牛羊，离开了这片祖祖辈辈生活的土地。后来实际建成的221基地禁区面积缩小到573平方公里。

第二章讲建设者如何上高原，忍缺氧、饿肚子也要建好基地的过程。1958年秋经过测绘以后，基建队伍开始分批分期进入金银滩草原，二机部从兰州建筑工程局选调了1200多名职工，连同青海省支援的6400多名河南支边青年，组建了104建筑工程公司和103安装工程公司四处，从此拉开了建设的序幕。

221基地对外名称叫“国营综合机械厂”。李觉局长兼任青海省委常委、筹建委员会临时党委书记。很快九局又组建了筹备处，李信任主任，徐步宽任书记，带领18人的先遣队来到西宁设办事机构，又到海晏县成立筹建处。

创建初期，苏联的援助起了促进作用。选址金银滩就是苏联专家确定的，第一批厂房初步设计图纸也是苏联列宁格勒设计院提供的。1959年中苏关系恶化，苏联终止了《国防新技术协定》，拒绝提供原子弹模型和图纸资料，撤走核工业系统223名专家。周恩来总理代表党中央指出：“我们不理他那一套，他不给，我们就自己动手，从头摸起，准备用八年时间搞出原子弹。”二机部确立了“自力更生，过技术关，质量第一，安全第一”的工作方针。刘杰部长提出，以“596”作为原子弹工程代号，激励大家造出我国的“争气弹”。

1960年冬天，饥饿和严寒袭击金银滩草原。干部定量每月24斤，还要节约1斤支援灾区。吃的是青稞面、谷子面，每月2钱（1钱等于5克）油，副食仅有一点咸菜，90%的职工得了浮肿病，部分民工不辞而别，困难时期甚至传出下马的议论。聂荣臻元帅得知西北几个基地的困难情况后，报告了周恩来总理。周总理亲自到军委会议上筹措近百万斤大豆、罐头、酱菜，支援各基地度过暂时困难。

九局筹建处党委坚决贯彻毛泽东主席“尖端武器的研制仍要抓紧进行，不能下马”的指示精神，一手抓基建，一手抓生活。221基地生产自救，组建农牧处，开垦荒地。李觉局长亲自打黄羊，赵敬璞书记下湖捕湟鱼，领导与职工同甘共苦，一起奋战。草原上刚刚建成几栋宿舍楼，李觉、赵敬璞、吴际霖等领导把楼房让给了工程技术人员住，自己住进了帐篷，厂机关也在帐篷里面办公，极大地鼓舞了221厂职工。

早期建设者克服了难以想象的困难，饿着肚子修路、盖房、抢建爆轰试验场地，为了早日造出“争气弹”，他们离家别子，先生产，后生活，精神感人至深。

第三章讲述221厂组织机构的建设，在政工保卫、保密，人事、劳资，财务、会计，通信、邮政，器材、外协，工会、后勤，以及青海省物资供应等方面，给读者提供了大量的历史细节。当年，核工业是国防工业的重中之重。在国家财力薄弱的情况下，我们集中全国力量，为研制核武器“开绿灯”。中央专委会先后召开了九次会议，形成了全国大力协同优势，围绕核工业建设和核武器研制，组织了中国科学院等26个部（委），20多个省、市、自治区的900多家工厂、科研院所、大专院校协作攻关，解决了核材料、新材料、各种器件和专用设备，实现原子弹关键技术的整体突破。

1962年底，国家经济形势稍有好转，中央专委从建工部、铁道部、工程兵等13个部门抽调了15000人，与二机部建筑、安装队伍会合，开始基建大会战。到1964年6月，221基地建成了18个厂区和生活区，建筑面积56.4万平方米，铁路专线39.8公里，沥青标准公路75公里。1965年4月，经国务院批准成立了青海省人民政府矿区办事处，一个初具规模，院、厂合一的核武器研制、生产基地初步建成。据统计，整个基建总投资为4亿5156万元。

此章内容看上去显得庞杂，但整理者力求把方方面面的工作都涵盖进去的初衷得以实现。

第四章是“草原大会战”。千军万马上“前方”，攻坚克难大会战，研制生产出第一颗原子弹、氢弹。经过五年的艰苦建设，到1962年下半年，221基地三分厂建成，承担了聚焦元件的研制任务。511车间通过数十次工艺改进，铸造出合格的毛坯零件，512精密加工车间对工艺装置、测量工具和方法进行了探索和改进。12月，二分厂201车间生产出第一块炸药部件，打响了草原第一炮。在爆轰试验中，以后又精心组织，浇注成型主药球，生产出合格的高能炸药部件。1963年11月，第一个核武器关键部件——1：1聚焦元件研制成功。

1963年3月到1964年初，九局机关和北京九所（除理论部外）包括王淦昌、郭永怀、陈能宽等科学家及大批科研人员，陆续奔赴青海，开始草原大会战。

1964年，实验部开展爆轰物理爆轰波传播规律和高压状态方程的研究。在中子物理和放射性化学的大厅，经过上百次安全试验，取得了铀-235的临界、次临界试验数据，保证了核装置在加工、装配、运输、贮存过程的临界安全。设计部提前完成了原子弹总体结构设计，引爆控制系统设计和试制，运输中的力学和各种环境试验。

北京401所（原子能研究所）王方定小组，经过200多次化学试验，终于研制出中子源的材料。221一分厂102车间生产出点火中子源部件，完成了内组件的装配。

1964年6月6日，在实验部六场区610工号，全尺寸爆轰模拟出中子试验成功。9月26日，“596”试验产品从金银滩启运到新疆核试验基地。10月16日，我国第一颗原子弹爆炸成功，极大地振奋了中华民族的精神，震撼了世界，改变了世界格局。

1965年1月，毛泽东主席明确指出，原子弹要有，氢弹也要快。2月，二机部向中央专委呈报了《关于加快发展核武器问题的报告》，提出：一方面要抓紧原子弹武器化工作，装备部队；另一方面要尽快突破氢弹技术，向战略核武器高级阶段发展。同年12月，221厂在1966—1967年科研生产计划会上，确认于敏提出的用原子弹做“初级”来引爆“次级”的氢弹原理的新方案合理、可行。二机部马上确定“突破氢弹，两手准备，以新的理论方案为主”的方针。中央专委批准了核武器研制的两年规划。

1966年3月30日，“文化大革命”前夕，中共中央书记处总书记邓小平视察了221厂。邓小平对刘西尧、李觉等领导说：“不管发生什么事情，你们要抓紧生产不能放手，这是根本的一条。”视察后邓小平欣然挥笔题词：“高举毛泽东思想的伟大红旗，遵照毛主席指引的方向，奋勇前进——别人已经做到的事，我们要做到；别人没有做到的事，我们也一定要做到。”221厂和核工业战线的广大职工受到极大鼓舞，决心赶在法国前引爆我国第一颗氢弹。

实验部组织氢弹突击队，完成了原理验证试验；设计部完成了系统联试；一分厂102车间完成了核材料部件精加工和装配；二分厂203车间装配出合格的内组件和氢弹放能部件，完成了核产品总装。1966年12月28日氢弹原理装置试验获得成功。1967年6月17日，排除“文化大革命”的干扰，我国第一颗氢弹爆炸成功。中国人民扬眉吐气，腰杆子终于硬了起来。本章中，参加历次核试验的一些花絮也值得一读。

第五章专门谈"文革"军管和"二赵"运动。1969年10月，中央决定将221厂的科研力量加快向三线转移。在转移搬迁中，热电厂一号电缆线发生短路爆炸，七厂区机密资料"丢失"，二分厂229工号发生炸药件爆炸，这就是所谓的"三大案件"。这时正面临"文革"清理阶级队伍运动，周总理曾指示，"加强领导，充分发动群众，查清问题"，"年内完成清队和破案工作"。

中央军委办事组指派赵启民、赵登程进厂，他们不听汇报、不做调查，就给"三大案件"定性。"二赵"在干部大会上说："连续发生的几起案件，是国内外阶级敌人蓄谋已久的有计划的反革命破坏。我们是带着'尚方宝剑'来的，在221厂要大开杀戒，可以先斩后奏，也可以边斩边奏。"在这场捕风捉影的"清队破案"中，不准通信，不准职工探亲，也不准家属来基地探望，并宣布戒严。曾留过学的人成了"特务"，一般质量、安全事故成了反革命破坏，工作生活在一起的朋友成了"反革命集团"。全厂大多数干部和高、中级技术人员受到审查和迫害。到1971年9月13日的近两年时间里，约4000名职工受到迫害和审查；骇人听闻的威逼、打骂、折磨使310多人致伤、致残；30多名职工含恨自尽，5人被冤杀。这笔罪状，将永远钉在历史的耻辱柱上。揭发控诉"二赵"的罪行，也希望能给后人起到警示教育作用。

1972年9月12日到1973年3月10日，在北京京西宾馆，中央组织召开九院"批林整风会议"，清算了"二赵"的破坏罪行。

"二赵"对核武器事业的摧残和对领导干部、知识分子迫害的事实不容置疑。本书秉承实事求是的态度，不掩饰、不回避，口述者以亲身经历为依据，如实地反映了“二赵”为首的工作组在金银滩草原残酷迫害知识分子的血淋淋罪行。同时口述者也讲述了“四清”下乡、多巴学习班、河南驻马店“干校”劳动等发生在那个年代的一系列事件。

第六章简要交代 70 年代以后，二二一厂继续在金银滩草原完成第一代核武器批量生产与装备部队，直至二二一厂退役，结束了 36 年的辉煌历史。其间，1974 年 1 月 1 日，院、厂正式分家。九院迁往四川，二二一厂留在青海，恢复了工厂建制，解决了核武器批量生产中的问题，实现了由科研体制向批量生产加工厂的转变。

进入 80 年代以后，中央正确分析国际形势，认为若干年内世界大战打不起来，应该充分利用这个机遇，调整战略武器发展方针，缩短战线，多研制，少生产；在四川核武器研制新基地建成、二二一厂完成我国第一代核武器生产任务后，必须进行战略调整。

1987 年 6 月 24 日，《国务院办公厅、中央军委办公厅转发国家计委、国防科工委关于撤销核工业部青海二二一厂的请示的通知》（国办发〔87〕40 号）下发。撤销二二一厂是党中央、国务院经过调查研究，长期酝酿，反复论证，慎重做出的正确选择。

从 1988 年开始，二二一厂核设施退役处理工程历时 5 年，投入资金 3000 万元，于 1993 年 6 月通过国家验收，达到三级退役要求，可交青海省安排利用。国家投资和贷款近 10 亿元，完成了职工和退休人员的妥善安置、核设施退役处理、移交利用三大任务，还金银滩草原一片净土，二二一厂成为世界上第一个化剑为犁的核武器基地。1994 年 6 月 15 日，二二一厂与青海省海北藏族自治州正式签订移交协议。1995 年 5 月 15 日，新华社向全世界宣布：我国第一个核武器研制基地全面退役。

至此，二二一厂完成了光荣历史使命，庄严地落下了厚重的帷幕！该厂从建设到退役一共走过了 36 个春秋，创业者的历史功勋，写在共和国的史册上，刻在基地旧址竖起的丰碑上，他们的足迹也永远印在辽阔的金银滩草原上。

综观全书，221 基地建设、科研、生产过程第一次全方位地向社会公开，曾经高度保密的单位，从此卸下神秘的面纱。为此，我们尽量寻找知情人，实际的采访人数早已超过 33 人。有人无私提供素材，自己不出现在书上；有人不断地提供新的史料和线索，即便在全书已经完稿的情况下，一旦有新素材、新史料出现，我们仍毫不犹豫地增加进来。

此书力求全面反映 221 基地的建设、科研生产过程，但由于篇幅有限，一些部门无法提到，很多科研工作只能点到为止。毕竟过去了近 60 年，许多细节无从想象，仅凭回忆与事实有出入也在所难免。尽管我们不拒细节，努力求全，仍难免挂一漏万。希望后来者利用解密的档案进一步将 221 基地的历史补充完善。读者如果想了解核武器研制更多的史料，也可以参考已经出版的《亲历者说“引爆原子弹”》《亲历者说“原子弹摇篮”》《亲历者说“研制氢弹”》三本书。

核武器研制的历史宏大而庞杂，需要一代人努力挖掘与整理才能使之初见端倪，这是时代赋予我们的机会和使命。金银滩上的核事业发展历史不但是一段“传奇”，更是一种民族精神的体现与延续。

一个时代的历史既需要“宏大的国家记忆”，也需要带有个体生命体温的“私人记录”，二者缺一不可。

侯艺兵

2017年5月于北京

大家匆忙地用过早餐后，赶忙上路去认认那陌生的地方——海晏县西偏北的金银滩。这里水草丰富，牛羊成群，藏族姑娘像晨星若隐若现，西部歌王王洛宾的《在那遥远的地方》就诞生在这里。这也就是50年代初，大家在电影中熟悉的“金银滩”。

第 1 章

筹划、选址、建九所

胡干达（时任北京九所党委秘书）：我简单讲讲中国搞核武器的背景。1949 年新中国成立伊始，百废待兴。不料因第二次世界大战遗留的问题，朝鲜半岛战火又起，把中国卷入一场不宣而战的大战，以美国为首的联合国军，叫嚣使用原子弹，给志愿军司令彭德怀留下深刻印象。彭总回国向中央汇报以后，搞原子弹就成了中央迟早要付诸行动的战略决策。1954 年地质部报告在广西发现铀矿，1955 年 1 月 15 日在中央书记处扩大会上，毛主席指出：过去几年其他事情很多，还来不及抓原子弹这件事。这件事总是要抓的。现在到时候了，该抓了。只要排上日程，认真抓一下，一定可以搞起来。现在苏联对我们援助，我们一定要干好！我们自己干，也一定能干好！我们只要有人，又有资源，什么奇迹都可以创造出来！同年 5 月份，中央指定陈云、聂荣臻、薄一波组成三人小组，指导原子能事业的发展。1956 年，毛泽东在最高国务会议上提出“东风压倒西风”的口号，11 月三机部重建，即把研制原子弹提到日程上来。1957 年 10 月，由聂荣

1958 年 9 月 27 日，在苏联技术援助下，中国第一座实验性重水反应堆和第一台回旋加速器在原子能所（401 所）建成，党和国家领导人出席了剪彩仪式

臻、陈赓、宋任穷率领的中国代表团在莫斯科同苏联签订了“国防新技术协定”，协定中有由苏联派出专家帮助中国建立核武器研制及生产厂并提供原子弹样品与技术资料的内容。1959 年 6 月中苏关系恶化，外援中断。1961 年 7 月中央再次下决心，“自力更生”继续搞自己的原子弹。

筹划布局

广揽人才

霍广盛（时任九局俄语翻译）：1954 年，刘杰在地质部负责找铀矿。1955 年春末，我在铁道部专家办公室，陪同苏联专家科达科夫整修铁路的工作基本结束，办公室主任是吕正操的夫人刘莎，她对我说：“有个国家新成立的单位，叫地质部三局，急需俄文翻译，准备把你调去，你有什么意见？”我当即回答服从分配。她说：“好，给你开介绍信。”我就去北太平庄一栋新建的楼里，向雷荣天副局长报到。刚开始，中央指定陈云、聂荣臻、薄一波组成三人小组。薄一波牵头在国务院下面成立第三办公室，刘杰是副主任，同时又任地质部副部长兼三局局长。三办下面有个原子能小组，吴际霖已在里面。不久我被派去北京展览馆，在举办的苏联和平利用原子能展览会上做俄文翻译。一天，周总理和陈云副总理走到展位跟前，和苏联专家交谈，我当翻译，记者还拍了照片。此后，吴际霖也来参观，我们彼此留下了印象。后来，刘杰这一支人马，连同中国科学院钱三强领导的近代物理所（当时叫物理研究所①），都划归三机部。从此，我国的原子能事业就加速动起来了。

刘乃民（时任北京九所干部处科长）：我原在铁道部总工会劳保处工作，1957 年领导要我到三机部去工作。经中央批准重组的三机部要从全国各地抽调大批干部充实到下属各单位，宋任穷部长组织了 6 个工作组：华东组在上海调人，组长是刚来不久的郭英会；东北组在沈阳调人，组长是干部局副局长李绍周；西北组在兰州调人，组长是财务局副局长马正一；还有华北组、华南组、西南组也在大量调人进来。我被临时抽调到兰州参加西北组的大调干工作。有一批处级干部如胡深伐等人也是这时候调来的。1958 年 1 月部里成立了一个新的局叫九局，任命李觉为局长，吴际霖、郭英会为副局长，九局统一领导 221 基地与九所的建设和科研工作。1958 年 2

宋任穷（1909—2005）

① 1950—1953 年为中国科学院近代物理所，1953 年更名为物理研究所。1956 年与新基地合并仍称物理研究所。1958 年更名为原子能研究所，又叫 401 所（中国科学院和二机部联合管辖）。1984 年底更名为中国原子能科学研究院（隶属核工业总公司）。（摘自《中国原子能科学研究院简史（1950—2010）》第 168 页，原子能出版社 2010 年 8 月出版）

月，全国人大五次会议将三机部改为二机部。7 月，我在西北组搞调干工作告一段落，原来想把我留在青海 221 基地，后来又通知我先到二机部北京九所报到。我回北京先住西苑旅社，在部、局各机关租用的临时办公场所上班。1959 年"反右倾"运动伤了些人，从全国总工会调来的洪天成被说成有右倾思想，1960 年调出了九所。有些技术干部还被下放到青海湟源县劳动锻炼去了。

1958 年 9 月，我去九所报到，那里有一栋刚封顶的红色楼房和一个简易食堂。当时正在组建九所，搞保卫的赵泽民也刚来，还从 401 所调进一些技术干部。九所和九局是一个单位，两块牌子。万事起头难，工作头绪多，又修房子，又筹建九所机构，还要和苏联专家商量怎么搞，李觉和吴际霖管的面要宽一些。

当时九所政治处处长是徐杰，副处长是降今夫（后调出九所），下面有保卫科长赵泽民，干部科长由徐杰兼任。我在干部科上班。不久成立干部处，处长还是徐杰，副处长是崔鹏程、王长胜，下面分三个科：我任党政干部科科长；高潮任技术干部科科长，他刚从苏联留学归来；孙绳璞任调配科科长，他是大学生，开始想搞技术但服从了组织安排。我们党政干部科里的干事都是女将，有徐杰的爱人侯玉华、徐步宽的爱人□□□、袁冠卿的爱人刘俊琳、霍广盛的爱人刘玉璋。九所还有综合计划处，下设行政办公室，主任是张循时，下面有行政科、财务科、房产科，食堂科。后又调来甄子舟等人搞保卫，保卫科升格为保卫处（保卫保密处）。

在我去九所之前，钱三强还从中科院挑了邓稼先，从留苏回国的研究生中挑了胡仁宇、王方定、林传骝等人参与筹建研究室。我们调干工作的程序和任务是，调专家和处级领导由九局局长和部里商量，国内知名专家都是钱三强副部长和回国不久主持航天航空的钱学森推荐，然后二机部出面从中科院、原子能所调进来。1959年7月把朱光亚从401所调入九所，他是苏联专家推荐的，来得比较早。1960年5月，调中科院力学所副所长郭永怀到九所。1960年7月调程开甲时，曾先派何桂莲等人去南京大学征求本人意见。1961年4月又从401所调王淦昌、彭桓武进九所。以上五位专家担任九所副所长。邓稼先那会儿是九所一室主任，他曾说过，王淦昌、彭桓武、郭永怀是九所的三尊大菩萨，也就是最高的科学领路人。

其他要调的人，由所里各个渠道收集提出预选名单，郭英会找朱光亚商量后定下来，徐杰拿到名单，分别通知党政、技术两个科分头去办。我们就按专业、种类、地区从各室借人，选些政治上可靠，懂专业的干部，出差到外地进行商调。北京地区的调人则由科里的人直接去办。走之前保卫保密处向他们交代如何看档案，如何进行政审，这是调人最要把关的原则。周恩来总理曾有指示："历史问题看现在，社会关系看本人，重在现实表现。"

我们调大学生要简单一点，各校各专业要多少，上面有通盘安排，逐年进行。1958年秋后分到九所又派到各地实习的人员，也在打听，无论科研院所、大专院校、工矿企业，只要有专长，回来汇报后也会进入调干预选名单。总之，想方设法把需要的各种人才挖过来，为我所用。

霍广盛：这里我说说调朱光亚的事。1959年春节后的一天，苏联专家加夫里诺夫要去401所参观，吴际霖要了车，带着邓稼先和我陪同一起去。到了401所，见到了彭桓武。后来钱三强副部长出面接待，陪同参观了苏联援建的反应堆。在交谈中加夫里诺夫问钱部长，你们这里是否有个朱光亚，是否可以见一见。钱三强说有，可是今天周末他回城了。在回城的车上，加夫里诺夫就要吴际霖把朱光亚挖过来。吴际霖说，回去给部里反映。加夫里诺夫说，他来中国前，他的老师塔姆院士曾告诉他，留心朱光亚这个人，他很有才智，搞原子弹好用。由于加夫里诺夫事后不断催促，吴际霖也不断向部里要人，钱三强以401所反应堆上的工作走不开为由，并未立即放人。几经周折，达成协议，朱光亚一边一半，各工作三天。但来了不久，朱光亚就再也不去401所上班了，1960年3月正式调入九所任副所长。

这个加夫里诺夫是九局的三位苏联专家之一，热情、友好，我陪他参观了一些厂、所。另外两位，也就是涅金和苏斯洛夫，他们年底回国后再也没来，只有加夫里诺夫留下来做九局的顾问。

吴安清（时任北京九所二室七组技术员）：我1955年在部队入党提干，1959年初从空军地勤调入北京九所到二室七组工作，任党小组长。1960年4月，九所把我抽出来参加调干，由一室支部书记何桂莲带队。他是解放前毕业的老大学生，学的是数学专业。这次要到江苏、浙江调人，我们商量好，我先在南京下车，去南京大学见人和南京无线电厂调人；他去杭州浙江大学，调搞光学的董大年，搞电子学的韩康琦。我到南京后，第一天去南京大学想见见程开甲教授，校方不同意，连人都不让见。第二天去714厂，这是搞无线电电子设备的老厂，我手上的名单是调廖承权，他是一位6级高级工程师，搞电台通信设备的专家，厂人事干部部门也强调各种困难，不让见面，不拿档案给我看。他们提出能不能换一换人。我回到省委招待所，打电话问何桂莲，他说，你就问他们咋个换法。我后来又去磨嘴皮，他们提出拿一个8级工程师加一个老中专生来换，我说看看档案再说，他们就把胡德新和卜德煦的档案给了我。然后我借厂部一间办公室，根据保卫保密处交代的政审原则，看了几天档案。胡德新是1947年毕业的大学生，在厂里搞仪器仪表。他在旧社会有点历史问题，但都已交代清楚，他到我们所也有用。而卜德煦是1957年南京无线电工业学校机械结构专业毕业的中专生，在厂里参加过产品设计，也还不错。于是，他们二人就被初步定了下来。

过了一段时间，何桂莲从杭州过来，我向他汇报说，我到南京大学打听，碰了一鼻子灰，程开甲人家不让见，很难办。何桂莲说这个人是重点，啥都搞不成回去不好交代，于是我们硬着头皮去磨。何桂莲对南京大学组织部女副部长说，我们来了这么久，你们连人都不让见（指程开甲本人意见也很重要），叫我们回去如何向中组部交代？这才把她镇住了。我们见好就收说，这样吧，你把档案借给我们回北京复命，用后自会送还。她没办法，只好同意。我们把三摞档案抱回北京，交给了干部处。听说后来中央下调令时，南京大学又提出还要程开甲带南大的研究生，还要中途回去上多少课，纠缠不休，九所都答应了，反正先把人弄过来再说。后来我在花园路 3 号院里看见过程开甲，他个子不高，人微胖，一副学者模样。他在九所时间并不长，后来调到国家试验场负责筹建马兰基地核试验研究所，负责核效应试验。他是“两弹一星”功勋奖章获得者。

赵泽民（时任九局保卫保密处副处长）：那时候，我们的科研工作刚刚起步，尽管有朱光亚副所长专门负责抓科研，有才华出众的邓稼先等青年科学家和一些新来的大学生在开展原子弹的理论研究工作，但当时最迫切、最关键的还是需要一大批优秀科学家和工程技术骨干，来加强原子弹整体研究、制造力量。

在九局领导的努力下，经中共中央批准，我所需要紧急在中国科学院和全国各地区、各部门选调 105 名高中级科学研究和工程技术人员，其中包括程开甲、陈能宽、龙文光等人，另外又点名调王淦昌、彭桓武、郭永怀三位著名科学家。

1960 年初，多个小组奔赴各地选调干部。我参加选调工作组赴黑龙江调干。我们的组长是二机部财务局副局长王洪逵。我们要从各单位抽调本来就稀缺的宝贵人才，这个难度是很大的。宋任穷部长说，我们选调骨干，既要满足我们事业的需要，又要考虑被调单位给人的可能。不能光顾自己，要注意与被调单位协商，不能掏空了别人！我和苏桂余、孙家林两位工程师，手持二机部和公安部的介绍信，到省里军工单位调吴永文等人。好在中央专门发了选调通知和调干命令，省委很重视并大力协助，省属各单位、各部门、各厂矿大开绿灯，积极支持，保证了抽调工作的顺利进行。

1962 年，经中央再次批准增调了张兴钤、方正知、黄国光等 126 名专家和高中级工程技术人员充实原子弹设计、试验、制造队伍。这一年，我到吉林选调科研骨干。同样，由于省委的重视和大力协助，我们的工作没有遇到什么困难和障碍，方方面面、上上下下都很支持，满足了我们选调干部的需要。

配好班子

胡干达：咱们国家的原子能事业是从地质探矿开始的。核武器的研制自然要晚一点，1956 年初还没有一个专门的部负责筹划，年底成立了三机部，宋任穷任部长，把刘杰从国务院三办调过来，把钱三强从中国科学院调过来，发展就很快了。最早筹备中国核工业组织机构的时候，陈云、薄一波、聂荣臻是国务院下设的三人领导小组。

刘杰（1915—）

吴际霖参加筹备九局机构的时候，开始只有八九个人，先有搞保卫的袁冠卿，后有搞俄文翻译的朱少华、霍广盛等人。不久郭英会、邓稼先也来了。那时候内定的局长李觉还在西藏交接工作，221 基地的选址也刚开始准备。1958 年正式成立九局的时候，宋任穷就决定把李觉调来。李觉是山东人，1937 年参加八路军带兵打仗，后来在 18 军当参谋长，进藏后任西藏军区副司令员。宋任穷曾担任过二野政治部主任，西南局第一副书记。18 军是二野的老部队，他们自然很熟了。吴际霖是四川成都人，华西大学毕业，1941 年就到延安去了。这个人很实在，后来到山东根据地搞军工，搞炸药、手榴弹。新中国成立后在山东铝厂任厂长，还是搞军工。他先跟刘杰副部长一起在三机部计划局工作，后来又跟着刘杰到二机部来了，在二机部九局分管科研、行政、组织管理。

郭英会也是二野部队的，他原来是团政委，后来当过周恩来总理的军事秘书。郭英会从党校学习回来以后等待重新分配，宋任穷马上把他要过来。他知道郭英会这个人有头脑，有文化，在团政委这一级干部里面比较拔尖。所以，宋任穷担任二机部部长，他让李觉、吴际霖、郭英会负责九局，让这三个人组成一个得力的班子。开始成立九局党委的时候，李觉还没到，吴际霖临时代理党委书记，徐步宽、洪天成是副书记。跟着调来的赵敬璞，担任九局党委书记，他很快就上 221 基地，亲自抓基建，解决了很多问题。赵敬璞以身作则，带病工作，后来身体不行了才回北京。1964 年刁筠寿调来担任第二书记，主要为战备筹建新的基地，他在草原参加总结建 221 基地的经验、得失，1965 年就带着先遣队去了四川。“文革”期间，他在四川筹建 902 基地，躲过了“造反派”的批斗。1968 年草原上狠斗吴际霖、李信、王志刚三个头号“走资派”时，他因病回京去了。等到“九一三”事件后，他才再度出来视事，今年一百多岁了。这几个人都是九院第一代领导干部，很有头脑，素质很高，行政能力很强。九院班子搭配得很好、很巧，才能具体抓好和落实好中央的战略部署。

李觉这个人有一个什么特点呢？他善于抓大事，善于放手发挥副手的作用，很多事情让吴际霖、郭英会去管，他只管大局。因为吴际霖和郭英会把具体的事情都给扛起来了，所以李觉反而有时间下去转。他哪都去，科研室、实验室、司机班、炊事班、幼儿园都去，了解的情况就多。但是在大事情上面李觉是有头脑的，他既把主要的东西抓住，又发挥了副手的作用，促成了班子的团结，所以九院第一代领导凝聚力很强。李觉是个好班长，吴际霖、郭英会是好助手，在科研组织管理方面和人事调干方面确实发挥了各自的作用。

周树榛（时任北京九局财务会计）：当时九局只有李觉局长，吴际霖、郭英会副局长几个领导，加上邓稼先和管保卫的袁冠卿和搞翻译的朱少华、霍广盛、王绍丰这些人。我去的时候，李觉回西藏办事去了，他原是西藏军区副司令员兼参谋长，曾向中央写过反映进藏困难问题的报告，结果被说成右倾，叫他回西藏说清楚，但也没整出什么事来。李觉回到北京以后，罗瑞卿请他吃了一顿烤鸭，说问题搞清楚了，把这个事说开了。因为当时九局没有几个人，李觉闲下来就给我们吹壳子（闲聊之意），吹这些事情。

李觉开始是局长，吴际霖兼临时党委书记，后来从全国总工会调洪天成当九局党委副书记。洪天成调走了后又调来赵敬璞当九局党委书记，主抓基地建设。以后把李信从沈阳铁路机车厂调来，当时明确他负责筹建221基地，是筹建处主任。吴际霖担任九局副局长，是排在郭英会前的“二把手”。吴际霖开始是计划局副局长，后来调到九局，属于部内调动。在此之前，他是山东铝厂的厂长，跟山东省委书记向明有点瓜葛，向明不是犯了错误嘛。那时候九局人很少，平时没事时大家互相聊天，我们这些年轻人在一块聊天时，吴际霖也给我们讲讲自己的来历，要不我怎么知道他是山东铝厂的人呢。

北京三里河二机部办公大楼门口的大槐树

吴际霖管技术方面的事，郭英会管人事。郭英会原来是周总理的军事秘书，从国务院调来，那时候看着很年轻。开始的时候他们俩就研究选点选址。221 基地选点，公安部很重视，公安部二局专门负责九局的工作。最初选点拟在雁北地区，第二方案是甘肃河西走廊。二机部的 504 厂在兰州，404 厂在玉门，221 基地再选在张掖就把一条河西走廊摆满了。后来到青海选址事出偶然。朱少华、霍广盛作为苏联专家的翻译，袁冠卿作为保卫干部参加了选址。他们一路到了青海省海晏县，苏联专家一下子就看上了金银滩，这才定下这个地方。那会儿九局的人不多，袁冠卿是保卫保密处处长，徐杰是干部处处长，开会的时候我们也可以听一听。

那会儿九局翻译有朱少华、霍广盛，他们俩开始是四局的翻译，是借过来的，还没有正式调到九局。王绍丰原是国家计委的翻译，稍后才从国家计委调来。

二机部最初没有办公大楼，部机关在西苑大旅社 10 号楼办公，宋任穷在 2 号楼办公，九局在 5 号楼办公。1958 年国家经济委员会撤销，原经济委员会和国家计委合并，三里河的东大楼腾了出来，咱们二机部就搬进去了。三里河二机部东大楼门口有棵大槐树，这棵槐树很粗，凡是来二机部报到的，开始好多人找不到地址，就说到三里河的大槐树底下，就这么通知的。

三位一体

胡干达：李觉把九局、九所、221 基地说成三位一体，是个整体。九局是个管理机构。初期本来没有九所，是李觉、吴际霖他们坚持成立的九所。因为 221 基地在青海高原牧场，条件艰苦，人员不可能一下子就到那里去，也没办法开展科研工作。所以九局跟部里要求在 221 基地搞基建的同时，在北京搞个落脚点，技术干部先在这里做一些科研实验工作，然后再逐步过渡上去。部里觉得这主意不错，批准去办，这一步走得非常漂亮①，为 1964 年突破原子弹赢得了宝贵的时间。

二机部系统的其他单位，像 404、504 厂我都跟他们的干部接触过。他们说我们 404、504 厂在北京就没有机构，你们 221 基地这边有落脚的机构，方便工作。所以吴际霖他们有眼光，如果一下子把这些科研人员弄到 221 基地去，那没办法工作，而先放到北京九所，自己想办法搞起来，还可以利用 401 所做一些实验，也可以搞预研，搞调研。

长城脚下的十七号工地就是这样来的，221 基地六厂区没建好以前，你搞原子弹总要打炮吧。是李觉出面找到陈士榘上将，请他借给我们十七

① 按苏方的办法，是先把大学生、技术工人都先派到苏联去培训、实习，等 221 基地建好了再回来，到基地开展工作，这要浪费很多宝贵的时间。参见后面王之康口述内容，讲到了这种安排。

号工地，它原先是工程兵一个靶场。九所和工程兵两家配合得很好，后来王义和调到九所担任实验部副主任，王义和原来就是工程兵靶场的少校科长。

九所没开建以前，221 基地就开始筹建了，也可说同时，难分先后。李觉、吴际霖跟郭英会都去过 221 工地，那个时候他们在九局办公。到了 1958 年底，九局机构逐步把办公地点搬到花园路 3 号院，李觉、吴际霖、郭英会工作重点就在九所这边了，主要在九所指挥运转。因为李觉说得很清楚，三位一体嘛，九所也是九局一部分。所以后来李觉、郭英会都说，九局成立的时间就是九院（九所后来发展成九院）成立的时间。他们一直认为 1958 年 1 月 8 日，二机部正式组建九局，同时也是九院（九所）成立的日子。他们一直是这个主张，这个主张有些道理。

李觉在部机关的时间多一点，他的重点在 221 基地，他知道 221 基地非抓紧建成不可。吴际霖有时候也去。1958 年苏联专家来了以后，吴际霖除了任九局副局长外，还有一个总工程师的头衔，分工抓技术启动和与苏联专家对接。吴际霖看得很清楚，北京这边开始起步，但老待在北京不行，所以他也到 221 基地去调研。他要求把六厂区的炮场先抢建出来，如果六厂区不搞出来，光靠十七号工地是不行的。另外，221 基地要先建水厂、电厂，没有水、电也是不行的。电厂建成以后，吴际霖说赶紧建六厂区，把炮场建起来，还要赶紧建二厂区，把炸药车间搞起来。他看准了 1963 年要到草原大会战，科研重心必须转到 221 基地去。因此，1963 年草原大会战是个转折点。

李觉的用人思想在精不在多，特别是骨干，并不是越多越好，多了反而误事。因为九所的事不能老争论，不定不行，意见多了到时候怎么拍板呢？就请王淦昌、彭桓武、郭永怀来拍板。关于内爆原理试验，聚焦怎么突破？王淦昌跟陈能宽各有一个方案。吴际霖说，我不管王方案、陈方案，哪个方案快就用哪个。

研制核武器是全国性的事业，中央下决心搞，而且毛泽东的决心很大。1962 年成立了中央专委，周恩来亲自挂帅，还有七个副总理，一大堆部长。专委会是个实权单位，这很明确。总理亲自抓，助手是聂老总（聂荣臻）。美国人很佩服中国人，他们说，你们那个中央政府很有权威，一声令下，全国都动起来了，要人给人，要物给物，都是无条件地调拨，美国是做不到的。这就是我们说的，充分体现社会主义国家集中力量办大事的优势。

周总理、聂荣臻、张爱萍这些领导都是实干家，都是办实事的。他们是决策者，也深入第一线。中央专委成立以后，他们跟二机部交代，规定九所必须 10 天左右写个简报，将核武器研制情况 10 天一报，而且有具体要求。简报要写三方面内容，一是按照中央要求的进展情况，二是存在什么困难和问题，三是需要中央专委帮忙解决什么问题。因为保密嘛，怕泄露，所以简报要用毛笔誊写。大部分简报是吴际霖跟朱光亚起草，然后李觉过目后送到二机部，二机部再报到中央专委。这些材料现在档案里都没有，因为都是用毛笔写好以后就送走了。那个时候的工作方法真是好，很厉害，最后也起到了很好的作用。这么大的事业没有中央做后台，是弄不成的。我国核武器的发展，离不开中央的英明决策、全国人民的支援、部内各单位的配合，以及九院（九所）人的埋头苦干。

站高看远

胡干达：王淦昌、彭桓武、郭永怀都是钱三强推荐的。当时九院领导的层次很清楚，班子里有顶层掌舵的，有技术上把关的。搞理论的有彭桓武，搞实验的有王淦昌，搞工程的有郭永怀，技术上由这三个人顶着。朱光亚负责科研计划和管理，是个“瓶口子”，把这三个人的意见集中到李觉、吴际霖那里去。朱光亚跟邓稼先是一代人，他们比王淦昌、彭桓武要低一辈。

九所这个领导班子高明在什么地方呢？有一个情况你们可能不知道。王淦昌跟彭桓武还有郭永怀他们说，在九所工作比在科学院带劲。第一，这里重视专家；第二，李觉、吴际霖不让他们参加各种运动，少参加政治学习，集中精力搞业务，他们说科学院不敢这样干。所以王淦昌曾经跟我说，李觉、吴际霖有头脑，科学院不敢做的事，他们敢做。有些政治方面重要的事情，怎么弄呢？李觉就跟吴际霖、郭英会说，把有关的中央文件集中给他们讲一讲，传达一下。那个时候搞“反右倾”运动，政治学习很多，但是九所的专家没有受到干扰，特别是王、彭、郭三位老专家没受到干扰。因为我当秘书，所以我知道，他们从来不参加这些会，凡是领导班子的会，什么党委会、办公会等都不叫他们，学习中央文件也不叫他们，李觉和吴际霖就把中央文件精神说一说。这样专家们能集中心思搞科研，搞好各自负责的一摊子。

李觉、吴际霖、郭英会还有一个“高招”，他们在人选方面并没有完全听钱三强的。钱三强想把401所那些老的专家都弄到九所来，包括赵忠尧。赵忠尧是很厉害的物理学家，资格也很老，国民党执政时，派他到美国购买研制核武器的设备，他看了美国1946年6月30日原子弹爆炸试验。但是吴际霖他们跟部里面说，专家够了，不能再来了，再来两个没办法统一意见嘛。搞理论的有彭桓武，搞实验的有王淦昌，搞工程的有郭永怀就够了。胡仁宇清楚这个事儿，他说吴际霖就是有头脑，不要那么多人是正确的。因为不是人越多越好，多了还误事，大家争论起来意见没办法统一。

所以说九局领导头脑很清醒，人不是多多益善。二机部曾想调一个专职党委书记来，是九所二室七组副组长方澄的爱人，他是江苏纺织工业局党委书记，局级干部。但是李觉、吴际霖坚决不要，他们说，来了就要“打架”了，不能搞重了。后来调赵敬璞任九局党委书记，主抓221的基建。他很有头脑，对221基地的建设是立了功的。当时221基地生活很困难，基建任务十分繁重，还需要一个人专管后勤，以后任副厂长。王志刚是赵敬璞的战友，也是老大学生，从部队转业过来。他工作务实、生活简朴，是管后勤的一把好手，但是王志刚的历史复杂，去过香港。“文化大革命”一开始就批斗吴际霖、李信、王志刚这三个人，我们在草原上待过的人都知道。李信从铁道部调来，筹建221基地的时候，他是筹建处主任，徐步宽是党委书记。他们是吃了苦的一代老人，对青海221的基本建设、交通运输、生活保障各方面都起了很大的作用。

九局、九所、221基地有这么一个好的领导班子，层次很清晰。第一层次是王淦昌、彭桓武、郭永怀三位专家，再加上朱光亚这个“瓶口子”。第二层次像理论部、实验部、设计部、三个生产部的班子都配得很强。理论部不用说了，有邓稼先、周光召，后来于敏来了，都是大专家。实验部陈能宽、张兴钤、方正知也都是很厉害的专家。设计部的龙文光、俞大光、黄国光这“三光”也很强。下面科研室主任这一级也配得很得力，像胡仁宇、唐孝威、李德元那一批人都是当时的室主任。

九所的科研室到了青海221基地都升到部一级：九所一室变成理论部（仍在北京）；二室、三室合并成实验部（炸药再分出来成立第二生产部）；四室变成第一生产部；五室变成设计部；六室变成第三生产部。邓小平说科学技术是第一生产力，在当时的九所体现得很明显。我后来在高校和一些单位机关做报告时说，九院（九所）跟中国科学院，跟高校不一样，中科院、高校侧重于基础理论研究，最后不一定拿出产品，写篇论文就可交差了。我们这里是要拿产品的。从科学探索一直转化成工程设计，最后拿出产品来。九院除了理论、实验很强外，它的设计能力、加工能力也很强。

早期九所党政干部也一样，干部处处长徐杰，保卫保密处处长袁冠卿，计划处处长李嘉尧，综合处处长谷才伟都是能干、实干的领导。我举两个科研运转的例子。

第一，介绍一下当时的会议是怎么开的。那时凡是重要会议都由李觉亲自主持，那个时候大家都没有搞过核武器，开会时争论得相当厉害，可以说是“百花齐放”。这就突破了苏联的框框，苏联有保密限制，我们内部没有这个限制。所以九所学术相当民主，风气比较好，能够集思广益。然后领导敢于集中，把大家的争论集中起来，那是需要头脑，需要魄力，也需要胆量的，他们做到了。

第二，意见怎么集中呢？大家发表完意见以后，核心成员小范围地商量一下，怎么收场，怎么拍板。大家研究讨论以后，再让朱光亚归纳一下。朱光亚这个人很稳重，很细心。我跟他接触比较多，他不轻易讲话，平时爱琢磨，直到琢磨透了、考虑成熟了以后才发言。朱光亚从技术上讲，我们应该怎么来做，应该走哪条路线。吴际霖侧重组织、管理、实施，由他接着讲，理论部应该什么时候跟实验部交底，实验部应该什么时候拿出东西来，然后设计方面应该什么时候起步，等等。吴际霖具体抓任务如何落实，如何安排下去。所以朱光亚、吴际霖各有侧重。李觉最后拍板，同意光亚、际霖的意见，还说，你们就按他们的路子，按他们讲的去干，有什么问题及时反馈，我们去解决。

这样就有效率了嘛，不能老是争论不休是不是？我们中国人不笨。原子弹研制初期有两条路线，一个叫内爆法，一个叫枪法，美国人有实力，两个都做了。他们投了两颗原子弹，一个"小男孩"，一个"胖子"，其中一个采取的技术方法是"枪法"，另一个是"内爆法"。但是，我们中国没那个时间，也没有那个财力。我们开始争论得很激烈，后来大家一论证一考虑，意见集中起来，都觉得我们应该做"内爆法"（其实"枪法"也能搞出来）。后来美国人解密，我们才知道"枪法"不好，容易出事故，也没前途。所以说中国的科学家很聪明，当时苏联人没有讲，美国人更没公开。我们争论的结果是下决心做"内爆法"，当然"枪法"也没有放弃——主攻"内爆法"，仅留少数的力量搞"枪法"。后来"枪法"不搞了，就集中搞"内爆法"，这说明领导、专家敢作为，敢拍板。这里面既有专家的作用，也有管理上的功劳，这就是那一代人的厉害之处。万事起步难，你不能老是争论不休，是不是？

事实证明，九所科研队伍成功地走上了"多快好省"的路子。大家总结了其中的经验：一是要充分发扬学术民主；二是要选准一条技术路线；三是要重视战略发展研究；四是要集体攻关。核武器研制涉及众多学科（有 100 多个），不是单个学科能够完成的。王淦昌本事再大，他一个人也研究不出原子弹，要集体攻关，要集体协作做事情。最后还有一条，计划倒排。开始的时候，我们是按照中央的指令、要求实行计划倒排。到现在，我们还是实行计划倒排，这成了九院一贯的做法了。计划倒排的好处是能在短时间内完成任务。

于敏的功劳确实大，他注意观察，还注意倾听年轻人或是老专家的发言，而且听懂了，觉得有道理的，他会吸收，再提炼升华。最后，于敏对突破氢弹理论做出了很大的贡献。他常常告诫年轻人，你们要多听人家发言，来启发自己，不要怕有争论。给你提反对意见也很好嘛，对不对？而且要善于消化吸收，要听进去，听懂，汲取它的精华。你看邓稼先、周光召、于敏这些人，他们基础知识扎实，别人发言以后，他们受到启发一提炼就能抓住问题的症结。有一次我给一个大企业做报告，那个单位的党委书记说，问你一个问题，你们九院这么受国家重视，技术上是怎么突破的？我跟他说，九院开始也想走仿制的道路——仿制是快，但是人家不给啊！李觉曾经跟我讲，原来九院计划来500个苏联专家，一个小组一个专家，请他们手把手地教。后来人家不教你了，撤走了，逼着你自己搞。这也有好处，我们只能自力更生，一点一点探索，这样就锻炼了科研队伍。

他听了以后受到启发，说他的航空工业设计同事现在还受米格式飞机框架的影响，把他们“框”住了，还说我们自己摸索出来了，闯出一条路。九院当时不叫“闯”，叫自主研究，人家不给你，没办法仿制。自主研究这条路走对了，没有框框。

我们的原子弹、氢弹研制出来之后，不但技术上有很大突破，带动了国家核技术的发展，还带动了一批材料科学、化学、机械加工等相关技术的发展。陈能宽原来是搞金属物理的，他来了以后解决了一个很大问题，用铅、铁代用材料开展爆轰试验。此外，研制原子弹、氢弹的过程中还培养了人才，一批中青年人才都培养起来了，后来成为九院的中坚力量。这叫后继有人。我做报告时讲，人的生命是有限的，事业的生命是无限的，事业要延续下去，必须有年轻人接班。一个单位一定要有好的人才培养机制，没有好的机制这个单位就要消亡。

九院做到了，科学技术带动起来了，人才也培养起来了。像于敏、周光召、胡仁宇、唐孝威这一大批人都是一线闯出来的。

三驾马车

胡干达：李觉局长抓大政方针，他主操这个“盘子”。总之，从党政系统来说，李觉、吴际霖、郭英会组成九局党委，李觉局长抓总，吴际霖负责科研生产、组织管理工作，郭英会负责政工和人事，人称“三驾马车”，这是个形象的比喻，意思是有了三匹马，一辆车就可以动起来。可以说，“一把手”很放手，助手很得力，没有内耗，班子的整体功能就出来了。类似的小“三驾马车”，三人为众，各单位都有。比如，李觉、朱光亚、吴际霖三人，李觉是“一把手”，朱光亚和吴际霖两人从两边协助。其中朱光亚从技术上抓方向，吴际霖从组织上去落实，李觉拍板，科研生产这辆车就可以动起来。吴际霖还任九局第一副局长，代理书记，后来担任过 221 厂党委书记。

一个班子当然不只三个人，但主次一定要分清。二机部领导班子中，刘杰、刘西尧、刘伟都是能力很强的领导，也可以说他们是部里的“三驾马车”。

李觉（1914—2010）

草原大会战期间，九局领导做了很好的榜样，221 基地还在建设中，局领导从楼房搬出来让给科研人员住，局长、处长挤在帐篷里面办公。对此，群众很受感动。当时，领导们既抓实际工作，又起表率作用。青海高原再艰苦，领导先苦，这样就让各条战线的人心往一处想，千军万马劲往一处使。

吴际霖跟朱光亚两个人是珠联璧合。一个把技术路线设计好，一个从组织上把生产加工落实好，他们两个人工作衔接配合得很好，一环紧扣一环，环环衔接，工作进展很快。这两个人各有长处，朱光亚是一个很谨慎的人，头脑思维缜密。吴际霖是一个老军工，管理技术很熟悉，他抓科研生产组织管理比较顺手。

当年 221 的组织机构老变动，经常调整，领导会根据任务马上组建一个新的实验室。基地组织机构，根据任务的需要和工作进展，几乎一年变一次。总之，上层建筑一定要适合经济基础，组织机构一定要适应任务的需要。

核武器研制需要其他单位的协助，开始有很多外协任务，比如九所初期研制炸药这部分工作主要靠外协。董海山就跟吴际霖建议，九所一定要把炸药研制工作抓过来，不能全靠外协，否则钱花了，成果没有。后来九所二室下面的两个炸药组，到青海变成第二生产部 201、203、205 研究室。九所要的核材料当然要靠二机部兄弟厂来研制生产，核材料的研制也很不简单，其中有许多可歌可泣的史料。机电设备靠一机部，引爆控制系统的元、部件，地面电子设备的元、部件靠四机部，雷管、地面光学设备的元、部件靠五机部，其他的自己基本都配套了，缺胳膊少腿不行啊！

基地选址

初选张掖

霍广盛：1952 年初，我从哈尔滨东北铁道学院俄文专业毕业，毕业后分配到铁道部苏联专家办公室，参加恢复、重建铁路工作。1955 年我被调至地质部三局任俄文翻译，随刘杰副部长和苏联专家考察湖南、江西、新疆以及东北大兴安岭地区进行的铀矿普查。1957 年成立三机部，刘杰先从地质部和国务院三办过来，吴际霖也随刘杰调入三机部任计划局副局长。经他推荐，1958 年初我也调入二机部九局任俄文翻译，曾全程陪同吴际霖、郭英会副局长和苏联专家在我国西北地区为核武器研制基地选址。

随着我国核工业的逐步发展，1957 年 10 月，由聂荣臻元帅、宋任穷部长领导的代表团在莫斯科同苏联签订了“国防新技术协定”，协定中有派出专家帮助中国建立核武器研制及生产厂并提供原子弹样品与技术资料的内容。当中除了核武器研制、生产厂，即协议里的 221 设计院，还有 342 成品装配厂、563 试验靶场、584 成品仓库。后来装配厂和成品仓库省掉了，并没有全按苏方的建议搞。

中国第一个核武器研制基地会选在哪里呢？1958 年 3 月下旬，根据中苏“国防新技术协定”，苏方从列宁格勒设计院派来以安德烈耶夫为组长，卡林尼切夫为副组长的 8 人建厂小组［其余 6 人为科巴（总设计图）、古多索夫（给排水）、苏尔科夫（建筑）、阿维利扬诺夫（结构），以及工程地质和电力专家等人］。中苏两国专家经过一个月的紧张准备，开始向部领导呈报选址建议。他们根据当时中国最大比例军事地图，提出三个可选择的地点：山西雁北、甘肃张掖、四川绵阳。

首先想对四川绵阳地区进行实地勘测，认为该地区位于中国大后方，距离海岸较远，隐蔽，连绵曲折的山岭有利于各厂区的布局，可以节省用地，也可减少移民，这些条件是符合选址要求的。在上报此方案时，解放初期曾经在四川工作过的宋任穷指出，四川是全国人口最多的省份，居民居住密度很大，仅移民一项就难以解决，因此否决了这一方案。最后，建议在河西走廊张掖地区进行选点的方案得到批准。

4 月份，我们在北京做去西北实地考察选址的各种准备。5 月初，吴际霖、郭英会，何广乾率领中苏选址组到现场进行实地勘探。选址组一行20多人，包括3位领导、8位苏联专家、2位翻译、4位技术人员（张治那、屠尔勒等）和袁冠卿的后勤组，乘飞机抵达甘肃省会兰州，当晚，吴、郭二位领导向省委做了汇报，省委表示积极支持并创造各种方便条件。第二天凌晨，省委领导张仲良、汪峰偕同省计委领导介绍了甘肃的情况。会上决定第二天即乘火车去张掖地区。一到张掖车站就见到前来迎接我们的从北京来的保卫保密处处长袁冠卿等人，他们已经为专家的安全和住处做了安排。大家下榻在地区招待所一个不算小的院子里。这里有一条引人注目的小河，潺潺的细流，灌溉着刚生长出来的各种蔬菜，据说是解放军解放这一地区时从远处引来的水。它改变了这个古老城镇的面貌，

1958 年九局领导和苏联专家合影(左 2 郭英会，右 1 朱少华)

显得充满着活力，故有塞外“小江南”之称。当地负责人介绍到这里时，苏联给排水专家赞叹地说：“没有水，一切都转动不灵。”中国同志开玩笑地说，真是卖什么，吆喝什么。一段小插曲过后，大家转向正题，根据介绍及拟议中的目标，决定第二天清晨出发奔向张掖西南的大片沙石地区。

我们乘坐着七八辆越野汽车先向西再往南走不久，就开始进入浩瀚如海的沙石滩。经过两三个小时行程后，大家稍事休息，何广乾总工程师指着地图说，再南就是河西走廊南山，属于祁连山脉，一个等待开发的处女地，那里矿产十分丰富。当即有位苏联工程地质专家抢着说：“据说祁连山是中国的乌拉尔，乌拉尔可是我们国家的骄傲，是一个取之不尽用之不竭的资源库。”有的人对沙漠还是陌生的，他们不断地用望远镜眺望四方，企图能看到它的边缘，同时也想知道它的平整程度，但边缘是看不到的。汽车启动后，继续沿西偏南方向行进，大约一个多小时到达了黑河。从这里向南看，可以看到隆起的连绵不断的祁连山脉。黑河从它的脚下滚动着，夹杂着黄浊的泥沙由西向东流去。我们到这里主要有两个目的，一是来看看水源情况，二是看看河岸的地质分层结构。在这里大家席地而坐，吃了一顿别具风味的野餐。

第二天继续向西偏南方向勘察。在接近沙河堡一带发现一口井，引起大家特别是给排水专家古多索夫的兴趣。井的旁边有些散乱的木水槽，显然是为羊群准备饮水用的。在这茫茫的沙石滩上，方圆数十里不见人烟，能有这样一口甘泉，让人立刻联想到电影《沙漠里的战斗》中战士们看到水时的情景。专家赶紧把带在身边的几个空瓶子拿出来，亲自用辘辘将水吸上来，带回去进行水质化验。井口到水面足有 40 米，可见这一带地下水水位之深。大家就在这口井旁开展讨论，也谈到地下水水位这样深，在该地区建厂，用水将是个大问题。

第三天、第四天选址组继续向更辽阔的方向进行实地勘探。回头向北可以远远地看到有火车像一条虫子顺着山坡缓慢地爬行。几天来在该地区就没见到有一户人家。由于缺水和强劲的季风沙尘，村民难以定居于此，倒是狼群主宰了这个地方，它们三三两两以饥饿的眼睛盯着陌生的目标——我们乘坐的汽车。

第五天，大家坐下来讨论在这一地区建厂的可行性，专家们就自己所关心的问题做了发言。大家的初步结论是：该地区处于大后方，面积足够大；建房材料沙石可就地取材；地质结构没问题；水质经化验符合标准，动力供应可以解决；交通方便，兰新铁路线就从它附近通过。但大家感到不符合保密要求，水资源匮乏也是需要考虑的一个重要因素。

选址组经过几天的劳累，决定回兰州休息一天。5 月中下旬的兰州，明媚的阳光照耀着，母亲河黄河从北面流过这个带状的城市，令人浮想联翩，一幢幢新建的楼房矗立在眼前。不少来自江浙的外地人加入了兴建大西北的行列，到这里来定居。吴际霖、郭英会副局长可没有闲情欣赏美景，他们得向甘肃省委负责同志汇报调研的情况。晚上省委领导设宴招待了专家。

第二天凌晨，吴际霖、郭英会副局长和专家组长商量日程安排时透露，青海省委一位负责人眼下也在兰州，他得知此事后，曾向甘肃省委负责人表示，欢迎选址组到青海去看看，那里也许有更适宜的地方。吴、郭等几位领导商量后，认为可以顺便踏勘一下，于是在选址的日程上又添了一个新的项目——到青海省去看一看。

那时候由兰州经西宁通向西藏的铁路刚刚处在实勘阶段，去青海只有公路可走。选址组怎样尽快到达西宁呢？袁冠卿经过多方联系，借用了一架"安-2"小型飞机，这种飞机飞行时速慢，高度也低，比较安全，由兰州到西宁乘这种小飞机只需要半个多小时，可以说是近在咫尺。可就在这么短暂的飞行中，我还出了一次洋相。一路大家对面相座，谈笑风生，当飞机开始下降时，我顿时觉得不适，做呕吐状，坐在我对面的苏联专家阿维利扬诺夫立刻将他的草帽伸过来让我往里吐。他的这一动作，引起了大家的笑声。也许是动作和笑声分散了我的注意力，我控制住了呕吐。

当晚青海省委书记高峰同志亲切接见了大家，表示青海是一个有待开发的省份，它有着丰富的矿产资源，如果有中央的部门在这办企业，必将促进青海工业的发展。

一见钟情

霍广盛：第二天一早，青海省委领导携省计委主任带来大批资料与地图。根据介绍和地质显示说明，西宁以东实属狭长地带，是青海省人口密集和农业发达地区，西宁以西则是辽阔无垠的高原，人口稀少，因此选址组决定对这一方向进行踏勘。省里做了交通、保卫的安排。

第三天一早出发，有公安处领导和警卫战士保驾随行，行车四五个小时后，我们终于到达预定的落脚点海晏县，下榻在县委办公室。大家用桌子拼在一起搭成床，被盖是从西宁带来的。高原温差极大，虽是 5 月下旬，还是感到很寒冷，大家挤在一起，借助体温互相取暖，有的人甚至把头盖起来睡。

第四天清晨 9 点过后，和煦的阳光照着大地，驱走了一夜的寒冷。白霜变成了露珠，镶嵌在青稞麦的嫩叶上。屋檐下的小麻雀由昨夜的冬服一下换成了轻装，跳跃在梁椽之间。人们第一次感受了高原地区春天的温暖。

大家匆忙地用过早餐后，赶忙上路去认认那陌生的地方——海晏县西偏北的金银滩①。这里水草丰茂，牛羊成群，藏族姑娘像晨星若隐若现，西部歌王王洛宾的《在那遥远的地方》就诞生在这里。这也就是 50 年代初，大家在电影纪录片中熟悉的“金银滩”。

据传，当地藏民曾因为争地放牧而发生过恶性争斗。这次选址组的行动方向是以海晏为基点，向西偏北再向西、西南作扇子形的踏勘。汽车在草滩上行走十多公里后，停在一个很大的“坪台”上。大家极目远眺还是看不到边缘，后来决定由南而北笔直地跑一趟。远望是平地，但近看却是起伏不平的草滩地，低洼地带就是沼泽地。司机凭借着他的勇敢，不顾颠簸，加大油门一往直前地冲过去。

这样全程跑了大约一个多小时，估计有三四十公里后，到了金银滩的北缘——北山南麓。大家都说要稍稍休息一会，并七嘴八舌地谈论着各自的印象。苏联总图设计专家科巴首先抢着发言，他说：“这是理想的地方，形成一个联合企业都是足够的。丘陵起伏，利用它们可减少厂与厂之间的距离。此地虽地居高原，高加索的高原不是也有单位嘛。”接着大家你一言我一语，大多数人似乎看中了这个地方，这也许是有了比较的结果吧！甘肃张掖那片土地，除了混杂的砂石别无其他，风沙刮过天空似乎也是黄色的，而这个地方，有碧蓝的天空，翠绿的水草，满山有朵朵棉花似的羊群及山坡上藏民的毡房点缀，百灵鸟不停地在蓝天歌唱着，此起彼伏，这

① 海晏 1943 年建县，原住藏、蒙古、回、汉各族，辖二镇五乡，方圆 4853 平方千米。其中山地 45%，滩地 40%，丘陵 10%，谷地 5%。“金银滩”由来之说法有：1939 年拍《民族万岁》电影说；牧草丰盛，牛羊肥壮，为流金淌银的富裕草滩说；滩上扒地植物露梅在金滩开金黄色小花，在银滩开银白色小花说；8 到 10 月秋高气爽，牧草丰盛一片金黄说；麻皮寺前河流为界，岸北为金，岸南为银说。金银滩包括金滩与银滩，但两者地形、地貌无明显区别，也未清晰划界。221 基地禁区广泛，无法区分哪些厂房在金滩或银滩。特此说明，亦为本书名由来。

样和谐的大自然美景在内地是看不到的。当然更重要的是看它是否符合选厂的几个条件，首先就是要有利于保密。专家组组长经过慎重考虑，表示赞同的同时也担心地对科巴提问道：“此地选厂面积没问题，可打炮场要远离厂区，应该放在哪呢?”科巴似乎有把握地往西指着说：“喏，那不是山嘛，咱们现在就到山脚下看看，我想会找到地方的。”吴际霖看看时间已经不早了，说道：“青海有句俗话，‘远看山近累死马’，今天就不再往里面跑了吧。大家回去后把这一地区的有利和不利因素从多方面考虑考虑。”

第五天大家直奔西山方向，一路高低不平，越往西沼泽地越多，偶尔还有河渠挡路。在河渠旁，给排水、工程地质专家都要求停车，他们要做各自感兴趣的事情：灌上几瓶河水，查看河床与河岸的地质情况等。又往前行驶数公里后我们爬上一个高坡，可远远看到寺庙的白塔顶。选址组为这个新发现感到困惑，脑海里立刻产生一个难题，寺庙迁移涉及民族政策，岂非容易？汽车在离该寺 1 公里的地方停下来，当即四五十个十四五岁的小孩直奔汽车而来，他们被这怪物（汽车）以及汉人、洋人深深吸引。经过了解，得知这个寺叫麻皮寺，这些孩子们都是送来当喇嘛的。据说该寺建于清初，原是帐房寺（可移动)，叫麻匹寺，1933 年改成土屋寺(建寺庙时缺少木材)，又改叫麻皮寺。藏民日常生活都离不开宗教信仰，藏民有个惯例，一家只能留一个男孩，其余的从十几岁起就要送寺院当喇嘛。寺的规模也不小，有经堂，一大片僧舍、仓房，几十间土屋，寺院里住着上百僧人和几个活佛。寺院的不远处，流着两条小河，一条叫包忽图河，一条叫哈拉乌鲁河，这两条河就是湟水的源头。河岸边还住着几家汉民，估计是刑满释放无家可归者的求生之处吧。

顺坡而下路越走越艰难，离山脚还有数公里，汽车终于不能行进了，

海晏县金银滩麻皮寺旧址

只好步行一段路程，发现有许多泉眼，由地下隆起小小的水柱，顺坡而下形成涓涓细流，这显然是山顶积雪融化后渗到地下的结果。看来这里水源充足，何广乾总工程师给大家调侃道，这恐怕就是“黄河之水天上来”的吧。郭英会随声附和说：“说不定我们真是到了黄河源头的头部了。”这里确实还埋着一块有文字记载的石头，不知是哪个朝代的人为寻根追源，刻字埋下的，到今天字迹已模糊得无法辨认，这块石头是不是标记着什么还真难说。后来我回到北京查了资料，黄河的源头其实在星宿海，西去还远着呢，他们的话其实是一番幽默、调侃，解解途中的寂寞和辛劳罢了。说来也巧，张掖在北，海晏在南，中间就只隔着祁连山。经过这一路的探查，科巴建议，打炮场地就选在麻皮寺院下方往西较远的地方。

好事多磨

霍广盛：返回的路上汽车是改辙而行，选址组还想着再发现点什么新东西。这里真是“天高任鸟飞”，汽车任意行。只见远处山坡有一个藏民包，大家都希望有藏民能通汉语，或许能打听到这里有关地震、降雨量、地方矿等的情况。不巧得很，汽车开到距离帐篷200米的地方，只见几只鹫鹰，一动不动地蹲在那里，旁边乱散着牛马的骨骸。一位藏族的保卫人员介绍说，这些鸟是藏民天葬的神鸟，谁也动它不得，若真打死它，藏民会和你拼命的。大家正聚精会神地听他讲述的当儿，忽见四五条剽悍、通黑的藏獒直接扑向两个怪物——汽车，它们的勇猛和不顾一切，让人望而生畏。司机见此情景，来不及请示，加大油门赶快离开了这个地方。

说来真是祸不单行，有辆车在路过一个河沟的时候，由于泥沙层较厚，轮胎被陷进去，没有绳索等工具，大家只好下来推车。不久前动过一次较大手术的吴际霖不顾体弱，身先士卒，踏进冰冷的水中和大家一起推车，但无济于事。藏族司机是位身强力壮的汉子，40岁左右，有着一手好车技。他组织周围几个身体好些的藏民先下沼泽中弄掉轮胎周围的杂草、泥沙，然后由他开车，外面则有人喊着号子使劲推，好不容易才把这辆车子拱抬出来，此时已经是晚上八点钟。大家一身泥水，带着胜利的欢声笑语，沐浴着西北高原落日的余晖赶回驻地。不过，还缺少一个产品储存的地方，选址组专家就问县长哪里有石山。县长说，过了北边山头有一个深沟，那里有树，四周都是石头山，可以打洞。郭英会和苏联专家还曾翻过山头，进到那个大山沟里，发现山沟确实很深，有很多松树，利于打洞隐蔽。

第六天，向西南方向的青海湖做大迂回勘察，方圆几百平方公里，牛羊成千上万，居住有回、蒙、藏等多个少数民族。自元代以来，这里虽属蒙古族和硕特部管辖，实为藏民牧场。这一带给大家的印象也不错，只是由低渐高，此时海拔表已经显示有3300米了。吴际霖关切地问年已近六甸的苏联专家组副组长卡林尼切夫感觉怎样。他笑着回答："通过这个高坡不就是下坡了吗？今天是不到青海湖非好汉。"吴际霖还介绍说，规划中通向西藏的青藏铁路，将来就从这一带经过，显然在金银滩建厂与保密又可能发生矛盾①。汽车大约走了有两个小时，终于到达广阔的古称西海的青海湖边，一望无际的湖水与蓝天一起构成"湖天一色"的天然图画，平静的湖水与飞鸟，迷人的自然景色，使人如同进入世外桃源一般。这恬静的天地使我们选址组的中外专家赞叹不已，他们赞不绝口地用俄文讲"好极了，好极了"！对于这样一个神奇的地方，当然有不少传说和神话。这里的藏民有一个传统，每年的中秋节，百里以内的藏民要赶着自家的牛羊群，驮着帐篷，集聚在青海湖边，他们为庆祝这一年的牲畜兴旺专门来此地拜神。大家在这里要聚一个月，组织宴会，举行各种民族活动，同时，这也是青年男女谈情说爱的一次极好机会。据说，海晏县的得名也由此而来。

据陪同人介绍，西汉王莽时期、东汉永元朝就在海晏三角城建西海郡，后都因高寒而废弃。魏晋以来历朝都曾想经营这片大地。唐朝与吐蕃大战，最后以和亲下嫁文成公主给藏王松赞干布为妻收场，成为汉藏民族和睦相处的千年佳话。爱国诗人杜甫名篇《兵车行》中的名句"君不见青海头，古来白骨无人收。新鬼烦冤旧鬼苦，天阴雨湿声啾啾"，说的就是这里的那场征战，终因自然条件恶劣汉人难以生存而没有结果。金银滩草原近两千年来先后为吐谷浑、吐蕃、蒙古族所据，最终成为藏民牧场。1943年，民国政府在这地广人稀之地建县治理。我们今天来了一些很不普通的领导，看了几天，对它产生了浓厚的兴趣！

---

① 后来，因为选了金银滩建基地，从西宁起的青藏铁路提前施工，只修到海晏，过海晏后的规划路线南移，虽然仍沿青海湖北边刚察县通过，但隔了几十公里，221基地的保密问题完全解决。

中央拍板

霍广盛：返还西宁后，选址组马上与省计委负责人又进行了一次详细的讨论，澄清了一些问题：无地震情况；无霜期不超过百天；年降水量在300～500毫米，年平均气温0.4摄氏度；草滩上的旱獭过去有鼠疫流行，解放后基本控制住；水质经化验没有问题；等等。还请有关部门就海拔2500米以上对人体的适应能力做了专门探讨。

经过大家的讨论、对比、论证，选厂组认为青海省海晏县的金银滩优于甘肃省张掖地区，但有两大问题需要抓紧解决：一是运输，二是电力资源。何广乾总工程师根据我国建设进度的实际，特别担心铁路建设的能力。1958年，兰州到西宁的铁路刚刚开始勘察，5月才动工，即使修到青海西宁以后，还要修一百多公里的铁路，才能通到金银滩，短期内建成谈何容易。

第二天，选址组向省委书记做了选址汇报，初步认为海晏的金银滩适合我们建厂。书记在讲话中表示非常欢迎在此建厂，他说，中央部委在这里建设工厂，势必会带动青海的地方工业，使其繁荣起来。你们将唤起青海西部沉睡的大地，你们是这片土地的开拓者！

回到北京，6月盛夏刚刚开始，这几位来自欧洲的苏联人已经感到热不可耐了。选址组趁着这个热劲，集中开了两天讨论、论证会，最后决定向部党组推荐青海方案。宋任穷部长、刘杰副部长，苏联总顾问扎吉扬听取了选址组领导吴际霖、安德烈耶夫的汇报，除厂址整个情况外，就几个重大问题决定再对如铁路交通、电力供应、地方疾病、3000米以上生活对人体的影响等专门安排调查、落实。宋任穷做了这样的原则指示，首先考虑221项目，将来职工宿舍不要超过三层，高寒地区建房标准要适当提高。据说，他还抽空去青海金银滩亲自看了厂址。

根据宋任穷部长的意见，选址组抓紧写出选址报告，由部里组织一次有关局、设计院参加的会议，对选址报告进行审定、论证、通过后再上报中央批准。总顾问扎吉扬也介绍了苏联在高寒地区建厂的情况，他说："在这些地区建厂，职工队伍稳定问题要注意，苏联是以较高的工资待遇为代价的，那里建厂也有一大好处，细菌少，肉类等食品不易腐烂。"

此时苏联专家组除参加编写选址报告外，又分出部分人员分别到新疆和青海选择试验靶场和成品库的场址。为了及时完成如此众多的任务，人们真的是以"一天等于二十年"的"大跃进"精神开展工作。

6月中旬，在部办公大楼六楼会议室召开审定选址报告会议，由刘伟副部长主持会议。会议开了几天，经过多方讨论、论证后通过了选址报告，并建议上报中央批准。

选址报告很快得到了中央书记处邓小平总书记的批复。7月4日，部党组书记刘杰发给青海省委的信中提出：我部已确定在该地区建厂，请你们抓紧时间征地、移民。这次任务决定由李觉、吴际霖、郭英会同志负责，请省委领导支持。九局局长李觉、副局长吴际霖和安德烈耶夫等商定：初步设计由苏方人员在苏联设计；施工设计在北京进行，由中国方面组织人力参加，苏方派专家协助。初步设计预计1958年底送到北京。

有关选址、设计工作，部、局领导一再强调要保密，对家人、亲友都不能讲，陪苏联专家出差都有保卫人员随行，自从我们去勘察草原之后，"金银滩"就从报纸上消失了。接着1939年夏天由郑君里导演拍摄的纪录片《民族万岁》，1953年拍的纪录片《金银滩》就再也没有放映过，"金银滩"三个字变成绝密！因为先是美国，后是老大哥苏联都不希望中国人拥有原子弹。

小时候听老人常说，"三十年河东，三十年河西"。真没有想到20世纪 90 年代，我又因工作关系去了趟俄罗斯，无论在莫斯科还是圣彼得堡，见到昔日朝夕相处的那些老专家，回忆起去青海金银滩选点的往事，大家都不胜感慨，那些在北京紧张工作的情景，都值得怀念。而青海 221 基地此时业已退役。各国人民之间的友谊是永存的，中国拥有核武器正是为了永远不使用核武器，不要战争。世界和平，共同发展多好。

王菁珩（时任基地筹备处技术员）：青海省委书记高峰非常重视 221 基地的选址，他一回到西宁就指示省计委要把省内最好的地方推荐给选址组，随便他们选，要哪给哪，不要舍不得，支援国防建设要紧。吴际霖带的选址组一到西宁，省里就安排好高规格的食宿接待。第二天双方见面，计委就铺开地图介绍了远近几个地方。选址组本来不准备往青海跑，难却高书记的盛情，既来之，则安之，抱着试试看的心理，那就从近便的海晏金银滩看起吧！谁知后来选址组相中了这块高原天然牧场，高书记很高兴，还设宴招待选址组和苏联专家。选址组准备离开时，双方依依惜别，互道后会有期。

中央批准了选址报告以后，部里最先通知了青海省委，请他们赶快办理相关手续。首先就是移民。二机部九局领导代表 221 基地，与青海省畜牧厅签订了《国营羊场迁移协议书》（国营羊场职工 1200 人及所有牲畜），同中共海北州委签订了《工厂禁区范围拟建场地居民迁出费用协议》（禁区范围内五所小学，841 户居民及十几万头牛羊），搬迁费共 308 万 4150 元。

青海省委书记处召开了“关于二机部在海晏建厂问题”的专门会议。省委电告二机部党组“关于对 221 基地建厂的移民、加工设备、地方建筑材料、服务人员、保密等问题所做的安排和决定”。由于受当时条件限制，搬迁准备思想动员工作不足，强迫命令在所难免，突击搬迁造成了人员及牲畜一定程度的伤亡。这种顾全大局、舍己为公的爱国主义精神，我们应该永远记住。金银滩的牧民背井离乡同样为我国核事业发展做出了不可磨灭的贡献。1959 年 4 月，历经半年，金银滩上 1279 名牧民迁移完毕，建筑公司的生产、生活准备基本就绪，221 基地的主要工程开始建设。

水文调查

王绍丰（时任九局俄文翻译）：1958 年 6 月 13 日我从国家计委调到二机部九局来了。九局有一个翻译组，其中朱少华、霍广盛已经来了，第三个就是我。

1958 年初，吴际霖拟定了九局工作纲要，然后苏联专家安德烈耶夫、卡林尼切夫、科巴、古多索夫等 12 人抵达中国，开始选址筹建核武器研制生产基地。他们先后在四川、甘肃选址。最初九局领导倾向在甘肃张掖地区选址，因为那里地势开阔，交通方便，移民任务较少。1958 年 5 月，吴际霖、郭英会和苏联专家组组长率领选址组直接到张掖地区进行选址。九局翻译朱少华、霍广盛作为翻译随同前往。经实地考察，中苏双方一致认为，张掖地区的缺点是水源不足，兰新铁路从工厂上方通过，对保密不利。另外，河西走廊这一条线上，二机部已经布置了几个厂子，兰州铀浓缩厂、玉门原子能联合企业都在这里，再安排建 221 基地不合适，对战备也不利。后来回到兰州，甘肃省委领导请吃饭，青海省委书记高峰也在场，他听说我们选址碰到困难，就建议我们到青海去。他说青海有一个地方叫金银滩，那个地方很开阔，有多少个工厂都能放下。反正要换地方，还是去那里看一看，于是选址的队伍乘飞机飞到西宁，然后坐汽车到海晏县。到达时天色已晚，县政府没有招待能力，选址组都是自己带厨师，自己做饭吃。

第二天早上起来，大家赶到金银滩一看，那里四面环山，有一座叫麻皮寺的寺庙，还有一个劳改农场。剩下的就是些藏民在那里放牧。中午吃饭的时候，大家议论说这个地方不错，221 几个分厂都可以放在这里。

选址组回到西宁以后，开了几个座谈会。大家主要担心青海海拔太高，容易有高原反应，内地人上来不一定能适应。苏联专家说，我们那里也有高原，人经过一段时间可以逐步适应高原生活。高原也有优点，细菌少，食物不易变质，吃肉问题也能解决。返回北京以后，专家组和设计分院又一起论证了很长时间。最后，中央决定，核武器研制基地就在青海高原秘密建设。后来郭英会说，这次金银滩之行没有白跑，是个意外收获。

1958 年 10 月，王绍丰（左 1）陪同苏联水文地质专家（中）到海晏县金银滩草原勘察水文地质

1958 年 10 月，我单独陪着苏联搞水文地质的专家巴利斯·尼可列维奇到甘肃、青海、新疆已经确定的厂址，去了解水文、地质勘探情况。我当时是全程陪同，除了翻译过程中不能出错外，一路上还要照顾专家的生活，就是保证他吃好、住好。我们专门带了个厨师，给苏联专家做西餐吃，想吃什么做什么，尽量让他满意。从甘肃坐车到了青海海晏的金银滩，一路很顺利。到了那里一看，草原很大，很宽敞，地势比较高，苏联专家说，那里水文地质良好，适合建厂。

1958 年 10 月，王绍丰(中)陪同苏联专家到青海时住西宁市(左为炊事员，右为二机部保卫干部)

在勘察过程中，记不起是谁给我和苏联专家拍了工作照片，现在竟成为当年唯一留下的青海选址照片。任务完成后，我们回到西宁，苏联专家住在宾馆，我们住得不能离他太远。在专家吃饭的餐厅门口，我们几个随行人员也照了一张相留作纪念。我们选址的时候，陪同的人比较多，除了保卫干部跟我们一块走外，还有至少一个班的警卫人员负责外围的保卫。那个时候保卫工作很重要，专家可不能出事，一路上吃、住、行都要万分注意。我做翻译也怕出事，出事不得了啊！我们先到了甘肃敦煌，还拍了照片，这几张照片一直保存到今天。

北京建所

花园路 3 号

概述

胡干达：北京九所怎么来的？就是吴际霖和钱三强商量后提出来要建的，苏联专家也同意在北京先搞个点。因为青海那个地方刚开始选址、搞基建，白手起家需要时间。要想尽快把第一颗原子弹搞出来，必须先在北京做一些工作。刚刚调进来的科研人员不能上 221 基地，那里没有科研条件，没有住的地方。当时九局是管理机构，北京九所搞教学基地做科研试验准备，221 是研制生产核武器的基地，那时候管 221 叫“前方”，北京九所叫“后方”。总之，前方先搞基础建设，后方搞科研试验准备，同时还要调很多人进来。

选定九所这个点（花园路 3 号），跟宋任穷、李觉有很大的关系。他们找了万里（那时候北京市彭真市长兼书记，万里是常务副市长），他是邓小平的老部下。他表示北京市给块地没有问题。那会儿北太平庄花园路还属于郊区，比较隐蔽，有利于保密。因此，二机部最后就选择在此建设九所。花园路 3 号院和塔院的土地都属于军用土地，一直是军产。当然现在这个问题解决了。

建成北京九所以后，大量调人进来，房子还不够用，就把毗邻的铁道部干校也要来了。“文化大革命”以后，国防科委把那块地拿走了，盖了一个远望楼宾馆。

赵泽民（时任北京九局保卫保密处副处长）：1958 年调到九所之前，我在公安部政治保卫局办公室工作，是办公室负责人。我曾参加过公安部侦破“国民党保密局北平潜伏台”案的侦破工作（新中国惊天大案）；参与过侦破杨虎案；参加过对我国击落的美国侦察机飞行员阿诺德的审讯工作；参与了日本战犯遣送回国前在国内参观、接受感化教育的部分组织协调工作。1958 年 9 月，公安部政治保卫局王鉴副局长找我谈话，说根据中央指示，公安部要支援 200 个干部到新建立的二机部工作，让我三天后报到，调我和爱人马志清到二机部九局工作。报到后，我在九局干保卫科工作，马志清在保密科工作。

那时候，九局和九所是合在一起的，领导班子就是一套人马。李觉是九局局长也是九所所长，两位副局长吴际霖、郭英会，也是九所副所长。刚开始筹建时，他们也没有办公室，曾在西苑旅社开展工作。后来部里在北京三里河办公楼腾出几间房子作为局领导的办公室。之后，陆续调来的人都在新建立的九所开展工作。为了保密，九所对外公开名称是北京第九研究所。当时，做保卫保密工作的马瑜、曹庚虞已经来所报到。马瑜在苏联学的是人民防空，来所时还穿着苏联的呢子军装。他们比我早到几天，我和张增福是同一天报到的，我记得所里人还不多，加上领导有几十人。

九所开始筹建时，下设保密科和保卫科。保密科科长是张增福，保卫科科长是我。不久，根据工作需要，九局党委报请二机部批准，我任九局保卫保密处副处长。处长袁冠卿陪同李觉局长在青海找公司建基地，以后又一直在青海西宁小楼做审干工作。1960 年后，袁冠卿担任九局党委副书记。因此，九局（九所）的保卫保密工作实际上是我在具体负责。

选址元朝城墙内

赵泽民：九所在北太平庄元朝土城墙内，要了 26 亩（1 亩约为 667 平方米）地，即当时的花园路 3 号（现在叫花园路 6 号），开始搞九所的基本建设。那个时候，那里还是郊区，周围是一片高粱地。当时中央的精神是“要求得很急”，二机部的要求是：边建设，边调干，边工作。吴际霖让我和李嘉尧负责九所的基建等工作，配有懂得基建工作的屠尔勒同志做技术工作。我们建立了党支部，我任支部书记，李嘉尧、张增福、张宗林等为委员。

新来的人员都参加抢建工程劳动，二机部部长宋任穷和九局领导每周六下午都来参加劳动，运土、和泥、搬砖。邓稼先也拉石滚子平地。休息时，宋任穷和大家坐在一起聊天，大家请部长讲话。宋部长说，我们第一颗原子弹先按照苏联的模型搞，照猫画虎，不改他的，第一颗以后再研究怎样改进。我和大家住在工地宿舍，那时的宿舍，是借用北太平庄那里还没有完全修好的、北京冶金设计研究院的宿舍楼。没有门窗，无上下水（给排水），没有暖气，没有厕所，条件十分艰苦。大家在一起同吃、同住、同劳动，晚上常促膝谈心，亲如一家，一心想的就是建九所早日造出我们自己的原子弹。到了 1959 年 4 月，九所第一栋办公楼北红楼建好。10 月，南红楼集体宿舍交付使用，九所可以入驻办公了。

北京元大都北城垣内建起北京九所(图为元大都北城垣水关遗址)

1959年2月，九所成立了党总支，由总工会调来的洪天成任书记，我和何桂莲等任委员。当年5月成立了所党委，吴际霖任党委书记，彭非、赵泽民、降今夫、何桂莲等任委员。

周树榛：1958年7月，二机部选址建北京九所，地点选在海淀区花园路中段，门牌是3号，靠近元故都土城墙内脚下，还是一片高粱地，这是九所的工作区。二机部另外还在土城墙外一箭之遥处选了一块更大的地，建九所生活区。这片庄稼地里有一座元代的塔，很好看，生活区就叫塔院。邓稼先等人一开始在九局办公，后来才逐步转过来。我隔壁办公室有一位苏联专家，叫列捷涅夫，他高高的个子，上班就来，下班就走。这个人平时不吭气，领导聊天时，说他是个"哑巴"专家。可能苏联政府对他有所交代吧，不让他多讲。那时就是邓稼先跟他接触接触。邓稼先是和王贻仁、陈小达一起来九所的。王贻仁是从401所调来的。我那会儿一直坚持上夜校，当时买不到字典，王贻仁就把他的字典送给我。陈小达是陈伯达的儿子，懂英语、德语、俄语三种语言。我们经常见面。他从小在苏联长大，不会说中国话，也很少说话。他平时不住花园路，住在国务院他母亲的宿舍里，来回上下班，其实单位有他的房子。后来不知道什么原因他卧轨自杀了。

1960年，塔院生活区也建起来了，先修了6栋宿舍楼，都是木地板的；又盖了一栋两层楼，上面是礼堂，下面是食堂；还有一所九一小学（后来给了海淀区）、一所幼儿园、一个蜂窝煤场。好多调往221的干部家属因一时上不去青海，也临时在塔院落脚。后来塔院又盖了几栋宿舍楼，吴际霖、王淦昌、朱光亚、邓稼先等领导都住在这里。从这到3号院上班走路一刻钟，十分方便。朱光亚喜欢骑辆旧自行车上下班。一开始郊区线通颐和园的31路公共汽车不经过花园路，因此，这条路僻静得很。后来人多了，31路就拐到花园路，九所的人进城更方便了。

1961年夏天，宋家树在北京海淀区花园路塔院古塔前留影（王佩璇摄）

原子弹模型厅

赵泽民：根据中苏签订的“国防新技术协定”，苏联答应给我们一个原子弹教学模型和一些技术资料，但我们必须按他们的要求修建一个模型厅。在我们建好模型厅后，他们又提出，路要平，围墙要高，警卫人员要多等条件。那时的模型厅不到100平方米，要求四周都要设置警卫，几十平方米的保密室前后都要设警卫，花园路3号院内也要设16名警卫。我们十分纳闷：为什么苏联专家提出这样的要求？

二机部的宋任穷部长来花园路参加劳动时，给我们做工作说：“不要紧，中国有那么多的兵力，不就是那么十几个警卫吗？就是设几百个警卫，我们也有，尽量地满足！”为了做好接收苏联的原子弹教学模型及图纸资料（密名“接货”）的安全保卫工作，吴际霖书记带着我到二机部参加了“接货”工作会。会上，宋任穷要求九局提出具体的“接货”计划。我参与了“接货”工作计划的反复研讨，特别是安全保卫保密措施的部分，经专家“挑刺”，工作计划多次修改后才得以通过。

当时，我们非常相信苏联，希望他们早点运来模型弹。我们在大厅周围拉上铁丝网，铁栏杆没有就到附近去找，看到铁道部干校有，就与干校商量先拆下来给模型厅房间的窗子装上，再与铁道部干校协调后续的事。我们从北京铁路局西直门站到九所模型厅，沿线检查所有的路段，不平的地方修补平，记录哪些地方转弯，要注意慢行，检查得很细，准备很充分，就等苏联的模型弹。

“接货”前，我们的安全保卫保密工作已按照领导的要求，在面积不太大的九所内，以一个连的兵力警卫，严之又严地部署安全保卫保密工作。

霍广盛：1958年底或是1959年初，吴际霖、郭英会带着我们一行人

1958 年北京九所盖起原子弹模型厅

去了一趟莫斯科，任务是催促苏方交付原子弹模型样品，并商讨何时何地如何交接。交接地点定在黑龙江省的绥芬河站，此时加夫里诺夫已因例行休假回到苏联。我们希望见到彼此熟悉的加夫里诺夫，但苏方出来的是另外的专家，他顾左右而言他。吴际霖急于见到老朋友加夫里诺夫，打听点内情，但苏方声言找不到该人而回避我们。在莫斯科待了十来天，我们无功而返。我当时是个小不拉子，也不会多想，但吴、郭他们局领导心知肚明，原子弹的模型永远不会来了，其他部门为接货做的准备和安排成了“黄粱一梦”！以后要靠自力更生，靠外援已是幻想。原来此时中苏两党关于人民公社已产生严重分歧，这事对我以后的工作影响很大，我从事的俄语翻译专业也从热门变成了冷门。

九所的机构

党政机构

胡干达：九局、221、九所都是实体，其党政机构的名称、职责、干部，灵活多变，调来调去，很不固定，其原因总结起来有三点：由简到繁经常调整；党政时分时合，因地制宜；任务重大，要精干高效。组建九局的时候，开始只有八九个人，头头都是党政事务一肩挑，局长、书记不管正副都一个人干，李觉任局长，吴际霖、郭英会任副局长。处级干部只有徐杰、袁冠卿等人。到成立九局党委的时候，吴际霖是代理党委书记，还设了两个专职副书记，一个是洪天成，兼任九所党委书记（“反右倾”后调走)，另一个是徐步宽，兼任 221 基地筹备处党委书记。1960 年赵敬璞调来后任九局党委书记，主抓青海 221 基地的建设。后来赵敬璞因病回北京治疗，为了对外联系和全局的需要，李觉又代理党委书记。

下面再说九所的党政机构和职能，也要费不少口舌。开始建九所时，没忙着设处、科一级机构，而是先把建所的事先弄起来。当时行政、生活的事务特别多。毕竟这是个既搞科研又管基地又有地盘的实体，徐增海、张循时是科级干部，管的摊子像个处。后来调到九所的人越来越多，事情越来越繁，等到花园路 3 号院办公楼一建好，李觉、吴际霖、郭英会“三驾马车”都过来在九所这边办公。九局在部大楼仅留个小摊子，负责与部里各部门联系。原来是党政不分家，领导兼职，合署办公，现在就需要设些部门分工办事才能提高效率。最初按党委、行政、后勤三条线来设立机构，但经常变来变去，很难一下说清楚。我记得九所党委下面有党委办公室，办公室主任降今夫（“反右倾”后调走)，下设组织、宣传、工会、团委。干部科管人事、劳资，人员调配；保卫科负责安全、保卫；保密科管档案资料、保密教育；财务科管经费，负责会计出纳、工资报销。还有行政处管食堂、车队、房产、九一小学、幼儿园；后勤处管基建，负责征地、建房等事情。我当时是所秘书，联系党务和行政。这样的机构运行了一段时间，到 1959 年，“反右倾”后突出政治，按中央要求党委下设政治处（原党委办公室升级），徐杰任政治处主任；原组织、宣传、工会、团委升为科级部门；原干部、保卫、保密科升为处级部门；成立所学术秘书室，谷才伟任主任；增设了设备外协科；原行政保障职能划归后勤处，牵头的是徐增海；后勤处管行政、财务、食堂、房产、基建，下面的车队、小学、幼儿园、办公品采购均设成科。九所的科研生产机构，就是部、室改来改去，最后稳定在六个室。科研任务都是九所几个副所长直接抓。从1963年春九所大批职工上青海221基地开始，到1964年春第二批职工上到青海为止，北京这里只剩下理论部和与其配套的后勤，还有九局和221基地派出机构在花园路和各部委打交道。这段时间，九所对外名称不变，职能已大不相同。

四部、六室、一车间

王之康（时任北京九所技术员）：1958年我和爱人独远珉从清华大学毕业，她是四川人，学机械专业，先分到九所。她到九所的时候，九所只有20多个大学毕业生，其中有成都电讯工程学院（今电子科技大学）毕业的刘伦师、崔汉等人，后来很快又分来100多人。我学的是机械焊接，毕业后留校了一段时间，到1958年12月份才到九所报到。当时接待我的是胡干达，他是九所党委负责行政事务的秘书。他把我介绍给彭非。那时候领导对分来的大学生很客气，马上就叫行政科安排北太平庄的宿舍。

李觉是九局局长兼九所所长，行政工作由副所长彭非负责。还有一个书记叫洪天成，1959年底“反右倾”，运动后就调走了。

九所早期机构分一室和二室两个室，一室主任是邓稼先，二室主任是李嘉尧。那个时候没有开展工作，也没分什么组，所有人员包括邓稼先都在劳动，李嘉尧和管保卫的赵泽民张罗着盖房子。九所先要盖一个“样品库”和办公楼、宿舍楼，再盖灰楼、车间。

1958年8月，按苏联专家的要求，“样品库”盖起来了，准备放苏联给的原子弹教学模型，供我们学习解剖。结果，原子弹教学模型迟迟不来，我们北京这批人还准备到苏联去实习呢。九所保卫保密制度非常严格，整个院子由一道围墙围起来，朝花园路有一道大门，平时关着，旁边开了一个小门，门口有警卫。这个门一人多高，又小、又窄，外面的行人无法窥探。当时我们很奇怪，为什么搞成这个样子？后来听领导说是保密需要。我们进出的时候都要检查证件，一般人不让靠近。当时苏联专家还规定，办公室所有的桌子不准有抽屉。后来我们说中国人有个习惯，一到办公室要放些零零碎碎的东西，如果没有抽屉不太习惯，他们这才同意安排抽屉。那个时候，青海221基地还八字没有一撇。

到了1960年初，九所调来105位骨干，慢慢人就多了，开始逐步做些研究工作。九所两个室分成四个部，一部是理论部，二部是实验部，三部是设计部，四部是机械加工部。四个部的体制存在时间很短，很快又按专业改成六个科研室、一个车间。一室主任邓稼先，二室主任陈能宽，三室主任朱光亚（兼），四室主任陈宏毅，五室主任疏松桂，六室主任龙文光，车间主任路庆魁。车间有很多七、八级老师傅，为有关室加工试件。这批人参加草原大会战，在攻克各种弹上元、部件加工制造中大显身手，发挥了关键作用，为提前突破“两弹”立下汗马功劳，其事迹也应永垂史册。一室搞理论设计，二室搞内爆爆轰，三室搞中子理化，四室搞核材料性能、加工，五室搞引爆控制，六室搞材料加工、总体结构。这样的架子才像个研究所，这个建制稳定了很长一段时间。我说的九所机构都是从科研这个角度来谈，其他方面我不大了解。

学术秘书室

张珍（时任北京九所学术秘书）：我于1959年调入二机部北京九所，

开始在二室二组工作。那会还有苏联专家，但后来苏联撕毁合同，撤走专家，停止援助，我们就自力更生搞核武器。九所专家出题目，我们做工作。到了 1960 年 5 月份，九所调我去当秘书，我成为九所第一任学术秘书，胡干达原来是行政秘书，当时就我们两个人。一开始我跟王淦昌、朱光亚的联系都比较多，后来九所几个专家都有了自己的专职学术秘书：王淦昌学术秘书林传骝，彭桓武学术秘书李德元，郭永怀学术秘书孙和生，程开甲学术秘书张培望。

到了 1962 年，九所成立学术秘书室，也叫四处，俞大光任处长，没有多久，俞大光调任五室副主任，由谷才伟任学术秘书室主任。那会儿九所六个室都设有学术秘书：一室竺家亨，二室余心柏，三室许袁生，四室郭善正，五室朱文山，六室李常乐。谷才伟、李嘉尧等领导在灰楼三楼办公，我们几个学术秘书在二楼西边一个大间里办公，人称“三张”——张珍、张开善、张培望。秘书室还有郭汉斌、徐莲芳、贾纪等人。

学术秘书室的工作，一是协助九所领导办事，组织学术讨论会。那会儿每周都组织专题报告会、请专家讲课，讲炸药或核科学常识。二是研究制订科研计划。最初的青海 221 基地、新疆核试验基地建设规划九局都参与了，九所程开甲副所长后来就调到马兰基地核试验研究所去了。

学术秘书室下面还有一个外协科，外协科科长是孙家林，科员有王之康、黄建平等几个人。外协科负责外协工作，与中科院、各个工业部的工厂以及军队下属的研究所进行协作。因为那时刚起步，没有生产能力，材料、设备我们都解决不了，特别是爆轰试验用的高级合金铝，一切都靠外协完成。我们到 221 基地以后，有些元件的加工也还要依靠外协，这个外协科一直没有撤。1963 年 4 月，我上青海 221 基地先在实验部工作，后调入总厂科研生产处（一处）任计划科科长，当时生产处处长是李嘉尧。

1958 年北京九所最早开始盖的北红楼（上）和紧接着盖的南红楼（下）

设备外协科

王之康：一开始九所四部主任是谷才伟，不久谷才伟调学术秘书室任主任，宋光洲任四部主任。当时学术秘书室下面有个外协科分两个组：郭汉斌（曾任刘西尧秘书）、韩文章、黄建平他们三个是搞前期试验外协的一组；朱庆飞、吕金克、丁根林和我四个人组成另一个外协组。

那个时候工作是绝对保密的，郭汉斌那个组干什么，我们不去问，但是知道一点——他们外协的都是炸药厂，我估计是为九所早期爆轰试验做准备。我们协作组主要是为221基地的厂房建设做筹备工作，负责组建厂房所需要的设备，如仪器、仪表。朱庆飞负责人员筹备，我、吕、丁三个人搞设备筹备。在九所房子还没盖好之前，我们都分头到全国有关工厂去实习，增加点实践知识。我去了哈尔滨，朱庆飞去了东北调工人。

朱庆飞因为管人员，还准备把九所一些科研人员送到苏联去学习。这里有件不为人知的事情。原来上级领导通知朱庆飞到苏联打前站，为后续人员做准备。1960年春节过后，我要到杭州出差，跟朱庆飞说了再见。我走后一周，他也订好了机票，收拾好行李准备出发。可是等我出差回来，到三四月份，他还在九所。原来他走的前一天突然接到通知，说不让去了。那时候我们就知道，一定是中苏关系出了问题。当时，苏联单方面中止合同，双方的来往并非一刀两断，而且我们下面的人不知道，许多一般性工作也还在进行。一直到1960年8月，苏方全面撤走专家，中苏核武器合作关系才最后终止。

当时221基地设计图纸都是苏联的。我们首先根据图纸搞摘录，工作非常保密，互相不问。后来就根据图纸来摘录所有221基地各个工号、各个研究室的设备需要。我为什么认识的人多？因为不管哪个室的外协都要找我们。后来我就调到计划处去了。

苏联的援助

1955 到 1960 年，中国核工业的创建，曾得到苏联的技术援助。中苏两国政府前后签订了六个协定，援助的范围和内容逐步扩大，先是找矿备料，建堆开发核物理科学研究；其次是建设原子能工业，建一批工厂和实验室；再是帮助研制核武器。科学研究项目集中在原子能所，使之成为第一个比较完整，综合性的核科学技术研究基地，并培养出大批人才，起到“老母鸡”的作用。

摘自《当代中国核工业》第 19~25 页

模型介绍

霍广盛： 1958 年 7 月中旬的一天，部里的苏联专家总顾问扎里扬陪着涅金、加夫里诺夫、马斯洛夫等三人来到宋任穷、刘杰的办公室，分别给二机部领导介绍有关原子弹教学模型的概况。讲座由刘杰主持，专家们讲了一天，上、下午分别是我和陈中在翻译，翻译组组长朱少华做笔记。涅金开始不让记笔记，但宋部长坚持要记，他说保证不外泄。涅金讲原子弹的一般原理；马斯洛夫讲大致结构，画了些图形，也写了一些数据。在场听课的有宋任穷、刘杰、袁成隆、钱三强等部领导，还有九局副局长吴际霖、郭英会。参加的人范围很小，李觉在出差途中没有赶上。我们这些翻译都是头一次听，也不大懂原子弹这个东西。我翻的俄文专业术语准不准确不敢说，朱少华边听边记忙不过来，大家都是囫囵吞枣，估计只有钱三强能完全听明白。后来，部里把笔记集中起来，由九局的邓稼先、李嘉尧帮助整理成资料，翻译也跟着七拼八凑地回忆。朱光亚审阅后写了个序，最后归档，作为开始研究的入门参考资料。当时，九局只有相当级别的专家才允许看这个资料，一般人都不知道这个东西。苏联专家这一课对我们来说是启蒙的一课，当然很重要。后来九所一室深入研究教学模型中的压强数据，发现其中一个竟然是错的。最后，周光召从力学原理上论证我们的计算是正确的。

当时二机部下属的局都有苏联专家，九局是涅金、加夫里诺夫、马斯洛夫三位。讲完以后，扎里扬给苏联大使馆做了汇报，好像苏方还嫌他们讲多了。涅金和马斯洛夫去宝鸡参观了几个工厂后，就被叫回国了，再也没有来。加夫里诺夫则由我陪同在北京周围参观了一些厂、所，前面说调朱光亚的故事，就是这期间发生的。他原准备留下做九局的常年顾问，后来也变卦了。当时中苏关系表面上很好，其实上面早有矛盾分歧，我们下面怎么可能知道？当年，苏方专家顾问严谨认真的工作态度深深感染了我们，双方之间相互尊重，互相协商探讨的友好氛围也给我留下了深刻的印象。双方在设计过程中遇到问题或出现矛盾都进行讨论协商，最后通过会签确定。我是俄文翻译，各种社交场合、餐饮、游玩都在一起，所以有如此印象。

初步设计

霍广盛：苏联对我们的援助是全方位的。1958 年 12 月底，苏方将 221 项目各厂区初步设计的一大堆资料送到北京。为使我们的设计人员尽快熟悉其内容，中方当即组织力量不分白天黑夜地抓紧翻译，不到一个月的时间，我们将资料全部翻译完毕，交给二机部十三局（设计局）下面的四处，专门供 221 的施工设计单位用。

1959 年 2 月下旬，苏方施工设计专家组一行 12 人来华，他们是组长安德烈耶夫，副组长卡林尼切夫，工艺组长巴兰诺夫，仪器仪表设计专家西马诺夫斯基，火工品车间设计专家科诺瓦洛夫、普洛丹，总图设计专家科巴，给排水设计专家古多索夫，土木设计专家苏尔科夫，结构设计专家阿维利扬诺夫，暖通设计专家罗果金，还有电力设计专家等。中国方面由二机部设计局配备技术人员组成三室，由李力负责，总工程师周抚堂，下分工艺、土建、总图、给排水、暖通、电力、翻译组，其中工艺是个大组，与各专业密切相关，尤为重要。九所派了二三十名分来不久的大学生参加工艺组，加快苏方初步设计中国本地化的进程。办公室设在部办公大楼五层东面，专门设有警卫看守。

中苏合作的一年多时间里，双方设计人员之间结下了深厚的友谊。九局有三个苏联顾问，组长是涅金，成员有马斯洛夫和加夫里诺夫，前两位待的时间不长，1959 年初就回去了。阿里扬诺夫是长期顾问，顾问组的任务是评估中国搞原子弹的可能性，包括能力、资源、加工设备。为此，我方允许他们对中国相关专业展开调查研究。

221 基地的设计由部设计院抓总，在边设计、边施工的模式下，为了赶进度，常常通宵达旦地工作，每个人就像一部部高速运转的机器，只要国家需要，就能释放出巨大的能量。他们有着严格的工作制度，每一道工序都有专人负责把关。中苏设计人员通力合作，把亲手绘制的上千张施工图纸，源源不断地派专人送往青海 221 基地施工现场。

张彩华（时任北京九所技术员）：1958 年我从南京航空学院（今南京航空航天大学）航空仪表与自动化专业毕业。当年有 80 个大学生分到二机部北京九所，我一开始不知道干什么。部领导来九所进行个别谈话，说要抽调一些老、中、青同志到二机部大楼五楼跟苏联专家一起办公一起学习。于是我和蔡慈波、肖逢霖、张景凡、张燮、方继猷、李国柱、郭甚解、孙绳璞、余松玉、赵顺兴、邱信琪、乐嘉禾、陈梓仁、胡木荣、刘金汉等十几个被抽调的人组建了一个工艺组。什么叫工艺组？就是说要建立厂房，必须知道产品生产的工艺过程，知道怎么生产、加工、装配，要安装哪些设备。二机部工程设计院专门搞核基建工程设计，包括土建、结构、给水、排水、采暖通风、电、压缩空气、空调等。我们向他们提出要求，提供这个厂房工艺过程要求的水、电、气，空间、位置等条件，他们根据我们的要求进行基建土木设计。

计算机房

张彩华：我们这些被抽调的人非常高兴，九所其他的人还不知道要干什么，而我们就能跟苏联专家一起工作了。1959年3月，工艺组十几个人到了二机部报到。部领导交代，跟苏联专家在一起，第一要不卑不亢，这是周总理的指示；第二是主动与苏联专家搞好关系；第三是尽快从苏联专家那里学到东西——搞出原子弹的工艺过程；还有就是保密，每一个人有一个保密包。然后我们被分成一个个小组。我分在仪器仪表组，组长是方继猷工程师，30多岁。组员就我、李国柱和一个翻译三个人。苏联专家西马诺夫斯基来了，他很年轻，三十几岁，特别热情。他跟我们约法三章，说：“从今天开始，中国同志每天要学一句俄文。我呢，要学一句中文。”我们果然每天都学，除了日常会话，还找一些俄文资料，增加词汇量，就这样坚持学习。为了搞好关系，我们还搞“莫斯科—北京”友谊赛跑，每天早晨从三里河跑到动物园，跑不到也不要紧，半路可以回来。我跑得最远，坚持跑了一年，身体也好了。二机部的苏联专家经常参加国际友人联欢活动。1960年春节，我有幸在北京饭店的联欢活动中和周总理跳舞，让我永生难忘。

我参加设计工作不久，领导就给了我一个“乌拉尔－Ⅱ”大型电子计算机机房的工艺设计项目。我拿来一看，就几张纸，像土建那样的框框图，几个房间里有一些小的框框，里面有机位、工作台，十分简单。那会儿计算机是个大型设备，哎呀，没见过，怎么办啊？专家在屋里也不好随便问，因为我们是中国工程师的身份，不能事无巨细地随便向苏联专家问问题。我心里有几十个问题要解答！我想问国内的同事，但大家都很忙，没回答的时间，也可能他们同我一样不知道。于是，我就想办法赶快去买书，去王府井新华书店买书，或者到北京图书馆去借书，赶快看，恨不得立即看完，看完了好跟专家讨论啊！从白天到晚上十二点之前不睡觉，当时身体好，整天就是看书，急着弄清楚是怎么回事。后来听说科学院有一台机器，我赶紧去参观了解。大概过了一个礼拜，算是有一点计算机知识了，我就开始向苏联专家请教了。

那个苏联专家人挺好的，自始至终对我很客气。当年我们工作的地方是一个大走廊，十几个房间，门都敞开，人走来走去，彼此都听得见。有时候听到别的专家说："你不要进来，你给我出去！"这是翻译没翻好，专家都急了。所以翻译翻得不对头就会闹笑话，听到苏联专家这么骂，我心里也替那个翻译难受。

苏联专家西马诺夫斯基对我们很尊重，认为提的问题都很重要。我们经常根据中国的情况向他提一些建议，合理的建议他就会采纳。当时专家们住在友谊宾馆，礼拜天搞一些晚会，他就派车接我们到那里，请我们吃西餐，看大家不爱吃，又改吃中餐——他也爱吃中餐。生活上大家互相关心，关系融洽。1960 年元旦联欢晚会上，西马诺夫斯基用标准而流利的中文朗诵毛主席诗词，大家听了非常高兴。我的俄文也学得很快，半年后就能看俄文资料，基本上可以脱离翻译和专家直接讨论工作，这样就节省了通过翻译所需的时间，工作速度大大加快。我大概用了两个多月的时间就把项目设计好了。

我把"乌拉尔－Ⅱ"计算机机房的工艺设计任务完成以后，领导又赶紧给我交代了雷管实验室的厂房工艺设计任务。我以前没有学过

1959 年陪同苏联专家游览北京天坛时合影［左起：方继猷、苏联专家夫人及孩子、刘燕珠（翻译）、张彩华、西马诺夫斯基（苏联专家）、李国柱］

火工，雷管是什么样子？我赶快又去图书馆，又去买书，了解雷管、炸药性能。当时我一个月的工资除了吃饭基本上都买书了。我把书看完后又消化了苏联给我们的资料，尽快把雷管实验室的厂房工艺设计项目完成。

后来雷管实验室设计完了，又叫我做静力实验室项目。因为我学航空时做过静力实验，知道七机部有这样的实验室，就赶快到七机部一院去实习，当然我们的要求不同。那时候我已经知道我们要搞原子弹，还知道有个原子弹教学模型要来，但后来没有运来。

向专家取经

张彩华：静力实验室搞完后，我又做总装车间项目。但我不知道原子弹的结构和尺寸，不知道面积、动力、地板的要求，电力的要求，绝缘的要求，工艺的装备等。这些都是核心技术，要多问苏联专家。这位西马诺夫斯基专家很热情，他是苏共党员。但是苏联对专家组还派“保密”专家来监督，他们有纪律要求。根据苏联国内政治形势变化，也为了控制中国，苏方限制专家向我们深度交底。但有的苏联专家确实对中国很友好，尽可能给我们多讲一些。后来听说西马诺夫斯基因为对我们讲得太深而被党内警告过两次。他是 1960 年夏天被突然调回苏联的，走的时候跟我们说就去两三天，汇报一下工作，因此只带了件衬衣。他爱人和孩子都在这里，也以为他两三天就回来，结果再也没有回来。

不是所有专家都友好，也有的专家不友好。有个苏联专家就对我们说过：“你们毛泽东说美帝是个纸老虎，我看是个铁老虎。”这是不友好的，但是大多数专家还是友好的。我认为还是要感谢苏联专家，他们的帮助使我们的研制时间缩短了。没有他们，我们工艺设计人员怎么知道原子弹是什么样的？它的工艺过程是什么样的？没有苏联专家的帮助，我们的工艺设计要满足科研的要求要等几年以后。所以，我认为不能过高评价苏联专家的作用，但也不能抹杀他们的贡献。

人才基地

王之康：九院先后在北京（北京九所）、青海、四川三地待过。到 1963 年大部队迁移到青海金银滩草原前的几年中间，北京九所进了近千名各种专业的大学生，这要算九院的第一代科技人员，他们后来成为科研生产的骨干。20 世纪五六十年代，政治运动一个接着一个，“大跃进”“反右倾”“四清”运动等，但对九院的人才成长影响不大。就说困难时期吧，北京也缺吃少穿，但这批大学生的刻苦钻研精神，很值得后来人学习。从 1960 年开始，大家都喊饿，油水越来越稀，定量越来越少。白天上班，3 号院内很少看到闲人，一到晚上办公室的灯通亮，大、中专生都在办公室看书，看科技期刊，学习外文，或者做白天未完的工作，十一二点才回宿舍睡觉。年轻人热量需要得多，肚子早就饿了，解决的办法就是晚饭留一个窝头，再用酱油膏冲一杯开水充饥。那时候偶尔吃点东北黄豆、青海湟鱼就算打牙祭了。有一天，3 号院里的黑板报上，有人贴了首打油诗——《夜读》，给我印象很深：“窗外杨柳六七株，含情脉脉将君注。艰苦奋斗功成日，不忘春风满面拂。”这可不是谈情说爱，而是对事业的执着追求！北京九所可以说是九院核武器研制事业最早的人才基地。当然位于房山的 401 所建得更早，苏联援助的原子能科研项目都在那里。九所凡是核物理、化学、仪器等专业的大学生都在那里工作、代培。于敏、黄祖洽、胡仁宇、王方定、傅依备这些青年才俊，王淦昌、彭桓武、朱光亚这些大专家都是 401 所支援过来的。反正钱三强是二机部副部长兼 401 所所长，一家人不说两家话，要人给人，要物给物，说 401 所是只“老母鸡”，孵育了九院科技人才，一点也不为过。

长城内外事

两人非正常死亡

赵泽民：建所不久，保卫工作就碰到了“怪事”。花园路 3 号院内曾经发生过两次死亡事件，引起我们的高度警惕。一次是有人跳楼，另一次是有人卧轨，两个人都死了，我参加了死因的调查。跳楼的是成都电讯工程学院毕业的大学生曾云腾，他从北红楼四层跳下来摔死了。他来的时间不久，为什么要死？怎么死的？是自杀还是他杀？要找原因。我们通过调查取证，排除了他杀。公安部原子能事业保卫局的意见是，跳楼自杀不是案件，可以不管它！但刚建九所就出了这么大的事！他究竟为什么跳的楼？是不愿意做这项工作，对原子弹研制工作有恐惧心理，还是对严格的保密制度不适应，抑或是严峻的国际形势下另有隐情？

那时候，九所人员来自四面八方。当时的工作和生活条件还不具备，而保密规定又十分严格，相当部分的人还不知道干什么，不少的人都有疑惑。局领导的意见是一定要查清楚，要找到原因。我检查了他的遗物，找到一个笔记本，里面有一些诗。他和在成都留校教书的女老师有通信关系，为此我专门出差到成都找这个老师面谈。原来他们是一对恋人，在热恋中因毕业分配拆开了。男的分到九所这个绝密单位，“五不问三不准”，信少话也少。女的很不理解，以为男的到了首都繁华之地，另结新欢，就生气不理他了。曾云腾两边为难，保密的事不能说，给她又解释不清，只好学梁山伯与祝英台，跳楼殉情，忠于爱情忘了事业。当年有些人因为上青海高原而与原来的对象分了，这种牺牲爱情的事情绝不止一两起。

卧轨自杀的叫陈小达，他爸爸是陈伯达。陈小达从小在苏联长大，不会说中国话，读完大学回国参加工作，陈伯达把他安排到一般人进不来的绝密单位，想好好栽培他。陈小达是学理科的，分在九所一室。他早已习惯苏联的生活方式和思维方式，对国内1958年搞“大跃进”看不惯。到九所后正好赶上基建劳动，他汉语表达比较吃力，加上性格比较内向，不大会与人交往，谈不成对象，苦闷至极，又排解无方，最后走上了绝路。他死后，我们查了他的遗物，没有发现什么线索和异常情况。我和二室领导吴益三写了书面材料报九所、九局后，二机部宋任穷部长亲自过问此事，我们和公安部门的同志调查了几天，找到铁路车站上多个见证人，通过询问、了解、取证，反复看了铁轨上尸体的照片，最后公安部门定性是他自己卧轨，排除了他杀。

之后陈伯达派人来了解陈小达卧轨的情况，看了我们的调查报告后，什么都没有说。九所发生这两件事后，就通知各支部要做好年轻人的思想工作，最后并没有影响到所里科研人员的情绪。

十七号工地

吴安清：我们二室七组人不少，电子学是万金油，谁也离不了。七组有两大摊子：一是研制专用电子设备和维修的。二是有个打炮队，又分两个小队，每队有八九号人，以大学生为主。他们轮流到十七号工地去，刚来的大学生问我，工地是啥意思？我回答，叫你去就知道了。你看当时的保密规定有多严！花园路3号院里有辆斯哥达大轿车，原装的捷克货。司机李师傅腰间常拴根绳子。每隔两个礼拜到周末轮换，他就载新的一批人去长城外怀来县官厅水库旁的十七号工地打炮。这还不算出差。十七号工地那里归工程兵部队管，睡的是大通铺，但伙食要比在花园路3号吃得饱些。七组的电子学专业人员去打炮是为二室四、五组研究内爆原理，帮忙操作仪器设备、拿数据服务的。去十七号工地的路上可以免费逛长城，从居庸关开始，斯哥达就在燕山中蜿蜒穿行，车窗外看那长城就像条巨龙盘旋在山巅上，壮观极了。到了冬天，雪后放晴，我们就在车上背诵毛主席的诗词《沁园春·雪》，那个意境仿佛都呈现在你眼前。车到中途，如有人提议歇一会，李师傅便会找个隘口停下来。爱摄影的年轻大学生，从工具包中取出工号示波器上的照相机，在长城上互相照张相。那时只要不说去哪、干啥，底片自己冲好，再拿到照相馆洗成照片寄给恋人、亲友不算违犯保密规定。但在花园路、十七号工地是绝对不允许拍照的。工地所在的东花园，夏天有沙果吃，大家还可以去官厅水库边逛逛；但春天风沙大，吹得眼睛张不开，冬天穿棉大衣仍冷得直打哆嗦。原子弹的内爆原理就是在这里摸清楚的。如今十七号工地立了块牌子，上面写着“我国第一颗原子弹爆轰试验场地”。老部长刘杰说这里是“原子弹摇篮”。

周树榛：我到九局早，又是老财务，长城内外九所分两个摊子，建设一共花了多少钱呢？我在 221 基地看见过 1964 年的财务决算，九所财务是张宗林负责的，听说建十七号工地的工号花了五六十万，建九所大概花了五百多万，主要是征地移民搬迁、建 3 号院和塔院的房子，其他就是九所工资、差旅费。至于从北京为 221 基地调拨的，外协的大量设备器材和物资花的钱都按财务规定，把账转到 221 基地的财务账上。现在看起来建九所的钱好像不多，但当时钱值钱，又正是困难时期，说全国人民勒紧裤腰带，支援了核武器研制事业，这是大实话。

1960 年国家遇到困难，饥饿随之席卷全国。这时候中央对 221 基地是否继续上马曾有过争论。当时的方针是调整、巩固、充实、提高。最后的意见是全国人民勒紧裤腰带也要上，这才使 221 基地建设没有中途下马，在困难中继续前行。1960 下半年到 1961 年上半年是最困难的一年，民工饿得受不了，回家逾期不归的有上千人，被除名、遣返者有两千多人，剩下几千人坚持生产自救——种土豆，捞湟鱼，咬着牙生存下来。

第2章

前方基地建设[①]

1958年8月，李觉到青海，立即投入基地建设。根据中央指示，他参加青海省委常委，以便更直接地接受当地党委和政府的领导，争取他们的支持。当时青海省委第一书记是高峰同志，李觉向他汇报，他表示全力支持。青海省委指派副省长薛克明负责，组织由省人委、计委、公安等有关部门负责人参加的小组，协助办理和解决地方建材、生活供应、劳动力和警卫等问题。薛克明对李觉说，你们也当一回牧民，过过游牧生活，日出而作，日落而归。

李觉初上草原只带了二三十人和3顶帐篷。部里配了4辆苏制吉普车和4辆长春第一汽车制造厂生产的“解放”牌卡车，运载器材和设备。李觉到金银滩的第一件事情，就是支起3顶帐篷。他带来的20多人，多数是工程师，他们负责勘察设计，每天早出晚归，跑遍了金

① 为了保密，李觉把金银滩称为“前方”“基地”，把北京九局、九所称为“后方”。这个比喻很恰当，大家也相沿成习称呼下去。

银滩的各个角落、各个地方，晚上挤在帐篷里，在煤油灯下，画图纸，搞设计，规划着金银滩的未来蓝图。青海省军区领导知道李觉住帐篷，很过意不去，提出让李觉到军区大院来住，军车负责接送，早晚也可以吃口热饭。李觉执意不肯，作为一个指挥员，怎么能离开自己的队伍？省军区的同志见劝不住，就给李觉送来一盏汽灯、三个高压锅，让他们能够吃上热饭。当时我国还不能生产高质量的高压锅，省军区把他们仅有的几个都送来了，外带一些食品。李觉知道测量工作很重要，白天工作晚上熬夜，很费眼力，就把省军区送给自己的汽灯贡献出来，又打电报到北京，请部里多购买一些汽灯。与煤油灯和蜡烛相比，汽灯已经是奢侈品。而当地绝大多数牧民连煤油灯和蜡烛也没有，靠烧油松照明，牧主也只能点酥油灯。

很快，在青海省委和省政府的帮助下，将金银滩的牧民迁移出去，并妥善安排，然后选调几千名支援边疆建设的河南青年参加基地施工，首先是修路，修一条西宁至金银滩的干线和到各分厂的支线。不久，收到了苏联专家提供的基地初步设计方案，221 基地工程全面展开。

摘自《李觉传》第 277~281 页

跑马圈地挺进快

先遣组

张生文（时任九局保卫干事）：1958 年 7 月初，我从西安市公安局调到北京二机部报到。我到九局是袁冠卿爱人刘俊琳接待的。她叫我在招待所先住下，和周树榛住在一起，还说九局领导到西北去了，等着他们回来再分配我干啥。7 月中旬李觉局长回来了，叫我到他办公室。我看到还有吴际霖、李信等其他几位领导在那里。李觉对我说："小张，你到青海去，局里要组织一个五个人的工作组，由袁处长带队，先到兰州开展工作。"九局派往青海的先遣组的主要任务就是落实哪些建筑单位来建设基地，部、局领导给带队的袁冠卿处长交代，不但施工力量要强，而且进厂的人员都要政审。这五个人中，张冶那是学建筑的大学生，懂技术，当袁冠卿的参谋；童传信管保卫、安全，负责政审；我管保密和教育，包括所有的资料和保密材料的保管；肖玉琦管财务、出纳。凡是要与甘肃、青海省委，国家计委等上面机构商量的事，都是李觉出面交涉，具体落实则交先遣组办理。

8 月初，袁冠卿就带着张冶那、童传信、肖玉琦和我组成的五人先遣组，坐火车来到兰州。我们在兰州友谊饭店住下，想法招兵买马建设金银滩基地。我们了解到当时兰州市工程局下面有支出了名的建筑施工队伍，原是志愿军一个整师，1955 年集体转业成建制组建的，有五千多人。人们习惯叫他们建三师。这支队伍不但工种齐全，而且人员的政治条件好，很适合我们的需要。我们就到他们建成的反应堆工地参观，接触他们的领导，印象很不错。正好这时李觉来了，我们都很高兴。袁冠卿向李觉做了汇报。李觉走后就由袁冠卿代表九局和李觉，和兰州市工程局及其下属的建三师，反复商量 221 基地施工力量的组建和安排，部里在甘肃还有三个和核武器配套的大工程，都要通盘研究。

初上草原

张生文：1958 年 8 月中旬，九局局长李觉坐火车到兰州来了。他首先听了袁处长（袁冠卿）的汇报，详细询问了我们招建筑施工队伍的进展情况，也关心询问我们的生活；然后到甘肃省委去，安排好组建施工公司的事；后来指定管工程技术的张冶那，管保卫的童传信，管保密的我和他一起由兰州坐苏联造的安-2 小飞机飞往西宁。留下的袁冠卿和肖玉琦送我们到机场。这条航线开通不久，开始我也不知道去干啥。在机场我第一次看到飞机，心里既高兴又害怕，和局长坐在一起，万一掉下来不是都没命了吗？我们不要紧，李局长咋办？我们救不了他呀！李觉看出了我的心思，鼓励说："小张不要害怕，只要他们敢开，我就敢坐，这比抗日前线打仗安全多了。"上午九点多我们登上飞机，起飞后的确平稳、舒适，一个多小时就到西宁了。我们到西宁宾馆刚住下，青海省委高峰书记、公安厅杨厅长及公安厅七处处长巴德科（藏族）就来到我们的住处。高书记说："中央要在青海建设国防尖端科研厂是我们青海省的光荣，同时我们也深感责任重大。今后你们有什么事与我们及时联系，省委、省政府将全力支持。具体办事就找薛克明副省长，由他负责解决。"他又对杨厅长说："这个厂保密要求很高、很严，警卫任务很重。李局长他们的安全，由你们完全负责，一定要保证哟！"接着他带着命令的口气对巴德科处长说："德科同志，你是藏族，他们进入草原，由你护送，你要多操心，有什么问题吗？"巴处长严肃地回答："一定完成任务，保证将首长安全护送到目的地。"

黑风口遇险

张生文：那时的西宁还很落后，只有东大街上有几辆公共汽车，第二天上午八点多，公安厅七处的巴处长带着白科长，每人背支冲锋枪，和五名全副武装的战士一起驱车来到我们的住处。为以防万一，省公安厅决定给李局长和我们其余五位同志每人配备一支手枪，老童和我还有两支长枪，张冶那工程师还说，带这么多枪干啥？又不是去打仗。巴处长说："进入厂区怕路上不安全，以防万一嘛。"

上午九点半，我们分乘两辆北京吉普出发。路越走越高，车在山间弯弯曲曲、坑坑洼洼的牛车土路上行驶得很慢。两个多小时的颠簸过去了，没遇上什么麻烦，我的心这才开始平静了一点，刚想闭上眼睛休息一下，突然听到前方"砰、砰"传来几声枪响。巴处长立即命令停车，对着山头也开两枪，他、白科长和老童赶忙下车查看，我刚放下的心又一下子提到了嗓子眼，急忙将头伸向窗外。巴处长正在车前用藏语喊着什么，后车也停了下来，全副武装的战士个个严阵以待，密切注视着前方的山口。李局长下车问出了什么事。巴处长回来汇报说："前面这个山口叫'黑风口'，是进厂必经之路，山上有四五个土匪模样的人，向我们这里打来几枪。看见我们车多、人多，又有枪，就翻山跑了。"李觉说："走了就好。我们也在这里休息一下。"大家向他围拢来，他喝了口车上带的开水，对大家说："这是少数民族地区，过去国民党反动派经常镇压少数民族，再加上对少数民族的歧视，故而造成了很深的民族矛盾，一下子不易解决，只有靠我们党的民族政策和我们的行动去教育和感化他们。"经过一段时间的休息，刚才的虚惊也消除了，车继续前行。进入牧区，李局长让车停下，此时已是中午。我们向西望去，只见牛羊星罗棋布，好一派草原风光。车到海晏县城附近，还未停稳，县委书记肖光和兰县长就急步迎上前来表示欢迎，并关心地说："今天接到通知，知道你们要来，我们在这里看了好几遍都未见，怕路上出事，派通信员前去打听了几次也没有消息。一路可好？"李局长幽默地用手在空中比画几下，边走边说："有巴处长等同志一路保驾，还怕什么，就是来几个土匪，我们也能对付。"

羊肉奶茶

张生文：不知不觉到了只有几间土屋的县委招待所。肖书记说：“为了欢迎北京来的客人，没有什么好招待，今天请大家尝尝青海特产——手抓羊肉和青稞酒。”李局长说：“这就很好了，在北京很难吃到这样地道的美味呢。”到食堂我们看到两个大圆桌，桌子上早已摆好了两大盆香气诱人的羊肉和几瓶青稞酒。不知是大家经过一天的长途奔袭累了、饿了，还是羊肉太好吃了，在阵阵热情洋溢的祝酒声中，不一会的工夫，四大盆羊肉，五瓶青稞酒就被我们七八个人消灭了，吃得我满嘴流油，遗香在口，至今难忘。

吃完饭出来散步。我是第一次到青海，第一次看到大草原，第一次和领导同桌吃饭，也是第一次吃手抓羊肉……真是太多的第一次。天空万里无云，夕阳西下，大草原就像一张美丽硕大的地毯，我置身其中，不禁浮想联翩，再看草地上各种鲜花迎风摆动，就仿佛草原姑娘用她们那靓丽动人的舞姿迎接我们这些远道而来的客人。多美丽的大草原啊！晚上睡在用牛粪烧的热炕上，脑子兴奋极了，心里在不断想：多么重要光荣的任务，多么美丽的大草原，多么朴实热情的领导啊！我一定要在这美丽的大草原上干一辈子，为祖国的科研事业奋斗终生。

到县里的第二天，划地界的工作开始了。县委的领导早已给我们准备了七八头高头大马，吃完早饭，到县委大门口，李局长半开玩笑地说：“今天叫大家尝尝骑马的味道。很多地方车无法走，只有靠这玩意才能完成任务。”巴处长给他牵来一头又高又大的枣红马，其他同志也各选一头。我没有骑过马，怕摔，只好向拉马的同志要了一头小一点的老黑马。技术干部张冶那拿着地图，我们就按着测量图纸的标志出发了。当时的金银滩并没有规则的路，沿着牧民踏出的草中小径，先到北边，沿厂界线又往西，接近冈察县边界，骑马走了三个多小时，由西又转到南边的高山脚下，方圆有三四十公里，在跑马占地的过程中，凡走一二公里，李觉就叫警卫同志在地上打桩做记号，作为我们的厂界。张冶那就忙着在图上标记下来。在中间休息时李觉给我们介绍，今后建厂时，这里可能干啥，那里又有什么用，边走边聊。

中午，我们来到位于厂区西边的一个喇嘛庙——汉人叫它麻皮寺。寺庙是一大片土屋，大部分的喇嘛开始迁走，有一对老夫妇看守着庙门，门口一只黑色藏獒狂叫。穿着一身黑色藏袍的一位喇嘛迎出来，一张褐色皮肤布满皱纹的脸，嘴里不断念着什么，可以看出他是用藏民的礼节欢迎来客。进屋后，老人家请我们围着牛粪火炉席地而坐，藏民老妈妈把油茶壶放在火炉上烧着，要给我们上酥油茶和自己做的糌粑。李局长、巴处长和两位藏民老者亲切交谈着，巴处长当翻译，男主人很客气地说："我们就要搬家了，没有什么招待你们，尝尝自家做的酥油茶，吃点糌粑吧。"只见老妈妈拿来几个小碗，在身旁的干牛粪堆上抓了一把牛粪末，在碗里来回地擦了几下，用手一拍，用嘴一吹，就算干净了，往里倒酥油茶。李局长也很恭敬地回道："这很好嘛，要在这儿建厂，请你们搬迁是国家的需要，将来等厂建成后，再请你们回来做客。"李觉端起小碗喝酥油茶时，看我们几个都不动，便小声对我们说："这是少数民族的风俗和礼节，必须喝，不喝是看不起他们，不尊重他们。"这样我们几个人才慢吞吞地将碗端起，好不容易将酥油茶喝下肚去。我们其他几人听不懂藏语，只是看着手势学着吃糌粑和喝奶茶。临走时，喇嘛和李觉互赠了哈达。由喇嘛庙出来，李觉意味深长地说："藏族兄弟重礼节，讲义气，热情好客，我们要处处尊重才是。"

离开麻皮寺，跨过两条雪山融化形成的小河，一条叫包忽图，一条叫哈拉乌鲁。这一带水源很丰富，后来的水厂就建在离此不远的南山脚下。我们又从西往回走，用了一整天的时间，总算跑完了今后全部厂区的主要地带和道口。晚上我一步也走不动了，这是我第一次骑马，又跑了一整天，把屁股都磨破了，其他的同志也有同感。正当我难受时，李觉来了，他关心地说：“小张，怎么样？骑马过瘾吧！”我说：“以前没有骑过，屁股都磨破了。”李觉说：“当兵的就要学会骑马，我们当兵时天天骑马，屁股磨破了也得骑，皮磨厚了就不痛了，你以后多骑就好了。”李觉走后，我趴在被子上回忆起白天的情景，李局长真不愧为解放军的将军，今天他骑大马走在最前面，真像作战时的指挥员，指挥我们勘察地形、地貌，打桩，回到驻地又像亲哥哥一样，问长问短，关心我们的生活，指导我们的人生道路，使我牢记在心。

民族政策

张生文：厂界划定后，工作任务也布置了，李局长此行的任务——和青海省委交接、打桩占地已基本完成。在海宴的第三天，他饶有兴致地对大家说：“今天我要带大家去一个好地方。”大家问：“去什么地方？”“现在不告诉你们，到了就知道了。”李觉神秘地回答。不一会，司机把吉普车开过来，在县委领导的引导下，经过近 3 小时的颠簸，最后车在一大片水泊边停了下来。李觉对大家说：“这是我国最大的内陆湖——青海湖，你们看那是什么？”我们大家沿着他手指的方向望去，只见那湖边小岛上黑压压的一片，全是鸟，当鸟儿飞起，又见地面上一片白，李觉告诉大家那全是鸟蛋。

大家边走边说，到清澈见底的水边，想用水洗一洗手、脸，刚弯下腰，见水里的鱼儿成群结队地游来游去，肖玉琦同志随手抓了几条，叫李觉看。李觉说："这湖里的鱼多得很啊，过去藏民把这种鱼称作'神鱼'，是不准抓的，更是不准吃的。1951 年解放军进藏，途中几个战士负伤，在山坡上休息，空中飞来一群鹫鹰，用爪子抓伤了一个战士的头，另一个战士就违犯军纪用枪打死了一只，当地藏民看见却不依不饶，找到驻军领导说解放军违反民族政策，不守信用，开枪打死了他们的'天神'，要求严惩打死鹫鹰的战士。军首长了解后才知道，打死了鹫鹰，也就是打死了他们的'天神'，惊动了神灵，今后这个地区就要遭灾，要死人死牛羊。为了维护民族利益，执行民族政策，完成解放西藏大业，这个同志被严肃处理了。"李觉的一席话引起了在场同志的震惊。

不知不觉已到中午，我们正准备吃自带的干粮，只见西南方向乌云突起，随即又刮起了大风，县委领导和巴处长说："在这里不能吃东西了，大家赶快上车往回走，一会就要下大雨了。"车开了还不到 1 个小时，大风卷着冰雹铺天盖地地袭来，打得车篷"咚咚"直响，好似要把我们和车一起卷走。车无法前进，只好停下来。半小时后雨过天晴，天上出现一弯彩虹，漂亮极了。我们这才返回住处。这次外出，我亲身体验到了青海的天气变化无常，也感到今后一定会有更多、更大的困难在等着我们。

完成先遣任务

张生文： 跟李觉局长跑马圈地回到西宁后，李觉做了些交代就匆匆忙忙走了。我们参加跑马圈地的三人又回到兰州，在袁冠卿领导下，整天为组建基建队伍忙碌。最后是以建三师的人马为基础，成立了五个公司，这就是到 1959 年 2 月，正式成为二机部直属的 101、102、103、104、105 建筑工程公司。它们将要承担504厂、404厂、221厂（基地）和酒泉导弹发射基地的建筑施工任务，后都划归二机部建制。其中104公司管221基地的基建，103公司兼管221基地的工艺设备安装。104公司经理是刘志民，书记是张有才。我们当时正跟104公司的领导商量怎么编制、启动、分工合作，赶快把221基地建起来！

当时兰州到西宁铁路不通，他们要商量如何让建设大军开上去，如何安排吃喝拉撒一大堆事。104公司的意思是这不是一天两天能办成的，为了稳定队伍，先要安排好家属，在兰州要搞个点。袁冠卿就不同意，主张先顾生产，后顾生活。为此双方还有过争论。九局李觉、吴际霖的意见也是先生产，后生活。部里有指示，胳膊拧不过大腿，建筑公司只好先服从。我们对104公司的主要人员还要谈话，对要进金银滩的人，还要看档案，进行政审和保密教育。前后忙了两个来月。礼拜天我们也会出去转转，第一次来兰州什么都感到新鲜。这个西北省会闻名遐迩，有个五龙亭在半山腰上，是个古迹。兰州城市建设虽然比不过西安，但很有特色，从东向西展开，北面就是母亲河黄河，黄河水流到这里还不是很混浊。1958年全国"大跃进"，上了许多建设项目，兰州上游正在建刘家峡水电站，到处都是工地。还要大炼钢铁，兰州处处支起炉子，冒着烟，吃饭又不要钱，干得热火朝天。104公司的队伍从国庆节前后就分期、分批从兰州出发，向青海金银滩草原进发了。我们一直工作到国庆节后，才把先遣任务基本完成。后来兰州成了我们从内地来，到新疆去的中转枢纽。甘肃省委对建221基地的大力支援，以及兰州这座城市给大家留下的印象，都不会随着岁月的流逝而被人遗忘。

勘察测绘

张生文：1958年秋天，从北京又来了一批人，带着各种测量设备、纸

最早上草原的人就住在帐篷里测绘、画图

张，要到金银滩勘察地形、地貌，为初步设计提供原始数据。他们来到西宁后，说明来意，办事处当然十分重视。我搞接待，安排了几台大小车辆，派张冶那同行上了草原。他们进到麻皮寺，住进喇嘛走后留下的土屋，开始勘察和测绘地形、地貌，成了金银滩上最早的221基地人。在李觉亲自圈地打好桩的范围内，测量队测量了好多天，把测量结果

测绘人员在金银滩草原上规划未来的建设蓝图

记录在纸上，形成资料送到西宁，再由我们派专人分批送回北京，提供给部里的设计处做初步设计。后来搞测量的陈圣让留了下来，他和办事处的朱淑英谈了对象，后来结婚还是我当的介绍人。测量队还没走，104公司的队伍就开上来了。我的陕西老乡赵俊贤带着一帮同事和民工也住到麻皮寺，收工之后还和测量队打过篮球比赛。当时，基地筹建处和建筑公司合署成立筹建处指挥部，李信、徐步宽、袁冠卿几位领导经常开车上麻皮寺歇脚，从选址开始，圈地、测量、施工准备、建设……麻皮寺的几十间土屋接待过多少拓荒者，安顿过多少建设大军啊！那片土地上的脚印可以作证！

机构规划和布局

机构和名称

王菁珩（时任221基地一分厂技术员）：1958年秋，九局在西宁设办事处，负责早期的保卫、接待、财务、人事、劳资等方面的事情。办事处是处级编制，袁冠卿处长坐镇，其他多为科级干部和办事员。不久，九局指定李信、徐步宽为筹建221基地的领导。他们开始住在西宁宾馆，平时和袁冠卿商量西宁这摊子的工作，他俩的人事劳资关系也暂时放在西宁。到1959年5月，西宁小楼建好，办事处搬进去集中办公时已有三四十人。这个时候，基地筹建正式拉开序幕，筹建处上草原和建筑公司会合。西宁办事处的职能逐渐简化为接待和安排家属生活的联络站，主要任务是派专人往返西宁、北京，转送221基地基建资料和西宁、北京之间的电台通信，随时汇报筹建进展。

1959年1月，青海成立了第二机械实验厂筹建处，书记徐步宽，主任

1958 年金银滩草原上的牧民为核基地建设远走他乡

李信，对外掩护名称为“青海省第五建筑工程公司”。1959 年 6 月，筹建机构改名为青海机械厂筹备处，主任李觉兼筹备处党委书记，兼青海省委常委不变，筹备处副书记徐步宽，副主任李信、乔献捷、彭非、刘志民、崔银茂、肖光。1961 年 4 月，二机部又调赵敬璞担任 221 基地筹备处党委书记。9 月，成立 221 基地安装工程公司党委，赵敬璞兼党委书记，副书记王志刚、张有才、罗中奎。1964 年 1 月，青海机械厂又更名为“国营综合机械厂”。

规划与布局

李根昌（时任北京九局计划处干事）：我 1955 年考入铁道部太原铁路运输经济学校，1958 年毕业后分到太原铁路局，1958 年底调到二机部九局计划处。当时计划处处长是谷才伟，科长是劳顺茂，成员有何根林、李德民、袁□□等，一起参与了 221 基地基建预算汇总工作，对基地初步规划有些了解。221 基地建设规划是 18 个厂区：一厂区也叫一分厂，以设计部 105 大楼为中心，包括几个科研室和加工产品的 3 个车间；二厂区是二生部那一摊子，有炸药工号和产品总装工号；三厂区是 221 基地炸药仓库；四厂区建有 10 个工号，主要承担环境条件试验任务；五厂区是废品处理厂；六厂区是实验部爆轰场地，建有 5 个工号，承担冷试验任务；七厂区也属实验部，建有 4 个工号，承担核物理、核化学近区物理测试任务；八厂区是汽车修理厂；九厂区是油料库；十厂区是机械加工和机械修理厂；十一厂区是产品出厂站台；十二厂区是普通货运站台；十三厂区是铁路管理站，十四厂区是热电厂；十五厂区是水厂；十六厂区是污水处理厂；十七厂区是粮食和生活用品仓库；十八厂区是生活区，也叫总厂，包括厂办公大楼、邮局、医院、商店、影剧院、职工宿舍楼、小学校、幼儿园、食堂等。

我在北京的时候，花园路 3 号院已经进驻施工队，新分来的大学生都在搬砖运沙。二机部和九局抓得很紧，大家分头行动。1958 年 8 月，李觉派了一个五人先遣组，袁冠卿是头，带队去兰州负责组建施工队伍，参与组建 104 公司。万事起头难，大家一块商量怎么行动，决定让队伍国庆后分批出发，带着西宁的支边青年进厂，先铺路，为后续队伍搭工棚，垒锅灶，引水。当时草原上除了剩下不多的牧民和牛羊外，几乎一无所有，吃的是行军灶，睡的是地铺床，用电靠自带的柴油发电机。麻皮寺成了一个主要居住点。麻皮寺原来是个土屋寺，有经堂，有 5 个活佛，100 多个僧人，几十间土屋，这是千里草原上难得的人工建筑。土屋虽多但也不够用，遇到女同志来时也无法分开隔单间，只能用木棍插在中间，算是异性有别的办法。

青海省对 221 基地建设很支持，很早就成立以副省长薛克明为首的领导小组。1958 年 8 月以后，金银滩草原开始征地、搬迁牧民，花了 300 多万元移走并安置 800 多户农牧民和 10 多万头牲口。藏民搬走以后，大批施工人员陆续进厂，在金银滩上分成四个工区安营扎寨。他们将要建起加工场、吊装队、采石场、砖场，先搞好施工前的各项准备工作，接着修桥修路，解决施工设备维修、地方建材供应、生活物资供应等问题。另外，保卫保密方面的工作都有安排。

组建建筑公司

张生文： 221 基地的建筑单位怎么组建起来，说来话就长了。1952 年朝鲜战争停战谈判已经开始，8 月 1 日，中央军委下令全国从原预备参战部队中，组建八个建筑工程师一级单位，番号从建一师到建八师，参加第一个五年计划的基本建设。建三师的七、八、九三个团来自宁夏和陕西，他们先从西安干到兰州。1955 年 5 月 1 日，建三师接到国防部命令，宣布集体转业。以建三师队伍为基础，加上西北建筑一公司和东北调来的两个建筑公司，组成兰州市工程局总公司，修建了炼油厂、石化厂、化工设备厂、发电厂、内燃机车厂。建三师下属原八团组建成第三建筑工程公司（简称“三公司”），团长刘志民改任经理。随后三公司进入兰州中国科学院物理研究所405工地，承担修建原子反应堆工程任务。到1958年修建完工后，上级决定以405工地刘志民的职工队伍为基础，再从建三师原九团政委张有才下属的干部和技术工人中选拔人员（经省公安厅政审），组成104公司。由刘志民、张有才带领1000多名骨干员工，分批带着后勤物资逐步进入青海省海晏县金银滩草原，参加221基地的建设。西北的核工业基础建设陆续完成后，1969年中苏矛盾冲突越演越烈，大有一触即发之势，我国核工业向西南大三线转移，这支基建大军又奔赴西南当开路先锋，为四川的核工业建设立下汗马功劳。103、104公司在四川叫二

1958年底工程兵部队开赴西宁修建到海晏的公路

三、二四公司，建902基地，以后经几次分家，定为企业单位。九院后来成为计划单列的科研事业单位，这些参加过草原大会战的老职工原本是一家人，后来各归各途，退休待遇相差很大，令人感慨不已。

筹备处和筹建处[①]

李信

李信（1915—1980），曾在日本水产学校就读，七七事变后回国，与山东爱国青年一起，经南京、汉口等地辗转，于1938年到达延安参加革命。新中国成立后从部队转业到沈阳铁路局工作，任皇姑屯机车车辆厂副厂长。1958年调二机部九局即分配去青海，在西宁宾馆设点，同徐步宽一起带领先遣人员进入草原，担任筹建处主任。1960年困难时期和筹建人员同甘共苦，坚持工作。1963年夏天，同九局、221基地领导一同指挥草原大会战。1964年3月任221研究设计分院院长。1965年“四清”运动开始即被审查，停止工作并调回北京。“文革”开始，李信被拉回221厂批斗。1969年“二赵”进厂，继续将其关押。1970年底转移到河南驻马店劳动干校，继续审查，劳动改造。1971年回北京治病。1980年12月在北京逝世，终年65岁。

摘自沈阳皇姑屯铁路机车车辆厂厂史资料

① 筹备处、筹建处两个称谓区别何在？当时筹备处是221基地基建时期金银滩上最高的党政指挥机构。由李觉、赵敬璞任职的筹备处职能更广，全盘负责；筹建处则具体抓基建、施工。特此说明。

徐步宽（1919—1994），陕西子长县人。1935年参加革命，1936年加入中国共产党。历任共青团区委书记，县委宣传部长，县长，热河省委组织部部长，省总工会主席，中华全国总工会组织部副部长。1958年调二机部，历任221基地筹建处党委书记，221厂党委副书记兼政治部主任，二机部六局副局长。后任陕西核工业局局长、党组书记，陕西国防科工办副主任。1983年离休，1994年去世。

徐步宽

摘自《两弹一艇人物谱》第563页

十八人名单

李根昌：带着九局领导的重托，参加筹建处的第一批人员，1958年9月就陆续奔向西宁了，被安排住在西宁人民大厦，与青海省委、计委接头。后面报到的人住在西宁人事局西山湾招待所。每有新人到达，办事处都会开会欢迎并介绍情况，进行保密教育。这个时期张生文他们去青海省邮电局联系怎么通信，经商量后就以他们当时住的3楼21号房间作代号，起名青海省西宁市矿区321信箱，这才沟通了青海和内地的邮电业务。

1959年1月，九局正式成立221基地筹建处，书记徐步宽，主任李信，具体负责和主管基地筹建的日常工作。李觉作为挂帅的九局局长，前方青海、后方北京来回跑，确实是太忙了。1959年2月，二机部从山东部队转业战士中，调拨来上千人参加基建。这批转业军人，一看青海高原条件这么艰苦，不安心工作，还闹情绪。李觉又来西宁，又训又劝又安顿。4 月又从河南清丰、内黄县调来约四千人进厂，加上 1959 年上半年九局调进来的干部、技术工人、其他人员等好几百人，金银滩草原陆续汇集了一万多人，基建大战的帷幕正式拉起。当时基建需要的钢材、木材、水泥三大材料，只能按计划调拨；沙石、砖瓦，由地方提供。有些工种的军工，还要就地或送出去培训。开始物资转运站设在河口，后设在民和县。1960 年 2 月铁路修到西宁，物资转运站移到西宁西站，大批基建物资才能源源不断地运进来。从部队转业的军工主要分配干机械、土木等工种，河南民工则分配去干铺路、搬运、制砖、采石、烧窑、炊事等普通工种，最苦最累的活都是河南民工干的。103 公司是一个安装公司，主要安装与核加工有关的工艺设备，二机部 404、504 厂的设备也都是他们安装的，所以他们进到草原要稍晚一些。

我 1959 年 4 月 15 日到西宁报到时，并没有看见徐步宽、李信这两位领导，或许他们已经上金银滩了。我开始接受工作，看到一个劳资名单，第一批上去的人员包括党办、厂办、基建、保卫、人事劳资、财务、行政等各个部门的一共 18 个同志。他们是基地筹备处副主任李信，副书记徐步宽，副书记兼保卫保密处处长袁冠卿，办事处主任兼书记赵峰，党办主任刘贞，宣传科科长刘少平，保卫科科长刘致中，人事刘文林（女），行政徐增海，基建郭富山，工程师张冶那、何宴堂，设计朱淑英（女），财务肖玉琦，劳资张绳武，财务曹沛如，保卫童传信，保密张生文。跟着又来了齐道震、毕庶凯、马荣成、李荣光、冯贵业、乔翠琴等人，这就是后来的基地筹建处最早的一班人马。五人先遣组的关系这时候也转了过来，一起上成基地的户口。我们大部分人开始住在省计委招待所。1959 年 5 月份，筹建处从杨家庄搬至新盖的西宁西关外的小楼，办公、宿舍合为一体，吃、住、上班都在一起。为了靠前指挥，我们筹建处很快也上了草原，住在海晏县招待所，集体睡大铺。当时海晏县招待所只有几栋黄土夯的土房，周边是一望无边的草原和星星点点的牛羊。我们上草原以后分头行动，负责刚开始的基建、生活及一切日常工作，我是第一批随筹建处 18 人后陆续进厂的人员之一。

李信、徐步宽、刘志民、张有才作为 221 基地最早负责的筹建处领导、指挥部的负责人，在极端艰苦的条件下，又赶上三年困难时期，面对上万人的建设大军，既要创造好生活条件，又要开展好基建，责任重大，日夜操劳的故事有很多很多。

一条裤子两条腿

李根昌：221 基地整个基建工作一直都归筹备处（指挥部）管，海晏县筹建处和 104 公司是一个党委，一套机关，合署办公，一口锅吃饭，一个铺睡觉，是不分上下级的新型关系。当时叫"一条裤子两条腿"，一条腿管基建，另一条腿管生产准备。

我退休前在矿办，原单位有位干部科长叫赵俊贤，原来就是建三师的人。我听他说起过当年建 221 基地的情形。1958 年秋，赵俊贤是第三批从兰州出发去青海的。他们带着一二十辆卡车，载着脚手架和工具，跋山涉水，到金银滩麻皮寺已经是 11 月 13 日了。先去的测量队一二十人还在那里工作，住在两间大土屋里。他们安顿下来以后，工余时间，两个单位还打过篮球比赛。附近还有两个地方，一个是小学，一个是羊场。他们带有脚手架、木板，搭成床，铺些草，打开自带的行李就可以睡觉了。先上去的民工每天都要上山打荆条，背回来做建筑材料，编制成各种板条和筐。板条可以做顶棚、门窗、坐垫，修工棚时筐也是好东西，抬土、运输都用得上。那时候的艰苦程度可想而知。

据赵俊贤说，到1958年底，104公司上去的有好几百人，河南项城支边青年和清丰、内黄的民工先后分几批上来，共有六千来人。他们修起简易道路，准备基本的吃、住条件。青海金银滩草原属于高原地区，下雪早，地冻得很硬，施工非常困难。104公司机关分成四个处，处下面分工段，负责管理各种事务。建筑施工中，分工区、工段、现场。公司还有直属加工厂，生产各种构件、梁柱、门窗，加工厂里还有铆焊大队，除了施工还要培训转业来的军工；直属的砖瓦厂，自己开窑烧制一部分民用建筑上用的砖瓦；还有自己的运输车队；等等。公司设有保卫、保密机构，要求很严，北京带来的设计图纸交底后，施工图纸每天用后都要装进保密

1959年二机部103安装公司、104建筑公司上草原

包，交专人保管。到了1959年三四月份，生产、生活的准备陆续完成后，可以开始正式施工了。公司启动盖的第一批建筑，分成四个工区：一工区负责建一、二、三厂区，其中一厂区即105大楼那一大片，包括产品生产的三个重要车间，两座实验楼，还有二厂区的炸药车间、总装车间、化学品仓库、办公室，三厂区的炸药仓库等。二工区建十八厂区，即总厂办公、生活的一大片建筑，再加上海晏县的民用建筑，主要是今后进221基地的职工家属生活的宿舍、学校、医疗站等。赵俊贤属于二工区，施工工段现场就在麻皮寺附近，先抢建一批总厂的办公、宿舍两用楼。三工区负责建水厂、电厂、环境试验厂、污水厂，即规划中的四、十四、十五、十六厂区。四工区负责建513那一大片地方，包括规划中的八、九、十、十二、十三、十六、十七厂区，还有机修厂、004库、编组站等。其余的五、六、七、十一厂区较分散，隔得又远，多半分到三工区以后再建设。这种安排当然是九局领导和筹建处反复研究的结果，通过筹建处向建筑公司交代施工先后缓急的进程。1959年五一前后，221基地又调来一批复员军工，此时，总共有万把人在金银滩上铺开16个建筑项目。1959年春，四个工区陆续开工，每个工区的任务计划周到，分工明确，真正开建也是因地、因事制宜，量力而行，有序展开，并不是一哄而上。后来又调兰州二公司上金银滩草原修了个漂亮的影剧院，并在海晏县修了一些民用建筑。由于组织得力，且所有人同心协力，终于克服了种种困难，到1964年221基地绝大部分工程建成并投入使用。

统筹兼顾

李根昌： 1958年“大跃进”年代，金银滩基建人员数量增加得很快，为了建厂，以及和刚组建的基建公司密切配合，加快进度，双方领导和机关合并一起办公。1959 年，最多的时候有万把人在草原，那会儿支边青年和河南民工是 221 基地基建的主力军。但很快就面临困难时期，生活条件异常艰苦，建设速度慢了下来。这样一个孤军深入的情况下怎么建厂呢？当时领导层有两种不同的意见，一个是先生产，后生活，另一个是倒过来，先生活，后生产。1959 年的时候争论很激烈。先生产，就是把保障职工生活条件的建设往后压，先保生产，早点给科研生产准备一个好的条件。赞成先生活的是 104 公司刘志民经理、张有才书记，他们俩过去搞基本建设有经验，都是先把职工家属和生活小基地搞起来，再搞生产建设。这样职工生活安定，容易动员，积极性高，反而速度快。但当时他们俩还受到了批评，说他们右倾。为此李信还让刘志民去管生活，不让他抓

221 基建时就地取材，用黏土制砖

基建。李觉来视察，看到工程进展不快很着急，了解情况后认为还是要从实际出发，纠正了李信、徐步宽过“左”的意见，统一安排，还是要刘志民抓基建。这才理顺了方针，调和了两家的关系。双方同心合力，劲往一处使，一切为了221基地早建成。当年承建221基地基建任务的104建筑公司，由兰州市整体调入，对外称青海省第五建筑工程公司。承担设备安装的103建筑公司是1960年进金银滩的。

从1959年起，金银滩草原的施工队伍，先在总厂区抢盖了几栋红砖楼房，指挥部才有了办公的地方，公司职工和民工住的都是临时工棚。后来把兰州的二公司调进来，加强力量赶修海晏县的民用建筑，学校、医疗站、家属宿舍，以及商业楼铺面等建筑。

当年的建设实际上是孤军深入，没有依靠。当时铁路不通，办任何一件事，都要用汽车，靠部队退役下来的嘎斯汽车跑运输，应该说221基地的建设是在极度困难的条件下上马的。由于221基地地处青海高原，海拔3300米，无霜期短，全年取暖期六个半月，无霜期四个月，有效的基建施工期只有七、八、九月，这三个月施工才能保证混凝土搅拌、浇注的质量，其他时间施工必须有防冻措施。

海晏县的东部是农业区，出城往西几里地就是牧区，221基地建在牧区，没有工农业，它依托的是什么呢？你干什么事儿总得有社会依托吧？刚开始整个草原上一块砖头也没有，光有个麻皮寺。除了这个寺院，整个草原上仅剩一所小学、一个羊场，除此之外一眼望去没有任何房子。缺少社会依托，这个也是生活困难的原因。

当时整个海晏县只有五六千人口，是个贫困县。县城没有商店，仅靠海晏县一个工矿贸易商供应有限的生活日用品。金银滩是牧区，为了保密又把大部分牧民迁到刚察县去了，周围没有牧民更没有农民，大家生活没有依托。因此，那里的生活供应是难上加难，建厂任务十分艰巨。

221 基地很长一段时间没有商业，没有肉食，没有副食，没有新鲜蔬菜，连糖果都没有供应，人们只能吃食堂。我 1959 年 4 月 15 日到了青海西宁，5 月 1 日以后，就到 221 基地筹建处劳动工资部门上班了。我记得中秋节还到海晏县城边沟里捞湟鱼。冬天我们自生火炉，早晨起床时被头还有一层白霜，是自己呼出的水汽冷凝而成的。当时有几对夫妻在机关工作，筹建处安置了一个棉帐篷，分割成两间当夫妻房，轮流居住，生活条件异常艰苦。我们去西宁的时候铁路都不通，1959 年国庆节后铁路才刚

为了让基建物资早日进厂，1960 年交通部组织铁路职工冒着零下 30 摄氏度的严寒抢修通往 221 厂区的铁路

通西宁，1960 年春节以后正式运营。

步步为营循序进

西宁办事处

张生文：1958 年国庆后，在兰州为搞基建招兵买马的工作忙得差不多了，我就随着 104 公司的人马往西宁前进。袁冠卿是我们这帮人的头头，他早前和张冶那向青海省计委反映，说以后来往的人很多，在西宁必须要搞个办事处和招待所，请青海省给我们一块地皮。之后，省里在西关外比较偏僻的土城旁，胜利路的一个洗澡堂边上，划了一块地皮给我们盖

20 世纪 60 年代后期的西宁市 221 厂办事处

办事处和招待所。负责建筑设计的是张冶那。104 公司负责盖楼，这对他们来说是小菜一碟，过了半年，一栋灰墨色的既可办公又可接待来往草原的职工的三层楼房拔地而起，人们亲切地称它为“小楼”。省里还把东关外杨家庄的财贸学校划给我们，我们在这块落脚点加盖了不少平房和仓库，使之变成更大的接待站，既可接待新分来的大学生，又可安置携家带口上草原职工的家属。到 1959 年 4 月初，筹建处在西宁已有十七八个同事分管筹建各方面的工作，五一节后筹建处搬进小楼。从此，小楼变成成千上万络绎不绝上金银滩的建设者的首个驿站，变成“西出阳关无故人”中有“故人”的“阳关”了，亲切得很。这时从北京来的人越来越多，我记得，齐道祯、毕庶凯、马荣成、李荣光、冯贵业、李诗清等人都先后来到草原。

职工医院

于刚德（时任基地医院支部书记）：1958 年底，我从全国总工会公路运输工会调至二机部，通知我到九局报到。到了之后，李觉局长、吴际霖副局长约我谈话。其实我同李觉是老相识，早在 1953 年就认识了。他当时任西藏军区副司令员兼参谋长，我是全国总工会驻西藏工会工作组成员。我们在拉萨见过面，曾共同参与商议筹建康藏公路、青藏公路的事情。这次谈话以后，李觉通知我尽快上草原筹备建设 221 基地，我二话没说，表示服从组织分配，只身前往青海。

1959 年 1 月底，我带着几名医生、护士坐汽车前往西宁，在西宁宾馆休息了两天后，乘一辆拉货的卡车到了海晏县。我曾到过拉萨，对藏区比较熟悉，但 50 年代的海晏仍十分荒凉，海晏县城只有几十间土坯平房，连个像样的街道都没有。县委驻地是由几间平房围成的一个院子，县委书记肖光是一位13级的老干部，他让我们把帐篷驻扎在县委院子里。草原上狼特别多，夜里常听到狼的嚎叫声。就这样，我们在县委院子里住了几个月。

221基地选址在距海晏约20公里的一个叫金银滩的地方。那个地方水草肥沃，牛羊成群，除了少数牧民外，还有一个劳改农场，有不少劳改犯人，他们编成农垦连，即烧窑连。劳改农场所在地就叫窑场，就是后来厂区医院所在地。221基地定址以后，整个劳改队迁到几百公里外的一个煤矿，留下几排破房子就成了我们的临时医院。当时基建指挥部考虑，基建民工上来之前，首先要把医院建起来，保证施工队伍的医疗救护。吃饭看病，人之所需。3月初，北京来的医生、护士利用几间破房子建立起了临时诊所，医疗条件虽然简陋但能应急。劳改队留下的院子垃圾成堆，我们可以说是白手起家，自己动手装车卸车，安装医疗设备。大家初来乍到，没有隔阂，工作不分分内分外，互相配合，团结协作，保证按时开始门诊。不久，大批基建民工陆续开进草原，还有由部队成建制转业的建筑公司也来了。人多了，草原上扎满了工棚、帐篷，整天轰隆隆地施工修路、盖房子。工程兵总部又调来一个汽车团搞运输，我们医院的医疗设备也慢慢地添齐了。

我刚上去时，草原上的草很高，常有旱獭出没。旱獭肉好吃但容易得传染病。职工中有人打旱獭吃，结果染上了鼠疫，医院马上宣传禁吃旱獭肉。

金银滩方圆一百多公里原来都属于我们的规划范围，准备分别建成研究基地、制造基地。西宁至海晏的专用铁路也同时开始修建。1959年我参与筹建草原医院，干了一年，1960年又调去筹建交运处，任运输处支部书记，直到1962年3月调任总厂任工会主席。我亲眼看到了草原创业初期的发展变化，不少经历值得回忆。

草原一年四季，只有夏季的气候最好，冬季气温最低，温度达到零下40 ℃。因为海拔高，高原缺氧，在海拔3000多米的金银滩，许多年轻人都感觉到不适，头疼、呼吸困难、气喘不上来。有一天二机部部长宋任穷来到草原，他当时已50多岁，比我们岁数都大得多。他在帐篷里给我们讲长征的故事，鼓励大家克服困难。他同干部、工人座谈，搞调查研究，与大伙同吃同住，一点架子也没有。这位老红军、老革命亲临草原，给我们创业者很大的鼓舞。

医院首任院长叫宋绍俊，他在延安就从事医务工作。外科主任叫符绍荣。我当首任书记时搭起架子，待各科室安排就绪后就调到运输处当书记去了。医院继任书记叫尹景明，后来提符绍荣当副院长，陈长贵接任外科主任。陈长贵是业务尖子，反对过多的政治学习，在“四清”运动中就挨批，批他走“白专道路”，“洗澡”老下不了楼。这为他后来被“二赵”拉出来枪毙埋下祸根。医院的土建先上马，各科医生、护士，新来了不少。年轻的护士成了草原上许多搞科技的大学生追逐的对象。有的人来是真看病，有的是借口，实际上是来相亲看人。一般的病，小手术医院都能处理，大的才转西宁。医院很早就成立了工业卫生科，专门负责从事有害作业职工的疾病医疗和保健审批，这说明上级对221基地特殊工种的重视和关怀。221基地各个主要工区，比如电厂设有门诊部，方便现场施工人员就医。我退休后偶然遇见过赵俊贤，他曾在电厂门诊部当副书记。

1963年医院设人事科，他又调来当人事科副科长。当时人事科科长叫张希武，他爱人是商业局售货员。有一次她到兰州、乌鲁木齐办事，出差回来时未经批准带了一个身份不明的男人进厂，结果被保卫部门抓起来审讯，几年都结不了案。张希武只能离婚，和一个爱人去世不久的军人家属重组了家庭。这说明221基地哪怕不是科研、生产核心部门，只要触犯

1959 年 3 月金银滩草原先建临时诊所为施工人员服务，以后又盖起 221 基地正规医院

了保卫、保密的规定都会被严肃处理。

羊圈篝火

张生文：1958 年，我们在兰州选定的 104 公司那部分基建骨干力量于 10 月陆续进入草原，在荒芜的大草原上搭起工棚，开始修路，做各种各样的建厂准备工作。同时，北京九局又派来管理干部，临时组建起西宁办事处，青海 221 基地的建设从此拉开了序幕。第一批河南项城的支边青年于 9 月初陆续到达西宁，10 月跟着公司的人上了草原。11 月河南内黄又来了 1500 多人，组织上让我担任一个连的指导员，护送他们进厂。当时没有火车，只能靠公路运输。进厂的道路非常难走，我们连乘坐 5 辆卡车，早上 8 点钟由西宁出发。10 点多钟车行至半途要经过一条河，河上没有桥，河水没及膝盖且已结了一层冰，车必须蹚冰水过去。前面 4 辆车在冰水里东摇西晃地过去了。我乘坐的车是从抗美援朝前线回来的老嘎斯车，刚开到河中间就熄火了。司机老李怎样也发动不了，我和他只好卷起

裤腿，脱掉鞋袜，下到带冰的河中去修车。因没有配件，整整忙了一个多小时还是修不好。我心里十分着急，想找别的车拖，但路上再没有别的车了。由于在冰水里站的时间较长，腿脚都已冻麻木，像红萝卜一样。我们回到驾驶室，赶快用棉大衣把自己包裹起来，还是痛得绞心。坐在车上的青年同志想下车活动活动也不行，只好待在车上，二十几个人挤在一起相互取暖，等到下午 1 点多，才盼到由厂区返回的车把我们接走。自此以后，我得了严重的风湿性关节炎，留下了后遗症。老李师傅的腿在几天内都走路不便，因为年龄大，不适应草原气候，他于 1959 年底调回了北京。

经过 7 个多小时奔波，下午 3 点多我们终于到达目的地，车在一户牧民家圈牛、羊的圈门口停下。有的同志问："我们晚上睡哪啊？"我与前来迎接的童传信联系，他说："因为人来得过快过多，现在来不及搭工棚，你们这个连就住在这羊圈里吧。"低矮的羊圈里，满地羊粪蛋，墙的四周更是堆满了粪便，牛羊毛在空中飘来飘去，房顶只用木棒和柳枝简单地搭了一下，上面糊了一层泥，墙上到处是窟窿，没门没窗，四面漏风。我心里有点不满意，但不能说，只好对大家说："没有办法，我们大家只有克服困难，今晚就住在这儿了。"此话刚一出口，整个连队就像开了锅的沸水，有的说："这太脏太臭，我不住。"有的说："你们骗人，我要回家。"还有的三三两两抱头大哭。正在这时指挥部送饭的车来了，同志们也饿了七八个小时，看到送来的是羊肉萝卜汤、青菜面条，还有雪白的大馒头，得到了许多安慰。我抓住时机，对大家说："住的条件的确太脏、太差，但是我们有一双手，等吃完饭，男同志和我一起打扫卫生、清理环境、修整羊圈。"听了此话，男同志争先恐后吃起饭来，一些女同志还在哭，不吃饭。连长劝她们："现在我们已经来了，要走是不可能的，连车也没有，这么大的草原你能往哪里走，咱们还是先吃完饭再说吧。"等大家把饭吃完，稍作休息，我找来铁铲、镐头、箩筐、扫把等，和同志们一起打扫，一筐一筐地把粪便抬走，又把墙上的粪便铲光，在地面铺上麦草，把漏风的窟窿堵上，整整干了两个多小时才清理完毕。此时天已开始黑下来了，男同志满意地说：“不脏了，可以睡觉了。”哭着的女同志见此情景也只好笑了。没有电灯，没有烛光，月亮为我们照明，铺上各自带来的被盖，大家就准备休息。正在谈恋爱的支边青年男女不管三七二十一，抱在一起就往麦草地上躺下了。

天公不作美，好像有意和我们过不去。半夜突然刮起了大风，下起了大雪。牛羊圈既无窗也无门，睡前只是用草席把门口挡了一下，席子被吹掉了，我们就起来重新压，试了几次也不管用，只好几个人挤在一起，用被子将头埋起来，蜷缩成团，互相取暖，就这样度过了到草原的第一个夜晚。

第二天早饭后，到草原上第一天的工作开始了。部分同志继续修理羊

1958 年河南支边青年组成建设大军上草原

圈、打扫卫生，其他大部分跟随老童奔赴 5 公里外的南山砍柳树条，几个病号跟车到 104 公司指挥部医务室看病。我与留在住地的 20 多个同志清理院子里的牛羊粪，并用木料钉门窗，直到下午 4 点多去南山砍柳枝的同志回来。他们回来时每人背了一大捆柳枝，放在一起好大一堆。他们看到在家的同志已将门窗修好，该堵的洞也堵好了，高兴地说："今晚可以不当'团长'① 了。"

经过几天的劳动和整顿，大伙的情绪有了较大的好转，住宿条件也有了较好的改观。我们还用泥巴在羊圈中间垒起了几个火炉，烧干牛粪烤馒头片，吃得很香。元旦过后，为了使后续部队有一个较好的住宿条件，指挥部给我们连下达了任务：上住地附近的南山继续砍柳枝。接受任务后，我和大家每天往返 10 多公里去南山一趟。男同志手磨破了，女同志脚磨

羊圈里面扎营睡觉

① 冷得缩成了一团，"团长"是幽默的说法。

烂了，大家背柳枝肩压得红肿流血，但没有一个叫苦叫累，而且越干越有劲，最终保证了其他连修工棚的用料，我们也受到了公司指挥部的表扬。

1959 年的春节来临了。除夕夜，大家围坐在院坝里，点燃篝火，开了在草原上的第一个文艺晚会，有唱歌的、唱戏的、跳舞的，好不热闹，欢乐的气氛使想家的同志也得到了一些精神上的安慰。经过近两个月的同吃、同住、同劳动，大家的住宿条件得到了明显的改善，工作走上正轨，思想情绪也稳定了。过完年不久，上级下令将我调回西宁办事处，负责文件、资料、图纸的保密、收发、保管和接待工作。

建保密室

张生文：我从草原工地返回西宁后，已是 1959 年阳春三月，但是青海的气候还是变化无常，经常刮起西北风，不时地下着小雪。人们依然穿着过冬的棉衣。基地的基本建设进展速度很快，从全国各地调入的管理干部和科研技术人员陆续进厂。我们每天除了接待、安排来往人员的吃、住、行外，还在刘致中的领导下，积极筹备西宁保密室的工作，在西宁街上家具店购买桌、椅等办公用品，还在家具加工厂用很厚的木板材定做保密文件柜。做柜子时，人家就感到很奇怪，我们定做的柜子要这么厚，装啥东西？难道还怕小偷不成？我们原准备用汽车把买的桌椅和文件柜等往回拉，但是刘致中说：“现在各方面都要用钱，我们还是自己把它们拉回吧，一可以节约经费，二可以锻炼人，还可以树立良好的工作作风。”他亲自带领我和译电员王炳茂同志，用架子车由西宁东街往西关外的小楼办事处拉桌椅和文件柜等，每日往返两趟 20 多公里，20 多套办公桌椅和大量的文件柜，连续 4 天才拉完，节约了几百元的经费。

“保密工作，慎之又慎。”这句话一般人弄不明白啥意思。保卫是看得见的安排，保密是内部看不见的制度，贯穿在每一个角落。刘致中原是中央机要局13级干部，以前在部队搞译电工作。他对保密工作要求很严格，要求我们每个同志在保密工作中要做到万无一失，不能有任何马虎和漏洞。谁有不懂的问题，他都是手把手地指导。若哪位同志出现错误，他又会在严厉批评的同时做耐心细致的思想工作，使犯错误的同志心服口服。在筹备保密室时他非常认真，多次检查门、窗、锁的安装和牢靠程度。他虽然是领导干部，却没有一点架子，平易近人，衣着也很朴素，使一些不了解情况的人，常把他当作搬运工。他对同志非常关心和爱护，只要哪个同志家有困难，他就解囊相助。后来我们保密处发展到10多个同志，人人对工作慎之又慎，保密工作受到了上级领导和厂指挥部的好评。说起保密与保卫的区别，我很清楚。1958年夏，我调到九局先受了两周的保密训练。苏联专家对保密要求得非常严格，一切资料不能失泄，在北京和青海之间传递资料一律派专人送，乘火车可以坐软卧；通信不能走邮电部门。在221基地的保密通信建起之前，西宁到海晏金银滩都有电台，通信用密码，还有译电员。我就管电台，但内容

1960年初，时任221基地保密处处长刘致中(左)、科长赵峰(右)、保密员张生文(后)在西宁市照相馆合影

我也不能看。其他比如单位名称、地点、性质、编制、隶属关系等通通不准说。所有进来的人，首先要接受保密教育，对建筑公司的人员一样有保密要求。保卫主要管安全，分内外两层，警卫团管厂区的保卫，战士站了几年岗，到退伍都不知道221基地是干什么的。我在1959年底被评为处和指挥部先进个人，受到了上级的嘉奖。

天大困难压不垮

"争气弹"的由来

赵泽民：天有不测风云，一切都不是我们想象的那么简单。北京九所在等待"接货"的时候，我们都慢慢地意识到，苏联专家是故意找借口，拖延提供原子弹教学模型和图纸资料，致使"货"迟迟不来。我们想尽可能多地学习和拿到苏联的材料，苏联专家也想摸我们的底，不提供材料。斗争很尖锐。我们九局的领导每周组织几个科研技术骨干提几个问题向苏联专家请教，开始他们还谈一些不重要的细节，之后，无论如何都闭口不言了。有个专家被我们叫作"哑巴和尚"。针对苏联专家对我们保密，我们也针对性地采取措施，经公安部、二机部批准，公安部原子能事业保卫局的程诚副局长与我、第二设计院保卫处处长在一起专门研究商定了如何应对苏联专家对我们保密的措施，想方设法争取获取一些有用的技术资料。

1959年6月，苏联背信弃义，中止了"国防新技术协定"，拒绝向我国提供原子弹教学模型和技术资料，后来陆续撤走了在二机部的专家（1960年8月全部撤走），并扬言没有苏联专家的援助，中国20年也造不出原子弹。这是一个令人气愤的日子，困难面前，中央决定完全依靠自己的力量，来发展我国的核武器事业。周恩来总理指出，我们不理他那一套，他不给，我们就自己动手，从头摸起。局领导提出的“为祖国争光！为中国人争气！争取早日造出争气弹！”的誓言，成为我们所有职工的奋斗目标和坚强决心。为了不忘1959年6月苏联的背信弃义，“596”成为我们研制第一颗原子弹的代号。

霍广盛：1959年6月，221基地项目设计即将完成，施工才刚刚开始之时，赫鲁晓夫在布加勒斯特会议上，对中国的“三面红旗”不满，向中国共产党进行进攻。彭真率领的中共代表团与之进行了严肃的斗争。1960年7月16日，苏联政府突然照会我国政府，决定撤走在华苏联专家，并决定用两个星期的时间，于8月初将全部专家撤回苏联。

赫鲁晓夫这一背信弃义的行径激起了中国人民的极大愤慨。中苏关系破裂是很不幸的事，但也由此激励了中国人民走上独立自主、自力更生发展国防事业的斗志。

为了做好善后工作，当时任总参副参谋长的张爱萍在三座门招待所分头召见了设计组专家（苏方）成员及其家属，他强调中苏人民友谊源远流长，肯定了专家们在华工作的成绩，并坚信我国的核事业会依靠自己的力量获得成功。陪同召见的还有工程兵司令员陈士榘，国防科委秘书长安东，九局副局长郭英会等领导。我作为翻译，一起参加了这次召见会（告别会）。会后，举办了小型宴会，苏联专家及家属陆续回国。1963年8月，二机部部长刘杰赴221基地检查工作，决定把苏联来信拒绝提供原子弹教学模型和图纸资料的时间——1959年6月作为第一颗原子弹的代号，即“596”，借以激励全体职工，坚决克服一切艰难险阻，制成原子弹。

1960 年 8 月二机部设计局领导在北京车站欢送苏联专家回国，8 月 23 日在二机部工作的苏联专家全部撤走

迎着困难也要上

设计总装车间

张彩华：苏联撤走专家，又是三年困难时期，后来我们的工作就非常困难了。设计项目多得很而且要求严格，责任重大。我曾听说别处有一个雷管实验室，工人操作时一站起来，静电就把炸药引爆了，所以工艺设计是有很严格的要求的。设计总装车间是我感受最深的、难度最大的一项工作。苏联提供的资料中曾提到“防爆吊车”，这是怎么回事？哪里防爆？是吊车防爆？还是吊车与别处接触要防爆？还有“真空吸附器”，就搞不明白真空吸附是吸附什么。吸附原子弹？能吸附得住吗？我很头痛，白天晚上翻来覆去地想这些事情，绞尽了脑汁，当然最后还是搞清楚了。苏联

专家也冒着风险，给我们透漏过一点信息，我们也不能问得太多。好在最后还是胜利完成了设计任务。

我为什么说是胜利完成了呢？1992 年我到了马兰基地的产品总装车间，这个总装车间是完全按照 221 基地的总装车间设计的。实地亲眼见到了当年参与设计的厂房、防爆吊车、真空吸附器等设备，没有一样改动。30 多年以后才看见这一切，我心里非常激动，30 多年前克服困难设计的情景始终难忘。我国原子弹、氢弹，一代代核武器都是在 221 基地的总装车间里完成的，想到这里，我感到非常欣慰和自豪！我相信当年的苏联专家一旦得知他培养的中国工艺设计人员，为原子弹、氢弹，一代代核武器研制做出贡献，也会欣慰的。

立足于国内研制

王之康：我们当时看图纸做分拆、摘录的工作，大概做了半年时间。这个分拆工作还是蛮麻烦的。苏联提供的图纸上大多是俄文，为什么找我去？因为我俄语比较好，看俄文图纸没有问题。我们在图纸上把所有的设备标出、对照，对照完了以后，再看这些设备哪里有。我们翻遍了国家目录、产品样本，什么都看过了。查找完以后，凡是国内能够买得到的，我们就列一个清单。这一部分是标准设备，比如车床、仪表等，我们再交给器材处去订货。我们和器材部门做了一些分工。我们还要列出向国外，包括苏联和其他国家买设备的清单，后来苏方给了些东西就是这样来的。

但是有很多设备国内买不到，尤其是特殊工艺设备，这部分叫非标准设备。凡是我们解决不了的仪器、仪表、设备，就列成清单，交给二机部六局或设计院。有的请其他单位支援试制，有的则请设计院设计。比如，第二生产部的炸药熔化锅，要找有关部门加工制造，这牵涉到各个机械部、科学院系统。又如，看到爆炸工号的图纸上有各种示波器，就摘录下来，交给四机部去研制，因为苏联给的样机不多，而十七号工地打炮又要用。

当然，这里面也有过疏忽。1960 年十七号工地开始打炮，用的全是苏联的 OK-15、OK-17、UB-22 示波器，每样两台。到了 1961 年大量进行爆轰试验时，发现这几种示波器不够用，不但时间、测试量程受到局限，数量也不够。这三种示波器早就安排在武汉、成都试制生产。这些外协生产任务交给了四机部的工厂，他们有苏联的样机，有技术人员可以把它们弄出来。到了 1961 年冬天，学术秘书室问我 OK-21 任务落实没有。我一查还真没安排。这是苏联后期给的，还放在哈尔滨，调过来有许多跨部门的手续。于是我赶紧通知二室。二室七组是个电子学组，人最多，事也多，和我很熟。它有三项任务：一是在十七号工地配合爆轰试验打炮，两个作业队轮流去；二是研制专用的电子仪器，如示波器、同步机、高压点火机、网络板等；三是维修爆轰试验需要的各种电子仪器设备，以及光学测量高速转镜的控制台。OK-21 的问题自然落到七组副组长胡德新头上，急待解决，他派 1961 年刚从成电毕业后分来不久的曹□到 935 厂跑一趟，去看看苏联的 OK-21 示波器是啥样，开介绍信来找过我。派去的人一周后回来汇报说，厂子在远郊车间没人上班，示波器放在仓库睡大觉。不过，他带着介绍信和胡德新的私函，凭着厂方吴总工程师是胡德新老朋友的关系，被安排吃厂干部灶，住厂招待所。厂方派人开了箱，他看到了示波器实物和说明书，还画了一些草图、做了些笔记回来，这时已到了 1962 年初。可能因为时间紧，再找 935 厂根本就来不及试制，胡德新就对曹□说，你在十七号工地实习打炮也快四个月了，你学的是电子测量仪器的设计和制造，打炮队人多不用你去，现在给你配个搞结构的叫卜德煦的人，你们做出个 OK-21 的样机来行不行呢？他又叫室里派器材秘书刘志君跑到南京 741 厂找来示波管。曹和卜二人从此搭伴，用马粪纸搭机架，根据笔记上的原理线路，找各种器材；非标准的变压器和抗干扰的屏蔽罩，组里有人帮助解决；其他所需的钳工、装配工师傅活，大家协同帮忙。整整一年加班加点，边搭架边调试电路，在韩康琦副组长的指导下，改进的线路并不多，他们最后合成出个草样机。整机进行通电试验后，又模拟工地打炮得到了一张有类似波形的底片。他俩高兴极了，赶快汇报到组里。胡德新一看大喜，叫他俩赶快把资料图纸整理出来，要进行生产，又通过我找部六局安排。刚过完年他就派曹□到六局管的大北窑北京综合仪器厂驻厂交底。厂里很重视，派1958年北工毕业的老技术员吴夙档接收，利用厂里的工艺、设备，以及加工、装配条件，半年多后就生产了20台示波器，取名双线脉冲示波器，发运到221基地，正好赶上草原大会战。

为什么这么急呢？它的扫描时间分四挡，是0.5、1、2、4微秒/全程（15厘米），两条线，分辨度又高，正是最后阶段爆轰试验需要的设备。当时20台示波器用在六厂工号，通过电探针测时间点、推算空间点的分布就可以知道爆轰波聚焦整形好了没有。后来原子弹、氢弹每次冷、热试验都要用上它，起了很大作用。我和老胡都很高兴，后来还受到领导表扬。

1963年春，胡德新因为孩子多、年幼，请求晚去草原，为此受到上级批评，才留在北京供办上班。1964年岑大刚新来分到他手下，一同研制新的行线示波器，都用OK-21的双枪示波管。1965年夏天，他俩带着样机来到基地实验部。

1964年春，考虑到今后发展的需要，林传骝提出要搞一种新的多线扫描示波器，并写出设想方案，说明方框原理，交给曹□，要求实现。曹约陈茂林、卜德煦合作，忙了一年做出样机。另外，韩康琦也提出一种多线扫描方式，找周纪文试验，有结果。三种原理比较，结果林的为优，精度最高，遂采用曹、陈的电路，胡的结构，合并为一。1965年8月，胡德新带着陈茂林、谭凤伦到北京找我，请二机部供应局（六局）上报四机部，让其安排上海无线电 21 厂立即组织力量生产，其他厂也帮忙突击机械加工。12 月，陈茂林、岑大刚、柳滨、卓光祥、赵春荫赶去调试电路，终于在 1966 年 4 月初生产出 24 台示波器，直接发往新疆，参加了“596L”“629”“639”三次核试验。高精度测到氢弹重要参数，受到上级表扬。那时候苏联专家也不知道要撤走，后来两国关系不好了，一开始他们给东西就像挤牙膏，走一步，我给你一点东西，后来干脆什么也不给了。OK-21 示波器给得晚，开始不用它，所里如不追查，差点误了大事。

部里还通过外贸部主要在香港找中间人，从国外转手搞些国内没有的器材、设备。据说 1962 年林传骝到国外走了一趟，弄了 5 台美国的 519 高级示波器回来，那比苏联的棒多了，但太少又太贵，既买不到也买不起。其他特殊材料也有从外面搞的，当然这要看值不值得转手去搞，因为要花很多钱。这事一般人都不知道，说来说去还是要自力更生。

后来在北京有两个机构。一个是谷才伟、赵文领导的计划处，管的面比较宽，另一个是肖逢霖、宋光洲的生产准备处。221 基地也有这两个同名的机构。1960 年宋光洲带着九所六室车间那一帮人上草原，准备成立 221 生产准备处，先搞十厂区、513 那一摊。1960 年上半年，我们这一拨人从计划处分出来，调入生产准备处。生产准备处处长叫肖逢霖，4 级工程师，跟宋光洲一起调来的。肖逢霖文质彬彬，挺能干，又尊敬人。生产准备处书记叫张曦，8 级工程师。生产准备处下面分两个组，一个叫工艺组，负责所有厂区的生产工艺流程怎么样配设备；另一个是设备配备组，所有打炮工号、配套工号的设备全不全，归他们管。当时苏联给的图纸量很大，有的翻成中文了，没翻的需要自己看，要把那些设备摘出来。

俗话说，兵马未到，粮草先行。物资准备牵涉的面很多，千头万绪。

当时总厂有器材处，这个处先是由总工会调来的薛克荣负责，后来由白东齐负责，上面由乔献捷副局长（后来是马祥副局长）主管。

初到筹建处

阎有铭（时任北京九所六室技术员）：我到九所报到以后就去了六室。我对机械比较熟悉，去了以后就管机械加工组。当时六室车间由白东齐、孙家林当领导。白东齐调到 221 基地后，负责器材处。我们那个组就是搞机械加工，还包括冶炼。从苏联留学回来的一个副博士，跟我分在一个组。我们对尖端武器一点也不了解，白东齐也不知道。后来怎么办呢？当时九所领导就要我们每个礼拜以跟苏联专家汇报工作的名义，了解这个产品是什么结构，是什么材料，核武器加工的零部件到底是什么性质的，是钢结构还是有色金属，每个礼拜汇报两次。

那时候我住在北太平庄，九所是一边建设，一边工作。我们每个礼拜轮流到各个室，找不同的专家问，后来就商量到哪去调研、考察。当时我们组选了两个地方，一个是东北，一个是西安。我带一个组，有十几个人，其中有搞热处理的，搞机械的，搞电镀的，各个专业都有人。我们去陕西新平，那里有航空部的几个厂，搞飞机发动机。我们去了两个厂，实习了三个多月，1959 年 12 月份才回来。回来以后马上叫我们搞产品的设计。天哪！产品到底是什么样子我们也不知道。当时苏联给我们的设计图纸都是土木建筑的多，真正的核心图纸没有给。

我实习回来不久，领导就要求我们尽快上 221 基地。当时我带了几个人，一两天就出发了。1959 年 12 月底，我们上火车离开北京，那时候铁路客运列车还通不到西宁（货运通车典礼是 1959 年国庆节），坐汽车到西宁是下午四五点钟，再坐车上草原已经是隔年的 1960 年 1 月 1 日了。221 基地派个大卡车接我们，车既然已经来了，干脆就走吧。大伙装上行李，

1959 年，221 基地建设者住的半地下的“干打垒”

爬上卡车。好家伙！那个冷啊，我们把带的衣服都穿上、盖上还冻得直哆嗦。到了海晏县已经晚上 11 点多了，我们下了汽车连路都走不动，人都冻麻木了。再一看，几间土房子，空空的，没有门窗。夜里头往哪去啊？我们把行李打开，几个人挤在一起把被子都盖上，外面零下二十几摄氏度，你想冷成啥样子！第二天早上起来一看，草原上光秃秃的啥也没有，人因为缺氧，路都走不动。

221 筹建处就在海晏县南面的二工区，三四间土坯房围成一个小院，再加几顶帐篷。李信就在一排小土房里办公。他看见我们挺高兴的，赶紧给我们弄饭吃，然后每人发了三大件——一张毛毡、一件羊皮大衣、一双大头鞋装备起来。

那时候筹建处就十来个人，有一个计划处，处长郭富山管任务安排，下面分了三个科。李信说：“你们挂在计划处吧。”我跟李信讲：“你让我们急急忙忙来了，这里什么也没有，搞什么生产准备嘛?”他说：“现在国家已经决心要搞核武器，你们不知道这里有多困难。好多人待不住都跑掉了。再加上有传说要下马不干了，队伍思想不稳定啊！为了稳定人心哪。你看北京都来人了，马上要上马，你们就起这个稳定军心的作用。”再说，当时的确也准备上马。早组建的104公司已经上来了很多人，经理姓刘，从兰州调过来的。还调来了103安装公司的一个处，他们的602队就住在那里搞安装。104公司负责221基地的土建工程，我看他们人最多。那时候草原上已经聚集了最少八九千人，包括很多河南支边青年，到这里来搞基本建设。后来出现难以想象的困难，跑了不少人。

开始221基地真正能生产的只有十厂区的机修厂。机修厂里头有一个生产氧气的车间，有氧气就可以搞基建方面的焊接；还有一个机加车间，小打小闹搞些维修。十厂区就在004仓库（那是最早建起来的库房）旁边。厂区还是土路，公路还没修起来，铁路也没有，只有一个小电厂，一台几十千瓦级的柴油发电机。后来才建大电厂，两个机组总功率为12000千瓦，电厂分两期建成。当时的条件确实是非常困难，第一是高原缺氧，内地刚上去的人，大部分都喘不上气来。第二是冬天特别冷，既吃不饱又没房子住。我们搭了一些帐篷，白天到草原上捡牛粪，晒干了堆在那里，在帐篷里头安了一个炉子，昼夜全靠烧牛粪取暖。

李根昌：“先生产，后生活”这个方针对职工的工作、生活影响很大。刚上草原的时候，连帐篷都很紧张，对单职工长期采用的办法就是办公、住宿合一用房。如221基地筹建处机关，1959年初进驻海晏县委招待所，睡土炕、打通铺；1959年冬天进厂区单身楼；1962年为基建大会战腾出房子住进帐篷；一直到1964年原子弹要响了，才搬回单身宿舍楼办公；到1965年总厂办公楼建成，办公场所才得到较好的解决。

这还是跟生产有关的房子问题，至于跟生活有关的宿舍房，那就甭提了。开始没有家庭住户概念，没有家庭住房。在海晏县时，夫妻两人都是职工的，指定一个帐篷给几对夫妻轮流居住，职工称之为“夫妻房”。等到金银滩上黄楼建成，因房间数量不够，只有双职工带孩子的家庭才能分到一间房。黄楼都是单元房，一层一般是两个套间。一个套间里有两三间房，没有哪家能分一整套的，都是拆开安排更多的家庭，甚至一间厨房也安排一户，用双层床。连一、二楼楼梯下的三角形空间，也成了抢手货，那里可遮风避雨，成了新婚夫妻的乐土。晚结婚的就只有到处找房，比如医院下坡有园林场弃掉的牲口棚，墙是竹篱笆，顶是油毛毡，压上土，糊上报纸，可凑合住人。平时做饭可以烧电炉，再搭个火墙，到电厂去弄点煤，烧起来取暖。像这样弃掉的牲口棚，也住了二三十家人。破木门下老鼠自由出入，怪吓人的。草原上的双职工家庭也没有什么家具，除了被盖，就一个旅

20世纪60年代建厂初期职工住的简易平房

行袋或手提皮箱，饭桌是木头搭的台，座椅就是自己钉个板凳。

生活住房的紧张，我认为和战备有关。开始苏联专家设计的黄楼要修一百栋，总厂区要建成个城镇。1959 年和苏联闹翻了，中央可能早有打算，以后要搬家，另外搞个基地。所以，虽然 221 基地搞的是尖端武器，但职工的生活的确比较艰苦。当时谁都没有怨言，一心工作，响应吴际霖的口号："两耳不闻窗外事，一心搞出原子弹。"

成立工程设计处

阎有铭：北京和西宁相隔千里，苏联专家又在列宁格勒设计，大脑和身体分为多地。对于如何提高效率，多快好省地建 221 基地，九局领导确实动了不少脑筋。苏联专家提供的初步设计，都是各种各样的厂房模样、工艺设备名称、要求等图纸，有一大堆俄文资料要翻译，等到翻译出来已经是 1958 年底了。九局领导在这之前，就在二机部的统一安排下，从部里专搞设计的十三局拉出一个四处来，专门为 221 基地的基建服务，主要任务就是把苏联的初步设计变成具体的施工设计图纸。于是，1958 年冬，在北京成立了 221 基地工程设计处，处长李力，党委书记姚军山，总工程师周抚堂。该处下设几个业务科室，人数由少渐多，最多达到 100 多人。到了 1959 年初，施工图纸由部里的设计处派人送到西宁办事处，张彩华、张冶那参加了向建筑公司领导交底的工作。1959 年 3 月以后，104 公司拿着施工图纸，开始了 221 基地的基本建设。

困难时期

曾经要下马

阎有铭：1958 年施工单位进去，1959 年才真正开始建设，先要修简易路，然后盖些简陋的平房。李信任筹建处主任，徐步宽任书记。我觉得他们在困难时期和大家同甘共苦，起到了表率作用。李信虽然喜欢组织跳舞，也是为了调剂草原枯燥的生活，每个礼拜天晚上把医院的小姑娘拉到海晏县跳跳舞，跳完舞后给点吃的，也不算啥。后来听说李觉局长发火了，开会就说搞啥“骡马大会”？跳舞是一男一女嘛，那么困难还跳什么舞！他在会上批评李信，大家听了都笑了。其实，李信在人们心目中对干部管得严，喜欢接触群众。1960 年最困难的时候，我们在北京每月有 28 斤定量，在草原只有 24 斤。吃饭没菜，就拿茄子干用开水煮一下，放点酱油膏，里面没什么茄子，就是一碗酱油汤，喝完以后底下还有一层泥。每天中午两个青稞馒头，一勺菜汤。早上起来喝一勺用青稞面熬成的稀饭，一个糠面馒头（用小米和糠混在一起磨成粉做的馒头）。那馒头蒸后一动就酥，吃进去拉不出屎来，好多人到医院要泻药。因为要给民工和建筑工人治病，必须先有医院。但当时医院很简陋。

刚上去的时候厂内铁路还没有建呢。我上去时要筹备修铁路，了解铁路怎么建设，了解什么是公务段、机务段。这些都归筹建处管。221 基地最先建起水厂，打了 20 多口井，大部分都出水，自来水管已经铺设到各工区了。我记得水厂在十五厂区南面的山脚。没有水不行，无法搞基建。本来我搞一厂区车间工艺设计，102 车间负责核材料加工。结果一厂区还没建，我只好先到十厂区，那里有个机修厂，管生活的是李子清。当时宋光洲是厂长，后来当了九院副院长。

1960 年国家遇到困难，饥饿随之席卷全国。这时候中央对 221 基地是否继续上马曾有过争论。当时的方针是调整、巩固、充实、提高。最后的意见是全国人民勒紧裤腰带也要上，这才使 221 基地建设没有中途下马，在困难中继续前行。1960 下半年到 1961 年上半年是最困难的一年，民工饿得受不了，回家逾期不归的有上千人，被除名、遣返者有两千多人，剩下几千人坚持生产自救——种土豆，捞湟鱼，咬着牙生存下来。

李根昌：1960年草原冬天特别冷，职工住帐篷要烧煤取暖，煤炭供应不及时不行。拉来的煤这个单位卸一吨，那个单位卸一吨，煤烧完了，要最高行政领导的批条才能再去分一点煤。

职工食堂的主食是当地生产的青稞面。青稞生长期短，吃到嘴里什么时候都是黏糊糊的。还有豌豆面，不去糠的谷子面，也就是说那里供应的不是国家传统主粮小麦、玉米，这一点要交代清楚。河南项城两千民工最早到达金银滩，开始做饭都做不熟，只能慢慢地适应。青稞面吃一两顿还可以，我们那个时候天天吃，顿顿吃。

咬牙度饥荒

沈祯祥（时任221基地筹建处财务干部）：1960年到1961年是221基地最困难的时期，职工住在帐篷里，只有一个火炉，难以抵挡零下二三十摄氏度的严寒。每人每月24斤定量，吃的是青稞面和谷子混合面，副食就一点干菜，其艰苦非亲身经历难以想象。有两件小事情足以验证。1961年，221机修厂有一位转来的大学生，中秋节时，家里给他寄来一些月饼，他当时饥饿难耐，一口气多吃了一些，喝水以后，胃发胀，最后撑死了。正当为国家效力的时候，却被饥饿夺走了生命，对此，大家万分惋惜，非常痛心。有一次上级给221基地拨了一批黄豆，厂里分发给职工。有一位河北籍姓黎的技术员，当时和另外三个人住在一个帐篷里面，围一个小火炉。他把黄豆放在火炉上炒熟，拿起来一会儿吃几粒，一会儿吃几粒，一直不停地吃。但他很快觉得，照这样吃下去，一会儿就吃完了。于是，他索性把黄豆锁在箱子里面。但饥饿迫使他过一会又把箱子打开继续吃。他意识到自己难以控制，就跟同宿舍的人说："干脆我把钥匙交给你们，帮我控制一下算了。"过了一会儿，他又觉得，此法不可取，如果他

20世纪60年代初困难时期，干部、职工一起啃青稞面窝头

们拿着钥匙把箱子打开吃了怎么办？这种近乎矛盾的反常举动，真实地说明当年基地职工饥饿到何种程度！

王之康： 我第一次去青海221基地出差是坐飞机去的。1960年的一天，吴际霖找我，要我马上去221基地查一个很重要的资料。第二天坐飞机去，坐飞机回。我从来没坐过飞机，不知道坐飞机是什么滋味。但是完成这个任务还是很艰巨的。因为我在外面协作跑的地方多，九所的司机都认识。我对司机说，明天6点钟送我上机场，飞机7点钟起飞。司机说去机场半个小时就到。20世纪60年代，北京大街上汽车很少。我说心里不踏实，你早一点送我吧！在机场候机大厅等机的时候，服务员推车过来，车上都是咖啡，我不敢拿，我工资很低怕要钱。后来我看别人都在拿，也没有给钱，我就后悔了。这是一架到兰州的伊尔-24，只坐24个人，后面都堆着货。我上飞机一看，就 3 个乘客。一会儿服务员又端来一盘糖，那两个人往口袋里装，一下就拿完了，我又后悔了。飞机上天以后，那个噪声我受不了，难受啊！后来要转机，改成安-2 飞机。我再不敢坐了，于是坐火车到了西宁，由那边来车接我。办完事我马上就坐火车回去了。我跟吴际霖就接触过一两次，感觉这个人非常好。

在西宁的时候，我住在西宁大厦，上饭馆吃晚饭，掏粮票买了两个馒头、一盆菜。馒头刚刚端上来，站在墙角的两个人，突然冲上来把馒头抢走，一口一个吃了。后来服务员说，你在这个地方吃饭，不拿到手上绝对被抢。1960 年困难时期，号召大家以瓜菜代粮食。221 基地拿什么菜代呢？高原根本不长菜。那些基建工人苦啊，他们吃青稞面，吃小米壳、玉米壳磨成的谷子面，吃完以后涨肚子，大便拉不出来。我后来吃青稞馒头，真的拉不出大便来。我们在北京每月 28 斤定量，那是在首都！青海基地的干部口粮更少，每天一勺咸菜。那些人饿得很。

节衣缩食

赵泽民：三年困难时期，正是我们围绕保卫保密工作学习原子弹基本知识的攻坚时期。由于自然灾害等原因，粮食供应十分困难，所有食品、副食、蔬菜凭票定量供应，许多人吃不饱。由于饥饿和营养不良，很多人都出现腿脚浮肿。我记得有一个女同志个子大，工作很卖力，吃得多。她干活出了大力，饿得受不了，就伪造了饭馆的饭票，在饭馆混吃了一碗糊糊，被人发现后给抓了起来。我去饭馆把她领了回来，告诉她："你这样做是不对的，肚子饿要想别的办法，或向组织反映，不能到饭馆去混吃，更不要伪造饭馆的饭票，那样就更糟糕！"在所里，我们要求她那个单位的领导干部注意她的情绪，不要因为感觉太丢人而出什么问题。

很快有人在我的门上贴纸条："保卫保密干部纵容小偷。"我把此事向党委书记吴际霖汇报了，并建议考虑这个女同志的实际情况，增加一些定量。过了一些天，她的问题得到了解决，她非常感谢组织对她的爱护。

九所党委统筹决定调剂每个人的粮食定量，科研人员每月 31 斤，行政人员 24 斤。当时北京普通市民只有 21 斤。我晚上加班多，脚脖子肿得老粗，常常穿不上鞋，身体浮肿很厉害。我每天吃两份糠麸粉（麦子和杂粮的皮磨成的粉）抗浮肿也不顶事。后来，我就去同仁堂药店买“大力丸”来补充身体能量坚持工作。以后这个“大力丸”买不到了，郭英会副局长直接批评我：“你就那么多热量，这是透支健康，不许再组织大家加班加点。”有一次，二机部自办的农场分给九所两只大鸭子，九局党委研究决定给我一只，我三次找领导要求退回，给科研人员吃。郭英会副局长告诉我：“这是党委决定，邓稼先一只，你一只。”我感动万分，这只鸭子身上，凝结着浓浓的人间大爱，领导对我的关怀至今铭记在心。

生产自救

土豆充饥①

李根昌：我是 1959 年 4 月 15 日到的青海草原，五一劳动节放假后，到 221 筹建处劳动工资处上班。到了 1960 年下半年，情况越来越严重，那会儿没有副食，没有代食品，没有蔬菜，连瓜果都没有，啥也没有。说得准确一些，当时食堂吃的是湖南运来的干菜，就是这个状况。因为没有商店，就没有肉食品，没有副食品。你到哪里去买？没有啊！当初咱们从大城市过来，城市多少还供应一点，这里是一点都没有。在草原上干部每月定量 24 斤，供应的都是杂粮，杂粮当中还不是玉米这些好粮，就是青

① 青海高寒，日照充足，特别适宜种植土豆。一开始 221 基地的人并不知道，为饥饿所迫才种了土豆。后来土豆获得丰收，解决了大问题。

稞面、豌豆面和不去糠的谷子面。也就是说基地职工吃的就是食堂供应的那点东西，没有一点其他代替品。草原上有两种野生的植物可以吃，一种是蘑菇，一种是野韭菜。蘑菇生长有期限，没有适宜的温度，没有雨水不长。野韭菜也只能当时吃点。这两种野生食物我都吃过。在这样艰苦的条件下，大家吃不饱肚子，多数人得了浮肿病，我也浮肿了半年。我举三个例子。221 电厂厂长李作亭当年才 40 多岁，上三楼都要歇三次。还有一个叫程裕昌的说了一句话，在青海土豆是救命的，黄豆是治病的。这是一种感慨，不怨不恨的话，也是真话。可能你们不理解，为什么说土豆是救命的，黄豆是治病的？当年黄豆不是人人都有，按规定 8 级工程师和 17 级以上干部才有，每人每月 3 斤，这还是部队支援的。

20 世纪 60 年代初部队支援 221 基地的黄豆

再跟你们说一个人。我们处一个干部叫方立山，他个子大、饭量大，实在熬不住了，晚上偷偷到食堂用铁丝扎了几个小馒头吃，又去找领导，找保卫保密处刘致中处长——一个 13 级老干部。他跟领导说，你看我们职工就吃这个，怎么不饿？他们当时说了一句话，“这里比延安还苦”！上面这些例子可以说明，当时困难到何种程度！

草原上有没有饿死人？我听说有，名字记不起来了。有的由于饿，体质非常弱，走到西安，在车上多吃了点东西撑死了，也算是因为饥饿而死的吧。

于刚德：1960 年正是国家的困难时期，金银滩草原供应十分困难。当地基本不产粮食，只有藏民种的一点青稞，粮食和日用品全靠汽车从内地运进来。当时每人每月的定量实际只有 24 斤，还都是连皮带糠的谷子，除了这点粮食外一滴油、一把青菜都没有。开始，藏区百姓杀牲口时，内脏因为不吃都扔掉了。我们便分头去捡，洗干净后煮着吃。后来牲口都杀光吃尽，有的民工实在饿极了，便偷偷跑到藏民种青稞的地里，一把一把吃青稞，回来口渴就猛喝水，有的竟被活活胀死。最缺粮的时候，内地来的民工连，有些整建制的人都跑散了。

1960 年底，李觉上草原和当时主持工作的赵敬璞书记召开党委会，决定自救，成立农副业生产处，各单位试种点土豆，还成立了青海湖打鱼队，去捞鱼。大家齐心协力渡难关呀。

他动员大家想办法自救，解决填饱肚子的问题，并亲自拿着枪打黄羊。我在医院动员大伙种土豆，先搞个试验田，如果成功了，就可以改善伙食。于是我们从农副处要了两头牦牛帮着犁地。高原牦牛野性十足，非常凶猛，稍有不慎，就会伤人。要用它犁地不能怕。在大家的努力下，试验田终于种上了。后来我们种的土豆收获了，医院的同志才没有挨饿。其他单位争着要我们的土豆种子，在草原上推广种土豆，补充粮食不足。最困难的时候，上级给每个职工发根棍子，到草原上打兔子，靠吃兔肉让肚里有点油水。我还发动所有的行政人员漫山遍野寻蘑菇，挖野菜，找角麻（人参果），用这些代食品渡过难关。

不久我被调往 221 基地交通运输处当书记。那时，司机的口粮比施工队分得多一些，但也吃不饱，只好利用出车的机会，把路边牛羊尸体捡回来煮了吃。当时，民工私下买个小青稞馒头要一块钱，可见人们饿急了眼。1960 年到 1961 年，虽然想尽各种办法，青海草原上还是饿死了一些人。1961 年初铁路由西宁修到海晏，聂荣臻元帅召集各大军区司令员化缘，由各军区部队支援的黄豆等粮食陆续送抵草原，这才缓解了缺粮的困难。

阎有铭：1960 年最困难的时候，民工有饿死的，也有撑死的，但撑死的实际上也算是饿死的。民工的口粮多一点，但是没有菜，没有任何副食。主食是糠面窝头、豆面窝头、青稞稀饭。蚕豆面发不起来，吃进去以后肚子马上胀起来，但过不了一个小时就饿了。最好的是青稞馒头，能吃到青稞馒头算是好的。藏民把牛羊都迁走了，草原上根本见不到牲口。于是厂里几个领导，开着吉普车，晚上架着枪出去打黄羊，有时候打到了就回来给机关改善生活。好多人饿啊，只好用东西换吃的。吃饭用缸子盛，吃完了把缸子换吃的。一个缸子换一个窝头，一个饭盒换两个窝头，有什么换什么。勺子、缸子、盆子都换成吃的了，饿疯了也顾不了以后咋办

20 世纪 60 年代困难时期，221 基地各单位种土豆，生产自救

了，保命要紧！我 1960 年 1 月 1 号上去时，筹建处领导说，党员不能够换粮票。这说明有人用钱或东西换粮票，但是党员不能换，要和大家一起同甘共苦。

有的人家里头积点粮票，或者买点粮票寄来，就各人想各人的办法了。当时，基本上人人都浮肿，没有几个不浮肿的，最轻的是浮肿到眼睛、脸和腿，重的浮肿到大腿。早上起来吃点东西，不到 10 点钟就饿了。饿了怎么办呢？就喝点盐水。盐买不到，就买酱油膏，喝点酱油膏就有点劲。等到草原连盐和酱油膏都买不到了，就托人到兰州去买，没办法。最困难的时候，确实跑了不少人，也有饿死的。听说有人跑到人家青稞地里偷吃青稞，吃完喝水肚子胀。那时候胃、肠子没有油水都特别薄，一胀就胀死了，实际上也算是饿死的。那时，河南支边民工走得比较多。

我们住在十厂区的帐篷里头，又冷又饿。一个帐篷睡 4 个人，晚上有一个人值班烧炉子，炉火不能灭。生着炉子，帐篷里面还是零下几摄氏度。所以我们睡觉时把大衣都盖上，大衣上面用个包把头盖好。早上起来，床下一盆水就成了一坨冰。

跟我住在同一个帐篷里的一个技术员，吃不饱肚子也不太好意思管家里要，所以浮肿得很厉害，浮肿到大腿，走路都走不动。他问我该怎么办，我说，你浮肿这个病医院没法治。他当时存了五六百块钱。我说，你要钱还是要命？如果要命，你就赶紧到西宁去买点吃的。那时候西宁市可以买到牛肉清膏，就是牛肉炖了以后，上面一层牛肉汤，底下是牛肉，这是青海特产。我记得是 25 块钱一玻璃瓶，不到 1 斤。结果他听了我的话，去西宁待了一个礼拜，花了 500 块钱。他说他一开始一顿吃两个牛肉清膏。他还买了一些带回来，之后身体就好多了，起码能走路，保住了一条命。他经常说，我是舍财保命，要不然，财省了命没了！到后来，离厂区不远处的地方有卖牛、羊肉汤的，带骨头带毛，挺脏的，一碗 20 块钱。反正只要有卖的，就有人吃。

1960 年草原还没有推广种地，什么时候开始种地呢？施工处，也叫二处，他们有施工机械，种了一些土豆。听说医院也种了土豆，长得挺好。1961 年 221 基地才开始推广种土豆，那时候各个单位，包括机关都种土豆。大家冬天出去捡粪。那时厕所都是用席棚子一围，敞开式的，我们就拿着筐进去刨粪，送到地里，积肥种地。1961 年下半年李觉、赵敬璞、郭英会等领导在厂食堂吃饭，我记得有 100 多个干部，每天吃了饭都要记账。

李根昌：1960 年，全国开始闹饥荒，许多工程下马，但中央的意思

20 世纪 60 年代 221 基地成立了农副业生产处，开垦土地种植蔬菜

是勒紧裤带也要建221基地。5月份李觉上草原和当时主持基建工作的赵敬璞书记召开党委会，决定学南泥湾生产自救，成立农副业生产处。那时海晏周边的大通、互助自治县出土豆，金滩藏民有种青稞的，但银滩地处高寒，没好地没牲口。农副业生产处便号召各单位试种点土豆，可以“见缝插针”地种。后来221基地又成立青海湖打鱼队，大家想办法齐心协力渡难关。

1960年基地医院开始试种土豆，当年就有收获。于是1961年各个单位开始集体种土豆，立马见了成效。草原的土质是沙性的，又因为昼夜温差大，阳光充足，种出的土豆很面，很好吃。当年我就分了800斤。我拣了50个最大的土豆，装了一面袋，带到北京亲戚家，很受欢迎。你光吃那点粮食哪行啊！收获的一麻袋一麻袋土豆救了命，所以草原人说土豆是“救命”的。煮土豆就要捡柴火，草原上没树，所以烧了一些破旧的木头，也捎带烧了一些脚手架。后来在“文化大革命”当中被说成是搞破坏。这是胡扯，人要紧还是那木头要紧，对不对？

青海湖打鱼

赵敬璞（1918—1990），江苏铜山人。1937年参加山西青年敢死队，翌年加入中国共产党。曾任山西青年敢死队连指导员，青训队总支书记，太岳军区政治处主任、副政委，第四野战军骑兵团政委，第十五兵团直属政治处副主任。1951年参加抗美援朝，任志愿军司令部直属政治部副主任。1956年回国，被授予大校军衔，任哈尔滨军事工程学院装甲兵系政委。1958年初调二机部工作，后任九局党委书记。九局负责核武器研制、生产和基本建设，赵敬璞负责建设西北核武器研制基地，在海拔三千米以上的高原地区，在国家遭受严重灾害的情况下，组织实施工程建设。赵敬璞以身作则，与职工同甘共苦，带病坚持工作，发挥了很好的模范带头作用。1964年2月任二机部第九研究设计院党委书记，9月改任二机部三局（地质局）党委书记。以后又任二机部九局局长。1979年4月任二机部副部长、党组成员。赵敬璞常年忘我地工作，多次不畏艰险，亲临现场参与指挥核试验，组织领导核武器的研究、生产，为我国核武器和核工业的创建与发展做出了重要贡献。

赵敬璞

摘自《两弹一艇人物谱》第499页

于刚德：困难时期，我先在医院组织大家种土豆填饱肚子，后调到基地交通运输处（交运处）当书记。那个时候221基建主要靠汽车运输各类物资，交运处的司机经过青海湖边时，顺便抓了些鱼回来充饥。青海当地的藏民视鱼如神，都不吃鱼。221基地农副处处长见了鱼眉开眼笑，马上向李觉、赵敬璞汇报。筹备处领导很支持，迅速组织打鱼队去捕鱼。他们自己也蹲在青海湖边想办法，造船，拉网学习捕鱼。随着打上来的鱼越来越多，每周都能拉几车鱼回来分给各个工区的食堂。我们交运处的司机从青海湖边往厂区拉鱼，即便饿着肚子，也不会顺手牵羊给自己留下一条鱼。那会儿公私分明，工人的觉悟是很高的。再说一条鱼有时候可以救命啊！但是毕竟人多鱼少，全厂职工也只能尝尝鱼鲜，不能满足需要。解决饥饿问题还要靠全国人民的大力支持，靠自力更生、艰苦奋斗的精神。草原上万人的基建队伍能够坚持下来，是因为所有人心里都明白，我们要造

“争气弹”，心里憋着一股劲，咬着牙就挺过来了。

李根昌：1960 年是最困难的时期，221 基地很多人吃不饱，又受不了这里恶劣的环境，悄悄开小差跑了。九局局长李觉、书记赵敬璞很着急，为了维护队伍的稳定，想方设法解决职工吃的问题：先是成立了农副业生产处，田子钦任处长，林志坤、宋熊任副处长，组织开荒种地，放羊打猎；后又成立了打鱼队，领导亲自到青海湖边蹲点捕鱼。1961 年初，从海军转业下来的白殿斌（在二四公司退休，已去世）被调到了青海湖打鱼队，担任一号船的船长。他给我讲过许多打鱼队的故事。

青海湖海拔高、面积大，湖水又深，盛夏时平均气温才 16 ℃左右，是我国内陆最大的咸水湖，里面生长一种冷水无鳞的湟鱼。藏民崇拜自然，山、水、虫、鱼都有神灵，不食湖鱼。打鱼队在青海湖边，扎下几顶棉帐篷，两个人一组到湖面去凿冰钓鱼，很少见鱼上钩。半天也钓不上几条鱼。

到了春季，青海湖化冰了，他们开始用小木船和拦网，在湖面围了一片水域，一网能打两百来斤。青海湖里的湟鱼很多，只是我们船小，渔网也小，自然打到的鱼少，解决不了全厂职工的肚子问题。李觉、赵敬璞又想办法找当地的海军借船（青海湖有海军训练基地），自己改造成机帆船。这样就可以开到青海湖中心，用拉网打鱼。

那时候青海省渔业公司、青海省军区、青海省石油局、兰州科学院等单位，都组织打鱼队到青海湖打湟鱼自救。赵敬璞、田子钦两位领导上船和大家同吃同住，一起打鱼。后来聂荣臻元帅、宋任穷部长又到处“化缘”，送来了黄豆，对渡过难关起了不小的作用。

王菁珩：青海湖盛产无鳞的裸鲤，俗名湟鱼，是生活在咸水湖中的冷水淡水鱼，它们占到整个湖里鱼类资源的百分之九十五以上。湟鱼吃湖中藻类从而净化水质，鱼鸥、鸬鹚等候鸟则以捕食湟鱼为生，而这些鸟类又是狼、狐狸等野兽的口中美味。没有湟鱼这一食物链的重要一环，青海湖就会成为死湖。

湟鱼因肉质肥嫩、味道鲜美、营养丰富而著称高原，属于上等鱼类。这种湟鱼需要十年时光才能长到一斤左右，在三年困难时期，不知救活了多少青海人！1960 年，221 基地购买了两艘机帆船，组建了打鱼队，常年在青海湖上捕捞湟鱼。打捞上来的湟鱼，八分钱一斤限量卖给职工。当时有身孕的女同志想吃点香的，先把湟鱼有毒的内脏去掉，再盛在面盆里，在太阳下晒出点油来，炸青稞窝头吃（当时每人每月两钱油）。在生活极端困难的年代，青海湖湟鱼真是救了很多人的命。

一晃五十多年过去了，金银滩早已恢复了千年的平静。迁走的牧民又纷纷返回故里，那丰美的水草，滋养着成群的牛羊，百灵鸟在云中歌唱。青海湖也变成闻名遐迩的西部旅游胜地。为了保护环境，维持平衡生态，近年来青海湖已禁止捕食湟鱼，违者将处以罚款。沧海桑田，这又是当年的 221 人何曾想到的呢！

20 世纪 60 年代初困难时期，青海湖的湟鱼解决了大问题

李根昌：打鱼有没有收获？刚开始不行，青海湖太大，边上水浅，没啥鱼可捞。这时候赵敬璞书记蹲在湖边和大家一起想办法。他患有胃出血，带病坚持工作，每天和大家一样，一碗白菜汤，两个青稞窝头，与职工同甘共苦。哪里

艰苦，哪里就有他的身影。他在草原建设中发挥了模范带头作用，产生了巨大的榜样的力量，被221厂职工誉为“赵青天”。1961年我们有了机帆船，又有了大网，马上开到青海湖中心，在那里就能打到大量的湟鱼。湟鱼打上来后，职工食堂轮流去拉鱼，食堂一周有两顿湟鱼吃，还运到北京花园路3号，支援九所食堂，这个也见了效。时过境迁，现在青海湖开发旅游也有卖鱼的，都吆喝是野生生态鱼，游客觉得稀奇得很。

精减人员

李根昌：1960年困难时期，221基建队伍中间有些职工跑了。个别不争气的人开小差也很正常，开小差的职工一共有几十个人。其实那时候请假就批，不回来就行了，何必开小差嘛。基建盖房子的民工跑了不少，请假不回来的有上千人，这叫作逾假不归，也无法核对。实事求是地讲，青海高原的生活环境不适合老的，不适合小的，这是一个大问题。后来撤厂销号，原因之一是继续保留它是很困难的。1961年，221基地为了减轻国家负担，进行了一次小精减。逾假不归者除名，思想不太安定者也可以走，一共精减了两千多人，主要是军工和民工。除名的开一个证明，精减的发一个遣返证。我为什么这么敢说呢？因为是我开的除名证、遣返证、退职证这三种证件。精减以后，221基地的建设队伍精干了。

我们在海晏县城和西宁市杨家庄都建有生活区，搞科研的单、双职工及家属住十八厂区，带子女的单职工一般住海晏县和西宁。总厂铁路管理站组织交通车上下班。住西宁的人每周回去一次。基建公司职工家属留在兰州的每月可以回去一次。未婚单职工和两地分居单职工每年有一次探亲假；已婚且和父母分居的职工每四年可探望父母一次。探亲假为有薪假，

1961年12月西宁至海晏县的铁路正式通火车

时间比内地的假期长一些。

我们上青海的时候，西宁连铁路都不通。1960年初西宁才通铁路；1961年底海晏县通铁路，接着221厂区内的铁路也通了。随着时间的推移，从各地调来行政管理人员、政工人员、保卫人员，又调入商业人员。从1962年起，每年有四五百名大学生分到青海，以后逐年增多，到后来221基地有了万把人。

从整体上来讲，九院这支队伍是非常好的队伍。他们凭着一颗红心激发的热情，凭着为国争气的雄心，最终造出了“争气弹”。当时有个形象的说法，叫作“两耳不闻窗外事，一心搞出原子弹”。草原上年轻人攻读外文，研究技术，钻研业务书籍，即便在极端困难的情况下也没有间断。

渡过难关

阎有铭：1960年我到北京出差，凡是能吃的我都买。挂面要粮票买不到，就买糖、饼干、点心，甚至止咳糖浆都买，总共买了一箱子吃的。买回去以后，我记得有一次晚上饿了，喝点止咳糖浆吧，一会儿喝两口。那糖浆很黏很甜。结果我本来不咳嗽，喝完后咳个没完。有人结婚生了孩子，草原没有牛奶，没有托儿所，也没有住的地方，生了孩子只能送回老家去。到了1961年下半年，生活才有些好转。有的职工，家里头支援一点，寄点粮票来，或者寄点吃的来。聂荣臻、宋任穷“化缘”调拨了一批黄豆给221基地，这时候一个职工每月可以分几斤黄豆。你炒着吃也行，煮着吃也行。开始供应黄豆以后，基地生活就好多了。

1963年黄楼建好以后，厂领导一开始住在里面办公。后来李觉带头搬出来住进帐篷，让从后方上来的技术人员和技术工人住进黄楼。黄楼里边一半住技术人员，一半住东北调来的老工人。但是简易宿舍很多，没法通暖气，就靠烧煤炉或用电炉取暖。为了早日造出“争气弹”，再大的困难也得克服，挨冻饿肚子我们也认了。

20世纪60年代生活好转以后，青稞面窝头改成了白面馒头

李根昌：221基地规划了18个厂区，从1959年春开始建设。1960年8月，筹建处进入总厂区，先在刚建好的单职工宿舍楼办公，领导在11号楼办公兼住宿。当时正在抢建10栋黄楼，都是高三层的单元楼，排得整整齐齐。

1962 年国庆节，12000 千瓦的大电站开始发电。大电厂发电是 221 基地生活的转折点，这件事非常重要，从此海晏县也开始有电了。

生产准备

王之康：1962 年春节刚过，领导找我谈话，要我上草原，逐步把生产准备处过渡到 221 基地。我爱人带着刚刚一岁的孩子。领导的意思是把孩子送到外婆家，两个都去青海。但孩子太小，实在有困难，只好我一个人先上去。当时 221 基地还在搞基建，忙着建仓库，存放、管理转运进去的各种物资。后方背靠二机部、国家部委，忙着制订各种物资计划，把任务分解、落实下去。所以，机构也是两摊子。221 基地刚刚盖好几栋黄楼，其中一栋楼叫指挥部。我们去了以后，包括李觉他们厂领导就搬出来住帐篷，让我们进楼办公成立生产准备处。

221 筹建处的李信、乔献捷、彭非等领导很负责。李觉自己住帐篷，到礼拜天没有吃的，就带着警卫员到七厂区、麻皮寺一带打黄羊，打了黄羊跟大家一起吃。那会领导和群众非常接近。李信主任为了活跃草原单调的生活，每个礼拜六都要举办一场舞会，因为我在学校业余吹小号，就把我弄去伴奏。

后来干脆把我们这一组的人都弄到器材处协作科，还是管生产准备这一摊子事，因为我们熟悉这些工作。协作科科长叫吕金克，是个 7 级工程师。因为是搞设备嘛，我们每天的工作都是弄账目，看资料，然后查、打电话，了解设备买了没有，到了没有。我们当时做这个分拆、分配设备的工作，大概做了半年时间。那段时间金银滩草原缺煤，宿舍楼里没暖气，只有星期天才能生炉子，弄点吃的，洗洗衣服。好在经常有人到内地出差，想方设法弄点吃的回来，像挂面之类的，改善一下生活。有一个周末晚上，吕科长说咱们生炉子吧，同室的三个人手忙脚乱地劈柴、点火、加煤，整到夜里 12 点才点着火。这时人也困了，就先封上火，然后洗漱睡了。偏偏那天晚上刮西北风，风往烟囱倒灌，睡到凌晨四五点，吕科长先醒了，他听黄宝忠呼吸的声音不大对头，就喊醒我开灯。我听老黄的呼吸声，马上说快起来，煤气中毒！话刚说完，吕科长就倒在地上。我去敲隔壁的门，门一开我也倒了，惊动大伙七手八脚把我们抬到医院抢救。一个多小时后我先醒过来。好险啊，要不是吕科长醒得早，3 个人全完蛋了。一般煤气中毒的都是住家户，机关楼房有暖气，很少有住楼房还煤气中毒的，但我们当时住的楼还没通暖气。可见当年 221 基地建设的确是先生产后安排生活的。

20 世纪 60 年代 221 十三厂区火车编组站

刚开始初步建成的只有十厂区和513库那一摊子，其他厂区刚开始建，还没有建成。一厂区最大、最复杂，建设要求最高。有设计部大楼，代号105，还有一生部101、102、103几个产品加工车间，实验部的106、109实验室。然后还有二厂区、六厂区、七厂区、十三厂区（火车编组站）、十四厂区（电厂），基建任务都很重。

阎有铭：221基地一厂区建得比较早，完成得晚。1960年1月，我上去的时候，一厂区102车间里头立了几根墙柱子，没有封顶就停工了。困难时期，基建速度明显慢了下来。

我开始在计划处，搞基建筹备。不久，白冬齐他们上来以后，我想归队，搞生产准备。但是筹建处领导说，你已经熟悉了一段时间的工作，现在基建缺人，甲方代表很少，你别去搞生产准备了。结果把我调到三处，也就是质量检验处去了。质量检验处下面分三个科——设备科、土建科、安装科，处长叫何宴堂。我在安装科，管水暖工艺、电器安装工艺这么一帮人，检查施工质量。1962年又把我调到二处。二处管施工，对口安装和土建这两大公司。

1960年8月份，我到北京出了趟差，主要是汇报前方的进展情况。我说，你们就派这几个人去忙不过来，你们也要赶紧去啊。我那时候找白冬齐说，你赶紧去，人多才能形成力量。那边百废待兴，啥都没有，都是从零开始，事情那么多，我们几个人哪里做得过来？221基地施工单位很多，但人家不管科研生产准备。大批的人在那里盖房子，盖黄楼、盖车间，都是些土建的活。我们筹建处在十厂区，也叫四工区的一个四合院里，住几排房子，李信就在那里办公。旁边是004、513仓库，周围的房子是施工单位进去以后临时盖的简易房。建筑公司的领导在这里办公和居住，几个施工单位也在那一块儿办公。1961 年下半年，开始盖十八厂区的办公楼、黄楼。盖房子需要时间，那会儿叫先生产后生活。

到了 1963 年，又成立了一个工程技术处，下面有土建科、技术科，还有一个资料室。221 基建高潮时，我一直都在工程技术处技术科。我们技术科里有六个组，三四十人。技术科管什么呢？管整个工艺布局，把图纸真正落实到设计上。原来设计主要靠苏联那些图纸，但苏联提供的图纸不全，核心部分没有给我们，那我们就自己设计，当时二机部十三局是设计局，下面有个设计四处，专门为 221 基地服务，李力当处长。他们除了把苏联初步设计图纸翻译过来，再设计成施工图发给我们外，还专门派了

20 世纪 60 年代 221 基建施工过程中开展技术攻关

一个设计室上草原。因为我们在青海基地要结合实际情况对图纸进行修改，包括土建部分、室外管网的安装等。我们首先消化从北京运来的施工设计图纸。因为北京设计时不了解青海的具体情况，比如说埋的深度，埋多深合适？草原上要埋到一米九、两米以上才不上冻，否则暖气管啊、水管啊就会冻裂。所以我们就根据现场的情况做一些必要的修改。技术科把图纸消化以后，再发给施工单位施工。大部分的室外工程图，我们都修改过。另外，厂区厂房这部分图纸也从北京运来。比如说安装图纸进到现场以后，要根据现场情况进行修改。我们科几十个人就是管改图纸，拿来一看和现场情况不一样，就得修改，要不然没法施工。

我们除了对口建筑公司的安装处外，还管委托设计。有些工程我们自己干不了，就请专业部门设计，请外边的施工单位进来施工。像邮电局，委托邮电部设计电话通信这一部分；厂区的输电线路请西北电力局设计；民用建筑，包括影剧院都是请西北设计院，由他们专门的部门帮忙设计。我那时候抽出时间来到处跑。这么多年过去了，现在来看那会儿的建筑没有出过任何毛病。今天你到青海看那些厂房，还是感觉很结实的。

221基地的道路由公路局设计，全部设计成二级公路；厂区铁路由铁道部设计。邮电部、铁道部还调了一些人进来，帮助建设。邮电部来的人最多、最全，专门派一个处长带了一支队伍进来。为什么呢？因为不光221基地的电话，警卫团的电话也要和我们连在一起，包括总机房的设计，再加上警卫系统、岗哨电话安装等，任务不轻。221基地面积很大，有上百平方公里，警卫部队围成好大的一圈。我记得邮电部来人以后，我陪他们走了一趟，真是够累的。可以说，那时国家各个部、局都来支援我们。当时厂区的核心部分——厂房工号的施工由104公司负责建，像住宅、影剧院这些民用建筑，以及辅助设施，都是二公司他们施工建的。这个二公司属于兰州建设厅。那时候221基地建筑公司很多，但主要是104、103公司，还有兰州二公司。

1962年下半年到1963年上半年是221基地的建设高潮期，北京二机部十三局下属四处干脆划给了221基地，都上草原参加基建大会战。那时候全国各地大力支援。基建统一归口，组成基建联合指挥部。下面有几个处，一个设计管理处，一个质量检验处，一个工程设计处，一个施工管理处。李英杰调来以后，担任联合指挥部副指挥长。李觉主持决定方针大事，吴际霖组织科研生产，郭英会生病休养没上草原，刁筠寿操心四川新基地的建设。李英杰年轻，业务熟，有魄力，实际是常务副指挥长。他全面操心甲方、乙方，内部、外部，基建和生产准备如何对接，对内协调基地各部门工作，对外协调各部委支援单位，甚至到西安、兰州搬兵请将都是他在跑。他对基地早日建成，发挥了很大的作用。后来建903基地，他也是主管领导。

221基地生产准备阶段的设计和管理不能没有个设计院。1960年底至1961年4月，二机部十三局下面成立基地工程设计任务处（四处），负责221的施工设计，复查、修改和补充设计图纸，进行各分厂之间的管网勘察、设计。1963年初，设计处上草原后就留了下来。1964年秋成立了院下属工业建筑设计分院，院长李力，书记姚军山，总工肖逢霖、周抚堂，人员300多人。到1965年，设计分院扩大到700多人，既为221基地的建设出力，也为四川902建设打下基础。这就是九院建筑设计分院的由来。

1964年组建建筑设计分院以后，221基地建筑工程接近尾声，1965年初我带了100多人就到四川902地区去了。

大干快上早建成

抢建爆轰试验场地①

吴安清：1960年，221基地的筹建遇上了困难时期，不得不放慢进度，但北京九所的准备工作，一刻也没有停。1960年4月，二室在十七号工地打响爆轰第一炮后，借来的工程兵王义和少校，认真负责地帮助打炮作业队浇注炸药，爆轰试验工作开展顺利，受到一致好评。九所领导就想到221基地筹建也需要这种人，干脆把他挖过来，让他担任二室副主任，并把家属、孩子调到九所。1961年王义和上青海草原，组织上给他配了一个通信员，叫李宝生。王义和向筹建处领导说明来意，就是催办二厂区、六厂区的基建和生产准备，得到了李信主任的全力支持。他们会同下面的设计处、技术处、质检处、施工处，以及104公司，根据中苏双方设计的工号图纸，在六厂区放线、定点、破土动工，开始了六厂区的基建，最先建的是623、607、608工号。草原地处高寒地区，混凝土的浇注只能在7、8、9三个月进行，否则就要烧锅炉、送暖气保暖才能浇注水泥。623工号离总厂最近，但也有约20公里。623和607工号不是碉堡，607工号是一个装配车间，砖瓦结构的平房，施工难度不大，进展颇为顺利。608工号是最先要用的打炮碉堡。施工开始不久，1961年冬天，王义和从青海回北京汇报工作，他找我谈话说："现在虽然困难，内地许多项目都下马了，但221基地建设要上，要抢时间。我在北京这边行政上还有很多

---

①"爆轰试验场地"即六厂区，占地面积34平方公里，建筑面积3270平方米，位于221厂甲区西北部，东西宽约10公里，南北长约3.4公里的坡地草原上，由5个钢筑混凝土浇筑的碉堡、2个工号和2个试验废物掩埋坑组成。

1962年底，实验部六厂区爆轰试验场地，由混凝土、钢板筑造的610、636、656碉堡、工号和试验废物掩埋坑组成

事情，还有老婆和一大堆孩子，缺吃少穿，有些事也得料理一下。过了年，你上去代表我管一段时间施工，行吗?”我也当过兵，二话没说答应下来。

这年春节我爱人来京完婚，过了年我就和谭树荣（他管二分厂基建）一道出发，到西宁休息了一天，就上草原221基地筹建处报到。干部处处长崔鹏程把我分到黄楼设计处三楼的一个小角间住下，楼下都是设计处各科的办公室，分管设计、施工监理、质检等工作。食堂吃的是青稞面窝头，一点咸干菜，比在北京艰苦多了。和他们交接，我当时是甲方代表，说话管用。此外，我还要和技术处、器材处、动力部、通信科等单位联系业务，大家都在总厂办公，联系也很方便。第二天我顶着风雪到六厂区炮厂建设工地。那时候623工号已经建好，它是整个六厂区各工号的技术支援基地，也叫技术准备间或生活点。它其实就是几间砖瓦房，有的作为锅炉房，有的作为库房临时放炸药、雷管。623工号还有一个小车间，里面有车床、钳工台、木工台，有气焊，各工种都有老师傅常驻那里，还有车载柴油发电机，以备打炮时需要。当然它也有工作人员的住房，家具、用具都从内地采购好运来的，甚至有一个干厕所。只要开始打炮这里就会住进二十来人。打炮场的电是从总厂走高压线到此，经过变电站降压以后，经过地下管道用电缆送到各工号的。工号内保暖要用电炉。通信线路也是一样，先明线通到623工号，后暗道通各工号，使总厂和试验作业队直接连通。623工号建有水箱，水车每天送水，再分到各工号，打完炮好做清洁。从623工号到其他各工号之间有公路连通。六厂区的623、607工号周边围有铁丝网，设有岗哨，牧民不准靠近。

我先找建筑公司了解工程进度，查看施工情况，边学边干起来。那时候都是104公司的施工人员在忙，工人粮食定量高，我在他们的临时食堂，吃了三天中午饭，粮票都没要。我去以后正赶上610、614工号施工。一个工号远看就像一个大土堆，近看是钢筋水泥的碉堡；里面是长方形的工作间，墙上是配电盘，地下是电缆沟；外面看是一面外八字的墙，四米多高，左右张开十来米；正面墙上有观测孔，左侧墙上安装有警报器，打炮前要拉响，通知现场所有人员注意，躲进工号以确保安全。607、623工号建好以后，由设计处、质检处、动力处、通信科联合进行验收，工程质量合格，我也代表甲方签上字。608工号在最西边，是打炮工号，已经浇注完了主体碉堡，脚手架还没拆。但是我们质检、监理一来就发现大问题。原来天冷没有保暖，凝固的水泥中间有不少空洞，小如拳头，大如脑袋，这可咋办？我们把情况汇报上去，惊动了建工部、冶金部和公安部。后来厂领导李信等人都来了。又不能推倒重来，于是他们紧急研究补救办法。先在碉堡外面加30厘米厚的钢板；搅拌水泥时，加小石子提高坍落度；并且搭起帐篷罩住主体，拉来锅炉烧水送暖，重新浇注水泥。这才通

混凝土工号外面有30厘米厚的钢板，钢板孔洞后面是高速转镜相机

过验收。

有了前车之鉴，以后其他碉堡的主体施工先挖好土，立好钢筋、钢板，围上木板后还要搭帐篷罩起来；烧锅炉送暖气，并把水泥的坍落度配好；连续几天几夜三班倒，一口气浇注完，以保证质量。施工现场的各种机械，如搅拌机、传送带，以及水泥、沙石都要从外省运进来。在建610、614工号的时候，在碉堡的正面墙上要开一个孔，装上透光、防弹的光学玻璃，用高速转镜相机来拍摄诊断爆轰试验数据。那个照相孔的图纸上标了精度▽▽▽，施工方说很难达到标准，问我咋办。我去过十七号工地，我说不要管它，先开孔。他们就用气焊切割开了个孔，再安装好圆筒状的部件，缝隙再填满高标号水泥腻子固定就好了。土建哪有▽▽▽，这是对部件的要求，不关104公司的事。这叫知者不难。

为了用X光机诊断爆轰试验，221基地修了一个较小的636工号；为了打雷管又修了较小的656工号。以后，工作顺利，施工队就不找我了。

有空闲的时候，我和余松玉（女）一道去十厂区附近的 004 库，帮助器材处清点各种电子元器件。那时候工作不分彼此，“人心齐，泰山移”是一个道理。有一次我去总厂向筹建处汇报工作，骑个自行车，回来路过麻皮寺，骑到六厂区附近，突然看见一条独狼。它看着我，我看着它，我走它走，我停它停。好在我当过兵，我慢慢往 623 工号移动，好不容易靠近岗哨，一颗悬着的心才平静下来。哨兵手中有枪，那狼一看没搞头，才从土坡上走开了。那次要是碰上狼群就麻烦了。六厂区不但狼多，旱獭也多。旱獭爱打洞，长得肥，跑不快，容易抓到。有两个电厂工人，抓了一只旱獭，杀了吃了，据说肉很香。不到一星期其中一个人发烧死了，另一个赶快送进医院，好不容易才救了过来。原来金银滩草原曾流行过鼠疫，通过旱獭传染给人，以后就规定再饿也不能抓旱獭吃。

那时候食堂偶尔能吃上湟鱼，那是打鱼队从青海湖打来的。赵敬璞书记为了解决困难时期职工的生活问题，操碎了心。他的肺快穿孔了，还蹲在青海湖边上坚持打鱼。后来二机部领导命令他回京治病，他临走时警卫员弄了几个罐头让他在路上吃。他把警卫员骂了一顿，说：“我吃了，工地上吃啥子！”西安市劳动局周局长来基地考察，李觉陪同。在车上李觉说，周局长呀，你看我们这里，风吹石头跑，姑娘找不到，你多调些女同志到这来，好不好？没有祖国八方支援，基地哪能建设得那样快？那时的领导处处想着群众。

1962 年国庆节前，九所二室书记吴益三带着任益民、张寿齐一行十来个人上草原，检查六厂区工号、碉堡准备情况。他们一到碉堡就发现接地电阻大了，不合要求。于是，我叫施工队把埋在地下的铜板槽重新挖宽、挖深，再倒盐水埋上，才算合格。到了 1962 年年底，二室副主任苏耀光、王义和、孙维昌带着茅铁华（女）、孟顺生等人，又上草原检查工作。九所领导非常关心草原二分厂的炸药工号和六厂区的炮场建设。他们住在二分厂未交工的工号里，要走四五里路到筹建处的食堂吃饭。虽然1962年的生活比1961年稍好些，但还很困难。工号里没有厕所。茅铁华是女同志，外号“假小子”，她说用个破盆就解决问题，大家听了哈哈大笑。他们对工程质量检查特别认真，尤其关心粉尘的控制措施，因为粉尘会引起静电，把炸药引爆。那时候二分厂的201、203、205车间和229总装车间也都建得差不多了。茅铁华留下来，她一个人住进623工号，管安装测试设备，主要是各种示波器，做生产准备。王义和到六厂区各工号看了以后，没发现啥问题，代表甲方签了字。然后王义和就到厂劳资处、干部处商调干部、工人，把打炮工号需要的电工、钳工、木工、锅炉工、水暖工、食堂管理员、炊事员、财务、会计、电话员、保卫干部配齐落实，还配了贾东华、杜学祥两个司机专门拉火工品。这样保证大部队一到，

1962年底221六厂区建成610工号爆轰场地，可以进行大型爆轰试验

623 工号就能开伙、上班、正常开展爆轰试验。王义和这个人话不多，人挺严厉，不爱吹牛聊天。但他对下级特别关爱，他手下有个工人想结婚。王义和告诉他要经组织上严格审查后批准才能结婚。那人不信，说找老婆都不自由？回去休假时他就把婚结了。回厂以后，王义和狠狠地批评了他。虽然他爱人也没啥问题，但先斩后奏可不行。后来这个人工作卖力，照样被提拔。可惜王义和在“文革”中被迫害致死了。

1963 年过了春节不久，北京九所二室的大部队开上来了，我就留在六厂区做些收尾的工作。六厂区开始打炮不久，实验部九室的刘桂昇配合打炮插雷管。天气冷，他穿件羊皮大衣，在工号门边等待，手里拿只雷管摸来摸去，突然一声响，雷管被摩擦产生的静电引爆了，他被炸掉一节手指，定了个工伤。安全确实是个大问题。后来在 608 工号打三拼组件的时

1962 年建成实验部六厂区 614 碉堡工号

候，又出了件事。沙堆上的炸药、雷管都插好了，天上忽然飘来一片乌云，好像有阵雨。大家正在往工号走，商量这炮如何打，突然一声巨响，空中的雷电把炸药装置弄响了。幸亏人走开了，要炸死人就闹大了。所以1964年6月6日，在614工号打1∶1的特大炮时，领导一再让大家想困难，找问题，慎之又慎。工号顶上虽然装有避雷针，但保护的范围有限。这次爆炸装置又复杂、又大，现场工作头绪又多，沙堆上专门临时搭了个小房子。草原的天空，别看蓝天白云，可说变就变。为了保险，专门从设计处请来鲜天泰，用钢筋焊了个笼子并接地，把小房子罩起来，等于一个避雷网。这次1∶1的大炮响了以后升起蘑菇云，还引起周边的草地起火。可是现场一片欢腾，大家一致认为我们的“争气弹”不久就会响了。

筹建第二生产部

刘振东（时任221基地第二生产部车间主任）：我1962年8月份到221基地考察那里的基建情况。当时九所派了吴益三、谷才伟、任益民和我几个人上草原考察了半个月。考察回来以后，10月份我被正式调到221基地二分厂，负责筹建203工号，当时还不叫车间。二分厂名称几度更改，先后叫二工区、化工厂、实验部七室、第二生产部、二分厂。每更名一次，人员体制变动一次，可见事业发展之快。上了草原以后，曾经在十七号工地打炮的二室二组，到了二分厂被分到201、203、209、229四个车间（工号），以后仍在陆续调入。在不断调入的职工中，我竟然见到了1945年奉天二高的校友张云亭和白泽普，老同学见面分外高兴。

入厂初期，我们以二分厂为界，把东边叫“东伯利亚”，西边叫“西伯利亚”。我们上去以后，住的环境相当艰苦。1962年10月中旬，我刚入厂时可以见到去筹建处的路上有出售羊肉和青海湖湟鱼的，那会儿仍处

221二分厂总面积有好几平方公里，车间、工号均为半地下建筑并有防爆墙

于困难时期，由于工资低，购买者很少。金银滩上的小河冬季结冰，初来时我们去七厂区桥下破冰取水，高原寒风凛冽透骨，刮在脸上有如刀割。住的黄楼宿舍刚交工，墙面上不时渗出水珠，晚上阴冷潮湿。当时我们吃青稞面馍、土豆。供电也不正常，没电时用煤油灯或蜡烛。平时，每天从总厂徒步几里路去二分厂上班。到了12月中旬，为配合施工我们住进工号。当时调的一批工人都住在土房子里，我们干部住的工号也是临时办公室。办公室没有暖气，用电炉取暖。住在工号有什么优点呢？一是可以少走路，少耗些体力，节省几两粮票。二是那时候抢修啊，经常加班加点，我们好布置工作。当时221基地基建抢工期抢得比较紧，因为二机部向中央表态，力争在1964年爆炸原子弹。所以领导老说快、快、快，大锅饭一锅煮，这是口头禅。

我当时负责203工号。1962年12月8号上午，二分厂浇铸出来第一锅炸药，还是我主持干的。结果那一天傍晚，我突发急性盲肠炎，紧急住进医院。手术中突然停电，外科主任陈长贵最后用手电筒照明为我完成手术。我住院时由裴兆麟负责工号工作，后来他当了201车间（工号）主任。裴兆麟是搞分析的，他在十七号工地是理化分析组组长。因为浇铸炸药需要理化分析，可当时理化室还没上青海，所以他暂时负责201工号工作。我出院以后仍负责203车间（工号）工作。203车间以检验和粘接炸药褙糊，以及产品成型为主，褙糊就是在元件上面粘一层布，为了减少摩擦。

1963年至1964年，我还参加过外协，提出了桥式测量工具设计方案，由朱振田负责设计图纸，周治家制图。我们还一起设计特制天平、特制卡尺。当时一米五的卡尺没有，全是特制的。

车间开始用的平台都是铁的，就是一个大条案当测量炸药成品件的基准座。我们改进后用铜做平台，铜平台里面浇铸有空心的，也有实心的。炸药用铜平台加热速度快。我原是203车间副主任，以后担任203车间主任。另一个郑绥仁副主任，后来负责229车间，他的贡献比较大，现在人已经不在了。我们俩工作配合得很好。

1962年12月份，锅炉试水的时候有一次忘了关总闸门，工号管道冻了，第二天马上组织职工烧热整个管道解冻。由于第二生产部的仓库不够用，1965年时有人说拆掉锅炉房做仓库，而当时的厂领导李信说，考虑到战备的需要，不拆。以后形势缓和一点，锅炉房拆了，作为器材仓库。第二生产部自己有锅炉房，全年可以供暖。以后管网通了以后，总厂也能集中供暖。

1962年12月8日，第一批炸药元件试制成功，从此开始步入正规化作业。我们对浇注数据不断进行核实，证明十七号工地炸药研究数据是准确的，有关操作程序的规定是合理的，工人队伍的培训也是成功的。

1963 年建成的二分厂正门和炸药加工车间

我再讲一下 229 工号的建设，早在北京设计 229 工号（后改为 229 车间）的方案时，我已经提出过，由于十七号工地的局限未予讨论。到了 221 基地以后，核武器研制正式列入议事日程，必须增加新设备，建设新工号。我和郑绥仁提出 229 工号新设计方案后，工号开始建筑施工。这样第二生产部的厂区又向外延了，仓库在扩建，人员也在增加。我在基层工作 20 多年，深感上边“千条线”，下边“一根针”，样样事情要面对面处理才行。上级来的蹲点组、考察组因为待的时间不长，有些事也帮不上忙。

保证物资供应

柯校枝（时任基地生产准备处技术员）：研制核武器首先表现在全国各地的物资支援上，统一归口二机部供应局（六局）抓总。1958 年 7 月，二机部九局设立了供应处，处长是王炎，由乔献捷副局长直接领导。1959

年初，根据核武器事业发展的需要，北京九所和青海 221 基地先后筹建、组建 221 基地供应处，处长仍是王炎。1959 年苏联专家撤走以后，主要的一些工艺设备、仪器仪表停止供应，因此大量的设备、仪器仪表需在国内进行仿制和试制。1961 年 221 基地供应处分为基建器材处和科研器材处，北京九局供应处改为北京供应办公室。221 基地在 1964 年初组建了专用设备、仪器仪表、新材料处。该处的前身为生产准备处，领导是白东齐，处下设三个科开展工作。随着科研试验工作的开展，1965 年，科研器材处和专用设备、仪器仪表、新材料处合并为总厂六处，处领导是白东齐，党总支书记先后有刁有珠、康治、米锦太。

二机部六局主管物资供应，副局长有姜涛、周西风、晁锦文等人。六局下设计划处（处长刘皋）、设备处、材料处、工厂管理处、局办公室和主管进出口业务的原子能工业公司，在外地设有上海、武汉、广州、沈阳、西安、兰州、郑州办事处。郑州的 302 库主要存放金属材料，兼做中转库。北京半壁店库存放进出口物资。每年的物资计划先报二机部六局，他们审核后再报国家计委和各工业部，下达各种物资的分配指标，然后组织部属各单位参加各部委的订货会。我院的专用设备，仪器仪表，新材料，新元、器件的计划都是一项一项审定，六局问得很细：为什么要这些？用途是什么？能否用标准的代替？他们对技术指标抠得也很严，对交货时间也提得很具体。因此，报的计划事先必须充分论证、准备。刘皋处长，龚丽权同志经常和我们一起，到各部委去落实项目。材料处下面的刘玉珍负责轻化工部的新材料、化学试剂。我们的计划和指标经常变，他们口头上也会说几句，但对工作认真，问题总能解决。设备处杨树盘工程师专门安排非标准产品的试制，仿制仪器仪表工作。总而言之，没有二机部六局的指导和帮助，221 基地的物资供应是保证不了的。

20世纪60年代各种物资器材源源不断地运到221基地004库

1962年8月，北戴河中央工作会议上，刘杰汇报了两年规划，立下了军令状。毛泽东批示："很好，照办。要大力协同办好这件事。"刘少奇也赞同。会议决定成立以周恩来为首的中央专委，六个副总理，七个部长，全国总动员，处处开绿灯，掀起大会战的高潮。基地各项建设一日千里。

开足马力搞建设

李根昌：1962年国庆节后，大电厂两台6000千瓦机组投入运行，一生部、二生部、三生部的建设热火朝天，入夜加班加点的灯火照得工地通明。1963年初，上级领导派人来调查，认为可以开展科研工作了。很快，二机部动员北京九所大搬家，各路人马向草原集中。为了让新到草原的科技人员有房住，九局领导和机关干部在棉帐篷里办公住宿，腾出黄楼给科技人员住，把大家的积极性调动起来，正式吹响大会战的号角。

到了1965年，机关办公楼、各厂区科研室用房先后建成,家属宿舍楼也陆续完工并投入使用，厂里各项工作都走向正轨,筹备基建阶段宣告圆满结束。

王之康：1961 年，宋光洲就带着九所六室这帮人上 221 去了，比我去得早。我上去以后，主要负责车间加工设备的生产准备，比如说十厂区的设备，最关键的是球车车床，苏联当时没有给我们，只能自己生产。

为了解决这个问题，我们需要几个有经验的工程师，所以从沈阳调来了谢平海、周云杉两个人，都在十厂区。我跟他们接触以后，一起在国内找了很多机床厂，去设计，去订购，为球车车床跑了很多次。但是后来使用得不是很理想，球面加工一直没有得到圆满解决。现在来看很简单，完全可以用数控车床解决。但是那个时候要完成一个球形的加工是非常困难的。后来我们是用靠模来做的，靠模法是土办法，刀架靠着一个圆形的模板，只能自动地、慢慢地按照这个模型线路来回走刀，车床要走一个圆周进行炸药切削加工。

这个靠模是钳工师傅做出来的，有的很复杂，有的很简单，但精度要求很高。加工出来的球体，检测也是问题，球面上每一个点是不是合格，

1963 年 221 基地建起 10 栋黄色宿舍楼

用来检测的工具也很复杂。到了 1963 年，这些问题总算得到解决。

闫有铭：我曾经看过 221 基地最早的规划图，规划是要建一座城市。原计划十八厂区建 100 栋黄楼，最后只建了 10 栋。221 基地规划是核武器加工、生产基地，不光是住宅楼，各个方面的生活配套设施都得建。后来中苏关系破裂，建筑面积和规模缩小了。金银滩的点是苏联人帮我们选的，以后还要考虑换点搬迁。

到了 1963 年开春，厂区铁路已经通到 513 厂区了，10 栋黄楼全盖好。总厂（221 基地）办公楼、红砖楼盖了很多，商店、宿舍楼已经有了。尤其是一厂区，包括 105 大楼，101、102、103 三个车间，最大的那一片工地快收工了。六厂区炮场那些碉堡也已经建好了。所以，1963 年 4 月北京大批科研人员才能上去。

七厂区建设是最后一项工程，该区以后负责用理化方法来诊断核反应是否发生。701 大厅是次临界试验的工号，也是检测原子弹安全的重要手段之一。七厂区建得比较晚，我记得是 1962 年冬天才开始施工建设，七厂区厂房都是混凝土墙，很厚。冬天浇注混凝土，外面搭棚子保温，里头

1964 年建成 221 五厂区

1964年5月实验部七厂区最后完工

生炉子，就怕混凝土冻裂了。七厂区建好以后，可以说万事俱备，只欠东风了。

草原换新颜

李根昌： 由于建设大军齐心合力，全国人民大力协同，本着"先生产后生活"的指导思想，突出一个"抢"字，到1960年底，通往厂区的铁路贯通；邮电部派来作业队，建立起通信、邮政系统；1961年国庆节，1500千瓦的小电厂发电；1962年中央专委决定基建大会战，国庆节时12000千瓦的大电厂发电；建筑二公司和交通部进来修路；六厂区炮场完工，汽车修理厂、普通机械加工厂、104仓库建成。职工生活方面，10栋黄楼建成，单身职工宿舍红楼若干座竣工，又建成海晏县的家属宿舍、中学，西宁杨家庄的家属宿舍。221基地有了医院、食堂、商店、俱乐部。1963年初夏，北京大批科技队伍开进草原，221基地正式奏响研制原子弹的草原大会战的序曲。

221 总厂办公楼（摄于 1984 年）

刘振东：到了 1964 年，221 基地办公大楼、科研室、车间工号、俱乐部、图书馆都建起来了。大批住宅楼盖好，房间都有暖气。商场等各种服务设施配套齐全，厂区道路四通八达，还栽了不少树。只用了两年多时间，一个初具规模的城镇在金银滩草原拔地而起。

总厂建有一个林场，由学林业专业的女大学生郑兴荣、何芝莲负责管理。她们是二分厂技术干部的家属，跟着上了草原，为林场的建设做出了贡献。在高原植树造林很不容易，各分厂组织机关干部种树，种一种小叶杨树，因为勤浇水，长势良好。后来林场成了 221 基地的一个风景点，职工周日休闲的去处。“文革”搞“武斗”时，林场一部分树木被当作“武斗”的器械拔走了。有时候电厂停电，剩下的树木当柴烧了，太可惜了。

总厂还有一个消防队，负责消防安全。1964 年，听说美国要炸核基地，全厂进行战备训练，二分厂各车间都有值班人员。我们在二分厂东侧挖战壕，挖防空洞。由于备战需要，总厂也有地下防空洞，当时规定紧急情况下，有一定级别的技术干部可以坐吉普车疏散到地下防空洞。

总厂职工俱乐部有两个图书馆。一个文艺图书馆，一个科技图书馆，草原大会战时期，图书馆里面天天晚上坐满人。那个时候人的求知欲望强，精神面貌非常好。总厂还办夜校，职工、民工业余时间都可以参加，可惜“文革”开始以后停办了。

总厂有个农牧处，自己养一些牛羊，冬季给职工分一点牛羊肉。农牧处在草原荒地种上菜籽，收获期间各个单位包片收割，一人分一点菜籽油。肉和油都是农牧处的产品，限量供应。为了解决职工家属探亲时的住房问题，各个单位在厂区内自建了一部分平房。

221 基地科技人员在科技图书馆查阅资料（摄于 1984 年）

221 基地的水厂在麻皮寺，那里的水是雪山上的冰雪融化而来的，终年保持6 ℃，水质特别好，烧水后没有水垢。我们车间因为工作需要，必须经常测水温，测炸药元件的密度要靠水来测。

霍广盛：千年的草原被唤醒，西宁至海晏段的铁路已经通车，西宁到221 基地的公路上有汽车来回飞跑；金银滩已是旧貌换新颜，到处帐篷点点，红砖楼房拔地而起；电厂沸腾的锅炉，给草原带来光明。各厂区不再用罗盘确定方向，它们已经标桩定点或破土动工，金银滩呈现出一派生机勃勃的新景象，千万个建设者们用双手建设着高原核基地。到 1964 年 6 月，选址 6 年以后，金银滩完全改变了原来的面貌，一个集研制、试验、生产的核武器研究基地终于诞生了。

他们告别了亲人，远离大城市，上高原，进草原，隐姓埋名献身于核武器事业。他们头顶蓝天，脚踏草原，住帐篷，睡地铺，喝冰水，烧牛粪，吃青稞，克服寒冷气候、高原反应等诸多困难。特别是三年困难时期，人人吃不饱肚子，装卸、搬运货物全靠人工劳动。由于缺乏蔬菜和副食，大部分工人出现浮肿，但没有人退却。

第3章 团结协作　众志成城

保卫保密

军事机密

保密先行

赵泽民：发展核武器事业是国家的政治、军事机密，备受中央高层的重视与关怀。“工作未动，保密先行。”九局（九所）从开始筹建，就设有保卫保密组织，把保卫保密工作列入重要的议事日程，以确保安全。袁冠卿是保卫保密处处长，我是保卫保密处副处长。他是从公安部六局调来的，我是从一局调来的。那时候，我们九局保卫保密处和221基地的安全保卫保密工作由公安部原子能保卫局和二机部保卫部双重领导。公安部原子能保卫局领导同时任二机部保卫部部长，两块牌子，一套人马，对下实行统一领导。1960年后，因工作需要，袁冠卿任九局党委副书记。九所党委宣布我为保卫保密处处长，同年12月，增补我、谷才伟、张循时为所党委委员。当时我们面临的政治环境和从事的工作具有特殊性，因此原子弹研制安全保卫保密工作要求极为严格。

“五不三保”

赵泽民：从筹建九所开始，我们参照苏联的一些保卫保密工作模式，结合我们的实际制定了保卫保密工作制度。工作做什么，工作性质、研究内容是什么，我们是根据工作需要有计划、分层次地向科研技术人员和党政干部谈话交底的。我记得，交底的时候我们给科研人员每人发一个保密包，并按人编号；保密本全都有页号编码，规定科研用纸和保密本在非工作时间，必须装入保密包交到保密室专门保管，上班时再按规定领取。我们要求大家严格遵守“不该说的不说，不该问的不问，不该看的不看，不该听的不听，不该传的不传”的“五不”保密纪律，同时提出了保单位性质、保单位地址、保隶属关系的“三保”要求。在管理工作上，凡涉及科研工作的会议都须有保卫保密干部参加；大型实验都有保卫保密专人负责安全；严格门岗武装警卫制度；对进出单位大门的人员，实行严密的控制和管理；工作单位、性质、地址保密且都规定了掩护名称和代号，通信地址使用信箱代号。我们保卫保密工作的重点，就是围绕科研生产了解掌握详细情况，有计划有重点地进行安全保卫保密检查，及时发现问题，及时排除各种不安全因素，及时完善保卫保密制度，对发生的失密、泄密事件进行及时严肃的追查与处理。

保卫工作

严格政审

赵泽民：我们在大批调干、选人时，政治审查是按照周总理的指示（历史问题看现在，社会关系看本人，重在本人表现）进行的。

两次大调干工作中，周总理、宋任穷对选调干部的政治审查工作原则具体如何落实，尤其是老知识分子的历史和社会关系如何评判，对我们搞调干的政策水平是一场考验，千万“左”不得，把水平高的拒之门外，当然也不能右，把信不过的弄进来。时值“反右”之后，要“实事求是”，说易行难。还有顾全大局的思想，对我以后工作方法的建立，有着重要的影响。从后来的结果看，我们没有搞唯成分论，保证了核武器这个尖端科技事业对人才的需求，没有辜负领导对我们的重托。

我们选调干部和科研技术骨干，都要经过严格的政治审查，以保证选调人员政治上纯洁、百分之百可靠，再经过严格的保密教育使保密要求深入人心。为防止失密、泄密、窃密，公安部专门设立了一个机构，他们除了检查公安侦查工作中涉嫌人员的书信往来外，还检查我们九所、221基地寄出和寄回的私人信件。那时，信件中不能谈论与研制工作相关的任何事情，不能出现任何有可能暴露单位性质、单位地理位置的字词。221更是不能说，也不能出现“草原”“海拔”等容易引起联想和猜测的词语。

服从分配

赵泽民：1961年5月，九局党委决定我任政治处第一副主任，负责常务工作。袁冠卿副书记兼政治处主任，后因他高血压病较重，本身抓基建、抓生活配套较忙，组织上又明确让我负责政治工作。这一年我工作繁忙，除保卫保密工作外，又负责了组织、宣传、干部、劳资、团委、小学和幼儿园工作。记得在一次党委会上，邓稼先提议车队也让我管，我觉得很纳闷。这不是管后勤领导的职责吗？郭英会副所长冲我使眼色，说：“让你管你就管嘛。”于是，我的工作又加上了管理车队。好在有党委领导，依靠王玉振、降今夫等三位副主任做好各自分管的工作。

这期间，我根据军队的政治工作条例和国防科委的要求，写了所政治工作条例，局党委批准发布。后来在二机部召开的政治工作会议上，我做了重点发言。公安部原子能保卫局认为，我做政治工作削弱了保卫保密工作，就以对保卫保密工作是双重领导的理由，向二机部提出保卫干部不能“转业”，即不能兼做保卫保密以外的工作。于是，1962 年 11 月，二机部按照九局党委的任职呈报，任命我为九局一处（保卫保密处）处长。除了继续做好安全保卫保密工作之外，照样在我的工作中增加了技术安全和工业卫生的工作职责，好在技术安全有孙振厚、工业卫生有高丕绩在处里支持我的工作。

奔赴草原

赵泽民：青海金银滩的 221 厂，是我国第一个核武器研制基地，是科研、试验、生产的所在地，距海晏县城 9 公里。1958 年秋天，九所保卫保密处处长袁冠卿带人到青海西宁，开始部署 221 基地保卫保密筹建工作。选定地址后，前方、后方动作很快，分两摊子，九局乔献捷副局长主抓保卫保密工作。221 基地由一个警卫团的兵力担任各要害部门的门卫以及 573 平方公里禁区的外围哨所的警卫，番号叫 84638 部队。经过几年艰辛的创业、突击抢建，基地的科研区、试验区、办公区、生活区、公路铁路已经初具规模。1964 年 3 月，二机部李觉指示，原九局所有骨干包括保卫保密干部全部调往青海 221 基地，北京只留少数人留守。于是，李觉带队，我们赶到位于青海省海晏县境内的金银滩草原上，代号为 221 的核武器研制基地，参加“大会战”。

因为气压低，我和其他初来的同志一样，走路稍微快一点，就会胸闷、头涨，喘不过气来。我们虽然常吃煮不熟的夹生饭、蒸不熟的馒头，但努力地适应这里的高原反应。恶劣的自然环境、艰苦的生活条件、简陋

20 世纪 60 年代 221 基地警卫团骑兵连骑马巡逻

的工作条件都动摇不了我们自力更生、艰苦奋斗，尽快制造出原子弹的决心和信心。

大会战时期的 221 基地，原有的保卫保密干部，加上当年从全国各地公安厅局抽调来的保卫保密干部有 100 多人。光是处级干部就有甄子舟、马文申、刘致中、赵峰、黄启之、刘建民、梁士超、戴玉珉、董连仲、王子欣、马志诚、刘哲生、原东方、高如礼、张世昌、王玉琢、于曦耀等人。科级的保卫保密干部就更多了。

为什么有这么多的处科级保卫保密干部做这件事？这是因为核武器研制生产对新中国来说是前所未有的，关系国家安全，要确保万无一失！同时，221 基地是根据苏联专家意见建在青海草原的，设计、实验、生产各部各分厂都十分集中、暴露。受紧张的中苏关系，严峻的国际形势所迫，中央不得已做了第二手准备，准备搞核武器的第二、第三研制基地，要向三线调整转移。

公安部为此事已经提前调来公安保卫干部，开始为未来的基地转移培养储备保卫干部。当然，多年以后任务发生了一些变化和调整，这些保卫干部，除继续留在保卫部门工作的以外，有的去做了更重要的工作，有一些也调走了。

壮大队伍
再添新军

刁有珠（时任基地保卫处副处长）：我是 1964 年 4 月 28 日来到二机部的。1964 年 4 月中旬旅大市公安局政治部通知我调到一个保密单位工作，一同被调去的还有“苏特”处副处长戴玉珉同志。当时要求报到的时间很紧，五一劳动节都没让在家过。我们二人于 4 月 28 日到北京海淀区花园路 3 号报到。这是二机部九局北京九所的驻地。接待我们的是干部处一位姓蒋的同志，他告诉我们要到“901”工作，现在都去参加 221 基地大会战。这个“901”在哪儿？是个什么性质的单位？我们做什么工作？现在要去的地方在青海什么地方？参加什么样的大会战？对于这一切，只有三个字——不知道。给人的第一印象就是连我们做了多年公安保卫工作的人也觉得神秘。我们是 5 月 4 日动身乘直达西宁的火车。那个时候火车的车速是很慢的，到西宁两千多公里跑了 60 多个小时。5 月 8 日我们乘苏联嘎斯汽车向 221 基地进发。当汽车进入青海湖公路的岔路口，往左是去青海湖的公路，往右是去海晏县的公路。车向右拐弯，路过海晏县城，到了 221 基地禁区 5 号哨所。这里距离厂区还远着呢，只能看到远处影影绰绰的楼房。本不要经过县城而直行到禁区的 6 号哨所，因为进厂的公路正在施工，只好走 5 号哨位的土路。哨所警卫哨兵认真地检查我们的临时证件，又一次给了我们神秘感。

从 1958 年成立九局到 221 建厂，一开始就设置了保卫部门，保卫核武器研制、生产、试验过程中的绝对安全。为了充实保卫队伍，从公安部和地方公安保卫部门抽调干部，到 1964 年基本建立了两级保卫体制：二机部九局设保卫保密处，处长赵泽民，副处长张增福，下面几个科中，科研保卫科科长是曾庆云、保密科科长是柳均玲、警卫科科长是程继增。青海 221 基地设厂保卫处，处长甄子舟，副处长刁有珠等若干人。这时第一颗原子弹快要响了，又增设产品押运处，副处长是张世昌。

1964 年春季，从全国抽调了一批公安保卫干部到 221 基地保卫处，其中厅局级有 2 名，处级干部有 16 名，都是来参加大会战的。开始谁也没有定位和任职，都分到各科研部、生产部蹲点实习。大部分同志都在蹲点单位就职了，如戴玉珉同志任设计部政治处副主任。每个人都要签一份保密责任书，若违反了责任书规定的条款要受严厉处罚，直至追究刑事责任。我凭回忆说说 1964 年调来的 16 名处级及以上公安保卫干部，他们是：

刘建民，解放军大校，曾挂名保卫处处长，后任总厂机关党委书记。

马志诚，原鞍山市公安局副局长，挂名保卫处处长后任场外试验处处长，后调西安二机局任副局长。

史克胜，原河南地区副专员、公安处长，任 221 基地总厂政治部主任。

刘哲生，原北京市劳改局副局长，挂名保卫处处长后任 221 基地、九院政治部副主任。

聂怀德，原黑龙江省公安厅副厅长，任九院副院长，后调出九院。

冯玉刚，原抚顺市公安局副局长，任 221 基地第一生产部政治处副主任。

肖光，原解放军某部保卫处副处长，任221基地第二生产部政治处副主任。

吴洪砚，原浙江某公安局副局长，任221基地第三生产部政治处副主任。

袁东方，任221基地电厂政治处副主任。

董连仲，原吉林市公安局副局长，任221基地实验部政治处副主任。

戴玉珉，原大连市公安局副处长，任221基地设计部政治处副主任。

……

221总厂领导先后分管保卫的有乔献捷、史克胜等人。

青海矿区设人民检察院，检察长为于□；中级人民法院院长为裴文德；公安局局长为黄启之。

221总厂成立保密委员会，保卫部保密科是委员会的办事机构。保卫部在厂党委领导下，执行保卫科研生产的任务，落实上级各项保密规定；在科研生产重要工号和重点部件处指定专职保卫干部跟班做保卫、保密工作；在各个生产班组、研究室建立群众性保卫、保密组织；与技术安全部门一起建立安全制度；定期组织全厂职工学习安全保密规则，检查不安全漏洞，确保科研生产的安全。

掩护名称

刁有珠：221基地是个封闭的小社会。海晏县金银滩573平方公里范围内被划为禁区。221基地是一个政企合一的单位，政权机构是青海省人民政府派驻的矿区办事处（专区级），下设公安、检察、法院、邮电、粮食、商业、银行、教育、民政部门。221基地对外掩护名称是“国营综合机械厂”；通信均用信箱代号，即“青海省西宁市500信箱”，下属各部门、单位设分箱号。职工工作证、临时证件、出入要害部门的各种证件的钢印均是“国营综合机械厂”。221 基地的一般保密三原则是：1. 不得说厂址在海晏县，用信箱代号。2. 不得说是 221 基地，更不准与第二机械工业部挂钩，只能说国营综合机械厂。3. 不准说是搞原子弹的，只能说是生产普通机械的工厂。当时一切协作联系业务、军运，均用“02”作为单位代号。这些代号和信箱在全国的邮政、运输、商业、专供系统都是专门注册的，这些部门可在注册代号中查到它的详细地址。厂属机关有办公室和干部、计划、技术、器材供应、技术安全、场外试验、保卫保密、产品运输等处级单位。厂党委设纪委和政治部，下设组织部、宣传部。科研生产部门有实验部、设计部、第一生产部、第二生产部、第三生产部（电厂隶属于第三生产部）。

禁区印象

刁有珠：关于 221 基地周边的警卫工作，最先由青海省军区独立师第 6 团负责。他们对外通信邮箱是西宁 537 信箱，不能和我们的邮箱混在一起。第 6 团下辖 3 个营的兵力，设有 8 个哨所，一般一个哨所驻一个班。6 号哨所范围宽，管一大片，驻有一个排。有一个骑兵连负责厂区外围巡逻，有一个特务连负责防范外敌入侵。每个角落都有人站岗放哨，每个分厂都有兵执勤，221 基地的每一寸土地都留下了他们的足迹。有的人甚至付出了热血和生命。一直到了 1969 年 3 月，青海省军区独立师第 6 团才与甘肃省军区独立师第 4 团换防。

刚开始我们准备按照苏联专家的设计在 221 基地周边搞三道防线：第一道防线留一条一米多宽的沙土地，来个牲口都留下痕印；第二道防线挖一条十几米宽的水沟，通过必须蹚水；第三道防线是铁丝网。后来我们没有完全按照这个做。

20 世纪 60 年代 221 基地由青海省军区独立师第 6 团负责外围警卫

221 基地整个禁区控制面积为 1100 平方公里，东南起自海晏县的三角城，东邻金滩的凉马河，北靠祁连山脉，西与团宝山尾接壤，南至团宝山顶。禁区内最高的山海拔 4500 米，六厂区是工作最高点，海拔 3200 米。连接海晏县东马路的三级柏油马路直通厂内，连接海晏县火车站的铁路专用线直达电厂和军运专用线的装卸站。每一两天就有一列二三十节装煤的专列进入电厂。那个时候职工家庭生活免费用电，这在全国是独一无二的，一直到 20 世纪 80 年代才象征性地按成本收费。221 基地家属居住地分两大区，一个是十八厂区，叫甲区，有 40 多栋楼房，50 多栋平房，基本上住双职工和单身职工；另一个是在禁区外的海晏县城南的职工生活区，叫乙区，有 20 多栋楼房和 20 多栋平房，住的是后勤部门的双职工或有家属的单职工。西宁市有杨家庄家属区，住带有家属（不耐高寒气候）的单职工。全厂的职工最多时有上万人，家属的人数最高达到二万多人。甲区是个“工”字形的街道，南边的东西街和北边的东西街长约

20世纪60年代221基地周边设有8个哨所，一般一个哨所驻一个班。6号哨所范围宽，管一大片，驻一个排

400米，中间的南北马路有200米长。南北马路东边是221基地的首脑机关，厂党委和厂部都设在此；马路西边是矿区办事处的首脑机关；东北是邮电局；西北是银行和新华书店和照相馆；马路北面是工人俱乐部的影剧院，前面是个大广场。生活区都是在“工”字西边的区域内，有二居室和三居室的楼房18栋，筒子楼30栋。商业街就在生活区北面，有百货和副食商店。这个区域叫福利街，设有派出所。南马路的南面有一个体育场，可容纳万人，可以踢足球，搞田径比赛等大型体育活动。篮球比赛都在影剧院前的大广场上开展。俱乐部每周放映一部露天电影，重大节日都有文艺汇演，中央歌舞剧院和春雷文工团都到221基地慰问演出过。60年代可以说是每天晚上都能看到各单位的篮球友谊比赛。在乙区的职工每天可乘早、晚的火车班车上下班。住西宁的职工每月可回家3天探亲，报销路费。家属在内地的职工一年可探亲一次，不算路程是一个月的假期。不少单职工在草原上工作二三十年还和配偶两地分居，过着衣服破了没人补的生活。

制度、条例

执行保密制度

刁有珠：221 基地的进出制度是很严格的。按密级实行分级、多种形式的证件管理，自始至终没有改变这个行之有效的制度。第一是绝密要害部门、车间，由总厂直接管理，能进这些部门的人必须经总厂主管厂领导批准。第二是机密部门和车间，由各职能处室和各生产部领导批准。最高级的全通证件（所有单位均可进入）则由总厂厂长（后又改为主管领导）批准。特定情况下，如产品总装期间，除持有进要害部门、车间的证件外还得核对事先批准的名单方可进入。通用证件也有两种，一种是只能出入八个禁区哨所，到各部门、单位无效的普通证件；一种是只可进入某一部门、单位和八个禁区哨所的工作证件。

可以这么说，221 基地有不少职工没有见过要害部门是什么样的，更不用说看见原子弹的模样了。有的只能看到原子弹的这个部分，看不到原子弹的那个部分；有的能看到外面但看不到里面；有的则能看到里面但看不到外面。总之，能看到原子弹里里外外的结构的人是极少数。担当绝密科研生产保卫工作的责任实在重大，一是接触的机密多而深。我在工作记事本上从不记录任务项目，日期和数字全靠大脑记，只记安全保卫的内容和要求；对所听到的一切和看到的一切必须守口如瓶。这些都是职业决定的。多年的公安工作养成的保密习惯，在此必须更加严格。有很多事情，当时不能说，今天不能说，永远也不能说。这是在搞原子弹啊！出不得事，出了事就了不得，要惊天动地，震动海内外！由于你分管保卫它的任务，你在现场心怦怦地跳，不在现场你的责任依然在身，心也在怦怦地跳。原子弹毕竟是个大规模杀伤性武器，威力很大，有放射性很强的核材料。这些材料从进厂到进入每道工序，都得严格执行工艺规程，以及技术安全操作规则。我们不仅要带头遵守执行，还有责任协助安全部门宣传、教育、检查、监督每个人。如进入炸药工号和总装车间不得穿产生静电的皮、毛衣服，必须手握一次“铜棒”消除静电；不能穿可能产生火花的鞋；不准带打火机、火柴；等等。

在 221 基地做原子弹部件吊装试验时，由于没有经验，我们有的保卫保密干部的工作也出现了一些偏差，不切实际地过分强调保卫保密而忽略了科研生产的实际需要。公安部原子能保卫局的一位姓张的同志，不准吊车司机看吊钩上的原子弹部件，要求吊车司机蒙上眼睛实施吊装工作。他认为这样可以保守原子弹的秘密。我们提出，你不让吊车司机看着吊件，他怎么能准确完成吊装工作？后来张同志勉强同意我们的意见。在吊装试验时，他紧紧守在吊装司机身旁进行监督，弄得吊装司机心里十分紧张，心有余悸。吊车司机一边看吊钩上的原子弹部件，一边又不时转头看他，结果产品吊装错过了正确位置。保卫局的张同志认为吊车司机是有意破坏，要把这件事定性为“转头事件”进行严肃处理，在我们的说服下才认定为一般的操作差错。

编制条例

赵泽民：为方便工作，1964 年 3 月，李觉和程诚在干部会上宣布，由我任 221 基地的保卫保密处处长，但不参加日常工作，日常工作仍由该处原领导负责。我组织起从全国各地抽调来的 20 多个处、科级保卫干部，接续北京的工作，继续跟班摸索原子弹研制生产环节中保卫保密安全的专题工作。我把 20 多个保卫保密干部分成几个小组，每个组三四个人，分别下到设计部、实验部、生产部各研究室，随同科研人员跟班调研。我们一边参加劳动，一边以小学生的态度恭恭敬敬地学习，给他们打下手，帮他们做勤杂的事，使他们能集中有限的时间搞原子弹的研制工作，同时也逐步了解研制生产的工作状态，有的放矢地做好保密与安全工作。

我们的工作重点是搞清楚各个部件的研制过程和生产流程，搞清楚科研人员在每个工序、每个时间做什么，重点工序、重点时间、重点环节、重点操作和重点工艺是什么，熟悉相关工艺流程。保卫保密干部深入实际和研制人员一起跟班工作，密切注意掌握生产现场的保卫保密状况，加强现场的安全管理，边学习，边保卫。

为了能够有的放矢、有针对性地做好安全保卫保密工作，我们采用的办法是看、听、议、问。那时，研制工作已十分紧张，为了不影响科研人员的工作进度，我们在他们操作过程中去看，去听他们的讨论，然后保卫保密干部们将各自得到的认识汇总，相互讨论，搞不明白的地方，再去问科研人员，最终将确认的正确认识记录在册。我们将原子弹的研制生产归纳为数个层次，搞清楚每一层里的内容是什么，起什么作用，并将产品的结构层次编写成歌谣、口诀，记录在专用的保密本上。保卫保密工作的措施和重点应当做什么，我们把每个组确认的情况汇总，大家一起讨论，各抒己见，提建议、想办法，集思广益，分别就其特点建立了针对性的安全保卫措施。当时，我们编写了原子弹研制的安全保卫保密工作绝密文件，马瑜同志做了大量的文字工作并绘成图表。

我们编写的这份书面材料和“看、听、议、问”的工作经验，在向九局李觉局长和核保卫局程诚局长汇报时，得到了充分肯定和表扬。随后，我随程诚同志向当时的公安部部长罗瑞卿汇报。罗部长听后说，很好！原子弹保卫工作，从无到有、严密可行。这对我们当时做好安全保卫保密工作，树立了极大的信心。最终这个安全保卫保密文件，成为院保卫保密制度的重要内容。

从实践总结经验

刁有珠：我被分到第一生产部 102 车间参加跟班劳动，一边熟悉生产，一边保卫生产。这个车间的任务是试制原子弹的核部件，项目负责人是宋家树同志。在半个月内经多次试验核部件终于研制成功。在参加研制生产过程中，我的保密观念得到了增强，对研制流程和工序掌握和了解了要害部位所在，从而可以提出安全保卫措施建议，有的建议还被采纳。我在大连做了十几年的经济保卫工作，对机械企业的生产流程是熟悉的，对它的一般保卫措施是掌握的，但对国防工业生产或者说是现代化武器的科研保卫工作有些生疏。幸好隔行不隔理，只要虚心学习、认真负责就会很快熟悉、摸清规律，能够学会保卫国防工业的本领。在这个部件研制成功后，我写了一份名为《关于某材料研制流程和工序及要害保卫措施的意见》的报告，报给厂保卫保密处。后来我才知道，在这 16 名处级干部中只有我一个人搞过经济保卫工作。由于工作性质和需要，我们要了解全厂的体制和科研、生产任务，从此开始接触核武器的核心机密。

人事劳资

两批骨干

刘乃民：1957 年我调进三机部，不久又转入二机部九局，一直从事人事、干部调配工作。我前后干了 28 年，经手的事不少。这个部门如今叫人力资源部，就是解决人的问题，毛主席曾说过，人是最可宝贵的因素，只要有了人，就可以创造一切人间奇迹。像中国这样一穷二白的家底，要搞原子弹，还真印证了这句话。

我再说说调人的事吧。周光召是科学家中的后起之秀，原来是北京大学优秀讲师。1957 年他到苏联杜布纳联合核子研究所从事高能物理理论研究，取得不少成果。1961 年 2 月他奉调回国，二机部要调他，让我到北大把他的档案拿回九所。周光召的家庭社会关系复杂，但周总理有指示，家庭社会关系看本人，本人历史问题看现实表现。有这些原则指导，我们很快就把周光召调到九所任一室副主任，以后担任理论部副主任。接着我去沈阳 123 军工厂，把搞炸药的吴永文、左汝良调进九所二室。再说说赵敬璞这个人，这种级别的干部，要由九局和部里商量，由部里向中组部申请，批准后才行，但他们的人事档案关系要归口到干部处。他从哈军工转业过来，任九局党委书记，早早上了 221 基地。由于他作风民主，生活俭朴，平易近人，不摆架子，群众关系很好，人称"赵青天"。后来他肺病变严重，调回了北京。接替他的是刁筠寿，级别更高，是从沈阳 132 飞机厂过来的。到了 1965 年，刁筠寿带领 44 人进川，担任 902 地区工委书记，后为九院党委书记。李凤翔是在"文化大革命"后期直接从湖南矿务管理局调往 902 地区的，他当过一段时间的九院院长。

当年，党中央、国务院对九院的事业非常关心，上面有中组部支持，但也不是全由我方说了算，对方也可以借故不给，或提出换人。最重要、最关键的两批大调人，对刚起步的九所来说，无疑是和建 221 基地同等要紧的当务之急。

1960 年从各单位调进的 105 名技术骨干中，有留美归来的陈能宽，还有苏耀光、姜静、宋光洲、赖祖武、任益民、唐孝威、陈常宜等人。好多都是人家单位的业务尖子，舍不得放哟，但这些单位服从了大局，把人给了我们。当时我对口航空部调人，高潮负责到各单位调骨干。其实调来的 105 名技术骨干没有达到预期，个别人的级别、专业没达到我们的要求。

主要原因倒不是人家不放，而是我们的政审太严，不少要调的人，解放前就参加工作，有的还加入过国民党，历史自然复杂。这也是因为九局的任务太机密才如此，无可奈何。中国科学院学部委员王淦昌、彭桓武、郭永怀是中央特批，直接由部里办手续，档案不经过干部处，和调 105 人不完全是一回事。加上他们 3 人，还有一种说法叫“108 将”。意思都是指第一批骨干，这样说比较全面、准确。

1962 年二机部又向中央申请再调 126 人，这批的调干程序和调 105 人那次是一样的，由我们执行、操作。其中有南京大学的程开甲，北京钢院的张兴钤、方正知，也有浙大的韩康琦、董大年等人。讲讲我亲历过的一个故事。当时我们准备从 123 厂调一个高级工程师，厂里推荐了两个人。我先看谢光贤的档案，他曾集体加入国民党，社会关系复杂，我不敢要；又看了黄国光的档案，情况差不多，社会关系稍好一点。我拿不定主意，只好回九所汇报。赵泽民亲自出马，又去了一趟齐齐哈尔 123 厂看档案，回北京向郭英会、朱光亚汇报。经郭、朱二人审定，才把黄国光调来。以后成立了设计部，黄国光和龙文光、俞大光一起号称设计部“三光”。

这批调人的情况和上一批差不多，也没调够。但是，差多少？补没补？时隔多年，哪个知道？我记不清这两批最后一共进了多少人。不过话说回来，这些调进来的骨干都是研究室一级的急需人才，其中留美回来的陈能宽、张兴钤、方正知，留英归来的程开甲（九所副所长）、龙文光等，都担任部一级领导；俞大光、胡仁宇、唐孝威、宋家树、傅依备、王乃彦等人担任室主任一级领导；他们中后来不少人当选为两院院士，还有六位获得国家“两弹一星”功勋奖章。可见这两批调来的技术骨干，门类齐全，专业配套，充实了各级科研班子，对核武器的研制起了重大的作用。作为人事部门的工作人员，我也感到十分欣慰，虽然是跑腿，但没有白忙。

新军涌进

刘乃民：九所从1958年起就开始调进北大、清华、哈工大、北航、成电等高校应届毕业的大学生近百人，我从南航也挑了不少大学生。1959年调进大学生上百人，1960年也差不多，1961年又调进大学生上百人，逐年递增。后来有房子住了，一年进两三百人。到1964年一次就进了七百多人。这段时间经过我的手，或看档案或接待的有两三千人。分配人员时，一般是徐杰处长把名单拿给朱光亚看，由他将人划到这个科室，或者那个部门，这叫排兵布阵，最后郭英会拍板，交我们执行。郭英会头脑清醒，敢于决断，有军人作风，他当过周总理的军事秘书。朱光亚是留美回来的专家，为人谨慎，话不多，做事有板有眼。他懂科技，善管理，又是党委成员，成为科技群体与部里和中央专委联系的纽带。

为了使大学生热爱核事业，不怕苦，上高原，我还曾陪同九所周毓麟、秦元勋、疏松桂等专家到哈军工二系去讲课。哈军工和成电都是苏联专家建议新组建的国防院校，前者的专业直接与国防军工挂钩，学生穿军装，读书就算入伍，也不要钱。陈赓大将是哈军工校长，他是热衷搞国防现代化的老革命。哈军工的学生，读书算参军。二系是学工程物理的，与核相关，整个班毕业60多人，我看了档案后，除了两个不敢要外，其他人都高高兴兴地投身到研制核武器的九所队伍中来。

成电全称是成都电讯工程学院，是把交通大学、南京工学院、华南工学院的无线电系集中起来，在成都新办的大学，院长是吴立人，专业都是电子技术，为国防军工培养人才，但学生不穿军装，读书不算入伍。

1963年4月2日中央接见二机部专业会议的先进代表，我和保卫处副科长曾庆云陪九所代表参加接见，其中有邓稼先、于敏等专家，也有其他方面的先进代表近百人参加。二机部领导刘杰、刘西尧参加了接见。我头一次进中南海，心情激动，在一片草地上摆好椅子和站台，大家就位后，中央首长进场，刘少奇、朱德、周恩来、邓小平他们先从左起，绕场一周，大家热烈鼓掌。最后是毛主席，他看了看大家，从右边起往左绕场一周。大家心领神会爆发出经久不息的掌声。

成立政治部

刘乃民： 20 世纪 60 年代初期，解放军强调突出政治，思想领先。1964 年初，毛泽东明确指示，全国学习人民解放军，从中央到地方自上而下建立政治部，加强政治思想工作。毛泽东的指示下达后，全国闻风而动，从国务院到中央各部委，以及各省、市、自治区马上行动起来，迅速采取一切措施，贯彻落实这一最高指示，积极组建各级政治机构。

当时，国务院任务繁重，分工很细，机构设置众多，国防工业口设有国防工业办公室（简称国防工办），由贺龙、罗瑞卿先后统一领导第一机械工业部（通用机械）、第二机械工业部（原子弹）、第三机械工业部（飞机）、第四机械工业部（电子）、第五机械工业部（常规兵器）、第六机械工业部（造船）、第七机械工业部（导弹）、第八机械工业部（农机）的行政业务工作……

为贯彻落实毛泽东的指示，中共中央决定在国务院系统各口相应建立中央一级的政治部，机构名称定为中共中央工交政治部、中共中央农林政治部、中共中央财贸政治部、中共中央国防工业政治部、中共中央文教政治部、中共中央外事政治部。与此同时，中共中央还决定国务院系统所属部委，也一律按照解放军政治机关的模式设立部一级的政治部。

当时，国务院系统有八九十个部委，组建政治部需选调成千上万名政工干部，中央军委紧急调兵遣将，时间十分紧迫，刻不容缓，要求1964年上半年必须完成。

解放军总政治部虽然压力很大，但感到向中央机关输送军队人才是对解放军的高度信任，任务艰巨而光荣，必须圆满完成。

221这样一个重要的国防基地，党的领导作用一直很强，中央也很重视。为了成立政治部，二机部先后分两批调入一批军队转业干部，充实基地各部门的党政机构。1964年成立221研究设计分院，下设政治部。分院下面的理论部、实验部、设计部、三个生产分厂，每个单位都有政治处。各政治处下设组织、人事、宣传、保卫、团委等部门，集中抓政治思想工作。1964年初，我刚到青海221基地，就赶上一件大事。徐杰马上叫我回北京，去沈阳军区、济南军区调10名团级干部，全部安排在政治、保卫、党群工作部门。如刘志宽、牛广增、顾标、杨森、侯好玉、田奇、汪松等人，分配到院、部一级。1965年我们又从广州军区调入一批营、团级干部，如吴永春、申国凡等人分到科研室、车间担任政治指导员；还调来一位师级干部苗兆瑞，分到四川，任命为902工委副书记。可以说在20世纪60年代，强调突出政治的背景下，221厂成了准军事化的一个科研、生产基地。

除了调政工干部外，早期还要调工人，调来许多高级技工。像商业局系统包括做点心、面包的都有人来，因为开始考虑有苏联专家，要为他们准备西餐。后来人家不来了，西餐也不要做了，大师傅发挥不了作用，像这样浪费人才的事也有。

下面讲讲221厂实验部党政机构：实验部党委书记吴益三，副书记杨森；实验部主任张兴钤，副主任方正知、苏耀光、刘宗山、王义和；政治

1965 年 6 月 221 厂实验部政治处欢送李彦海等人到四川 902 地区，在总厂黄楼前合影（前排左起：苏彦钧、王淑英、吴月英、刘月英、王志云、丁厚本、孟凡会；中排左起：赵忠田、陈德林、武凤文、□□□、李彦海、侯好玉、李德华、姜宝田、魏志平、兰守信；后排左起：岳香英、马玉文、王怀印、李协忠、陆江山、牛儒河、谢子忠、刘庆林、赵兴海、李辉荣）

部主任何德，副主任侯好玉、董连仲；下辖 4 个办公室分管科研生产、技安、器材、后勤，12 个科研室是实体。

据当时实验部二室团支部书记王明锐回忆，221 基地的政治思想工作做得好，落实知识分子政策体现得好，这跟九局党委李觉、吴际霖有很大关系。突破第一颗原子弹的时候，吴际霖曾提出，“响了就是最大的政治”，激发大家一心把核武器搞出来。这个口号很有凝聚力。李觉在 221

基地，喜欢到基层走一走、转一转。有一次他转到实验部的科研室，当时强调突出政治，办公室、车间的墙上刷了标语、口号，满墙贴得红红绿绿。李觉说，实验室不能搞得乱七八糟的，把这些东西都撤掉。李觉懂知识分子政策，知道搞核武器要依靠专家、科技人员，光靠政治不行。草原上把建好的楼房让给技术人员住，李觉带头和机关领导住帐篷。221 基地的专家、知识分子多，有些人家庭出身不好，可工作积极性很大。为什么？因为他们得到了党组织的充分信任，那时候第一代领导懂政策，做思想政治工作主要是调动人的积极性，知道怎么发挥专家的作用。党委班子心往一处想，劲往一处使，集中精力抓业务，不搞出身唯成分论。各类运动中批评知识分子的同时，仍然让他们在一线工作。只要他们对党忠诚，爱国，拥护社会主义，全心全意地工作，党组织就信任他们。要是像后来“文化大革命”那样去分阶级分出身，谁还有心思搞核武器?！所以 221 基地的党群关系一直不错，思想政治工作紧紧跟上，从而保证了第一颗原子弹的研制成功。

当时搞政工的干部基本上是从部队来的，有的待人随和，没有架子，比较懂知识分子政策。第二批来的人喜欢抓阶级斗争，提拔干部时，不讲能力讲出身。1964 年底搞“四清”运动，221 基地还发明了“洗澡下楼”。吴际霖、李信、王志刚脱不了手，许多科技骨干“下不了楼”。“四清”还没搞完，“文化大革命”的狂风暴雨就来了。221 厂揪出吴际霖，说他是最大的“走资本主义道路当权派”；也批李觉，揭发他曾经说“挂政治标语是乱七八糟”。当时老干部通通被打倒。好在金银滩草原军管以后，专家和工人坚持搞业务，抓生产，齐心合力，顶住干扰，总算提前把氢弹搞成功了，否则，不堪设想。

劳动工资[①]

等级工资制

李根昌： 我们讲按劳付酬，其实劳动千差万别，计酬就很难准确。解放区的供给制简单，进城以后势必要搞工资等级制，这可是很复杂的事情，一般人都搞不懂。

20 世纪 50 年代后期，二机部开始建 404、504、221 三个厂。404、504 搞核材料，221 搞核武器，都是非常重要的国防工业基地。有个情况你们不知道，我估计没有几个人说得出来。二机部曾经向中央写报告，周总理亲自批示，西北三厂的工资可以略高，这是有据可查的，因为我是做这一行的。二机部召开工资会议的时候，就讨论这个“略高”，什么叫“略高”，跟谁比？大家争论不休。又不能直接去找周总理问，总理太忙了。所以 1959 年定工资时，只定了工人工资等级，42 元到 126 元分 8 级，1 级工 42 元，最高 8 级工 126 元，最高数是最低数的 3 倍。

工资会议讨论来讨论去，工人的工资标准再不定不好办，要搞建设嘛。实际上二机部工人的工资标准，就是石油部工人工资标准，没有实现略高，这个应该说实话。所以我为什么说九院这支队伍不是靠钱买来的，是靠着觉悟干出来的。

---

① 劳动工资分干部和工人两大类，干部又分行政、技术两类，都有 26 个级别，1 级最高。工人分 8 级，但有半级存在，也算 16 个级别，8 级最高。又按行业、工种细分，级数另定。比如驾驶员只有 3 个级别。行政和技术的区分，看职务和资历，就高不就低。对应关系上，比如技术 1 级相当于行政 9 级。总的工资由基本工资（含地区差）、生活补贴、物价差及其他等部分组成。基本工资是基准；全国分 11 类地区，每高一类，地区差增加约 3%；生活补贴视不同地点的生活指数给予，增加多少没有具体规定，最高可达 97%（西藏某地）；物价差是微调，不多，按人头计发的；其他项则需中央另批。1963 年企业工资改革的重点，是允许各工业部制定基本工资分档次的企业标准（其中各档次比原对应的行政、技术标准高）。当年 221 基地充分利用自身的特殊性，大幅度提高了各类人员的工资。

那么从全国各地调来的各种人员怎么办？

事业费由来

李根昌：我们当时在会上就知道周总理批的“工资略高”，怎么理解这个“略高”呢？最后大家出了个主意，说设立“事业费”，这事业费就是这么来的。事后，221 厂的职工把事业费说成了保密费，也有它的道理。核事业特殊啊，包含两个意思，一是有害、艰苦，二是保密、封闭。说保密费是此地无银三百两，说事业费，模模糊糊，这个名称好。就像一个人的大名和小名一样。这个理对北京九所就不适用了，九所的大学生也要保密就拿不到这个钱，因为在北京上班嘛。总理说的略微高一点，说的是西北三厂，没说在北京搞原子弹要多拿钱呀，你说是吧！有句老话，政策和策略是党的生命，掌握得好不好就是水平。尽管是一个单位，所在地区不一样，工资就不一样，哪怕北京九所的人想不通，也只能做工作。

当时有一个观点，二机部有人提出来事业费灵活执行，调走了可以拿下来，没有放到基本工资里面，基本工资不动。事业费标准是，221 科研单位人员 18 元、一般单位人员 13 元，北京九所没有。后来转到四川 902 地区的职工，原有的事业费做保留处理，仍然照原数发，这是中央批准的，是考虑到当年 221 基地创业难，吃了苦，亏了身体。研制核武器，国外的工资要高几倍，我们做不到，保留事业费算是一点补偿。

高原生活津贴

李根昌：基本工资，全国共分 11 个类区，北京是 6 类地区，草原是 11 类地区。理论上应该是地区每增一类工资增加百分之三，由于四舍五入，实际计算不足百分之三。按北京工资 6 类地区，应增加百分之十五就是 221 基地工资类区。比如说行政管理人员和技术人员都执行国家统一的工资标准，按级别套入 11 类地区标准就行了。

1964年12月221劳资处工资科全体人员合影（前排左起：李根昌、宋锦祁、王富德；后排左起：陆文堂、李杰、宋耀明）

当时的工资由基本工资、地区生活津贴、物价差三部分组成。如大学生定级后，包括地区津贴和物价补贴每月实领工资80元。新工人定级后每月尚不足60元，这对一个在高寒地区工作，生活费用高，又和配偶两地分居，每年要探亲等有额外开支的人来说，所发的工资确实不多。

从1962年开始，221基地要开展大会战，队伍要稳定，于是开始发放生活津贴，一个月15元，一个季度45元。这个事只有我们经办的老人知道，这是为稳定队伍，迎接会战的措施之一。

到了1963年，要搞工资调整，在二机部开工资会的时候，副厂长王志刚领头，工资处长张绳武带了我一个兵，我们三个人去的。王志刚从部队转业过来，是一个非常谦虚、平易近人的人。他说我是来学习的，听你们的。说实话，我不得不动点脑筋认真地记录。1963 年调整工资有五项内容：1. 建立 221 基地干部企业工资标准；2. 提高 221 基地工人企业工资标准；3. 建立事业费标准；4. 按国家规定，地区生活津贴恢复到百分之三十一，按基本工资计发；5. 每个单位百分之四十的老职工可升一级。开会回来以后，领导决策把关，其他事务性工作由我完成。

工资标准

李根昌：建立 221 基地的企业工资标准，就是在国家机关的工资标准基础上，增加一个钱数。咱们的企业工资标准，221 基地干部从 26 级到 9 级，跟国家机关有对应关系。以大学生定级为例，毕业定行政 22 级，在西宁是 63 元，在国家工资标准基础上，保持级别对应关系，增加这个钱数，在 221 基地可以拿 75 元。这叫干部企业工资标准。当时的企业工资标准是二机部经国家批准颁发的，部标准分为四类，第四档最高，西北 221、404、504 三个厂都是拿第四档企业工资。调资后，以实验部新定级的大学生为例，报到后叫见习生，一年后转正定技术 13 级。他拿多少钱呢？月发工资 75+75×31%+18+4. 7=120. 95(元)（4. 7 是青海省规定的物价差，为了不扩大差别，按人头发放）。同时提高工人工资标准，工人从 1 级到 8 级，新标准是 42～135 元，3. 2 的倍数。相比原标准，1 级工不变，其余 7 级都有增加，8 级工每月增加工资 9 元。刚参加工作的新工人，大概能拿到 80 元。这次调资内容多，每个职工都增加了工资。事业费是按单位性质发的，科技部门包括实验部、设计部、一生部、二生部都是 18 元/月，其他单位包括党政机关通通是 13 元/月，西宁市一律 10 元/月，兰州市一律 5 元/月。事业费有缩小上下级、工种岗位工资差距的意义。在北京九局、九所的工作人员都没有事业费。增加工资后，221 基地职工普遍满意，增加了干劲，职工队伍稳定住了，保证了大会战的顺利进行和试验圆满完成。

我跟你说，221 基地在执行工资政策上也有一个错误，错在哪里？比如说转业来了这么多军工，军工主要干机械工、修理工和科研辅助工作。河南的民工主要干建筑工地的活，木工、瓦工、搬运工、炊事员以及服务行业的工作。所以在这里替河南的同志说句话，最苦最累的体力活由河南民工他们干。工资错在哪里呢？当时我参加工资定级的讨论，有人说搬运工是拼体力的，越年轻越能干，应该从 3 级工开始定级，不要定 1 级工、2 级工，因为老了就不能干了。我也这样想，所以后来搬运工工资还可以，学技术的工人反倒不行，后者从 1 级工开始定级，有一点吃亏。

技术工资、行政工资

李根昌：九院一个单位，分成三地，情况有点特殊，工资待遇相差很大。按理说在哪里上班就该拿哪里的工资，谁没老婆孩子？谁都要吃饭穿衣。但在当年不计报酬，一心许国还真不是一句空话。就拿党政领导、科技专家个人来说，他们都没有计较这些。他们常年奔波在青海高原，但拿的是北京的工资，差别可是不小。在青海期间算出差，有出差补贴，但毕竟不多，全年统算哪能补得过来。

陈能宽是为核武器做出突出贡献的专家，他定的是国家技术 3 级，11 类地区基本工资 273 元。吴际霖的工资也在 221 基地劳资处发，他是行政 11 级，基本工资才 240 元。吴际霖的官虽然比他大，但拿的是行政工资。我们国家技术人员初级、中级的工资跟行政人员相比，级差接近。技术 8 级以上，级差就大了，专家拿的就要多些。国家行政 1 级在北京是 650 多元。

1960 年困难时期，毛主席带头少拿，只拿行政 3 级的基本工资，3~17 级的党员干部工资要降低些，最少 1%。我都记得非常清楚，吴际霖的基本工资在没建企业标准工资之前拿 221 元，建立企业标准以后拿 240 元。这个对应关系不变。李信是从企业调来的，定 11 级，和吴际霖工资一样。

新工人当时受两种思想的影响，第一个是 1958 年以后，国家实行老人老办法，新人新制度，普遍级别下降。第二个是当时要缩小工农之间的差距。这两种思想影响了 221 基地新工人的定级。举例说，国务院文件明文规定，军工转业以后一般定二级，文件上写得很清楚。如果正确理解这个文件，定一些 3 级工，定一些 2 级工，2 级以下不定，是正确执行文件。由于以上两种思想的影响，导致新军工从一级半开始定，一级半、二级、二级半、三级，使一部分同志吃了点亏。你想想嘛，按我的理解，新工人平均 2.3 级、2.4 级都没问题，都不违反政策。现在有的丢了半级。后来大家说“老二鼻子，老二鼻子”的，这就是症结所在。九院有一年调整工资的时候，221 基地来的工人不服气，这是原因之一。

当时的领导说他们瞎闹！为什么工人有意见？我很同情。221 基地的企业标准行政 16 级 140 元，8 级工 135 元，两个比较接近。可以说，8 级工和处级干部工资差不多。九院 2014 年调资规定，高级工仅和副科级、科员级相近，这个变化太大，工人增资太少，他们当然有意见。如果干部要来问我，我会如实地跟他说，这都有档案可查的，今后也许会找出较好的解决办法。

举个例子，科研、生产部门的 2 级工在草原上拿多少钱？2 级工基本工资 49 元，乘 31% 约为 15 元，那就是 50+15+4.7+13，月工资大约 83 元。草原 2 级工工资还说得过去，这都是真实的。

因为封闭、艰苦、有害、保密等原因，国外同行的工资比其他行业要高出好几倍，强调物质刺激，而我们讲奉献，拿的并不算多，这就是中国特色。

最后通过劳资说说人事。据回忆，221 的人员结构可以从工资反映出来，以 1964 年 10 月为例，党政各级干部大约占 15%，工资不算很高，大都是陆续从部队上转业来的。专家学者，科研室、车间主任一级大约占 5%，工资最高。一般大、中专毕业的科技人员大约占 40%，工资偏高。技术工人大约占 10%，工资偏高。一般工人大约占 15%，工资一般。市政、医院、商业人员大约占 15%。如按单位估算，221 机关约有 1000 人，实验部约有 900 人，设计部约有 300 人，一生部约有 900 人，二生部约有 600 人，三生部约有 1200 人（电厂、铁路、汽车队、修理厂），医院约有 300 人，农牧队约有 200 人，市政（商业局）约有 500 人，食堂、影剧院、仓库等约有 1200 人。一共大约 7000 人。调人的时候，不大精准，造成后勤生活系统高级技工偏多，甚至调进后派不上用场，只好又调出去的也有，而物资系统高级技工又偏少。另外，强调敌情、打仗，想再搞一个基地，过早配备了两套人马，党政系统都是如此。强调保卫、保密，配备了很多安保干部，不少后来都转去搞生产管理。由于各种各样的人都有，作为一个单位，工资种类之多，核算之繁真是少见。九院成了全国劳资管理复杂的一个缩影。

九局在京机构

九局科研生产准备处

张彩华：苏联专家撤走后，1960 年底我们回到九局。当时我跟着苏联专家承担了一些设计任务，对我是很大的锻炼，也是很大的鞭策，鞭策我在后来的工作中不怕困难，大胆地承担任务。回到九局以后，领导说了，这一拨工艺组技术人员不要解散，要赶紧熟悉情况，把实验室、工号里的专用设备、各种特殊仪器仪表想办法搞出来。这些东西都是高精尖的专用工艺设备，苏联有，专家说需要，我国不能没有，又要我们想办法。

根据从苏联专家那里掏出来的有关资料，我们手上有了工艺设备和专用仪器仪表的简要技术资料，很快成立了九局科研生产准备处，任务是将各自为厂房和实验室内的特种专用设备、仪器仪表等制订的具体研制技术任务书，提请国内有关单位协同攻关研制。我们首先是根据苏联专家提供的简要资料，结合我国的实际需要拟订出较完整的研制技术任务书，然后提请国内有关单位进行科研协作。我们跑到科学院和各个工业部、高校、研究所、大工厂，签订并落实协议，最后把新设备运回来，再送到青海221基地。

记得1961年我到福州去联系火焰切割机的研制协作任务。因为我们技术指标要求高，设备很难研制。能不能做出来？人家会不会不接受任务？我心里忐忑不安。当时的顾虑是有原因的。1958年“大跃进”，各个单位都很忙，人家工厂本身有计划，有任务，我们突然安排加工，容易让人家为难。我首先去找厂长，说厂长要开三天会，我就跑到门口坐着等厂长。我连续等了三天，终于等到他们会议结束，赶快冲上去。厂长说：“你不是我们单位的职工吗？”因为他每天都看到我。我说我是二机部的，来谈协作任务。厂长一看介绍信，就爽快地说：“看你这么客气，这个任务我们一定安排好、完成好。”我心里的石头算落下来了。

完成了这项任务，我又去上海落实另一项任务。1961年供应紧张，生活困难，上海一天住宿费7元钱。为了节省钱，我就住澡堂。澡堂里面气味很难闻，晚上11：30以后才能入住，第二天早晨五点半就得走人。

我也有住小旅馆的时候，结果我的鞋还被人穿走了。那一次，同寝室的那个人说鞋坏了要去修鞋，借我的皮凉鞋穿，我借给她了，从此后她就再也没回来，所以说住小旅馆有一点不安全。小旅馆周围的小饭馆吃饭比较便宜，记得当时吃一碗阳春面是1角5分，我中午吃两碗3角钱。困难时期我的粮食定量从每月31斤减到26斤，因为经常在外面跑，肚子容易饿，饿了买根冰棍吃，也不觉得苦。那时只要完成协作任务，心里就很高兴。

到了1962年，毛主席亲自批示，“要大力协同，做好这件工作 ”，这就好办了。全国人民都认识到研制核武器的重要性。我当时跑各个部，四机部王士光副部长很客气地对我说：“小张，你有什么事情就直接来找好啦。”五机部有个领导都70多岁了，还陪同我们到齐齐哈尔安排工作。

1962年，九局生产准备处把工艺设备技术条件提完了，安排好科研协作任务，九局就把生产准备处撤销了。有的人分到部核工程设计院，有的人分到九所各个研究室，我被分到九局学术秘书室当学术秘书。学术秘书室主要协助九所领导和九局科学家，如王淦昌、彭桓武、郭永怀、程开甲、陈能宽、朱光亚等人，协助他们做学术方面的组织、管理等具体工作。学术秘书室共11人，室主任谷才伟，副主任张宏钧，成员有我和李嘉尧、张珍、张开善、贾纪、张立敏、张培望、刘淑芳、徐莲芳，生活秘书吕萍等人，都是些中、青年的同志，以青年同志为主。谷才伟人很和善，非常关心我们几个女同志，尽量少安排我们出差，我们也自觉地努力工作。

外协任务、科生管理

张彩华： 我们学术秘书室，还要参与有关九局科研生产规划、计划的制订和实施方案及科研中有关问题的分析、论证等科研活动，协助组织与协调科研进度和安排落实所外的科研协作任务。对外协作的不再是专用设备了，而是核武器产品上的控制、结构部件，需要依靠一机部、三机部、四机部、五机部、七机部的研究所进行研究。至于部内原子弹上选用的核材料部件，就更不用说了，处处开绿灯，与九院的武器研制是同等重要的。

那会儿我经常参加九局有关科研规划、计划的会议，参加科研中存在的问题、解决方案以及需要请外单位协助的任务讨论，从中学习了解全局性的科研进展情况、存在的问题和解决方案。李觉局长也常常从221基地回京，介绍前方（基地）工作进展，主要是基建工程进展以及下一步需要解决的问题。当时221基地的情况是，核工程设计院根据我们工艺组和苏联专家一起弄的工艺设计进行了施工设计，已经送往221进行工程施工，正等待着各实验室、车间内所需的工艺装备进行安装。当以上两项工作完成后，在北京的大批科研人员才能搬迁过去开展科研和实验（主要是爆轰冷试验）。所以，我们北京的协作工作必须只争朝夕，积极配合，才能使221基地早日建成，也才能促成我国第一颗原子弹早日研制成功。当需要我们去做具体工作时，我们都很认真地完成。当时九局专家办公室就在我们办公室的对门，可以随时听候他们的召唤，做一些力所能及的具体事情。当然我们每个人也有工作的侧重点。

我在学术秘书室侧重管九所五室的科研工作及科研协作，经常上下沟通，了解需要解决的问题，帮助室里联系对外协作任务，解决引爆控制系统有关的各种科研协作部件。我们外协具体任务书由朱光亚副所长审核，以二机部或九局的名义交至协作的部门和单位，再找他们具体讨论技术指标和完成日期。等签订好协议以后，我们要随时关注协议中出现的问题并协调有关方面加以解决。所有的协作单位与我们同心同德、并肩作战、攻坚克难，无私地大力协作，使我国核武器的研制顺利进行，核试验几乎次次成功，圆满完成了任务。假如没有他们的大力协同，核试验就难以成功。

朱光亚当时也管对外协作工作，对外协作议定书都经由他审批。我们每一项对外协作从拟稿发文开始，包括文字措辞、标点符号，他都非常认真仔细地推敲。开始我有些不习惯，好像有点“鸡蛋里挑骨头”似的。后来当我们工作顺利，从未出错且圆满完成任务时，这才感到与他的严格把关、周到细致的工作作风是分不开的。

北京供应办公室

王之康：1963 年初，虽然大批科研人员上草原参加大会战，但北京还要留机构、留人，还有许多外协工作要做。因此，北京成立了供应办公室（简称“供办”），我被计划处留在供办，专门搞对外协作。那会儿产品装置上需要的好多东西，我们自己都解决不了，全靠兄弟单位支援。全国大力协作成一家，早点把原子弹搞出来是共同的目标。

因为我是外协搞设备嘛，每天都是弄账本，看啊查啊，打电话了解询问设备到了没有，工作很杂。九院开会研究要搞噪声试验。这个噪声很厉害，太大了能把人震死。“科办”主任张宏钧要我跟他联系去中科院的噪声实验室参观，然后考虑自己建一个噪声实验室，让产品经过高噪声的时候，原子弹不损坏，不影响使用。振动台原来用进口的，后来我们自己设计的也不错。

1963 年，221 基地调整工资，在北京工作的人都没有高原生活津贴。我们很羡慕，但也没怨言。

供应办公室存在了很久，因为核武器研制是白手起家，科研生产需要的各种各样的物资都要靠全国支援。这个机构和基地的物资部门是并行不悖的，既不明确分工，也不分家，由领导分配，谁去完成最快最好就叫谁去办。我在北京供应办公室干了六七年，一直干到"四清"运动、"文化大革命"开始。以后，形势就变得乱糟糟的了，机构又重新设置了。

北京科研生产办公室

张彩华：1964 年 10 月 16 日，我国成功地爆炸了第一颗原子弹，大家都非常高兴，紧接着又要加快氢弹的研制。那时花园路 3 号院内的大部分同志都到 221 基地去了，留下来的是九院（1964 年 3 月，九局、九所、221 基地合并成立九院）理论部、供应办公室，还有九院科研生产办公室，简称科办。科研生产办公室有 31 人，主任是张宏钧，成员有我和裴兆麟、郭善正、邵金堂、罗盛鉴、孙天雄、刘世友、张立敏、谢子秀、苏燕京、虞云跃、王建青、王世璋、张全喜、李清华、苗文斌、李殿发、缪兴元、闫素贞、汪国华、晁孚恒、莫文隆、李春山、郎垣蔚，生活秘书是侯春华，还有几位同志实在想不起姓名来了。科办 31 位同志中有老、中、青，年龄多在 20 至 40 岁之间，个个都精明强悍，领导交给他的任务都能圆满完成。一直到了 1969 年，九院全部搬迁到四川 902 地区，科研生产办公室才正式撤销。

九院科研生产办公室从 1965 年成立到 1969 年底撤销，一共存在 4 年。科办是九院设在北京的一个机构，负责原子弹、氢弹与运载火箭相结合的协调工作，对外与国防科委，国防工办，中科院，一、三、四、五、六、七机部，高校，解放军等和科研、试验有关单位联系，凡是涉及核武器部件的研制，都是通过科办与以上单位联络与协作。

邮电通信

神秘的任务

李诗清（时任221基地通信股股长）：我1955年从武汉邮电学校毕业，分到邮电部，先跟苏联专家实习设计六部口的电报大楼，完成之后，下放浙江劳动锻炼一年，和农民同吃同住同劳动。回北京等了两个多月，我才二十四岁，正是年轻力壮、精力充沛的好年华。1959年初，组织上叫我到二机部的干部部门去报到。那是一个保密部门，门口有两个严肃的警卫站岗，指引我到办公室。工作人员看了我的介绍信后，简单地介绍了保密制度。这个单位是干什么的呢？人家只说是保密，又开了介绍信，叫我到兰州去报到。好家伙，一下就分配到大西北去了。

1959年的兰州市仍然在建设中，道路坑坑洼洼，街道也很乱，还没铺上沥青路面，汽车驶过去，后边留下滚滚的灰尘。市里高大的楼房也不多。我按照信上写的地址找到一个大旅社，问到了房间号，找到了工作人员。他们接待安排我休息几天，又给我转开了一封介绍信，到青海西宁去找“李信”报到，说报到后再安排工作。

在兰州休息的几天里，我有了时间到黄河边上去看看，看到了滔滔的黄河水，滚滚地向东方奔流而去。大西北的春天来得迟，三月了，大地还是一片灰土色，没有多少绿色植物。我初来这里，又没有熟人，只好到街上逛逛。其实也没有什么好玩的，而且我想早一天到达工作岗位，开展自己的工作。等了几天，组织上安排了一辆汽车（当时，铁路还没有修通到西宁），让我和另外一些人坐汽车到西宁去。我们十几个人坐了一天汽车，沿着崎岖的山腰公路最后到达西宁。途中，当汽车行驶到险要处，一边是滔滔不绝、滚滚翻腾的黄河水，一边是高高的山坡，公路又不宽，两辆汽车迎面走，得小心谨慎才行。在一个急转弯处，我们看到一辆大卡车翻倒在很深的山沟底下，底朝天，驾驶员可能牺牲了。这使得我们更加紧张。但司机走这条路已不是第一次了，他很有经验、有信心，不一会又很熟练地驾驶着汽车往前走。

西宁市是青海省省会，当时几乎没有什么高楼大厦。大街上是灰土的公路，两旁的小屋上还长着枯黄的小草，在寒风中摇摆。一些小饭店附近，卖煮熟的牛羊肉，内地来的人很不习惯。我们在招待所吃饭，有大米馒头，还算照顾我们。待到休整了两天之后，我拿着介绍信到宾馆指定的房间去找“李信”报到。房门开了，一个办公室里坐着四五个人，还在谈问题。我问：“哪位是李信同志？我的信要亲自交给他。”一位三十多岁的中年人见到我的信就笑道：“你交给我们吧，工作，我们研究一下再给你安排，你先去休息吧。”后来我才了解到，原来“李信”也是一个单位的代号，虽然有这么一个首长，但他并不亲自来接待我们这些年轻的技术人员，而是由人事部门在具体办理。

过了几天，通知我到海晏县金银滩的水电队去报到。我心里纳闷，这到底是干什么的单位呢？要我这个学电信的人来干什么呢？报到时，接待我的是一位四十多岁的中年人，脸上长满了络腮胡子，满口东北口音，穿着一件短棉衣，笑着迎接我：“欢迎你，小李同志？我们这里正缺你这种年轻人哪。”

“叫我干啥呢？水电队又是干什么的呢？”我问。他抽着烟说：“现在是筹备时期，有什么活干什么，不能完全按专业分。水电队是管水管电的，也管电信。水有上下水，电有强电弱电。你这个通信就是弱电部门的。但是现在你没有好多事干，你就帮忙接接人，搞搞材料。”

“好吧，先试试看。”我有点担心地回答。初次见面，不了解情况，又不能跟他讨价还价。后来我才知道他就是队长徐文阁同志，就这样我走进了建设基地的大门，慢慢地开始了自己的工作。

回想起我们刚到草原安家时，头顶蓝天，脚踏荒原，连休息的地方也没有。在老同志的带领下，我们搭起帐篷过夜，铺上一点稻草在地上当床用。第二天起来，头发上都结了白霜，大家互相开玩笑说“白毛男”来了。冬天大雪纷飞的时候，用水问题还没有解决。我们两个青年技术员，把大衣披上，拿着盛水的水桶，顶风冒雪到一公里外的山沟沟里去抬雪水。可是，小溪里已结上了冰，我们俩破冰取水，抬了一桶冰回来，烧化了当开水喝。后来我们盖上了临时的房子，屋里能生上炉子取暖就算是好的条件了。

万事开头难

李诗清：一天，队长徐文阁坐在办公桌边，把我叫了过去。一听有任务，我心里很高兴，满怀希望地看着队长。他平静地向我交代：“这是一个很重要的任务。我们的指挥部必须和县委很快沟通电话联系，由县里再通省里，把电话通到北京去。这个工作对加快基地的建设有很大的作用，你必须在最短的时间内完成它。”“啊!”我吃了一惊，我在学校是学通信机械设备维修的，怎么一下子就担当这么重要的任务呢？徐队长深情地对我说：“小李呀，这是组织上交给你的重要任务！我们现在很困难，和上级联系不上，上千人在这里要开展工作，你要努力想办法去把这件事办好。”我出学校后又没有具体干过所学的通信工作，通信外线也没有干过。我有点犹豫，申述了自己的困难和知识的不足。队长又比较严肃地对我说：“困难？是有困难！我们这里就你一个电信技术员，还没有弱电工作队伍，事业要上去，困难必须克服。我们现在只有搞强电的工人技术队伍，他们可以帮你的忙，不要怕，队里会全力支持你，大胆去干吧。”

“好吧，既然组织上已决定了，我就尽力去干吧。争取提前把任务完成好。”考虑了一下形势，也了解这是党的事业的要求，我就勇敢地挑起了这副担子。当时上千人在草原上，我们一部电话也没有，有事都靠汽车传递信息。由于保密的要求，又不允许使用无线电通信，于是我做了初步的架设通信线路的规划，先得把通往海晏县的电话连通，再由县里通往省里，下一步工作才好进行。思路明确了，订出计划，我再做材料计划，请材料员去备料，同时把工人老师傅请来商量，如何进行测量和开展下一步工作。要测量，先得去勘察一下路线，工程虽说是临时的，也有十多公里，而且在海拔三千多米的高原上，气压低，人呼吸困难，走路也要半天，交通工具又没有，真是万事开头难哪！

我找徐队长，请他帮助解决交通问题。他摸摸脑袋：“哎，汽车没有了，还有一匹马，你骑过马吗？”我说没有。他又说：“那匹马还比较老实，你进去看看吧。”

我这个初生的牛犊不怕虎，骑马就骑马，我去看看。一看，马鞍子也没有，饲养员告诉我不要害怕，骑上它慢慢走，比人走得快点。要走快，就把缰绳拉紧点，走慢就松动一点。我跳上马背，拉起缰绳就往目的地前进了。我到底是第一次骑马，掌握不好。马开始慢慢走，我怕摔下来，两条腿就夹紧马肚子，马儿越跑越快，我越夹紧它跑得越快。我心里更害怕了。怎么办呢？最多不过摔下来，由它去吧！脚一放松，马儿也就慢慢地走了。骑了一天，我也就掌握了一些骑马的方法，到底没摔下来，还走到了目的地，而且胜利地赶回来了。但是，两腿痛了两三天才恢复过来。

架设通信线路和架设动力线有差别也有相同之处。测量线路时，和动力系统的差不多。而架线时要求就不一样了，还要做交叉，以消除线路之间的串音和干扰。强电，线条粗而少；通信线，线条细又多。虽然是临时线路，还得按要求办。经过大家的共同努力，遇事商量着办，抓紧时间，干了两个多星期，十多公里通信线路架设起来了。经过试验，通话声音还可以，这就改变了我们的指挥机关与外界隔绝的状态。电话通到了县城，又由县城通到省城，再接转到北京都可以了。这样就初步解决了有还是没有电话通信的大问题。

光筹建处（指挥部）一部电话怎么行呢？各个工区和各个工号相距数公里甚至十来公里，附近各职能机关要处理大量的日常工作事务，也要电话联系。通信系统必须进一步完善起来。于是 221 基地筹备安装交换机，要架设大量的临时通信线路，还要组织人员去维护它们，便成立了线路维护班、总机班、机务班。这些任务又由徐队长压在了我们身上。我这个年轻而消瘦的技术员，就被逐渐地推上了领导工作的岗位。要我管理通信，这就是说，通信方面的工作由我统一考虑，根据事业不断发展的要求，提出建议和计划，组织实施。开始，装的是磁石制电话交换机，由五十门发展到一百门。总机的安装，由一个发展到三个、四个。线路逐步延伸，摊子越来越大。一个人干不了这个任务，水电队也兼管不了这项工作了。业务渠道要直接与省电信局沟通，还有一系列的管理问题、制度问题、保密问题等。基地筹建处党委与省委联系，决定成立“西宁郊区邮电局”——用这个作为掩护名称，开展全面的通信工作。实际上，我们的工作地点离西宁市有 100 多公里，已经在海晏的境内了。省电信局派了徐浩书同志担任郊区邮电局的局长兼党支部书记。徐局长是一个30多岁的中年干部，有朝气，敢想敢说也敢做，他这种性格，对我们的创业单位是很合适的。了解情况以后，为了工作的顺利开展，他把我调去担任电信股股长，另外又成立了邮政股和行政股，分别承担有关的任务。创业的第一炮就这样打响了。在西北辽阔的草原上，随着原子能事业的发展，有线通信网像人的神经末梢一样，伸向每一个车间、工段、办公室，甚至班组，传达着各种信息，传达着亲人们的问候，传达着建设的信号。

金银滩是一个十分优美和诱人的地名，在你们的想象之中，那一定是一个蓝天白云、水草丰盛、“风吹草低见牛羊”那样一种充满诗情画意的好地方。但是，它当时却是一个荒无人烟的大草原，冬季漫长，气温低到零下二三十摄氏度，而且风沙很大，空气稀薄，条件很差。那时候的草原，没有自来水，只能到几里地之外的小水沟里去挑；没有电，只能点蜡烛；没有房子，只能住帐篷。1959到1961年，国家正处于三年困难时期，甚至连保证基本生存所需要的粮食，每人每月也只有24斤，没有油，没有肉，蔬菜也少，生活十分困难。粮食不够吃，基地组织各单位开荒种土豆；没有副食，就组织到青海湖捕鱼，到草原上采野蘑菇。大家凭着对党和对祖国事业的忠诚，在荒无人烟的草原上，在极其恶劣的环境中，掀起了制造争气弹的热潮。我们正是在这种十分艰苦的环境下，开始了震惊世界的伟大事业。

为了保证科研生产对内、对外通信联络的需要，我们通信职工，一不等，二不靠，根据生产的需要，先采用临时通信的办法，和水电队的同志们一起动手打洞、运杆、架线，架设了厂区到海晏的第一条临时通信线路，开通了载波电路，沟通了221基地与西宁市的电话联系，从而初步解决了221基地与外界的通信联络。

邮政是个古老的行业，电信是工业革命后才新发展起来的，因为用途不同，清末开始邮政里也有了电话、电报，但通信的发展更快。在邮电部，邮政和电信是分开的，在221基地当时也只能分成两个股，开展各自的业务建设。后来邮政划归矿区，电信划归厂部，各有各的交换机、载波机，各有各的人员、工作场所。厂内由指挥部到各分厂，采用临时通信的办法，甚至用胶质线拉出几公里，先把电话接通，以满足科研生产的要求。

1960年221基地邮电局开展技术革新（左起：蒋银竹、田米兰、李诗清、李淑英）

郊区邮电局

李诗清：由于全厂职工的干劲十分高涨，科研生产发展较快，对内对外的通信联络的需求急剧增大，要求电信通信加快发展以适应需要。而“西宁市郊区邮电局”的行政关系又是隶属于西宁市邮电局，不归221管辖。因此，许多问题不便解决，也无法适应电信业务增长的要求。于是到了1960年221基地筹建处在其机械动力处下面单独成立了通信科，由兰守信任科长，我任技术员，具体负责组织对内对外的电信业务，负责通信设备的维修和安装运行等工作。而矿区则成立了邮电局。

在二机部肖世州同志的帮助下，通信科通过租用地方邮电局的电路，接通了直达北京39局和部队的直达专线。一些机要事情通过保密机和自己的专线，可以直接与中央各单位进行联系。而“西宁市郊区邮电局”只负责221厂的邮政业务和对全国的普通长途电话业务。

这两种业务终归是属于邮电通信，早晚还是要合并，这就是后来九院通信部的前身。一些机要事情通过保密机和自己的专线就可以直接与中央各单位及全国各地进行联系，做到了将一般电话通信与机要电话通信分开。由此可见，从通信科成立起，对通信保密工作就十分重视，就是按密话和普话分开的原则来规划、组织和建设九院的通信网。

人机建设

李诗清：由于整个队伍是从四面八方调集来的，上来的人经过各级党组织反复审查，政治上是纯洁可靠的。但是从技术上看，新手太多，要把工作做好有一定困难。像我这样二十五六岁的青年技术员，已经当成骨干在使用了。从当时的通信要求来看，要当好科研事业的通信兵，必须有过硬的技术本领。“临时通信”已渐渐不能满足要求了，必须有现代化的通信设备，要有载波电路解决长途通信质量问题，要有自动电话解决厂内通信问题；警卫部队、建设单位、科研生产单位，各自还有自己的通信要求；还要开通电报；搞无线电通信联络，作为备用的通信手段。要求一步一步提高，我们队伍的技术水平跟不上。怎么办？一是加紧练兵，二是努力实干。要在干中学习，在学习中去干，在实践中锻炼成长，我们也正是这样做的。

党支部派我做教师，把年轻的同志们先组织起来上课，将电信基础知识，电话机和交换机的原理，其他通信设备的原理等，对学员们做仔细的讲解。讲一段，再拿着实际的东西来对照、来联系，以帮助加深理解。李淑英是一个二十多岁的山东姑娘，她比较聪明，学习认真，愿意动手干。训练班结束后，大部分人分配到各分厂的总机值班，而李淑英留在我身边继续学习，修总机，处理载波机的故障，修理电话单机等。经过一年多的努力，她能独立承担任务了。她学到的这些基础和知识，在以后的工作中，起了很好的作用。当时她自己管理一台总机，担负了主要工作。

为了全面培训一批技术骨干，1959年，221劳资部门从部队转业军工中，选拔了一批本质较好的同志，由李少甫同志带队，到宝鸡、汉中的地方电信局去实习，学习自动电话和载波电话、电力，外线专业知识，以培养自己的技术骨干力量。李少甫是一个年轻的技术员，瘦高个子，肯学习，爱钻研，由他带队指导，那些新同志进步很快。他们在电信局接受老工人和技术人员的培养教育，一同度过了艰苦的1960年和1961年，在那里学到基本知识和实际技能。到1962年回厂以后，他们一个个发挥了积极的作用，成为建设中的骨干。李少甫学的专业是自动电话，1963年厂

1960年221基地邮电学徒培训班里来自河南的支边青年（前排左起：耿素梅、齐佩云、高淑芬、刘孝先、蒋银竹；中排左起：高素芳、范成贵、李诗清、李学兰、赵海新；后排左起：范东珍、袁素英、田米兰、王翠菊、聂海菊、吴素琴）

内安装500门自动电话机，就把他调回来，组织验收工作。验收后开通使用，又由他组织技术维护，保证工厂内部电话畅通。通过安装、开通、使用，我们的技术工人队伍逐步成长。这批工人中的吕鸿武、曲右祥，到1970年后被提升为通信科科长和支部书记，成为基层领导骨干。也有个别不争气的，经不起艰苦生活的考验，在困难年代里搞投机、乱搞男女关系、要求回家务农的，经过组织再三教育也挽救不过来，只好让他们走了，或者淘汰掉了。

到 1963 年，通过邮电部的支援和我们自己的努力，221 基地已经有了一个一百多人的通信专业队伍。这时成立了通信科，第一任科长是兰守信，他是一个很老实的基层干部，办事稳妥，为人正派，受到群众的欢迎。但他不懂技术，把技术工作全部委托给我们来干，自己把一切行政事务工作都担当起来。我在他领导下，认真负责，放开手脚大干——带领工人架线，安装载波电话机和交换机，把厂部的电话装好了；各分厂的电话也接通过来了，并接到了每一个分厂的科室、车间。内部通信基本解决了，还必须沟通长途线路的联系，直接和北京建立直达通信联络。因为我们事业的每一个重大进展，党中央都十分关心。在中央有关部门的支持下，我们的长途专线电路直通中南海总机，遇到紧急事情可以和部长、国防科委首长直接汇报联系。

国家特别重视 221 基地这个“独生子”，所以用最好的设备武装我们，将最好的干部和工人调来组成一支思想红、技术专的通信队伍，真是要什么给什么。在全国人民的支援下，铁路也通到了 221 厂区，公路通到了每一个分厂和试验场地，有线电话通到每一个车间、研究室和班组，极大地方便科研人员和工人一起研制中国的“争气弹”。

神经中枢

李诗清：1962 年，邮电部工程队进厂，在通信科的配合下，开始埋设厂区地下电缆；1963 年，安装了 900 门步进制自动电话交换机及相关机械设备，并在总厂、十三厂、电厂、六厂等地安装了人工交换机，使整个厂区逐步形成了一个以 900 门自动电话交换机为枢纽的较正规的通信网；又通过自己建设并进入地方长途通信网的长途线路，沟通了 221 基地和全国各地的电话联络。

我们分成内外两套通信系统，两个电话站。900 门电话交换机为厂内的神经中枢，采用的是国内比较先进的步进制自动交换机。自己有测量台、配电室、长途交换机房、地下柴油发电机房等。全部设备安装在 105 大楼的底层。从总站到各分站各分厂，有地下通信电缆连通，各分厂有配线设备转接到各车间科室，从通信站到长途台有电路联系，长途电话可以通到青海省电信局，通到北京，通到西北试验基地，构成一个全面的地上地下相结合的通信网。到 1963 年，这套系统的基本建设进入了尾声，重点转入维护和保证通信系统的正常运转，并为科学研究及生产服务。

到了 1964 年，221 基地已有电话交换机五处，通信电缆数十公里，初

1964 年 8 月 5 日 221 基地通讯科五好职工合影（前排左 3 张顺乾；后排左起：方秀蓉、高延贵、曹秀华）

步形成了比较正规的通信网，解决了厂区内部的通信联络。草原通信战线的全体同志，日夜坚守在工作岗位，执行通信纪律，迅速、准确、安全、保密地接通每一个电话，处理每一份电报，维护好每一台机器和每一条通信线，使核武器事业的神经系统，始终保持着高度灵敏状态。可以自豪地说，221基地的通信职工用辛劳和智慧，为我国第一次核武器试验的成功，做出了自己应有的贡献。

通信是一个单位的神经系统，一切都离不开通信。最后讲两个小故事，说明我们通信工作的重要性。一个是在1964年国庆节后核试验的前夜，徐庆宝副院长亲自到我们总机站，要"加强战备"。他经常来问消息，直到10月16号晚上和北京通了电话，他才高兴地自言自语说"成功了，成功了"。第二天《人民日报》发出红色号外，为我国原子弹试验成功而欢呼，大家都高兴得跳起来。还有一个故事也是在1964年，当时中国与苏联、美国的关系都很紧张，国家为了保卫核武器研制基地的安全，调来了高炮部队守卫在厂区周围，他们的通信联络也是我们解决的。有一天晚上，也许话务员太累了，趴在总机上睡着了，夜铃也没打开。这时有一架飞机朝我们厂区方向飞来。防空部队已做好了战斗准备，千钧一发，急着要和兰州军区联系。部队通过载波值班员，才叫醒了话务员。话务员一看机台上红灯闪亮，赶快接通了有关电话。后来才知道是我们自己的飞机。如果再晚几分钟，这架飞机会被打下来，后果不堪设想。这件事说明了通信工作的重要性，一刻也马虎不得。

我是最早上草原的那一批通信工程技术人员，我亲眼看见一个荒无人烟的大草原变成了我们国家的核武器研制基地。221的通信事业从无到有，从临时到正规，从简单到系统，发展成为拥有多种通信手段的，比较正规、现代化的通信网。

器材外协

对外协作任务繁重

王之康： 1963 年北京九所这边专门成立了供应办公室，供办主任陈忠贤是工人出身。那个时候管器材的马祥副局长也来了。我在供办还是管设备，管外协。一天，王淦昌对我说，他想去参观光导纤维方面的厂子，我就在北京给他联系了一个做玻璃纤维的单位。请示保密部门，王淦昌的名字跟北京九所或者跟二机部联系起来不行啊，怎么办呢？介绍信怎么开呢？王淦昌名字对外保密，我就想了个招，开的介绍信是吴际霖局长，王淦昌顶吴际霖的名字去参观，我陪同一起进去介绍掩护。王淦昌就是看和问，不多说话。这个厂子很小，我们看了两个小时也没露馅。后来听说，王淦昌那次去调研后，下达了研制任务，厂里还真搞出光导纤维，在用光学方法测内爆聚焦波形中派上了用场。这个老头很细致，思考周密，对下属很好。以后我跟他熟了，我从青海回北京探亲，他说，小王你给我带些东西回去，还有乔献捷等领导，他们一人一个旅行兜交给我扛回北京。因为困难时期没有吃的，而他们有特供，每个月有两个罐头，一些好烟。我给他们带的基本都是罐头、烟。王老还说，小王要不要拿两条烟？我说不要，我不抽烟。

供应队伍精兵强将

柯校枝： 建厂初期，一支由精兵强将组成的物资供应队伍，从五湖四海汇集到 221 基地。他们告别了亲人，远离大城市，上高原，进草原，隐姓埋名献身于核武器事业。他们头顶蓝天，脚踏草原，住帐篷，睡地铺，喝冰水，烧牛粪，吃青稞，克服寒冷气候、高原反应等诸多困难。特别是三年困难时期，人人吃不饱肚子，装卸、搬运货物全靠人工劳动。由于缺乏蔬菜和副食，大部分工人出现浮肿，但没有人退却。干部在全国各地订货、采购满天飞，调拨各种器材，其目的就是保障核武器早日研制成功。可以说，物资保障队伍是一支过硬的好队伍。据不完全统计，1958 年到 1964 年科研生产采购的物资品种、规格多达两万余种，资金达 4.5 亿元。

221 基地设在各地办事组人员基本上长驻外地，难得与家属见一次面。他们的任务是参加年度订货会，然后去采购；平时经常去厂、所了解项目的进展情况，每月向处里写出器材的进展情况报表，到厂、所提货，负责申请军运计划，发运、押运回厂等工作。

最辛苦的工作是落实临时冒出的器材设备，要整天与厂家磨嘴皮，求其尽快解决。特别要提到上海办事组的周其灼、高敬鑫、薛念祖等人，他

20 世纪 60 年代 221 厂 004 库一角

们是上海通，物资渠道熟，大的协作项目进展情况清楚。如林传骝要的微波源在上海亚美厂协作，派冒逸去验收；又如 K-400 脉冲 X 光机在上海先锋电机厂生产，实验部的徐宜志、刘锡三等人常驻厂子里，抓进度和及时解决出现的问题。设备发运工作的要求很高，X 光机的二极管和微波源宝贝还要靠飞机运，押运的徐宜志和冒逸因飞机颠簸而呕吐不止，以后再也不想坐小飞机了。其他部件特别是陶瓷件表面不能有任何划伤，包装、装车、运输都要格外小心。办事组全员出动，群策群力，经过几天的日夜奋战，终于顺利地押运到青海，安装、调试中都没有出现问题。1967 年，厂里急需四氟乙烯半球垫，经化工部下达上海塑料所试制，上海办事组落实有困难。当时主管器材的马祥副院长亲自赴上海抓落实。“文化大革命”运动正在风口浪头上，落实研制、生产不知有多困难！马祥想起过去的老上级马天水是上海革委会副主任，主持生产，于是夜访马天水，说明如何急需，请求帮助。在压制过程中，卸模时一个工人腿部受了伤，马祥又亲自去慰问，鼓舞工人的积极性。最后，任务圆满完成，确保了核试验任务的成功。

西安办事组负责人是张世民，做具体工作的有蔡昇杰、徐德田等人。工作内容和其他办事处差不多，采购当地的三类物资，年度计划的订货、催货、外协、发运等工作。如西安光机所和西安 248 厂 CP 型高速摄像机的试制，其中 2 米镜头是实验部九室谭显祥设计，在 248 厂加工完成的。雷管的研制和生产在五机部西安 804 厂进行，它的要求很高，批量又不大，虽然很困难，我们向厂里领导交底后，他们最终保质保量地满足了我方的要求。炸药在兰州 805 厂生产，量少批多，兰州办事组抓得紧，没有拖试验的后腿。沈阳办事组刘文仲、祁占武负责专用机床的外协，保证最终产品的加工需要。老祁长驻大连 523 厂当驻厂代表，各项任务完成得很好。在新疆核试验基地，产品要进行总装。器材部门的全体职工，都全力配合，做好各项工作。内球组合件从404厂直接运往新疆基地，其余工装部件，如药球、蜂窝架、雷管组合件、引爆控制系统、地测设备等都从221运往核试验基地，进行总装，以确保引爆核武器试验成功。

九院物资供应特点

柯校枝：由于221基地在高原，远离大城市，一开始铁路又不通，再加上核事业的保密性，物资的运输不能直达工地，中转的次数多，给工作带来很大的困难。221基地是多学科的研究、试验单位，对物资的要求比较苛刻。许多器材品种多，数量少，技术条件高，时间要求急，变化也快。在当时计划经济下，国家对金属、机电设备、电子元器件、仪器仪表一年只有两次统一订货会，这使得多变、看不准的物资供应计划落实确实困难，临时增减的专案计划不断出现。幸亏国家重视，尽量给予特殊安排。但是作为物资供应部门的工作量会大大增加。他们跑遍全国各地的生产厂家和研究单位，真是跑断腿，磨破嘴，千方百计保供应。他们心中怀着“宁愿自己千辛万苦，决不让科研生产一时为难”的精神，克服工作、生活中的各种困难，尽全力去完成任务。如1964年四五月份，221厂七处（场外试验处）提出运送产品急需保温火车皮。经向铁道部了解和到北京、上海、天津等地调查后，供应部门决定把改装任务下达给武汉武昌机车车辆厂。厂里领导很重视，但下面的技术人员却刁难，对车辆温度、湿度控制，车辆内的每一个挂钩都提出意见，认为挂钩要减少，否则不利于车辆的温湿控制，我们坚持不能减少。挂钩主要为产品能牢固固定，即便火车撞了，产品也不会脱离开火车厢板。我们把情况报告给在北京的陈能宽副院长。陈能宽说，明确告诉厂家，这是挂“猪肉”用的，不能少。当时因为保密又不能告诉他们是运原子弹的。所以开始交底的时候，困难重重，经我们反复做工作，最后厂里签字，落实改装协议，按时保质地交付了一辆保温车皮，以后多次顺利完成产品运输任务。

1964 年初，221 基地第二生产部急需某种炸药，经五机部同意下达给泸州化工厂生产。由于任务急，运输是个大问题，经请示总厂同意，最后用保险箱包机从四川空运到青海西宁。押运由顾金坤负责，他二话没说，勇敢完成任务，满足了科研生产的需要。器材部门搞到炸药以后，还没有完成二生部科研上需要的各种非标准设备供应的任务。比如，炸药要烘干、配造型粉、要压成饼、要粘接，要加工成一定的形状，这就需要我们去找红外线烘箱，去采购造型粉，去一机部各厂矿协作生产不同的模具和压机。压好后的药饼还要测密度。二生部急用吊钩秤，王满刚马上去大连押运，包的是军用飞机，一路上飞机颠簸，他呕吐不止，身体差点虚脱。他克服了难以忍受的困难，终于按时把货送到。最后关键的工作是把核材料、金属材料和炸药加工成一定形状的元件，我们又要去搞球面特殊车床。总之，研制核武器的千军万马未到，粮草要先行，类似这样的例子很多，为了 221 基地的事业，冒着各种危险去完成难以想象的任务，体现了“221 人”团结、奋斗，一不怕苦，二不怕死，铸国防基石、做民族脊梁的精神。

全国支援大力协同

在中央专委的组织下，围绕实现“两年规划”，在全国各地、各部门迅速形成了大力协同攻关会战的动人场面。党政军民、各行各业、有关部委、有关地区，都为核工业建设打开“绿灯”。全国先后有26个部（院），20个省、市、自治区（包括900多家工厂、科研机构、大专院校）参加攻关会战。在尖端技术研究、专用设备和新型材料的研制方面，中国科学院所属的20多个研究所、国防科委、冶金部、化工部、石油部、机械部、航空部、电子部、兵器部、邮电部、清华大学、南开大学等，都做了大量工作，解决了近千项重大课题。

摘自《当代中国的核工业》第51页

非标准件外协

柯校枝：221基地科研生产过程中，需要大批非标准设备，包括仪器、仪表和各种专用设备。因此非标准设备的生产、试验、列装，集中体现了全国一盘棋和大协作精神。比如221基地一生部加工需要的球车有大、中、小三种规格，由一机部大连机床厂负责生产。当时苏联专家撤走时只留下一台样机MK-199，没有生产图纸。二机部的设计院负责设计出三种规格的图纸，使用部门和生产厂的同志协同解决加工试制中的问题，既不耽误生产出的机床质量，又不拖延交货时间。

又如OK系列示波器的仿制和生产分布在中国科学院、二机部、四机部的有关厂、所。由九所二室负责提出指标，外协科把任务单下到厂里，然后派二室的技术人员下厂去谈技术条件和具体方案，如组长胡德新工程师，孟顺生、王贵臻、杜连喜、张叔鹏等技术员跟厂里的技术人员交底，搞出样机后，批量生产，最后发运验收。负责仿制和生产的主要有武汉电子仪器四厂、西南电子所、上海新建电子仪器厂等单位，他们分别仿制出OK-15、OK-17、OK-19和UB-22示波器。OK-21因为时间紧，动手迟，由实验部二室七组自己试制成功后，交北京综合仪器厂批量生产，赶上了草原大会战。这一大批国产示波器满足了第一颗原子弹试验和以后历次冷热试验的电子测试任务。

一生部加工、装配产品中要用不同规格的手套箱，其作用是保护操作人员的安全，既要方便操作，又要免遭辐射伤害，是非标准设备。实验部七厂区放化分析用的手套箱是二机部大连523厂加工的，其图纸设计是二机部设计院做的。手套箱按照单位提出的技术条件指标，由不锈钢焊接而成，便于清洗，操作部位都要衬上铅皮。任务系临时追加，221基地仪表处（即专用设备仪器仪表处的简称）立即派郭占武常驻523厂。使用单位也经常派人去厂里指导，出现问题及时解决。机械手是上海医疗机械厂专门为221基地生产的，操作虽然还要用人手，但可远距离进行，保证了安全。1964年8月，实验部突然提出急需一台乳胶显微镜，从国外订货来不及，处里派我去北京外贸部，查找以前有没有单位进口过。经查找我发现中国科学院化学所进口过一台，而且到货时间不长。我给二机部汇报了情况，二机部供应局（六局）马上与科学院联系落实，确认后，就请科学院下文先调给我们使用，然后我们补订一台还给他们。我领命去了中科院化学所，见到了所领导，向他汇报了我院急需该设备的情况。所领导带我去看乳胶显微镜，具体使用设备的同志向我讲起他们也急需此设备，同时讲明此设备进来费了很大劲儿，拆了大门好不容易才安装好，大门刚修复好。你们一来又得拆大门，你忍心吗？我也只得赔着笑脸讲，我很同情但真的着急用！听他们发几句牢骚也是应该的。化学所还是顾全大局，主动协助拆除设备又包装好，等待我们起运。

设计部外协的主要内容是引爆控制系统中的电子元器件，电池也是关键，由天津18所研制生产；5型触发管由西安三所研制；继电器在虢镇生产。这些都是同步装置中关键的外协件，然后还要到陕西蔡家坡的振动台厂做振动试验后才能交货。遥测系统中的磁记录仪在上海新建电子仪器厂试制，遥测设备在北京有线设备厂加工，设计部的周书年、齐宝英他们在靶区试验要用。1966 年五六月份，设计部遥测用的设备急需运到进行联试，实验部为了试验也急需一批同位素。我们报了从北京到西宁的军运计划。设计部派了齐宝英，仪表处派了我，带了 4 名武警战士押车。那是两节敞篷货车，一路上饥一顿饱一餐辛苦不说，还要提高警惕注意沿途的安全。我多次发现在火车的首节车厢上有公安人员，每当火车停站就下来，沿途多次停站均出现此情况。列车到了宝鸡车站，我们下来去军调办公室反映情况。军调的同志告诉我们，他们是公安部派来沿途护送你们的，请你们放心。经过七天七夜的押运，我们终于到达西宁。后来我们还知道，公安部门还派人到厂里催货，国家对核试验的重视到了这种程度！

隔离器在南京 741 厂试制生产，正赶上“文革”“武斗”，由我和设计部林工程师及 2 名警卫人员从南京押运回厂。到了西宁，我们在小楼后楼住下，听说 221 厂刚发生“武斗”，死了人，暂时不要上去。等了 3 天还没消息，我们不管三七二十一就乘火车上去，一进草原，只见帐篷上插着红旗，道路上设有岗哨，个个头戴钢盔，人人手执长矛，像古代的战场一样。

四厂区的环境试验外协也很多，如振动台、离心机、高低温炉、跌落装置等。没有大力协同，没有做好这件工作的最高指示和全国人民的共同努力，单靠一个 221 基地不可能搞出原子弹、氢弹。

1968 年夏天，国防科委主任聂荣臻委托张爱萍主持召开各工业部军工系统会议，为试验任务落实急需的物资。在这之前，九院的文春初处长汇报说，困难在于要各工厂、研究所长期保持生产线，维持经费谁来出？很多材料，元器件已处于落后或淘汰状态，不解决钱的问题，生产线如何保留？向国防科委反映产品定型试验部分物资难以落实，请科委帮助尽快

20世纪60年代221四厂区环境试验用的振动台

解决。最后国防科委决定邀请各工业部主管军工的领导来协商一下，于是召开了这个大会，会议地点选在科委会议大厅，并通知我们事先准备好清单。张爱萍在大会上做了讲话，然后让我在会上把清单发给大家，请各单位回去落实。这次是马祥副院长带我一同参会。中央专委领导亲自过问，各工业部大力协同，才解决了我们的难题。

氢弹部件外协

张彩华：那个时候，核武器中的许多重要部件要依靠部外有关工厂、企业和科研单位协作完成。这项工作就是我们科研生产办公室的任务。我们主管的事情很多很重要，哪次核试验都要参与，都有提供协作单位研制的产品。像核部件特殊电源、特种开关、各种引信、遥测遥控设备、产品外壳、火工品等都需要外协来完成。

1966年底，科办群众选出三人领导小组，由我、闫素贞和工宣队赵□□（工人）主持科办工作。张宏钧主任因腿骨骨折两次，一直在病休。

当时我在科办主抓科研生产，1967 年初，我听九所理论部的同志说，法国人也要在 1967 年进行氢弹试验。有一次在花园路 3 号院小食堂，理论部的同志搞自由论坛，大家热烈讨论，中心意思是要不要赶在法国人前面炸响氢弹。我在边上听着讨论也很激动，我想科办怎么做贡献呢？我出来时恰好遇见朱光亚，我就告诉他，刚参加了自由论坛，我们都想赶在法国人前面进行氢弹试验。我问他，科办的工作能否提前半年？他反问我："你觉得呢？"朱光亚人很随和，也是个很慎重的人，以前在学术秘书室就领教过，他工作认真的态度对我影响很大。他这么一问，我就说："困难蛮大的，但是可以试一试，尽力争取吧。"他说："行，你们去办吧。"我们虽然是随意地交谈，他这么一讲，我就赶快回去传达。

当时是"文化大革命"时期，科办也有两派观点，但是我传达朱光亚的意思，大家都很高兴，思想非常统一。于是，我们立即行动，分头奔赴全国各地同有关协作单位商量、落实生产任务。除了二机部部内的核材料元件外，外协任务还有五机部火工品雷管、炸药，三、四机部的各种电器设备、遥测遥控设备，七机部的弹体外壳……科办内部人人有分工，郭善正负责二机部核部件研制协作，张立敏负责科学院和原子能所的协作，孙天雄、闫素贞负责原子弹、导弹结合的协调，刘世友、李清华负责机械加工方面的工作，我和莫文隆、虞云跃、王建青等负责控制系统部件、火工品等的协作。每位同志都很自觉承担任务并圆满完成任务。经过几个月的奔波，外协捷报频传，收获是明显的。我们得到全国兄弟单位的大力支援和协助，所有协作单位都保质保量地按期完成任务，我们终于提前半年完成计划！

氢弹的外壳是七机部协助加工的，我有幸参与押运到 221 厂去。为这趟特殊任务参与运输的飞机你想都想不到，是从朝鲜战场上缴获的美国运输机。我坐在飞机上特别自豪，美帝的飞机拿来运我们的产品！以前抗战期间，我遇到过日本鬼子的飞机轰炸，解放后我的老家福建漳州还经常遭受美、蒋飞机的骚扰，那时就觉得国防的强盛关系到老百姓的生活。这回要赶在法国人前面引爆氢弹，我们也扬眉吐气了。

核武器的研制是一个庞大的科学系统工程，由二机部九院承担研制任务。但是许多部件都是由院外兄弟单位协作攻关完成的。

我主要承担核武器的自动控制系统部件的协作，协作单位北至黑龙江齐齐哈尔碾子山，东至上海，西至贵州遵义，南至福建福州，足迹几乎遍及全国。据统计，核武器研制的协作单位遍及全国 20 多个省市，30 多个部门，900 多个工厂企业。

1961 年到 1969 年，我参与核武器部件的对外科研协作工作，深深体会到全国的协作单位顾全大局、倾力支援、真心合作才换来了我国核武器事业的巨大成功，共同筑起国防的坚强后盾！所以，我认为党中央的英明决策统一指挥，自力更生、艰苦奋斗和全国的大力协作是我国核武器研制成功的三大法宝。我们国家要继续繁荣富强，成为自立于世界民族之林的民族，现在仍然离不开这三大法宝。

一次难忘的外协任务

柯校枝：我下面重点讲讲研制产品部件的事情。这个外协任务一波三折，其间经历了许多曲折过程，跨越三个省市，行程上千里，靠四个兄弟单位协作攻关才得以完成任务，让人终生难忘。

1969 年 6 月，仪表处领导找我并交给一项艰巨任务——督促生产加工 506 产品中的一个重要部件。这个部件，开始交由冶金部宁夏 905 厂试制，到那时为止还没有任何消息，而我们 10 月份的试验一定要用。领导要求我去该厂落实加工情况，并一定要拿到产品。我领命后很快到达 905 厂。

当时“文化大革命”正在高潮期，905 厂处在停产状态，晚上偶尔还能听到枪声。我的心也是七上八下，硬着头皮拿上总字 819 部队的介绍信，找到厂革委会领导，汇报任务的重要性，表示无论如何要拿出产品。与此同时，请他们给冶金部军工司高杰司长打电话，目的是说明我们任务的重要性和时间的紧迫性，同时可以证明我来厂的真实性。

接待我的是厂革委会副主任阮□□，他是北京有色金属研究院调来该厂任职的，负责抓生产。以前，我在北京去有色金属研究院出差时，同他打过交道，于是我们之间的交流更方便了，并得到他的大力支持。当天下午他就叫来 04 工段（生产铍产品的车间）革命领导小组路坤组长，要他亲自组织攻关小组；还让厂里的动力部门保证 04 工段的水、电、气的供应（当时厂里基本处于停产状态），而 04 工段在工作中遇到问题要及时汇报，尽厂里力量使问题得到解决。

经过两天的努力，厂领导和工段领导的工作做通了，但是技术上出现问题，小样品的成型试验失败了。路坤组长提出，请该工段原主任马福康出来帮忙（马福康是留苏回国的技术骨干，当时正被审查）。他请我向厂革委会反映一下情况。我当天就找到阮副主任，讲明两天来的试验情况，他表示可以同革委会其他领导研究一下。第二天阮副主任通知路坤和我，可以让老主任出来协助攻关，但要注意马福康的表现。此时，攻关小组由路坤、马福康、马玉华（技术员）、袁兰芝（车工师傅）、许大雄和我 6 个人组成。经过一周的反复讨论，我们终于拿出一个粉末冶金全过程的工作计划。但还是走一步看一步，谁也没有把握。因为是铍加工，其粉尘毒性很大，按厂里规定每天只允许工作 6 小时。每天我跟他们上班，进出车间一律脱光衣服，另换工作服进去，下班洗干净后才出车间。由于任务急，进展不顺利，攻关小组人员每天工作 12 个小时，洗两次澡，累了就在车间外面的沙地上休息一会儿，真是有点拼命!

7 月初，我们开始装料进行压制。可 905 厂只有直径 300 毫米的等静压机，而我们产品的装料外围直径为 382 毫米，厂里是压不了了。后来打听到北京钢铁学院有一台直径 400 毫米的等静压机，221 厂向冶金部汇报以后，冶金部立即下文给北京钢院，请他们协助 905 厂完成此项任务。

我们连夜把产品箱装车，从达武口出发赶往银川。半夜时分我们五人到达银川机场，找到值班领导汇报，要求明天搭乘飞机到北京执行任务，随同我们的四箱产品必须同机运走。他们很快就答应了我们的要求。第二天十点多钟，从兰州飞往北京的伊尔-14 飞机到达银川机场。机场却通知我们，人可以走，但货留下，因为兰州起飞时就已装满，请我们定夺。经过反复交涉，机场终于同意把兰州到北京的货在银川卸些下来，把我们的货装上先走，这让我们感激不尽。

真巧，陈能宽副院长也在机上，我向他做了简短的汇报，同时把 905 厂的同志介绍给他。陈能宽给我们很大鼓励，并叫我把每天的进展情况及时向他汇报。到达北京后，九院供办派车和人来接我们，并安排好住处，同时把第二天去钢院进行压制的车辆安排好。记得帮我们具体联系的人是胡芳斌和袁恩奎。

第二天我们就去了钢铁学院，钢铁学院的同志早已安排妥当，很快就开展压制工作。到了下午四点，产品就压制完了。是否成功，还得拆开外皮检查产品内部情况才知道。可要拆开外皮需要场地，不然污染问题解决不了。我们向国防科委请示后，他们同意我们去长城脚下的十七号工地。第二天，我们带上防护设备去了十七号工地。我们拆开包装箱检查，发现球体部件出现较大的裂缝，不能进行烧结工序，判定这次压装失败。在现场我们分析出现裂缝的原因，认为用钢芯作为衬料的做法不妥，因受力内外不均匀使之出现裂缝。于是，只有回去解剖找出原因，我们决定第二天坐火车运回 905 厂重新加工铍粉毛坯。当时飞往银川的飞机一个星期只有两班。

这时候大家的心里很不是滋味，但已下定决心，拼命的劲头比以前更大了。回厂的第二天就做了分工，我和路坤、马福康去给厂领导汇报这次任务的经过和有关单位的大力支持，同时总结失败的原因，提出下一步的计划设想，其他同志做压制前的准备。厂领导没有指责我们，而是鼓励大家下决心一定要拿出合格的产品，保证国家试验的需要。要求我们今后的工作一定要做扎实，有什么困难及时向厂里汇报，一定想方设法解决。

接着日夜奋战的场景出现了。制粉车间三班倒，车工袁兰芝加工带回的铍球毛坯，没有球车就用双手转动车架进行加工。我立在对面，伸出手随时准备接万一掉下的铍球。经过一个小时的车削，铍球裂纹越来越清晰，我们两人不约而同地闻出铍粉是甜的，浑身上下都披了一层铍粉。从技安角度上讲，这完全不符合要求。但为了产品只有豁出去了。加工完球后，马福康组织人开始进行电子束焊，结果裂纹不但焊不上反而越来越大，这可能是没有烧结的缘故。经过一番仔细检查后，发现裂纹在内半球有，外半球没有。我们改变内球的衬垫层可以使其压力均匀，就可以避免裂纹。另一组同志分别用不同配比金属粉末做衬垫进行等静压压制试验，结果没有发现裂纹。经过一个星期的反复试验，找出用铁粉作为内球的衬垫，既能避免裂缝又能节约成本，我们向厂革委会汇报，我们的方案获得同意。

经过一天的赶制，我们又装好了四个半球的料。第二天一早，厂里派车连人带货送到银川机场。下午四点钟，办理好手续，飞机起飞。五点钟飞机竟在包头机场降落，机组人员说北京机场不能降落，要等明天早上才可以。机场人员安排好我们的住宿，提出晚上跟我们打一场篮球赛。为了减轻大家的压力，我们同意机组人员和我们几人为一方，机场人员为另一方进行比赛。虽然大家的球技不佳，但气氛友好，分数相差不多地结束了比赛。

第二天上午十点到达北京，北京供办的孙冠宙、袁恩奎带车来接我们。产品直接送到北京钢院。午饭后，我们就开始压制，一直工作到深夜十二点，才完成全部压制工作。大伙儿休息一下，又把产品拉到十七号工地开始检查。这次产品压制得很完整，没有发现裂纹，大家高兴得跳起来。但很快又出现下一步烧结问题。由于宁夏 905 厂的烧结炉没有改装好，我们只能去陕西宝鸡 902 厂进行烧结，冶金部已经向 902 厂下达任务了。

我们搭乘北京到西安的飞机到达咸阳机场，九院西安办事处派徐德田同志来机场接机，直接把我们送到宝鸡 902 厂。我们先向厂领导汇报情况，同时提出对真空烧结的温控要求，高温要达到（1820±5）℃，升温速度在 1500 ℃以后每分钟不超过 50 ℃。902 厂领导表示，厂里有这样的炉子，是从苏联进口来的，希望我们注意爱护。第二天开始工作，该厂没有铍的操作车间，我们只能去野外找地方取垫芯。废料埋在渭河滩上可不行，发洪水时一定会冲出污染下游，我们只好上山找地方深埋。第二天天不亮，马福康、许大雄、马玉华和我四个人扛着箱子就上山了。我们来到一个荒山坡，先挖一个大坑，在那里面作业。首先把产品压制时的垫芯取出来，然后将其深深埋下去。我们一连干了四个早上，总算完成垫芯的处理工作。

烧第一炉时，为了保证车间不被污染，我们在开炉前用特制的大塑料口袋把炉体封住，选两人进袋里去开炉和取出产品并密封好。这个工作有很大的危险性，因此选了马福康和我一起进去，以保证产品的安全。经过烧结后铍粉变为氧化铍，粉尘毒性更大，特别是对人的肺部伤害最大。在开炉前一切能做到的安全事项都先做好，尽量减轻铍对人身体的伤害。我们打开炉的刹那间，一股白白的氧化铍冲出来，可惜当时不能拍照，第一炉烧结终于成功了！

回到宁夏，经过 8 天加工奋战，攻关小组人心更齐了，大家互相关心照顾，有危险都争着上，结下了深深的战斗友谊。任务完成以后，221 厂革委会派了 4 名警卫来 905 厂押运产品。我们依依不舍地离开 905 厂，前往银川机场，接着从银川机场飞到兰州，然后从兰州转机到西宁。221 军管会王荣主任派车把我们接回厂里，终于回家了。

后来 902 厂的同志告诉我，宝鸡军分区在 902 厂召开了庆功大会，表彰攻关小组。马福康回到 905 厂以后也解放了。“文革”结束以后提为 905 厂厂长，后调北京有色金属总院任副院长。

踏破铁鞋何处寻

王之康：1962 年初我们去 221 基地的时候，那里只有一个小的发电机在那发电，草原大电厂要赶快运行啊。大电厂设计是 12000 千瓦系统，它有两个 6000 千瓦的机组。当时一个机组可以安装运行，有人发现另一个 6000 千瓦机组没有转子，而定子在那躺着。后来这个事情反映到上面，乔献捷副局长发火了，怎么这么马虎？你猜那转子有多长？大概四五米长，又不是小东西。为这个事情乔副局长把我找去了。他说：“问器材处也搞不清楚，你给我负责把这个事弄清楚，这个发电机从哪里进口的？你要给我把它找回来！”我心里想：这个事也要叫我去弄清楚？有点分工不明确吧。但想归想，领导的命令，你敢不执行吗？

大海里捞针，只能一步一步来，先准备资料。我先找到了与苏联的订单，查看怎么进的货，进货口岸在哪儿，什么时候进口的。同样的东西不止你一家要，麻雀儿家家有，就是出厂编号非常重要。最重要的一条线索是这个转子和定子有出厂编号，进一步查到发货合同上的出厂编号，我心里才有了点底。我 1958 年从清华大学分到二机部，也算老家伙了，要是找不回来，哪有脸见人！如何开始找呢？只有顺藤摸瓜，于是我拿着这个转子的出厂编号就出发了，先拿着这个订单到北京，找了二机部供应局（六局），然后又去找外贸部公司。最后人家说这个东西是从内蒙古集宁进口的，苏联早已经发过来了。他的意思是，你们早就应该收到了。可没有人发现这个问题。哪个环节出了差错，一时也说不清楚。我想：这下糟了，可不好办。我只有从集宁开始，一直到包头过来，沿铁路线每站下来找，一直找到北京，没有结果。我只好再接再厉，不到黄河心不死。我发现，到每个站去查这个货运单子，铁路上它保存得还是完整的。所以我根

1962 年底十四厂区 12000 千瓦大电厂正式发电

据它的转运站，一个一个去找，从北京南下，保定、石家庄、邢台……都有一个影子，最后找到郑州。原来应该从郑州转运站往西走，它却往东被发到山东去了。一块石头这才落地，我赶紧又追到德州，幸好没有再往东转，停了下来。铁路上的人一开始还不知道怎么回事，也不知道有没有这么个转子。我就把单子给他们看，他们说好像有个什么大东西，几年没人领。我说那让我去看看呗。我打开箱子一看，正是一个转子，但是不是我们的呢？赶紧查编号，把那箱子全打开，我就钻到下面，把出厂编号找到，对上了号码。这正是我们要找的东西！前后历时一个多月。按理说已完成任务，回去就可交差了。但我知道这事和原子弹的生产准备有关，必须一抓到底。

因为这个转子不是放在仓库里面，而是露天放着，整个包装箱已经破破烂烂，看不出原样子。我一看这个样子不保险，弄到西北去以后不行又怎么办呢？凭着外贸局介绍信等手续，我找德州铁路局商量，请人家帮忙，把包装箱收拾好，再帮我们转发到上海站。我马上又到上海，请上海电机厂花了一个月的时间检修。修理花了好多钱，哪来的钱现在我都记不清楚了。当时也不知道哪来的一股劲，非要把这件事一抓到底不可。1962年初，经济才刚开始复苏，一路也没啥吃的，我不换衣服一身臭汗也不觉得有多脏，一路住小旅馆也不觉得苦。转子修好以后我又请上海办事处把货发到草原。我回厂向领导汇报转子找到了，经过如何如何。领导听了很高兴，当面夸了我两句。后来电厂发电了，我也不再过问，没给别人讲过。这件事从头到尾干得比较漂亮。所以说万众一心，默默奉献，自觉自愿，才能“多快好省”地把原子弹搞出来。

研制二代武器的有力保证

柯校枝：当四川有了新基地以后，我被提为外协科科长，每定型一个型号的武器，包括各种各样的物资，材料、器件、设备种类繁多，计划上都是几百个品种，由器材处归口在二机部供应局（六局）的领导下，请各机部、各科研院所支援。由中央计委召开计划会，签合同后，我们就组织技术人员交底，催交、验收、发运回基地交各科研所使用。80 年代初我被提为器材处副处长（当时处长为周庭桢），正值改革开放，西方各国对我国的禁运开始放松，国外进口业务大增，国内协作业务下降，经九院批准，原外协科改为国外进口科，原科里有个能干的女同事何治英被提为科长。新的使命是研制二代武器，提高威力和小型化。面对新的技术要求，物资供应内容也相应地要求更新，大家都要重新补充知识，才能完成任务。抓住这个机会，我们从国外引进不少精密测量仪器和精密加工设备，大大提高了近区物理、化学测试的水平，使理论部的设计工作有了更好的理化参数，使武器生产部门有了更好的加工工艺设备。器材处的几百名同事，团结奋斗，为二代武器的研制和定型作出了应有贡献。

财会保障

财务工作概述

沈祯祥：我国古代著名军事家司马懿说过，"灭贼之要在于积谷"。俗话讲"兵马未动，粮草先行"，大概就是这一论断的具体化。后勤保障在战争中的作用，已被无数战例所证明。任何社会形态的战争，既是政治斗争的延伸，又是交战双方社会与经济实力的较量。如今，在现代化的科研管理中，就是人、财和物资的管理，管理的基础就是财的问题。我国第一个核武器研制基地中，财务部门虽然不是主要部门，但却是一个不可缺少的重要部门。

基地开始筹建之前，人员、财会和物资的管理就提到议事日程上来。二机部、九局历届领导都十分重视财务工作。1958 年建厂初期，下设若干个处级部门，出于工作的需要，保卫保密处配备的干部最多，再就是干部处、财务处也在其中。当时 221 基地采取边设计、边建设、边生产的方针。在进行基本建设的同时，积极进行科研生产准备工作，并陆续调入职工。因此，当时财务工作的主要任务就是为基本建设、科研生产和职工生活提供资金供应，具体地说就是要钱、管钱、算账、记账、对账和报账工作，保证供给，厉行节约。

221 基地首先要设置财务机构，配备财务人员。赵文、刘金凯任基地财务处正、副处长，不久调回北京。1960 年从山东调来刘天华任处长。从 1962 年到 1963 年，221 基地渡过了最困难的时期，基本建设大规模展开。221 基地成立基建指挥部，下设基建财务处，暂时没有处长，张宗林和从山东调来的孙永才担任副处长。这时候，221 基地下面还设有一个生产财务处，1963 年生产财务处由刘天华任处长，并晋升戴登邦和郁增培二位为副处长。其实戴登邦同志从南京调来时就是处级干部，调来以后误作科级干部使用。后来发现调入的处级干部比现职的处级干部少了一位，经查证是把戴登邦作为科级干部了。在当时生活条件极其困难的情况，对处级以上的干部生活还是有所照顾的。但是戴登邦同志不计较个人名利，不去找组织，而是在科级工作岗位上兢兢业业，埋头工作，无私奉献，这种高尚的品德，充分地体现了一位老同志的无私情怀。到了 1965 年四川 902 地区工委成立，那里的基本建设开始，孙永才调到 902 地区，张宗林仍在 221 基建财务处任副处长。

1964 年 10 月 16 日，我国第一颗原子弹试验成功。此时，我国核事业蒸蒸日上，财务工作十分繁重。生产财务处为加强领导，调入了安徽省交通厅财务处刘庆隆任处长，原财务处处长刘天华于 1965 年调入四川 902 地区，从此形成了北京九局、221 基地和 902 地区这三块财务牌子并立的格局。

从 1960 年开始，基地电厂、机修厂几个单位已经进行单独核算，成立了财务科。建厂初期，财务处只有郁增培和王琚堂等几位科级干部。以后设计部、实验部、第二生产部、交运处、职工医院等单位先后成立财务科，一些小的经济实体也成立财务小组。全厂从上到下逐步地建立与健全完整的财务管理体系，财务部门做到了上下成线、左右成片。与此相适应的财务人员，也由少到多。他们来自全国各地，用毛泽东同志的话说，为了一个共同的目的，走到一起来了。1963 年以后陆续从各地调进来的科级人员有沈阳和哈尔滨的何振明、鞠清和、董阜兴、范广誉、杜桂林、裴应林、王成文、刘新乐和郝桂秀等人，河南的张庭参，陕西的唐兴安、李喜存，江西南昌的叶定松，上海的李德民，再就是基地自己提拔上来的罗庆献、曹沛如等任各单位科长。科一级领导班子基本配齐。下面一般的财务会计、出纳人员的来源，主要有以下几个渠道：

（1）从高等院校应届毕业生中选调。1958 年到 1965 年，先后从全国九所大专院校中调入大学毕业生 21 人，他们是南开大学的田普，西北大学的曹沛如、沈祯祥，兰州大学的王淑慧、朱元梓，东北财务学院的谢恩惠、周炜、刘树林、王度，四川财经学院的潘干、曾永光、庞明容、刘银树，甘肃财经学院的李艺超，湖南水力电力学院的伍新民、彭如厚、李有和、殷应庚，山东财经学院的纪奎生，中南财大的叶定松、王重敏夫妇；调入具有中专学历和应届高中毕业生有 10 多人，他们是沈永熙、张渭渔、袁风鸣、李金娥、徐福和、邱晋堂、季秀兰、孙德江、李佩芳、杨秀珍等。

（2）1959 年到 1963 年，先后从四川省和北京市、西安市调入应届高初中生近 40 名，他们是廖泽先、丁云生、黄富仙、刘金玉、汪慕兰、王毓、李萍、段映月、莫娟、孔照明、张庆灵、董玲玲、田国良、张秀荣、朱丽春、刘淑珍、刘镯、刘德兴、韩玉、王宝琴、王爱芬、王晓欣、李金花、杨芳林、于秀华、田春秀、苏风荣、袁瑞萍、陈月华、石来印、尤还珠、刘满玉、齐永兰、师新颖、蒋贻权等。再加上建处初期调进的孔令娴、吴荣生、高振兴等同志。

（3）从 1959 年和 1960 年的转业军人中选配到财务岗位的有张辉彬、李绪亭、秦宝富、马海亮、盛二杰、张辉斌、王寅堂、闫喜林。

（4）随同职工配偶和亲属调来的有 10 多人，分别是雷芳华、胡仁娣、赵桂英、慕承兰、张秀兰、刘松庆、官桂英、王秀霞、孙尚杰、王维英、钱金华、冀鲁生等。

上述人员是 221 基地各级财务部门的主力军，也是搬迁到四川 902 地区院所各级财务部门的领导和中坚力量。

举办短期培训班

沈祯祥：为完成财务工作的任务，尽快让来自四面八方的财务人员适应 221 基地的财务制度，采取多种措施提高业务素质就提到议事日程上来了。

（1）采取自培与委托培训方式。1959 年在财务处处长赵文主持下，举办首期财务培训班，从高中毕业生和转业军工中抽调 30 人，由李修芳、张宝金、曹沛如、刘岩等人任教；1963 年，从北京和西安市招收的初、高中应届毕业生中选调 50 人，由邢宏勋和桑延平带队，送到西安工程技术大学培训半年。这两批学员，经过多年的工作实践，成为 221 基地与九院各级财务部门的骨干，并伴随着我们事业的发展，转战南北，无私奉献。

（2）采取专题讲座与互帮互学方式。专题讲座多由郁增培副处长主讲。郁增培从河南大学财经系毕业，是一位老大学生，又是支援过越南的财务专家，有多年的工作实践，经验丰富。他在讲课中强调，每笔业务不仅仅是账务平衡，更要手续齐备，具有完整性和科学性；在记账凭证摘要中，应该把双方科目的关系，用简单的语言表述清楚。与此同时，他经常带领财务处的同志深入基层，查看账目和会计凭证，以指导工作。

（3）提倡单位之间开展互帮互助互学活动，交流经验，取长补短，共同提高。比如，第一生产部与第二生产部财务科，定期或不定期到对方那翻阅账簿和会计凭证，查看每笔业务处理。好的方面，学习借鉴，不足的地方，共同改进。同时，双方在活动中也增进了友谊，加深了情感。

编制财务规章制度

沈祯祥：当时由财务处汇编印刷上级的财务规章制度和 221 基地的实施细则，先后有 99 项之多，发放到每个财务部门，使会计人员在实际工

20 世纪 60 年代 221 厂工人利用业余时间补习文化

作中有章可循。以上办法，行之有效，而且搬迁到902地区以后，得以继承和发展。

221基地的财务工作，伴随着核武器事业的发展，从无到有，从小到大，逐步成长。到1965年较为完善的管理体系和核算办法已初步建成，对基地核事业的发展，起到了有力的支撑作用。

会计核算工作内容

沈祯祥：为发展核武器事业，国家在经济十分困难的情况之下，221所需要的各项资金总是能够得到足够供应。建厂初期，我们就组织起庞大的物资采购队伍，并在东北、华北、华中和西北地区设立物资供应站，尤其是非标准设备，由多家工厂生产，以满足科研生产的需要。与此相适应，从总厂到各基层财务部门都配备一定数量的财务人员，从事固定资产和材料的管理与核算工作。从物资采买、在途运输、验收入库、出库和结存，环环相扣，以求做到账账相符、账物相符和账卡相符。

由于221基地的工作性质属于高度机密，不进行产品成本核算，财务人员不可随便进入科研室和生产车间。因此，财务工作的日常工作就是按时发放职工工资，报销职工因公出差和回家探视的路费，报销职工家属医药费等。早期，草原职工中的绝大多数是单身汉，其工资收入是家庭生活的主要经济来源，而且那时候邮政系统不健全，汇款只能到厂总部来汇，十分不方便。因此，每月职工领到工资后，不能将钱尽快汇出，成了不大不小的难题。当时基地有句口号，一切工作为科研生产服务，方便职工。为此，基层的财务部门就主动代职工汇款，或从工资中扣除。这一做法，受到职工的欢迎和好评。为科研生产服务体现在方方面面，每次核试验都要派财务人员参加，第一次去的是马海亮、段思瑞，提供经费保证。财务工作确实为221基地的基本建设和科研生产起到了重要的保证作用，同时也为职工生活的稳定，提供了一定的物质基础。就是在“文化大革命”极端混乱的局面下，乃至“二赵”军管期间，绝大部分财务人员进了学习班，也还留一两位同志坚持工作。此时，财会人员的处境极为艰难，因为缺少交通工具，财会人员到银行取款，去上级或兄弟单位办理转账业务，往往要步行十几里路，风雪无阻。其他单位乱得不可开交，但是财务工作还是上下成线，左右成片，账目不乱。做到这一点很不容易，这体现了财务人员的高度责任感和事业心。

默默奉献的群体

沈祯祥：伴随着核武器事业的成长与发展，基地培养造就了一支优秀的职工队伍，其中就有财会人员。他们在平凡的工作岗位上，辛勤耕耘，无私奉献，以自己的双手，创造了光辉的业绩。在 20 世纪 60 年代初，大凡能够被组织上选入财会队伍的职工，一般说来政治觉悟、思想品德和文化程度等综合素质相对高一点。而且，这些同志一旦被选上，都能够做到爱岗敬业，很少考虑个人的名和利。然而，在现实生活中，财务人员的付出和应该得到的回报却不尽如人意。例如，1963 年从北京和西安招收的初中毕业生中，财务处从中挑选了几十人，经过专业培训走上会计工作岗位。他们的工资待遇，按照行政序列，定为 27 级干部，基本工资为 39 元；而同样是初中毕业，分配到工人岗位上的人定为二级工，基本工资则为 48 元。两者相比，如果再加上地区差异，相差 12 元左右。在 80 年代评定技术职称时，财会人员执行技术人员的标准，由于受到学历和指标的限制，绝大多数的财会人员，辛辛苦苦工作几十年，直到退休仍是助理会计师，而行政与政工部门工作的同志退休时可以评定主任科员或副处级。这在以行政职务或技术职称享受各种福利待遇的今天，双方的差距自然就拉大了。在这里，我并非认为其他部门工作的同志待遇高，他们也很辛苦，而财务人员所得报酬与付出的心血不成正比，也是不争的实际情况。财会人员那种以事业为主，甘做孺子牛的精神，是值得称颂的！

当年在 221 基地工作过的财会人员中，很大一部分人调到四川 902 地区九院各所财务部门；少部分人留在二二一厂，直到 20 世纪 80 年代，国家正式决定二二一厂退役，撤厂销号。其中的财会人员，有如秋后飘零的落叶，调往全国各地，自谋生路。如今，这两地的财会人员有的已经作古，有的已退出工作岗位安度晚年。尽管他们的命运和处境各不相同，但他们共同为核武器事业的发展做出的贡献，人们永远不会忘记。他们在计

1965 年 6 月 15 日第一生产部财务科全体同志合影（前排左起：刘淑珍、刘镯、刘金玉；中排左起：慕承兰、王秀霞、章燕容、韩玉、官桂英；后排左起：纪奎生、罗庆尤、沈祯祥、曾永光）

划经济体制下艰辛创立的财务管理模式，业已由新一代的财会人员继续发扬光大并建立起军民相结合的财务管理模式，令人欣慰。他们只求贡献，不求索取的无私品德，是“两弹精神”的体现，应该成为年轻人学习和效法的榜样！

九局财务处

周树榛：我参加工作时，在山东省银行工作。因为我念的书太少，不管在山东、山西，还是到了北京，我一直坚持上夜校，一直不停地学习。1956 年，我从山东调到北京核地质局。在北京待了没几天，部里把我送到山西 182 地质队。在地质队没干几天，就到太原地质学校当会计。不久学校撤销了，又把我调回核地质局。1958 年二机部成立九局，吴际霖和霍广盛过来得早。九局干部处处长徐杰原来是山东省人民银行监察室主任，他一看我的档案是从山东省人民银行调来的，就把我从核地质局要到二机部九局这边来了。我记得 1958 年 4 月 30 日到北京，过了五一就去报到。我到北京九局上班的时候就十几个人。

我刚到九局时，吴际霖、郭英会两个人跟我谈话，告诉我这个单位是保密单位，干什么他们没说，只是告诉我，如果人家问九局是干什么的，就说是生产挂脱机的，别的什么都不说。什么是挂脱机呢？就是当时老百姓浇地的机器，底下烧木柴，上面产生蒸汽，蒸汽再带动皮带转动来提水浇地。咱是小萝卜头，局长亲自给你交代单位的性质，就是这样说的。

不久，九局成立了财务处，准备从二机部财务局（十六局）调人。把十六局的刘金凯处长调来了。当时他还在什么地方学习，没有报到。那会儿吴际霖、郭英会这些领导对我们年轻人很信任。我在九局财务处会计、出纳一肩担，当时年轻，也不太懂事，领导叫干就干呗。过了很长一段时间，刘金凯才来上班。他来了以后，又从河南郑州纺织厂调来一个姓严的出纳，名字忘了。这样慢慢地把财务处的架子搭起来了。九局财务处大多时候只有我、张雪林、代墨兰、闫国训等几个人。除了刘金凯处长外，还有一个处长叫赵文，他那时候有病，不常来上班。当时九局财务处主要管 221 基地的基本建设、财务管理和拨款，兼管北京九所的基本建设、财务管理和拨款。

我在九局财务处当会计管基建财务，同时又管十七号工地建设的拨款。哪里需要钱，由吴际霖局长审批，按照他的指示，我就给哪里拨钱。当时九局事务性工作大都归吴际霖管，像建设十七号工地，有时候工地需要钱，需要拨款，吴际霖就跟我说，你给工地拨点钱。拨多少他不说，我只好问工地。我记得有一次他们要 10 万，吴际霖签了字，我就给了 10 万。就这样一直等到九所建起来，十七号工地建起来。

1963 年，张爱萍在北京九所做了一个报告，青海 221 基地要组织草原大会战；1964 年要准备引爆第一颗原子弹。北京九所除了搞理论计算的一室外，其他的科室都要上青海去。在这样的情况下，因为 1960 年我不是去了一趟青海嘛，我回来以后就说 221 基地财务工作确实需要加强一下。我还说，有可能的话，我上那里住一段时间，帮助他们搞一搞。开始九局刘金凯处长不同意，后来一搞大会战都要去嘛，我也上去了，到 221 基建指挥部财务处工作。

基地财务处

三上 221 基地

周树榛：我先要讲一下，221 基地筹建时没成立财务处，开始那里只有曹沛如、桑延平几个财务干部。1959 年初，九局财务处派我去了解那里的工作情况。领导说你去一趟吧，检查检查工作有什么问题。我去了一看，搞得有点不像话。因为是新单位，没有账，全部是用借条代账，我去了以后才纠正过来。比如从某个地方调来人，对方发的路费，你得报销吧？或者借钱了，你得结账啊？他们没有账，只在原借据上有记录。那时候他们在西宁市西山湾上班，我去了以后感觉这样下去不行，没有账目太悬乎。我就把账给它建立起来，张三、李四……，谁调来的时候在对方拿的钱，到这怎么报的，一个一个地弄清楚。那会儿 221 基地还没正式开展工作，财务工作主要就是报销一些费用。

我到西宁出差半个月，住在青海省政府西山湾招待所，在招待所食堂吃饭。在那里第一次吃手抓羊肉，一人一盆手抓羊肉，太好吃了。当时九局上来的领导都住在西宁宾馆。李觉去了见到我，说：“小周，你怎么在这里？”我说处长叫我来查查他们的工作。他又问我住哪里。我说我住西山湾招待所。李觉就让我跟他上宾馆去住。我说不了。上那干啥？来回也不方便。我检查完工作就回北京了。1959 年我去青海的时候只在西宁办公，没到海晏去。那个时候沈永熙来了，他上草原去了。

说实在的，我深深体会到 221 基地是国家的重点工程，当年要多少钱国家给多少钱。我记得有一次吴际霖叫我上财政部申请要钱，人家问要多少，我说给我 500 万吧，人家马上让建设银行拨了 500 万。那个时候 500 万是很大的数字啊！

为了使核武器搞得快一点，苏联专家有一个建议，像机械加工、炸药生产、仪器设备，让几个机械工业部的大厂子帮助二机部建一个专门对口我们的车间，基建费用由我们负担。在沈阳 123 厂搞个炸药车间，哈尔滨 112 厂也搞个炸药车间；成都、西安、太原等地都帮助搞了一个车间。后来苏联专家撤走了，剩下个烂摊子。花了多少钱？怎么花的？还剩了多少？刘天华是基地生产财务处处长，他让我去办这个事，去跑一跑，把这些账结清楚。给人家的钱除了花的，剩下的要回来，把这一笔账结了再销账。新疆的核试验基地，甘肃的导弹发射基地都有九局的工程项目，咱们都有投资。这两个地方叫三、四部分。当时不知道三、四部分是干什么的。九局局长说，一个是酒泉基地，再一个是马兰基地建设的钱，分成第三部分、第四部分。所有咱们使用的工号、设备什么的都是九局投资。后来我们分别在上面提到的两个军事基地做核试验。

1960年我又去了一次221基地，到草原去检查财务工作，这次主要检查器材这一块。董阜兴、桑延平他们在004库，那时候天冷啊，晚上不想出去，他就用暖瓶撒尿。有一次戴登邦处长去了解情况，到了他帐篷里边，把床头的暖壶倒出水来一喝，马上骂桑延平："你这个水几天没换了？"他不知道喝的是尿，还以为是暖瓶的水，倒了就喝。后来传出这个笑话。

1960年因为生活困难，物资供应困难，221的建设速度慢下来了，这是事实。1961年，除了221机修厂开始做生产准备外，其他的建设都下马了。基地很多单位没有人，像设计部就没有人。那个时候虽然建设速度放慢了，基地004仓库、531仓库都停建了，但十厂区还在搞，十八厂区生活区还在建，大电厂还在干，建筑工地靠小电厂发电。

等到1963年我再上草原的时候，221基地已经初具规模，有完整的管理体制，有财务处和审计核算部门。那时候221生产财务处处长是刘天华，副处长是郁增培、戴登邦。我所在221基建指挥部财务处，副处长是张宗林和孙永才。

1963年我们刚上去时住帐篷，总厂机关领导都住帐篷，只有实验部科技人员住进十八厂区的楼房。后来我们从帐篷搬进楼房，那就舒服多了。房间有了暖气，生活也改善了。到了 1964 年，草原生活大大改善，物资供应上去了，像肉啊、鱼啊都有了。我记得食堂的木耳炒肉 5 毛钱一份，红烧肉 1 块 2 毛钱一份，使劲吃还吃不完，剩下了晚上用电炉子热热再吃。另一个是工资收入提高了。我在 221 基地的时候拿 126 元，其中事业费 13 元。如果在科研生产第一线，事业费 18 元，月工资能拿 131 元。那会儿 126 元的工资就很高了，一个月的伙食费就一二十元钱。所以说，那时候大家都感觉生活好了。

两个财务处

周树榛：当时 221 基地有两个财务处，一个是生产方面的财务处，另一个是基建方面财务处。我在基建财务处。基建财务处下设会计、财务、材料核算三个科。我在会计科。这段时间，我们主要接触的是各个建设公司，就是施工单位。当时在 221 基地搞基建的有 104、103 公司和西北二公司 105 处，还有水电部、交通部公路局。他们负责土方、路基，等基础路面搞完，1962 年就撤走了。剩下的厂区道路都是基地和交通部协作搞的，我们就跟这些部门打交道。当然也有预算控制，超过预算了，对不起，你该修订的修订，该补充的补充。但是你再去申请经费，一般是没有了。要有钱你就把预算调整过来。

开始小电厂发电功率为 1500 千瓦，电力不够用，就从电力部申请了一辆发电车，在那里发电。后来建设大电厂，工地热火朝天，103 公司、西安二公司也进厂搞安装。西安二公司的局长叫刘□□，我们开会时请他来，就是要把这个工程搞得快一点。那时候草原上人员多了，生活好了，但任务也重了。我仍然管基本建设财务，所有搞基建的公司的账都归我管，从财务会计角度管理工程建设。工程计划方面嘛，那是计划科的事，财务处不管。

到了1963年，221基地已经建得像回事了。基地整个建设面积30多万平方米，估计80%都完工了，基本上初具规模。1970年他们搞决算的时候还跟我说了说，221基地一共花了四亿多。谈到基地的建设经费，反正我在拨款问题上没有受过卡，也没有不痛快的时候。中央各个部门，上上下下都知道这个单位的重要性，谁也不敢克扣经费，把手攥得紧一点，没有这个事。有关科研生产的资金，每年一个多亿都用不完，实际上资金很宽裕。

我搞基建财务的时候，知道这里是搞原子弹的。像404厂搞浓缩铀，202厂搞核材料，大体上知道一些。在221基地这个单位，管紧嘴巴很重要。记得1963年左右，发生了泄密的事。221基地设计处的朱处英，清华大学毕业的。221基地技术方面图纸是苏联人给的，但是民用工程、室外工程项目自己设计。他有一个同学在广州，朱处英把221基地的事跟他同学说了。没想到他的同学是个特务，把221基地的秘密泄露出去了。最后，朱处英被判了7年徒刑。

安心本职　建章立规

王成文（时任基地财务处核算科科长）：我调到九院很突然，我是学金融会计的，原来在沈阳银行工作。后来因业务需要又把我调去搞信贷。1963年我调到青海221基地以后，总厂人事部门征求我意见，问我做党团工作行不行，说党团工作需要人。可能是因为我在沈阳银行搞过一段党团工作吧。我说，自己还是愿意搞业务，所以我就留在财务处了。当时郁曾培、戴登邦两人是财务处副处长。郁曾培业务比较过硬，这个人到越南讲过课。一天郁曾培副处长找我谈话，他说：“小王，这样好不好，我们打算把221基地仓库里的材料和设备管起来。现在这是个缺口，有很大的浪费，管理工作要加强。我们之所以把你留到财务处，就是让你搞材料核算。”我说可以，搞啥都行。

这个时候账务处只能应付日常的财务工作，这个时间不长。北京九所的科研人员大批上来了，其他各专业人员也都进来了。1963 年以后，财务人员也多了，从西安调来段思瑞、唐兴安等人；北京的一些高中毕业生也分配过来，他们经过短期培训就上岗了。

材料核算科

王成文：当时总厂财务处下面还没成立科室，到 1964 年底成立了两个科，一个预算科，另一个是材料核算科。预算科有杜桂林、朱元梓，会计有邱晋堂、张金山、季秀兰，以后董玲玲负责记账。当年戴登邦处长组建材料核算科时做了很多工作，开始的时候只有他和我两个人。1964 年初材料核算科来了一些人，段思瑞从陕西变压器厂调来，董玲玲、孟宇定、王梦兰、王叔贵、莫娟等人到职后，科里人就多了。这个时候就要开展材料核算工作。到了 1964 年底，我就不在财务处办公了，搬到 004 仓库去了，在那里搞材料核算。我去 004 库发现问题比较多，科研生产的器材与基建的器材没有分开，原因一个是仓库的人没有去分，另一个是两种器材材料也不好分。材料核算科主要负责科研生产的器材，我管这一摊子。基建的器材由董阜兴管。还有一个问题是没有库房。在草原上，用铁丝网拉个大圈，各种器材都在露天堆放着。那天正好赶上我在仓库，我拉着接站组一个小伙子，跟他一起去接货。一看，来了一列车玻璃，都是一箱一箱装的玻璃。怎么卸呢？从火车上卸到翻斗车上再往汽车上装还可以。拉到 004 库以后，就没人卸了，忽一下这么一翻，哗啦啦，大概有三分之一的玻璃都碎了。基建的材料怎么办呢？水泥拉到 004 库，没有苫布，用竹席子和草编的席子临时盖上。虽然草原下雨不多，但是夏天有时候下起雨来也很大。下雨过后，有一部分水泥都凝成块了。还有各种砖头，都在那随便堆放着。确实像郁曾培说的，浪费损失是相当大的。

004 库是 221 基地最早的一个仓库，在第三生产部和交运处附近。我们盖房子的时候，还有老藏民在那里住。以后 004 库分成 004 和 531 两个库，把科研生产材料和基建材料分开了。004 库主要放基建材料，531 库主要放科研生产材料。531 库是重新盖的库房，盖了五六栋小平房，工人和保管员都住在那里，它的位置在第三生产部外边的小河边。开始我们都住帐篷，有小平房住就不错了。

刚上草原时，我和李毅超、杜桂林、徐福和住一个帐篷。一天晚上帐篷顶被刮掉了，我们几个爬起来去找帐篷顶。隔壁帐篷是保卫部的人，那些人也出来了，帐篷顶刮到十几米远处。晚上黑乎乎的，大家摸黑把帐篷顶找到了，赶快架上去，然后四周把它固定牢。春天草原刮大风，灰土从帐篷顶落下来，早晨起来拍拍脑袋都是灰。冬天早晨起来，有时候鞋都冻得粘在地上，拿不起来。因为地下潮，到后半夜就冻了，早上得用劲儿把

各类物资器材进库上架

鞋子拽起来。那时候生活确实艰苦，但大家苦中有乐。531 仓库还没盖好之前，我们住帐篷，里面是双层床，人在一层睡，二层放东西，这时候耗子就在上面做窝了。早晨起来，杨万强的被子上有一堆刚生下来小动物，还没长毛，光溜溜的。杨万强说：“王科长，你看看是什么东西？花生米还是什么玩意？”我一看，哪是什么花生米？这肯定是小耗子，粉红色没长毛。于是我们赶快打扫卫生，赶快把这堆耗子扔了。

建立“五五化”制度

王成文：那时候虽然把科研生产材料跟基建的材料分开了，但核算工作头绪还没有理出来。这种情况下，戴登邦处长问我怎么办。经过研究必须抓制度管理，理论指导实践嘛，首先要写一个规章。我说搞个核算办法，把整个器材、材料什么的都给它框进去。开始火车进来有接站组，接站组看货物，这一车皮有玻璃，有瓷砖，还是什么别的东西。他主要看大数，多少箱啊，多少捆啊，再填好清单。原来，接站组把这一部分货接完，没事了，也不往下交。可是验收组还在那等着呢，也不知道货来没来。等验收组知道这批货到了，已经放了好多天了。我说，必须把它们衔接起来，接站组接完站你要填单子，都是什么东西，车皮号是多少，从哪来的，都要填上去。填好以后，你要再填写一个单子交给验收组。你什么时候接的站，什么时候交的验收组，都要写清楚。我们就把这个制度建立起来了。

验收组怎么办呢？验收组接到这个单子以后，仔细验收货物，必须填验收入库单。他填完验收入库单以后，交给谁呢？交给保管组。保管组再看这里头具体有多少电容、电阻，有多少二极管、三极管等等。这个时候就比较细致了，必须要打开验收。比如说这一盒电阻是 100 个，两盒就是 200 个，三盒就是 300 个，都要填详细了。保管组接收以后，也要填单记账，签上字。填单子干什么呢？要上架入库。当时还没有库房，更没有架子，这一堆电容，那一堆电阻都在地上堆放。这期间，我抓紧搭了不少席棚子，把原来露天存放改在席棚子里面存放。席棚上面盖上油毛毡，防雨防风。以后，库房的条件不断地改善。这个时候虽然器材进到大棚里面，但还是堆到地上。我就建议财务处拨点钱，让他们跟器材处处长说一下，赶快买架子，买铁架子或木架子，买不到就自己加工。有一部分架子就是第三生产部做的，做完以后交给仓库，放在席棚里边。这样各种器材就可以摆在架子上了。1964 年草原大会战开始，要引爆第一颗原子弹嘛。我们器材仓库也提出口号："货物要进棚，进棚要上架。"就这样大干了很多天，保证了科研生产的需要。

1964 年 221 器材库房开展"大会战"

我们还制定了"五五化"制度。你把这个材料管理好，领器材不用到那去乱找，一看就清清楚楚，这样我们财务工作就和大会战结合起来了。财务核算员和保管员一起工作，把货物上架，上架以后还不行，还要搞"五五化"，五盒一摞，今后一查就知道，很明显就看出这个库存是多少，不像过去那么一堆就不管了。实行"五五化"以后，保管员练兵，蒙上眼睛找货。那时候总厂那边晚上灯火通明，熬夜大战，晚上来领料怎么办？保管员练基本功，蒙上眼睛都能找到任何东西，你说第几排架子，几层几号，他都能找到，就练这个功夫。我们为了大会战，科研室灯火通明，仓库也灯火通明，我们核算科也灯火通明。因为我们都下去一起搞“五五化”，一起帮忙把货物上架，一起练基本功。同时还搞评比，评红旗手，评技术能手。财务人员也参加大评比，我记得当时段映月、孟书宇他们的工作深入到仓库里边，受到处里好评。随着仓库建设不断地好转，管理往好的方面转化，条件往好的方面转化。我们核算办法也逐渐地形成了，有了大体的眉目。加上我平时经常积累一些资料，最后戴登邦处长看了说，小王，你再拢一拢，变成文字下发。我说好，拢一拢就拢一拢，其中包括设备、材料的核算办法，再加个大帽子，一并叫作器材材料核算管理办法。

解决“在途资金”

王成文：开始草原上基建和科研生产经常扯皮，那边杜桂林、徐福和管基建材料，这边我和段思瑞管科研材料。后来有些材料运来了，科研生产找不到这些东西，跑到哪去了？跑 004 库去了。底下人说不通，我问老段，这个事怎么办？那我们查一查吧。查完了 004 库的人认账了，我们才把账转到基建那里去，他不认账你还转不了，硬转人家肯定不接受！所以必须好说歹说，这个材料确实在你们库里，保管员都有签字。好、好，有签字我们承认，给我们转过来就行了。

有时候这个设备来了，账来了，东西没有入库，没有入库单。没有入库单这个账就做不了，怎么办呢？先付一笔银行存款，收一笔什么钱。这样在途资金越来越大。因为你找不到的设备在途中，可能还是在路上，也可能来了，但我们找不到。所以说，没办法只有走在途资金。结果在途资金越来越大，从几十万增加到200多万。桑延平、李绪亭那时候在核算组。桑延平是个老同志，来了以后天天提个包，到处核对在途资金，有时跑厂子，有时跑铁路，有时候还得到二机部去核对这个设备来没来。你得花大力气到处找啊！

经过半年多的努力，慢慢地把这一二百万的在途资金逐渐地清理掉了，这也是财务处的一个成果。当时我是核算科科长，我认为这项工作比较困难，你找不到怎么办？账上冲不了，入不了库，那一阶段的工作确实比较头疼。

从1964年初开始，到1965年初，逐渐地形成材料管理办法。我们一步一步地搞，最后搞出了核算办法，这个核算办法后来进到厂财务制度汇编里边。当时财务处出了五六本财务制度汇编，这几本财务制度汇编里边有一部分属于财务处本身的会计核算办法、预算管理办法，都是杜桂林和朱元梓他俩搞出来的。那是九院财务处几十年的工作结晶，基本的内容都在里面，我们核算办法也收集到那里去了。这个核算办法出来以后，整个工作基本就走上正轨了。以后，我们工作上就和科研生产紧密挂钩。当时我们提出为科研生产服务，大战多少天的口号，财务工作得到了上级的认可。当年，二机部也认为221基地的财务工作做出了优异成绩。

为核试验服务

王成文：1964年10月16日进行第一颗原子弹爆炸试验的时候，221财务处也派了马海亮和段思瑞到核试验现场。财务人员为保障第九作业队完成试验任务，在那里买一些临时需要的电缆和元器件，以及临时需要的工具；还要负责场地人员的生活开支，发一些劳保费、保健费什么的。比如新疆军区发军大衣，这些都要给新疆军区钱的，所以核试验离不开财务人员。现在马海亮还在九院，段思瑞调到西安去了。当时每一次核试验任务都有财务人员去。财务人员带上一批现金，在核试验基地用的材料要付款，器材零配件要付款。另外吃喝拉撒，包括给大家一些补助，还有食堂结算等都离不开财务工作。从整个核试验来看，财务工作和科研生产结合得越来越紧密。

平时我们财务人员如何为科研服务呢？比如说，我们在221基地那段时间经常下去报销。有个财务人员到二分厂去报销，路走错了，他说他大方向是正确的。最后大家给他起个外号叫“大方向”。我们每个礼拜去设计部105大楼两次，礼拜三一次，礼拜五一次，帮助那里的科研人员报销。当时设计部财务科还在总厂65号楼楼上，楼下是场外试验处。设计部105大楼离总厂较远，财务人员会自行车的就骑车，不会骑自行车的就步行到105大楼。我们到车间去，到科研室去，一去就是半天，上门服务的反应还是不错的。

我和杜桂林都是从沈阳调来的，杜桂林原来在设计部财务科当科长。他从105大楼调往总厂财务处时，他说，王成文你来吧。我说，合适吗？他说合适啊。这样，1966年我调到设计部财务科当科长。设计部领导有“三光”之称，主任叫龙文光，副主任有俞大光、黄国光，还有一个疏松桂。我记得俞大光天天夹着大皮包，头发梳得锃亮。黄国光从齐齐哈尔炮弹厂调过来，那时候他说，造炮弹的专家改成造原子弹了。

有一次设计部和实验部的一批科研人员去北京开会，必须晚上走，机关都下班了。俞大光副主任给我挂了个电话说，王科长，这个任务今天晚上必须走人，第二天飞到北京开会，你要拿一部分钱。我连夜找出纳，不管睡没睡觉，反正得起来把这个钱付了。那时大家都没有怨言。

总的来说，基地各级领导对财务上的规章制度是支持的。每一次财务上遇到一些什么困难，比如说科研室的一些报销问题，领导该给科研室打招呼就打招呼，说这个不能报就不能报，你不要到财务科找麻烦。最后再补充一点，全国各地的器材设备运到青海 221 基地，有些车皮上写白东齐收。白东齐是 221 器材处处长，我跟他接触很多。我看不是为了保密，保密可以写 02 单位收，大部分器材都是这样运的，写他名字是为了辨认是哪个单位的。

1970 年 11 月份，我下放到河南上蔡农场，在三连当副连长，连长叫冯大茂。我们三连都是设计部的人。我在河南上蔡那里待了两年，1972 年回到四川九院五所担任财务科长，副所长，直至退休。

搬迁 902 地区

周树榛： 到了 1965 年底，二机部要恢复九局，同时决定在四川新基地搞第二套生产体系，从 221 厂抽调人。王炎副院长带了 65 个人准备到四川 902 地区组建基建班子，其中有我的名字。这个时候，我还在外地清理账务，准备回来就到 902 地区报到。结果这时二机部把九院办公室那一摊改回九局，新组建九局。这样把李信、刘月娥和我等几个人调回北京。到了北京屁股还没坐热，就开始搞“四清”运动。“四清”还没完，1966 年“文化大革命”开始，一下子整个工作就停顿下来。以后，搞这个运动搞那个运动，到了 1969 年，林彪“第一号令”下达，九院和北京理论部赶紧搬迁，又让我到搬迁办公室负责理论部的搬迁任务。我每天跑铁道部，跑北京铁路局要火车皮，把火车皮申请下来，接着把理论部的办公家具、职工行李等乱七八糟的东西，一列车一列车地往四川运，然后再把人送过去。搬迁完以后，领导跟我说，河南干校你去不去？不去河南干校就上四川。其实，我要到河南干校还好了，以后就能回到北京。我说去四川吧。那时候张宗林处长也打电话给我，说北京搬完了你就过来。

1969 年准备搬迁到四川 902 地区的火车

我不是负责搬迁嘛，北京的铁皮柜多，我就弄了几个写上 902 财务处，通过火车把铁皮柜运送过来。我来了以后，这里正大搞基本建设，902 地区基建的总决算是我做的。到了 80 年代，国防部部长张爱萍将军视察九院时说，要“羊拉屎变成牛拉屎”。后来成立 839 工程部，又把我调到 839 工程部搞财务，一直干到退休。所以说，我这一辈子都是搞基地建设的财务管理工作，别人搞科研，咱们搞基建。

“特殊政府”

矿区办事处

李根昌：由于严格保密的要求，221 基地孤立草原，脱离社会，与世隔离，成为既包含各行各业又人数众多的单一社会。但基地建设离不开地方政府的支援，虽说有青海省关照，但长期这样运转是不灵的。221 基地党政系统自有渠道联通，但许多社会服务内容都附在党政系统上面，势必影响完成核武器研制的主要使命。为此设计出一种少见的独特结构的“矿区”政府。经过申请，青海省上报国务院，批准在金银滩草原正式成立地市一级行政机构。矿区首任主任是孟建庭（青海省政府派），书记是吴丕恩（基地党委副书记兼），下面有公安局、法院，检察院，还有执法的劳教所、监狱，人民武装部，以及民政局、教育局、商业局、粮食局等机构，配备各色人员以尽其职。其干部任免需由地方上级以市的名义出面委派，但具体人员又需要基地提名、审核、指定；其工资、住房统一由基地包干安排，待遇与同级职工一样，以利于保密；其家属工作亦由基地统筹解决，医保、退休则由矿区下设的社保局管理，形成类似“独立王国”的一个特别地区。

当时，党委副书记吴丕恩出面负责和地方上级市级机关对口，由主管行政业务的副院长分管矿区办事处。这种特殊的架构一般人都搞不懂，也只有 221 基地才这样设置，举两个例子说明一下。比如结婚登记、生孩子上户口，要去找谁？总不能到厂机关找整天忙于科研生产的各职能处，也不能到党委办公室、政治处去办吧？再比如超出党政处分的权限，触犯了法律的言行，要动用专政工具时，又由谁来执行呢？把他们交给地方政府，不是又泄密了吗？后来“文化大革命”中“二赵”运动期间，草原上抓的“反革命分子”，甚至枪毙的人，都关在自己设的监狱或拘留所里，这也不能捅到地方上去呀！原因就在于这是一个封闭的小社会，麻雀虽小，五脏俱全，一个部门也少不了。而且这种架构形式从青海一直沿袭到四川。四川 902 地区也有矿区政府，一直到了 20 世纪 80 年代，矿区才更名为科学城办事处。

矿区商业局

后勤、商业

李根昌：221 基地的后勤保障泛指一切物资的供应，涉及千头万绪，吃喝拉撒睡，什么都有。我先讲后勤中生活方面总的情况。在一片高寒草原地区建一个核武器基地，没有后勤支援不可想象。筹建开始就先要落实后勤供应，民以食为天嘛。开始很长一段时间 221 基地没有商业，没有肉食，没有副食，没有新鲜蔬菜，连糖果都没有，大家只有吃食堂。什么叫生活困难？没有商业是一大困难。职工晚上去哪里？没地方去。开始也没有电，靠点蜡烛。后来慢慢地商店、饭店、影剧院都有了，商店里可以买到猪肉了。还有一件事必须讲讲，221 基地地处高寒地区，单位又很分散，那里的生活环境不适合老的，也不适合小的，托儿所、幼儿园办不起，这也是一个大问题，不少职工生下孩子都只能送回内地抚养，父母亲老了也接不来。后来撤销基地原因很多，生活困难也是一条，继续保留它是很困难的。不像四川天府之国，我们 902 建设的时候，还可以住在老百姓家里。

到了 1963 年，大批人马开上草原，拉开大会战的帷幕。后勤商业这一摊也要跟上，要成立商业局，开商店卖货。于是打报告，向中央申请调人。国庆节后，周总理批示从天津商业系统抽调 500 人到青海，各个特殊工种都要调好手，天津满足不了，只有 400 人，又从太原调了 50 人，到了 221 基地以后，商业局才真正组建运转起来。

后来有了商业局，刘云太首任局长。为了加强领导，彭非从九所上了 221 基地统管这一摊。总厂下面有行政处常惠钦处长负责，对口青海省的“郊区”商业局，分配生活物资，粮食国家统购统销是另一条渠道。首先要把食堂办好，分配好每个人的口粮，这比啥都重要。所有的职工只有到食堂才有饭吃，双职工也没条件开伙。所有从商业渠道来的生活物资，都要从行政处这个口子往下分配。1960 年从部队转业来的师级干部王志刚，担任筹备处副主任，充实了 221 基地的后勤、人事、劳资领导班子。王志刚以后任 221 厂副书记、九院副院长，主要抓后勤工作，他平易近人、朴实，办事实实在在，平时到食堂和大家一样排队打饭吃。有了这些好领导，221 基地的后勤保障才稳住阵脚，度过困难的三年。

九院商业队伍的骨干都是从上海、天津、西安、太原等地调来的。有了队伍，架子搭起来物资才能进来嘛。1963 年底，草原红星饭店开业，专门从上海调来厨师。我有一个老伙计叫宋锦祁，从上海来和我一块工作。他没带家属来，工资又刚调，荷包鼓起，经常下馆子吃饭店，还跟我们说，牛肉面五毛钱一大碗，不用刷锅，不用洗碗。有了商业副食以后，单身职工可高兴了。

1965 年春节，是商业局职工大忙的时候，来自天津、太原、上海的

“文化大革命”后期 221 基地的红星饭店

20世纪60年代221基地生活区副食商店

商业人员，通通分到新开张的百货商店、红星饭店、副食商店、蔬菜商店去当售货员，寒冷的冰雪挡不住成千上万科研、行政、基建人员的兴奋心情，他们纷纷涌进这些商店购买自己需要的生活用品，受到商店营业员的热情欢迎，那会儿茅台酒四块七一瓶，各种罐头琳琅满目，随便你买，没有定量的概念。有一年过春节，我还弄了半边猪肉回家。从此以后，221基地才像一个充满朝气的社会。

二级供应

我再讲讲基地二级供应的事。二级供应是怎么回事？二级供应是我们国家计划经济的商业体制。上海、天津口岸为一级，剩下的大一点的为二级，兰州就是二级。平时的计划物资是从商业部逐级向下分配来的。青海落后，分的那点东西实在有限，没有办法，因为咱们矿区人数不多，就争取从兰州进货，就是从二级站直接进货，我们叫二级站进货，和青海平级。它的好处是计划商品直接按比例分配给221基地，实现二级站进货后，副食品，好的日用百货、纺织品，凭票供应的手表、自行车、缝纫机都有了，分配当然还得抓阄，抓到一项也非常难。1965 年后，有的职工打听到湟源县有自行车，太贵没人买，要花七十元。为了上班方便，他们就赶上午火车班车过去买，骑着自行车回来天都晚了。食品（包括肉蛋）是当地供应，蔬菜是就地生产就地供应。

一生部的 102 车间，二生部的炸药车间都是要害部门，其工种特殊，一是加工放射性材料，二是炸药、火工品，既有粉尘，又有毒气。国家规定生产人员有保健食品，商业部批了特需供应，但青海采购不到，工矿贸易公司报计划又来不及，就派专人到广州去办货，用飞机运回来，满足一线职工的需要。在二生部还专门设了个小卖部，方便职工买保健食品，受到好评。

后勤系统的职工比一般岗位更辛苦，刚来时双职工分不到楼房，只好搭棚子，上面盖油毛毡，下面挖个坑，立面火墙，将就住下。食堂炊事员天不亮就要起床做早饭，穿着有膻味的羊皮大衣，带着狗皮帽，眉毛上都是霜；天黑了还要做加班饭，一天忙到晚。到西宁拉蔬菜要用保温车，拉回来要整理好，天又冷，怕冻坏，赶紧上架，让职工下班买回家做饭烧菜。澡堂的扬州师傅，整天都把水烧得滚烫，洗完澡，还可以修脚，就连毛料衣服破了，有

1963 年以后 221 基地的商品供应越来越好

上海师傅为你织补如新。领导想得周到，职工干得认真，大会战后勤部门也立了大功。

随着原子弹爆炸成功，草原的供应越来越好。中央批准给 221 基地特殊供应，商业部门可以自己组织力量在全国采购吃、穿、用的东西。春雷文工团专门来慰问演出，盛况空前。221 的环境没变，但人们的积极性更高了，很快就搞出了氢弹。

青海省支援

王菁珩：青海省的支援不能忘。1961 年 11 月，情况稍有好转，青海

20 世纪 60 年代 221 基地给职工发放物品

省委书记杨植霖决定拨给 221 基地两万多头牛羊。省委批准再请回 100 多个经过审查的牧民，于次年元旦组建了国营牧场，成为基地职工，成立农、牧各两个队，生产自救。青海省委和西宁处级以上干部都打了招呼，组织去海晏参观。你想想看，成千上万的人员进进出出，没有出过一点纰漏，保密做到滴水不漏，没有地方的鼎力支持，离开青海人民的支援能行吗？

221 基地建设领导每次给李觉局长汇报工作时，李觉总是念念不忘青海人民当年拿出最好的草原作为厂址的事，禁区划定在一定程度上制约了当地经济的发展。李觉曾多次代表基地领导转达对青海省委、省政府和青海人民的敬意和问候。

工会工作

建职工俱乐部

于刚德：1963 年以后，国家经济形势逐渐好转，北京九所大部队陆续上到 221 基地，千军万马汇集金银滩，草原大会战开始了。这个时候我担任 221 总厂工会主席，开始为基地职工业余文化生活忙碌起来。工会工作首先要定好位置，从大的方面说要服从党的安排，不能喧宾夺主；从小的方面说要让职工满意，丰富业余生活，搞好党群关系。这和解放前我党的工会工作，不可同日而语。基层各单位都有工会，当然一切要以科研生产为中心，不然花这么多的钱，调千军万马上金银滩干啥？搞工会工作的人一般都是兼职，但要搞出点名堂，没有专职干部又不行，这点李觉早为我们想到了。他先帮我物色了几个人进来，各项工作才依次开展起来。从 1963 年到 1965 年，221 基地面貌一新，各项工作蓬勃开展，是草原的黄金时节。

1964 年 8 月 221 基地建成一座职工俱乐部（影剧院）

基地职工俱乐部（影剧院）建得很漂亮，被称为西北第一影院，因为建筑指标高，投资大，为此还受到上级的批评。

因缘进厂

刘云生（时任基地工会干事）：中国第一颗原子弹是全国人民大力支援，要人给人，要物给物，大力协同的结果。当时原子弹的好多部件靠外协，靠上海、北京、沈阳各兄弟单位协作完成。有人说，第一颗原子弹是在草原上的帐篷中造出来的，也有人说是全国人民造出来的，这些话都确实不假。

1963 年困难时期刚过，221 基地要进行大会战。清华、北大、科大、哈工大、哈军工、山大（山东大学）、复旦、成电、武大的毕业生，一下子涌来了上千人。我是学画画，搞艺术的，把我也弄来了。我能起什么作用？当时想不通。1963 年，我从山东艺术学院（原山东艺专）油画专业毕业，山东省分配有困难，学校动员毕业生到边疆去，我就报名去青海。当时有搞音乐、美术的共 10 个同学到青海省人事局报到。不长时间，8 个同学先后都分配了，就剩下我和王海棠。我们有点着急。人事局答复说："你们好运来啦！国家重要单位把你们档案拿走了，正在审查，耐心等待吧。"没多久，通知我们到西宁宾馆报到。一到宾馆，好家伙！都是全国来的大学生，穿着一色的蓝色棉大衣，气势很是震人，把西宁宾馆全占满了。报到后发了四大件，有棉大衣、皮帽子、棉鞋、毛毡子。同时还发了一个月工资，我拿了 70 多块钱，比我山东其他同学多拿了近一倍。报完到就上街在同学面前显摆，但在西宁街上也舍不得花钱，赶紧把钱给家里寄去。

有一天李觉到西宁宾馆来看望我们。他一个房间一个房间地走，走到我们房间就坐下问："你们是学什么的？从哪里来的？"我回答说："学美术的，从山东艺术学院来的。"他马上说："画画好啊！我们是老乡啊，我叫他们专门要两个画画的大学生。"还说："国家欢迎你们，221 基地欢迎你们来参加国家高端武器研制。"我说："我们学美术的，到这里使不上劲儿。"他说："我们需要各种人才，搞尖端武器不光需要科学家、技术人员和工人。因为我们单位在荒无人烟的草原上，是独立的封闭的单位。我们的科学家也需要吃饭睡觉，需要各种物质保证，还需要文化精神生活嘛。我们以后还要办学校，办夜大，单位很需要你们。"又说："高原环境很艰苦，条件有限，你们要做好吃苦的思想准备。"

我记得我是 1963 年 9 月 12 日上的草原。221 基地当时对外名称叫"青海省国营综合机械厂"。汽车出西宁就开始爬坡，一路全是土公路，路过湟源县就是海晏县了，只见一片茫茫无边的大草原，同车的人说，这就是赫赫有名的金滩、银滩啊！草原上车走得多了就变成了路。沿途还下着雪，走了六七个小时，才进了厂区，我被分配到工会工作。早来的人住在几栋黄楼和地窝子里，后来的人都住帐篷。帐篷一片一片的，放眼望去，像白色的村镇，白色的城。我被安排在帐篷里面住宿办公。这个帐篷很小，放下两张单人床和办公桌就显得很拥堵。没有凳子，也放不下凳子，只能坐在床上办公。有人来了也只能站着说话，来的人多了甚至找个站脚的地方都困难。青海高原 9—10 月就下雪，唯一的取暖方式是在帐篷内用砖砌一个夹墙式的火炉子，烟筒竖在帐篷外，烧当地产的煤，这种煤一点就着。即便是这样，夜里睡觉还是冻得人直打战，只能蜷缩在被子里一动不动。有时夜里还要起来给炉子加煤。

虽然条件艰苦，环境恶劣，但是同事间互助友爱，配合融洽，心往一处想，劲往一处使，为原子弹这个大目标而奋斗，能到这个单位工作感觉到无比光荣自豪。

不挂牌子

刘云生：221 基地单位多没有牌子，门口有人站岗，要去个单位找个人很困难。但它不是一般的社会，人员单纯不复杂。各个单位都不在一起，隔得非常远，视线内都看不见。

进厂区以后，先接受保密教育，不能出一点纰漏。领导交代，不该听的事不听，不该看的事不看，不该说的事不说，对父母及亲戚、朋友不谈事业性质，不谈厂址。保密这根弦一直要紧绷着。当时，通信只有写信和电报，地址是西宁市某某信箱。父母亲来西宁探望，找厂址，找儿女很困难。我因此和母校同学中断往来 40 多年。这给我们个人生活造成了一些困扰。比如要想在社会上找个媳妇儿就很难。怎么个难法？做什么工作不能说，在哪工作也不能说，只能说我挣多少钱，让别人怎么相信你呢？

1964 年刘云生(右)和白□□在黄楼(工会临时办公室)前合影

我还享受了一种特殊待遇，就是机关党委书记亲自对我进行保密教育，教育内容就是不许我画画。偏偏这时候我真想画画，在厂区商店买生活用品时，我经常碰到一些身材魁梧、表情丰富的藏民，是画人物画的极好素材。但不让画，又不敢画，只能把印象埋在心里。一直到退休后，我重新拿起画笔，就选择画藏族同胞，创作的藏族水彩人物画获过国际金奖。

开展文体活动

电影队

刘云生：当时总厂工会主席是于刚德，在家坐镇；副主席是刘贞，经常下去跑。我们工会的工作就是配合科研生产，为科研服务。当时我是文化干事，主要任务是搞劳动保护、生产竞赛、妇女保护、宣传教育、文化活动。为了研制中国的第一颗原子弹，这些科学家、技术人员、生产工人非常忙碌，全身心扑到攻关项目上。基地党委很关心他们的身体，强行建立工间操制度，还要求我们工会积极开展文化活动，为他们服务。当时文化工作项目有放电影，组织文艺演出、体育活动，各单位办黑板报，图书馆阅览室举办英雄模范人物事迹展览、生产教育安全展览等。活动项目很多，但工作人员很少。电影队有几个人，队长叫于生云。搞体育工作的只有一个人，还是个老太太。我和王海棠两个人搞美术。开始没有文艺干事，由我兼任着。

221 基地年轻人多，在草原上与世隔绝，除了科研工作以外，文化生活非常单调。所以看电影成了草原人最喜欢的业余活动。大家工作劳累一天，下班后换换脑子，看一场电影，娱乐一下。当时影剧院还没盖起来，一直放露天电影，都是青海省特供的片子。好片子优先给 221 基地放，像国产片、苏联片、印度片……。由于单位分散，工会电影放映员非常忙碌，每天晚上连轴转场。每逢过年过节我都要去帮忙。一到放新电影，连科学家都积极去看。后来总厂影剧院交付使用，放映队增加了人员，从西安电影院调来了岳长安、白新民；从部队转业来几个人，有周忠心、高清波、高玉卿、王德明；又从上海来的一些中学生中选了 3 名学生。放映队增至 10 多人。放映设备也增加了几套，虽然放映点没有减少，但人要轻松多了。

文艺演出

刘云生：全国高校分配来的大学生，不光学业优秀，也多才多艺，有体育、滑冰、文艺高手，什么人才都有。草原文艺活动很活跃，不缺文艺人才。有吹小号的，打快板的，跳舞的；演奏西洋乐、民族乐的人才都有，水平很高。开始工会搞文艺的就我一个人，我一个画画的哪懂文艺。但我也不怕，到处找人，把人组织起来，一台戏就出来了。刚到草原，听说有个人唱歌唱得好，他的名字叫耿万鹏。我专门登门拜访，结果碰了个钉子。我找到他办公室，进门就说，我要见耿万鹏。一个人答复，耿万鹏不在，下分厂去了，就把我打发出去了。过了一段时间，我又去找他，只见办公人员拉着一个一米八几的帅小伙，对我介绍说，他就是耿万鹏。啊！谁知道竟是轰我出门的那个人。我俩哈哈大笑，从此成了挚友。耿万鹏是太原铁道学院电力火车专业毕业的。1960 年 5 月，他曾代表青海省参加首届全国职工文艺汇演，独唱回族、土家族民歌，用青海“花儿”曲调填词的《昆仑牧歌》被评为全国一等奖，红极一时。当时包括总政文工团在内的多个文工团向 221 基地提出要他或借调，但因 221 基地领导不同意未能调成。那年参加全国汇演的还有跳舞名角儿仇华荣，也被评为大奖。有这些文艺高手参与，组织一台戏就很容易了。每逢过年过节组织文艺汇演，我这个不懂行的工会干部，下基层到分厂督促检查，选拔并指导排练文艺节目时笑话百出。那时候刚出学校门，年轻人一腔热血，天不怕，地不怕。观看检查节目后，不光提意见，还给别人讲艺术理论。我总认为绘画和文艺理论是相通的，但讲的也是一知半解。

20 世纪 60 年代 221 基地工会每年都举办春节文艺演出

晚上下基层排练节目，也不感到辛苦。节目排练结束大多到晚上十一点钟。当时草原上有狼出没，我常常一个人手里拿根铁棍，走三四公里的夜路回到总厂住处。应了那句古话“初生牛犊不怕虎”。即便是这样，我也从来不拒绝晚上下基层组织排练。

基层文艺活动活跃，节目繁多，除了唱歌、跳舞，还有完整的大剧，如《恩仇记》等。一次汇演要演好多天，还要评出优劣。当时演出场地很简陋，各个基层都在食堂或车间演出。总厂借用机关大食堂进行

1963 年 1 月 221 基地举办第二届文艺汇演，“诗歌大联唱”获一等奖后演员合影留念（前排左起：邢建华、□□□、诸巧华、方淑珍、张晶、郝梅英、陈树楣；中排左起：刘丹、周复芳、王庆、刘□□、侯秉喜、晁文义、□□□、□□□；后排左起：赵峰、魏涛、孟顺生、吕思保、王润民、王亚民、刘成贵、刘洪青、黄颜斌、刘福光、穆玉华）

汇演。每场文艺汇演，职工人山人海，拥挤不堪，利用了业余时间，活跃了职工生活。一年以后，工会成立了俱乐部，主任是徐龙云，副主任是唐岭辉。从沈阳军区文工团转业的张爽来到工会，仇华荣也调到工会，又连续来了两个人，加起来有四五个文艺干事。以后的文艺活动搞得更加活跃出色，改变了草原单调、枯燥的业余生活。此后，我便不再负责这项工作了。

特批绘画、摄影

刘云生：当时工会会画画的只有我和王海棠，日常工作就是为会议服务，布置会场，写标语，挂横幅。那时候大会小会很多，一说开会，会场布置就是我们的工作，两个画家做同一种工作感到很无聊，可我一干就是20年。我在221基地出名的原因是为影剧院画了一幅三米高的毛主席像，领导和群众都很满意。要知道，“文化大革命”前画毛主席像是个禁区。

工会还为劳动模范画像，举办了一次职工业余美术展览。基层单位也有画画高手，山水、花鸟、油画、水彩、工笔、写意，征稿下去，作品很快就能收上来。作品展出以后，李觉曾叫我去他办公室两趟，跟我谈职工美术问题，他提出要多搞几次职工美术展览。看起来，领导很关心科学技术人员及职工的业余文化生活。

总厂工会有一台德国双镜头禄来弗莱120相机，平时在唐岭辉手中，只拍开会场面，拍厂里劳模肖像。当时，私人相机不允许带到厂子里来。221基地的科学家，上下班基本都是封闭的，住宿、吃饭地点也是封闭的，我们平时见不到，当然更不允许拍照。“文革”期间，科学家待遇一落千丈。王淦昌被安排和我住在一个单元，我们各住一间，当时也不敢给他拍照。

1965年10月30日九院李觉、吴际霖等领导在221厂办公楼前与核试验基地春雷文工团演员合影（前排左起：□□□、王炎、朱光亚、郭永怀、吴际霖、□□□、李觉、王淦昌、□□□、□□□、陈能宽、□□□、王志刚）

1965年10月，国防科委派马兰基地春雷文工团来金银滩草原慰问演出，引起极大的轰动。为了照顾全厂职工，让大家都能看上节目，决定不在影剧院演出，而是在野外重新搭建舞台。演出时人山人海，挤不进去，我都没看上。工会唐岭辉拍了演出照片，给了我几张，后来照片全部上交了。

打球、溜冰

刘云生：工会办体育也很活跃。王玉芬是解放前的北大体育系毕业生，主抓体育，后来又从河北省篮球代表队调来郭玉新。举办大的体育活动时，我也是组织参与者。工会经常在周末举办篮球、排球、乒乓球、羽毛球比赛。九院还真有人才，大部分体育参与者都是全国名牌大学体育代表队队员，打篮球技术颇高，很有观赏性。有个清华大学来的学生，跳高一米九几，达到了当时国家水平。我曾经是山东省大学生运动会长跑冠军，在221厂参与举办过两次田径运动会，科技人员和广大职工都踊跃参与，运动会搞得有声有色。

为了充实职工业余娱乐活动，我又提出建滑冰场，领导批准了。任务交下来，可把我忙坏了。滑冰场建设资料找不到，就在总厂大操场旁边选块草地，划个大圆圈，请求建筑公司支援，派推土机推平压平，围个田埂。草原冬天气温零下30摄氏度左右，把自来水管装上，灌满水便成了滑冰场。再请修缮队在冰场旁边搭个帐篷，买了上百双冰鞋，职工用工作证抵押就可以免费租用冰鞋。好家伙，这成了一个热门项目！每天吃完晚饭和星期天，冰场里边全是人，会滑的不会滑的都来了。反正草原气温低，衣服穿得厚，也不怕摔跟头。你还别说，真有些滑得好的，每天总出现几对花样滑冰高手，让人羡慕不已。我也借机学学滑冰，但只能围着冰场转圈。从此，我在领导心目中变成了能干的工会干部。

游青海湖

刘云生：工会还办了个热门项目，组织职工到青海湖观光、散心。当时咱自个想，冬天有滑冰活动，夏天总要搞个集体活动项目吧，就想到了去青海湖观光。听说有人开车去过，但一卡车装不了几个人。咱们自己不是有火车吗？我就琢磨起铁路来了。要知道，大批人员出厂可是个大事儿，本来是不允许的，必须要221厂总头儿批准，还要报告西宁铁路局，动用自己的专列火车。[①] 职工听到这个消息很振奋。当时全厂职工人数近

① 青藏铁路建设前后历时半个世纪，1960年铁路修到海晏后并没有停下来，而是继续向西沿青海湖北岸又铺轨181公里，到哈尔盖后，1961年3月才被迫下马。所以从海晏向西的铁路线有轨无车，只要基地铁路编组站向海晏站打个招呼就可以发车了。

20 世纪 60 年代 221 工会组织开往青海湖的旅游专列

万人，一趟四五节车厢的专列，一次只能拉四五百人。后来决定每个礼拜天去一趟青海湖，总厂工会对每个单位下达人数指标，由各单位根据时间调整分配名单，每次出行都由我组织带队。哎呀！为了争指标各单位吵得脸红脖子粗。上车后宣布纪律：到了青海湖不许乱跑，按规定时间返回。西宁铁路段批准 221 厂用自己的专列，安排规定时段行驶，按时返回。可火车真到了青海湖，人就像放蜜蜂一样跑得无影无踪，几百人一下子不见了。青海湖到了夏天水也是冰凉的，25 摄氏度以下冷得彻骨，仍有不少人下水游泳。青海湖那会还没开发，没有游人，空旷得很，只看到水连着天，天连着水，祖国大好河山，到此心胸一旷。那个夏天，全厂职工争先恐后地报名，但还是有职工排不上号，去不成，可见科研人员对业余文化活动的迫切需求。

我们平时配合党的中心工作，配合科研任务，抓思想教育，抓模范典型，培养积极分子。我下基层指导办墙报、黑板报，组织举办劳动竞赛，好人好事、生产安全教育展览，尽量做到图文并茂。

到了 1964 年下半年，工会增加了有生力量，人数达到 80 多人。俱乐部管理人员占工会总人数的一半，图书馆管理也添了人，工会整体结构基

1965年9月，221厂工会全体同志欢送去902地区的同事，在职工俱乐部（影剧院）前合影（从前往后，一排左起：张□□、浦斌、李月元、粟周全、高庆梅、张□□、仇华荣；二排左起：王敏、李平、穆玉华、李建华、于刚德、王维英、李□□、齐淑娴；三排左起：冯兴平、李淑珍、岳长安、魏金凤、徐虹、蔡盛德、王汉民、俞显彬、焦玉珍、于生云、唐岭辉；四排左起：刘云生、罗恒、朱君发、徐龙云、周木清、王海棠、刘天福、朱宝根、郭文元、马□□、高清波、辛茂德、李朗伯、肖敏、黄瑞月、张爽；五排左起：曹学恭、石合令、陈锦雄、周忠心、肖伦生）

本健全。我仅仅讲了在青海两年的工作，与早期到221基地的人相比，早期到的人更艰苦，更不容易。尤其是三年困难时期，他们能坚持下来，已经很伟大了。

国家出版基金项目
NATIONAL PUBLICATION FOUNDATION

20世纪中国科学口述史

亲历者说『金银滩传奇』（下）

THE LEGEND ON GOLDEN AND SILVERY GRASSLAND

任益民 胡思得 王菁珩等◎口述
侯艺兵 曹治炜◎访问整理

湖南教育出版社

王以文 辛树权 吴安清

王善珩 [illegible] 闫有铭

唐孝成

刘振东

沈祖祥 [illegible]

刘文翰

[illegible] 周树棕 刘永民

柯枝技 赖祖武

赵泽民

于[illegible] [illegible]

胡思得

黄元骥 李根昌

孙维昌

[illegible] 王之庚 刘云生

张生文 [illegible] [illegible]

李诗清

张玲 王绍丰 王士俊

亲历者说"金银滩传奇"

Legend on the Golden and Silvery Grassland

CONTENTS 下册目录

第4章 **草原大会战** 262

综述 262

一声令下上"前方" 264

为大会战做准备 264

一声令下上草原 270

第二批队伍出发 283

严格保密，严罚泄密 290

"总工程师"吴际霖 292

攻坚克难大会战 299

实验部的工作 299

设计部的工作 325

第一生产部的工作 331

第二生产部的工作 338

核试验花絮 344

参加原子弹空投试验 344

参加导弹核武器飞行试验 350

押运原子弹，守护氢弹 359

第 5 章 军管与“二赵”运动 372
概述 372
山雨欲来风满楼 372
平反昭雪 381
“四清”运动 382
“洗澡下楼” 383
到青海农村搞“四清” 387
“四清”搞极左 391
宋应松日记被查 392
诗词成罪状 393
为了完成凑指标 394
我的三个罪名 397
“文革”中的 221 基地 398
221 厂“两派组织” 398
领导班子被夺权 402
科研生产没有停 403
九院改部队番号 404
草原“三大案件” 406
二分厂“爆炸案件” 407
七厂区丢失“资料” 410
电厂电缆爆炸 411
“三大案件”分析 412
“二赵”联络组进厂 413
拿着“尚方宝剑” 413
被判三年徒刑 414
乌云压城 415

全厂抓“特务” 415
开会时被抓走 418
关进厂监狱 419
“国民党西北派遣军” 421
整人的“专案组” 423
多种手段搞逼、供、信 423
攻人先攻心 430
钱晋之死 431
杀人以立威 434
枪下冤死鬼 435
“第四大案件” 438
押解到四川 440
草原上来的“走资派” 441
劳改三年 443
和胡风关在一起 444
多巴学习班 448
河南上蔡干校 455
京西宾馆会议 471
揭发控诉“二赵”罪行 471
“九一三”事件后平反 475
冤案终有结论 478
不计前嫌 478
大潮之下 480
治好偏头疼 481
再没见过胡风 482
一份判决书 483

第 6 章 永远的丰碑 490
核武器诞生地 490
出成果、出人才 493
完成多个第一 495
平反恢复建制 497
机构调整 498
“苏老总” 500
光荣退役 503
永远的丰碑 508

附录 519
受访人简介 520
221 基地大事记 532
221 基地（厂）历任主要领导名单 540
1964 年 7 月至 1967 年 8 月第一生产部
102 车间职工名单 547
第二生产部机关干部、工人名单
（1970 年 2 月统计） 551
上海地区历次调往 221 基地各类人员汇总 556
增补纪念墙未镌刻的部分名单 558
主要参考书目 563
人名索引 564

后记一 / 曹治炜 588
后记二 / 侯艺兵 591

221基地在草原大会战期间，全厂上下贯彻周总理提出的“严肃认真，周到细致，稳妥可靠，万无一失”的十六字方针，确保每个细节都不出问题。

大喇叭里传来倒计时的报读声，蓦然就见发射塔下燃起翻滚的火焰，导弹喷火升腾，转弯进入航道，向爆炸目标飞去，第一颗核导弹飞行试验成功了！欢呼的人们互相拥抱、互相伸出大拇指说道：“中国人有实力生产可以投掷的核武器了！”

第 4 章 草原大会战

综述

谢建源（时任 221 厂第一生产部 102 车间技术员）：“草原大会战”指当时 221 基地集中力量突破技术难关，研制生产出我国第一颗原子弹和氢弹。草原大会战时间为 1963 年 6 月至 1967 年 6 月，其间取得了辉煌的成果，同时造就了一大批核武器专业人才。

1964 年 3 月二机部将九局、九所、221 基地合并成立第九研究设计院（简称九院）。李觉任九院第一任院长，随之撤销了第九研究所 6 个研究室的建制，采用四大部建制，理论部暂留北京，实验部、设计部、生产部进入青海 221 基地大会战。生产部共三个部门：第一生产部生产和组装核构件；第二生产部生产组装炸药件和产品；第三生产部为电厂、交运处、水厂等提供后勤保障。1963 年 3 月，九所大部队上到青海高原，开展草原大会战，在 221 基地六厂区的爆轰场地进行了多次缩小比例的爆轰试验，使原子弹理论设计得到综合验证。1964年6月6日在221基地进行了全尺寸、大型爆轰出中子试验，对原子弹理论设计方案进行综合性考核，这次试验实现了预期的设想和目的，取得圆满成功，为原子弹爆炸成功奠定了坚实的基础。1964年8月底，二机部504厂运来了核材料元件，在221基地完成“596”核装置的总装后，拆开产品运往新疆试验场地。1964年10月16日，我国成功爆炸了第一颗原子弹；1965年5月14日，进行第一颗核航弹空投试验，获得圆满成功。从此，中国真正有了可用于实战的原子弹。1966年5月9日，我国进行了第三次包含热核材料的核试验，为进一步研制氢弹进行预研；1966年10月27日，进行第四次核试验，用我国自行研制的中近程弹道导弹（东风二号）在我国本土上空进行了一次空中核爆炸试验，取得圆满成功，标志着中国有可用于实战的核导弹；1966年12月28日，进行了第五次核试验，这是减当量的氢弹原理试验，验证氢弹理论设计方案的正确性和结构设计的合理性。试验的成功表明我国已掌握了氢弹原理，研制氢弹的关键技术已经突破。1967年6月17日，我国又进行了第六次核试验，是我国第一颗氢弹的空爆试验，实测氢弹爆炸威力为330万吨TNT当量。试验的成功标志着我国核武器技术发展的又一个飞跃，为热核弹头的研制和装备部队奠定了基础。

为了研制原子弹，二机部从全国抽调了科学家及高、中级科学研究人员和工程技术人员、高级技术工人以及由全国各大专院校分配的毕业生和归国留学生，总数达数千人。他们汇集到221基地，参加我国的原子弹、氢弹研制的大会战。这些人不论是科学家还是刚分配来的大学毕业生，都边干边学，从“门外汉到行家里手”，在221基地大会战期间，培育了热爱祖国、无私奉献、自力更生、艰苦奋斗、大力协同、勇于登攀的“两弹精神”，让“精神原子弹”变为物质的原子弹。同时，221基地还为我国培养了一大批技术骨干，奠定了我国核武器事业发展的牢固基础。这批科研人才在 1970 年前后调往三线 902 基地，继续为我国核武器事业的发展做出新的贡献。

一声令下上"前方"

为大会战做准备

张珍： 1963 年九所搬迁到青海 221 基地，是一次科研生产大转移。为什么这么说呢？因为开始在北京九所抓紧时间做了理论研究（一室）、探索内爆原理的爆轰试验研究（二室）、中子研究（三室）、核材料研究及加工方法研究（四室）、起爆控制系统研究（五室）、产品金属非金属材料加工及装配技术研究（六室）后，有了技术基础储备，等到研究工作达到一定水平以后，受十七号工地场地太小的限制，六个方面的各种工作，这时候就必须到 221 基地去了。

要进一步开展工作，必须有大的爆轰试验场地。在这种情况下，整个九所的科研工作必须转移上去。为了了解 221 基地的建设情况，从 1960 年到 1962 年，九局领导像李觉、吴际霖他们经常上去。当时 221 基地的基建是按照苏联提供的初步设计图纸来实施，同时基建准备和生产准备工作都在加紧进行，开始有很少一部分人搞生产准备。为了大部队早日上去，这时候必须根据九所这边的工作进展，来调整 221 基地的基建和生产准备任务。

其实在 1962 年底的基建大调整会议之前，北京九所已经派了一些干部上去搞生产准备，各个室都派了一些人，主要的头头去，事先摸摸那里的情况。当时二室派孙维昌、苏耀光、王义和几个人上去，先摸摸基建项目。王义和主要抓草原六厂区的基建。孙维昌抓炸药工号的基建。这样就好安排施工，加快进度，保证后面的人上去就能工作。这些人去了以后都参加了大调整会议，他们情况清楚，需要什么就提什么，打响了生产准备的前哨战。

1962 年春节期间，我在九所车间门口见到苏耀光，他说他要到前方去。那会儿都不说到青海去，就说到前方去。结果春节过后，苏耀光、王义和、姜靖、李嘉尧，这些人就走了。1962 年底我去 221 基地开会时碰到苏耀光和姜靖。姜靖原来是设计部派去打前站的，后来到了生产准备处。我去了首先看到李嘉尧。我说，你们怎么跑这么快？李嘉尧是我们处的头头，我们都不知道他先走了。

姜靖、白东齐等人上去以后，都在 221 生产准备处。像裴兆麟专门搞生产的也提前去了。后来机构调整，基建、生产都要加强，生产准备处搞基建这一部分人统归基建指挥部，有些人跟着过去了。1962 年底，九局在 221 基地召开基建调整会议，由吴际霖主持。九所一大批领导、专家，包括王淦昌、陈能宽、朱光亚都参加了会议，大概有十二三个人坐同一架飞机去青海，我作为所学术秘书也参加了。李英杰刚从三机部调到九局，他同我们也乘一架飞机。这次乘飞机到青海开会回来挨了国防科委的批评，说万一飞机出事，九所核心领导层都报销了！我跟专家领导上草原的时候，王炎以经理的身份到火车站接我们并安排住宿，然后领着我们去参观，下面的人都称他王副经理，我是在这时候认识他的。王炎后来到四川任九院副院长。

原来 221 基建和生产两个摊子连在一起。这次开会的主要议题就是调整基建机构，把基建和科研生产分开，根据科研生产的需要重新安排基建任务，并且单独组织科研生产班子。这样 221 基地要分成两套班子，都归九局管。这次会议，决定由李英杰负责基建工作。他是 221 基建副总指挥，下面还有设计院、建筑公司等单位。另外单独成立一个科研生产指挥部，负责九院的科研生产。这样基建和生产分开了，分成两摊子。李英杰带着一大批基建队伍专门搞基建，吴际霖和李信负责科研生产指挥，他们后来都是 221 分院的主要领导。

221 基地的基建最开始是李信、徐步宽牵头，还有徐庆宝等人。我们上去调查的目的是调整 221 基地的建设，包括生产车间的项目，因为当时最要紧的是尽快具备爆轰试验的条件。因此我们上去之前，先把整个 221 设计图纸都看了一遍，了解各个方面的进展，看哪些基建已完成哪些基建没有完成。到了 221 基地一看，实际上项目都开工了，但都没有建成，不能投入使用。所以我们去了就调整基建项目。首先抓一厂区的建设调整，一厂区最大的建筑是 105 大楼，最重要的车间是 102 车间。101、103 车间与 106、107、109 工号也在这个大院内。实验部上来的这些人开始就在 105 大楼里办公、工作，那时候 105 大楼刚建了一层，第二层还没完成，我们就调整这些建筑项目进度，该加快的加快。后来又把重点放在二分厂的基建上，调整炸药加工和炸药生产车间的建设进度，因为炸药加工是爆轰试验的重要保证。

1963 年一厂区 105 大楼建成，成为设计部及第一生产部机关办公楼

二分厂当时在建几个车间，其中201、202、203几个车间完工了。215是总装车间，它的框架有了，但没有建成。重点建设的202、203两个车间，一个是炸药浇注车间，一个是炸药加工车间。另一个208车间是理化分析，为炸药车间配套而建，因为炸药加工完了要进行理化分析，突出抓的工作就是这些车间的建设。

215车间建成以后，按照苏方设计方案，装配完的产品要装上火车运到产品出厂站台，实际上暂时不需要，就把这个调整掉了。另外，六厂区也很重要，有610、614、608工号。607工号里有装配车间，再在六厂区实验场地进行火工品装配。

第一是调整基本建设项目，根据二机部的要求，九局的科研生产要加速，要在1964年爆炸第一颗原子弹，完成221基地的基建任务就是很紧迫的问题。第二就是组织北京的科研队伍上去以后，那里的生产条件要准备好。跟实验部工作直接相关的主要有二厂区、六厂区和七厂区，加上一厂区的101、102、103几个大的车间和105大楼，基本上能满足第一颗原子弹科研、生产、实验的需要。七厂区建得比较晚，实验部的人上去以后，七厂区才基本建完。

我们在草原大概待了一个礼拜，因为这是很大的一个调整。科研大会战之前，基建要先会战。二机部基建局（四局）去了一个姓文的局长。因为基建队伍多，103、104建筑公司，二公司都归部里基建局管，一调整就涉及很多单位。机构分开还有好多人的安置问题，比如基建公司的经理、书记归哪边管。首先领导班子得确定下来。除了基建队伍外，生产人员也有很大的调整。其他调整就是科研生产辅助单位，像电厂，还有交通运输，生活配套的宿舍、食堂等。调整的方向就是先满足科研生产第一步需要，主要是调整领导机构。这次会议开完以后，参会人员都是分开零散

实验部七厂区一角

走的，1962 年底我回到北京。

实际上我到青海开会的时候已经听到一些风声，叫我去 221 基地。心里早有个底，反正是工作需要。九所学术秘书室就我一个人上草原，当时家里还不知道。我们 1963 年 3 月 26 号从北京出发，九所二室书记吴益三带队，同车的还有一室胡思得、朱建士等十几个人，他们叫理论联系实际小组。二室搞炸药和爆轰试验的人大部分都上去了，只有个别人留下。我们在青海西宁一下火车，李觉、吴际霖亲自到车站接我们。到了 221 基地以后，很快调整机构，宣布成立实验部。实验部主任是陈能宽，副主任有方正知、钱晋、苏耀光、王义和等人，党委书记是吴益三。苏耀光在实验部待的时间最长，九所二室一成立他就来了，上草原以后当实验部副主任，他管基本建设、技术安全、生产加工。

开始实验部领导里头包括搞炸药生产的这部分人，后来分开了。不久，第二生产部成立，主任钱晋，副主任吴永文、孙维昌、蔡抱真，党委书记张鸿江。当时 215 车间在第二生产部里，因为 215 总装车间归设计部管，整个航弹的外壳，包括七机部的导弹装配、试装都集中在 215 车间。他们二厂区建设得比较完整，有办公楼、宿舍、食堂，有好几个工号车间。

1964 年，九所五室、六室的人由龙文光带队，也上了 221 基地，包括俞大光他们都到了草原。龙文光任设计部主任，牛广增任党委书记。221 基地刚成立设计部后生产准备处就撤了，先去的姜靖、黄国光就回到设计部担任副主任。

1964 年以后，221 基地科研生产机构逐步健全。实验部、设计部、一生部、二生部、三生部的职能明晰，任务明确。三生部的头头是胡深伐，书记霍慎斋，下面有电厂、水厂、汽车队、火车站。那时候还借来两台列车发电站，他们属于技术保障部门。

我从实验部出来，又回到实验部，最后跟实验部一起上的草原。1963 年实验部成立学术秘书组，我是组长，乐嘉禾是副组长，组员包括余心柏、曾纪荣、王润民等人。学术秘书组的任务是搞科研生产的组织管理，赶紧把科研生产组织好。我在学术秘书组仅待了半年，又调到总厂机关科研生产处任计划科科长。

221 总厂机关下面有七个处。一处是科研生产处，处长李嘉尧，下面有几个科，如生产科、计划科、情报资料科。还有技术处、技安处、器材处、行政处等多个职能机构。其他处的领导我记不起来了。王志刚副院长来得稍晚，当时调他来管基地生活。

1964 年 3 月九局、九所、221 基地合并成立了九院，为备战同期又成立了 221 研究设计分院。院长为李信，党委书记为刁筠寿（兼）。副院长陈能宽管科研；李英杰管基建；开始马祥管器材供应，马祥走了以后是徐庆宝；乔献捷管保卫；王志刚、王炎管行政后勤。“596”响后到 1965 年，这套班子就向四川转移，筹建新基地了。王志刚是从部队来的，挺好的一个老头，“文化大革命”时被迫害致死。

基地政治部主任是刘志宽，还有一个副院长叫聂怀德，没多久聂怀德就调走了，那时候人员、机构变化很大、很快。221 设计分院宣布成立不到一年时间，以后就开始搞“四清”运动了。

一声令下上草原

搬迁及调整机构

任益民（时任北京九所二室科研组组长）：在中共中央独立自主、自力更生的方针指引下，中央专委会和二机部对核武器研制需要的人力、设备、方案的组织工作等进行了充分的准备，开始了原子弹、氢弹的研制和试验工作。二机部刘杰、钱三强、李觉、吴际霖他们决定，先在北京九所搞预研准备工作，为将来上 221 基地会战打好基础。先说说北京早期科研工作，当时理论设计和研制试验是分开进行的。九所在十七号工地进行了一年多的打炮试验，首先物理模型定下来了，开始是两个方案：内爆法和枪法。两个选哪一个？枪法结构简单，比内爆法容易得多，但效率不高。当时苏联人留下一个教学模型报告提纲，他们讲到内爆式结构。九所一室对其物理结构、理论模型进行攻关，发现其中一个数据，怎么算都不对头。最后，周光召解决了这个问题。总的来说，一室理论设计最后定下来做内爆式原子弹。对我们搞爆轰的人来讲，首先，内爆法有个前提，就是空腔结构是干什么用的，做了些实验证明可以增压。其次，外层结构中用的材料是为了整形，使它更接近球形内爆。再次是要实现同步起爆。怎么起爆？做试验后才知道要用多个雷管。最后，要用空腔增压，那中间球和外层之间必然有一个连接的结构，我们叫支柱。它会起什么作用？怎么样才能减少它对内爆波形的影响？实验证明，对内爆法而言，爆轰波作用下类似于子弹穿透它，而不是使它倒下去或压扁、飞散出去。类似的这些问题，已经用简化模拟的爆轰方法做了试验，而且得出了有关物理图像的结论。十七号工地还做了多路起爆方案，九所五室疏松桂、惠钟锡他们也很快有了进展。要做多个元件起爆的试验，炸药威力大，再不能在北京附近的十七号工地搞，必须到青海 221 基地去。还有一个重点攻关项目，即内爆、中心点火需要 401 所尽快做出氘化锂中子源，这是中心产生中子的材料。401 所王方定他们已经有了结果，进展可喜。二室吴永文带人在西安同五机部有关单位协作搞同步起爆的雷管，也有进展。到了 1963 年，长城脚下十七号工地已经不能为进一步的爆轰试验创造所需的条件，所以要到青海 221 基地去。另外，从各方面条件看，原子弹理论设计已经完成，具备会战条件了。这时候集中大队伍，开始奔赴草原准备大会战。

青海 221 基地从 1958 年开始选址、工号设计、基建等，原来都是按照苏联专家设计的图纸来进行建设。后来我们独立自主、自力更生地开展原子弹研制工作，就必须重新理出一个程序来。当时 221 基地的建设进度很快，尽管方方面面都很努力，但能不能适应原子弹设计试验要求呢？1962 年夏天，九所组织了一批人，由吴益三、谷才伟带队，我作为其中

20 世纪 60 年代长城脚下的十七号工地

的成员之一，一起到青海 221 基地去了解、调研，首先是看具不具备搞大会战的条件。我们去了之后，先看六厂区的碉堡、工号建设得怎么样；然后去一分厂和二分厂，看机械加工、炸药加工的能力；再去三分厂看技术保障方面的准备情况。调研历时半个来月，我们回到北京后向所里汇报，结论是已经基本具备工作条件。于是北京九所决定过了春节后就开始动员，组织人员到青海，开始草原大会战。

1962 年底，二室还派了一个准备小组去 221 基地，有副主任苏耀光、孙维昌、王义和等人。其中值得提一位女同志，叫茅铁华，她在十七号工地是打炮“司令”。还有孟顺生也跟孙维昌他们一起去草原做准备工作。那里天寒地冻，只可以勉强开展工作，黄楼虽然可以住人，但生活条件太差，只有一座红楼用于办公。厂区设施也不完备，但毕竟需要有人打前站做准备。

九所二室为了让大家顺利过渡到青海 221 基地，临时成立了张罗搬家事务的办公室，叫我牵头。首先组织大家分批到青海去，我去铁道部申请了三次专列。整个二室和其他室少数人员，如理论部胡思得等十余人，设计部黄国光、倪永福等十余人，都是坐专列到的西宁。他们到了 221 基地后暂时编入实验部。我们到了西宁市，住在青海省交际处宾馆。因为要上高原，组织上安排大家休息三天，适应一下高原气候，然后坐汽车上金银滩草原。1963 年搬迁的时候，有个别人怕艰苦，找理由不愿去青海，有人找不出理由还被开除了。

北京九所二室原有二百来号人，五室一百多人。1963 年 4 月初，九所二室全部、五室一小部分搬迁到青海 221 基地以后，九所宣布成立实验部，陈能宽任实验部主任，副主任有方正知、姜靖、钱晋、苏耀光等。陈能宽主要抓科研，负责实验部总体工作和总厂关于爆轰试验的规划，部里的组织管理工作由几个副主任分管。

1963 年北京九所大批科研人员陆续奔赴 221 基地

起初，221 基地实验部编制很大，包括后来的二分厂主任钱晋、吴永文、孙维昌，设计部副主任姜靖、黄国光都在实验部工作，草原大会战刚开始时，姜靖带着九所五室一个先遣组（组长黄国光，副组长黎云浦），都归实验部管。这个阶段运转的时间不长，大约有一年左右。

实验部下面分成几个室（机构扩张，编号虽同，和九所的室不是一回事），陈能宽兼二室主任，理论部以胡思得为首的十几个人，开始编入实验部二室五组，即理论组。钱晋负责一室，胡仁宇、赖祖武负责三室，黄世明负责四室，林传骝负责九室，黄国光负责十室，其他室记不清了。不久，成立二生部，有关炸药研制的许多人，钱晋、吴永文、孙维昌等都划过去了。到了 1964 年初，九所五室全部搬迁到青海基地，成立设计部，有关起爆、控制、总体结构的姜靖、黄国光等划归到设计部。105 大楼和四分厂都划归设计部管。九院副院长郭永怀主管设计部，郭永怀是山东人，人很实在，学问很深，可惜后来因飞机失事不幸牺牲了。

在大会战的第一阶段，目标是实现核试验的两年规划，1962 年成立中央专委，直接指挥，力争 1964 年爆响原子弹。实验部理论组主要由理论部派来的胡思得、朱建士等十几人组成，他们是连接北京九所理论部和青海 221 基地实验部的桥梁。章冠人任组长，胡思得任副组长（后来成为二十四室）。他们多次参加实验部的爆轰分解试验，这些人到 70 年代初才回到北京理论部。姜靖他们参加爆轰试验同步起爆装置的设计，很多试验也要一起参加，这就是草原大会战中攻克原子弹的实践和理论、实验和设计相结合的典范。

1963 年 221 基地一生部、三生部就有了。1964 年初，成立第二生产部（二生部）。一生部搞部件加工，二生部搞炸药加工，三生部先投产搞后勤、维修、加工。爆轰聚焦组件是 511、512、513 车间联合攻关，奋战半年多，克服铸造、加工、检测许多难题，在宋光洲领导下，由邓宝湖、严文灿、段长文、高元对、郑哲等齐心合力才搞成功的。

1964 年 3 月，为了适应新的科研生产任务，专管内爆的实验部的编制又做了较大的细分和调整；成立了政治处，由何德、侯好玉负责，主管政工、人事。根据实验部调整新方案和核试验发展的要求，最后报请总厂领导批准。科研方面，实验部老二室分成四个室，老三室也分成三个室，老九室再分成三个室，管技安、管放射性安全的刁会昌他们也成立一个室。这样实验部一共有 11 个科研室，按专业分工更细。实验部又成立了四个办公室，我担任第一办公室主任，管科研生产计划和实施；实验部副主任刘宗山兼第三办公室主任，管外协、设备、器材、基建、设计、加工、仓库、机械、动力等工作，面宽事多，具体负责的是副主任魏志平、龙属川，以保证科研生产急需；刘长禄是第二办公室主任，负责技安、档案资料；实验部副主任王义和兼第四办主任，管后勤、生活。后来“文化大革命”开始，有人批判实验部组织机构叫“四个拼盘一盆汤”，搞“修正主义”那一套，指的就是实验部下面四个办公室和一个政治处。

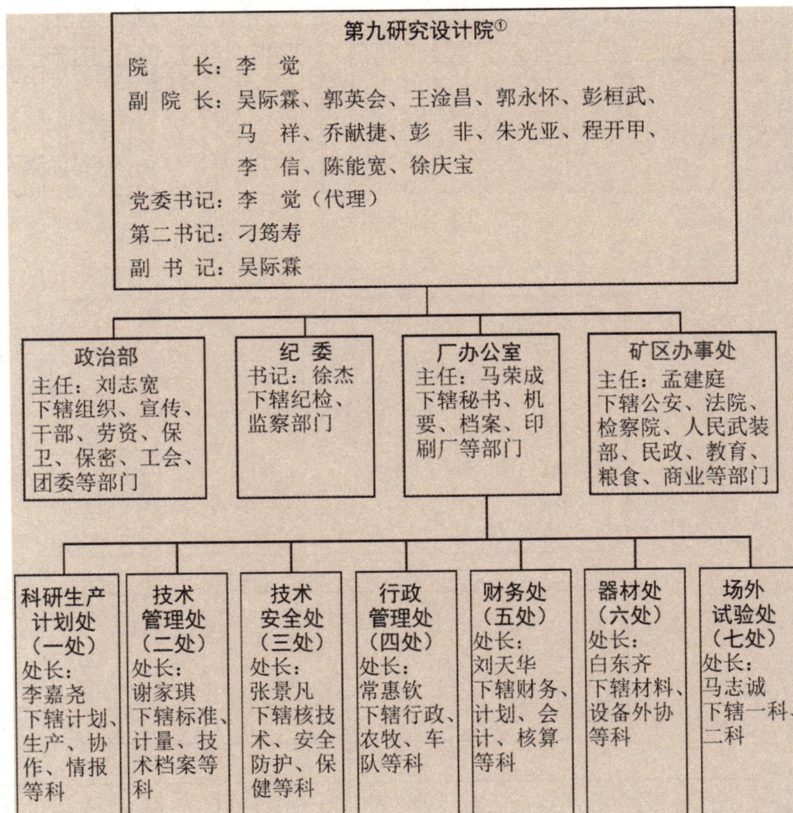

1964—1965 年 221 总厂机关组织机构框架图②

---

① 1964 年 3 月，九局、北京九所、221 基地合并成立第九研究设计院（简称九院）。陈能宽时任 221 研究设计分院副院长。参见附录三。

② 此表及其后三表均仅为 1964—1965 年某个时间段基地科研生产机构和领导任职情况，此后两者变化很大。因无档案可查，仅凭回忆整理，难免有误，敬请谅解。

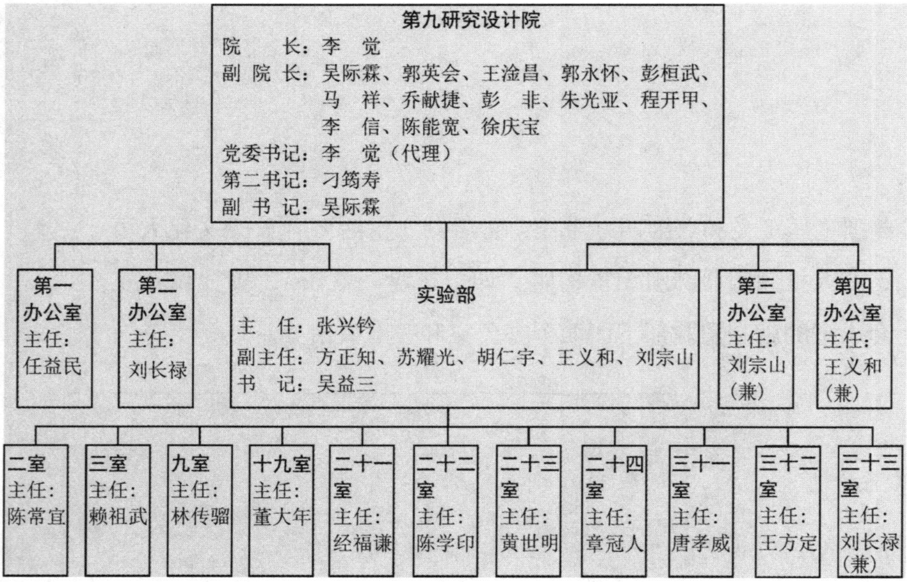

1964—1965 年第九研究设计院实验部科研组织机构框架图

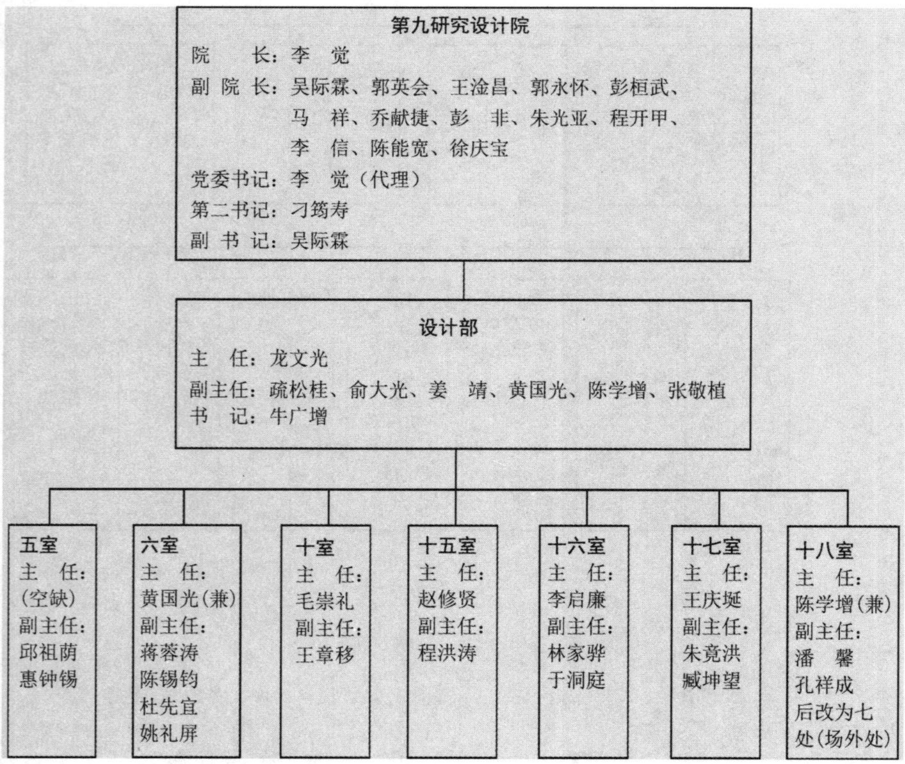

1964—1965 年第九研究设计院设计部科研组织机构框架图

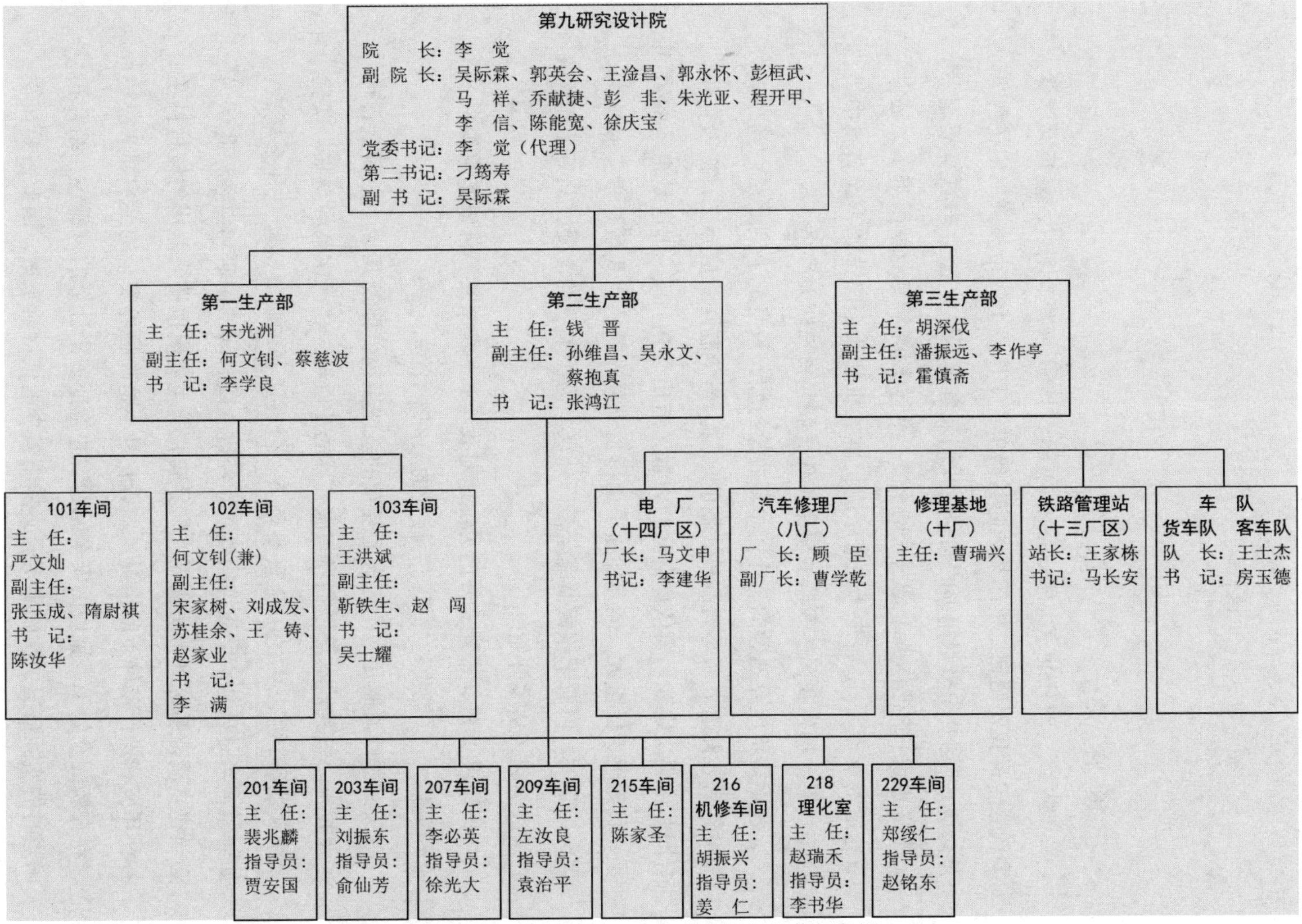

1964—1965年第九研究设计院三个生产部组织机构框架图

“105将”之一

赖祖武（时任北京九所三室副主任）：1960年春节刚过，复旦大学党委领导告诉我要调到二机部某国防科研单位工作。上海市委副书记杨西光对我说：“这是中央组织部的调令，我们上海留不住你啦！”学校党委副书记王零也说：“把你调走是国家的需要，但学校的新专业就困难了，还没有合适的负责人。”后来才知道中央批准二机部从全国选调105名高中级科技骨干，加强我国核武器的研制工作，我是被选调人员之一。

我不得不放弃熟悉的工作，草草收拾行装，只身北上到北京。到二机部报到后才知道九所是研制核武器的单位。当年苏联背信弃义，撕毁合作合同，中央决定我们要依靠自己的力量，造出“争气弹”。这是祖国的需要，我深感责任重大，能参加这项工作是十分光荣的。我虽是学实验核物理电子学的，但对于核武器完全是门外汉。为了事业的需要，只好下定决心从头学起，从零开始。

1960年2月，朱光亚开门见山地对我说：“调你来，希望能组织一下临界实验。”这是我到二机部后接受的第一个任务。

核武器的研制是一个庞大而复杂的系统工程，涉及几十个学科上百种专业技术。核武器本身是临界与次临界的矛盾统一体，次临界与临界实验是核武器研制中必需的一个重要环节。但核武器的临界实验是什么概念、如何做，当时只是一个笼统的概念。经过一段时间的调研和熟悉，我认为必须建立模拟系统进行次临界、临界实验，主要模拟核武器用的核材料在各种环境和操作条件下的情况，看看它是不是次临界安全的，主要解决核材料在装配及处于装置中的安全问题，并验证理论计算的可靠性。结合我国当时的实际情况，次临界实验只能用最少的核材料来做，因此需要在物理方案上下功夫，走我们自己的路。北京九所于1960年7至8月份开始组织队伍，整个工作大致分为前期准备和现场实验两个阶段。1960 年至 1964 年初为准备阶段，主要任务是抽调人员，训练队伍，调研与确定物理方案，研究与设计加工实验装置和专用设备，准备实验需要的其他物品，并要在青海 221 基地建造次临界、临界实验专用的 701 实验大厅。当 701 工号交付后，队伍的工作重心立即转入现场实验阶段。

中央对核武器的研制工作十分重视，为了加强对第一颗原子弹试验核装置研制的工作指导，九所设立了四个技术委员会，其中一个是点火中子委员会，主任为彭桓武，副主任为朱光亚，我是委员会委员。一些重大的方案都提交技术委员会讨论，得到认可后分头执行。到了 1962 年底，各方面工作已经有了头绪。1963 年春节前夕，领导安排我和王淦昌先生一起到广东从化疗养。这时刘杰部长也在那里，他很关心次临界实验。我向他如实做了汇报，他很高兴。很巧，朱（德）老总、陈（毅）老总及陶铸也在从化，他们分别宴请了我们，关心地询问中国的原子弹何时能研制出来，并说了许多鼓励的话。于是，我们没疗养多久时间就匆匆赶回北京。

大约在 1963 年的秋天，刘杰部长又专门约我到他办公室详细了解次临界实验的必要性、具体的做法，以及有没有把握。我干脆地回答：“绝对没有问题。”刘部长很高兴，说要向聂帅汇报。后来，李觉局长问过什么时候能完成。我说实验厂房盖好后三个月就可以开始做实验。

401 所练兵

赖祖武：当时朱光亚副所长兼任三室主任，因为他担任所领导，比较繁忙，室里工作主要由胡仁宇和我两位副主任负责。在随后的四年多时间里，三室就核武器研制三大任务之一的产品装配过程中的次临界安全检验问题，进行了开创性的研究和准备工作。次临界和临界实验没有参考资料，完全靠自己摸索。当务之急是通过调研制定方案，设计加工包括机械、电器控制、电子测量仪器在内的一整套的物理测量系统（611 装置）。待设备进来后，我们还要带领物理设计、机械、电子、电器及设备人员对 611 装置进行联合调试，为后来搬迁到青海 221 七厂区 701 大厅，对第一颗原子弹产品的次临界安全检测实验工作创造了条件，并为后续的研究工作奠定了基础。

从 1961 年到 1964 年，三室带着任务到房山原子能研究所（401 所），利用那里的技术、设备等有利条件，研制临界安全实验用的电子仪器，包括计数器、放大器、混合器、计数仪、各种电源、报警器等设备。为了确保时间和可靠性，全部电子仪器选用电子管。虽然国内已经做出了晶体管，但稳定性、可靠性都没经过时间考验，我认为不能盲目追求新技术。为了确保万无一失，整个系统有充分的备份，每个单独设备也有备份，一

20 世纪 60 年代北京房山的 401 所(原子能所)

般是二加一。比如从上百个计数管中仔细测量挑选出30多个，不但确保实验顺利进行，而且使用了近20年，这套临界安全装置成为我们的看家宝贝。为了完成任务，我想了很多办法来加快模拟实验的准备。在这个过程中，首先要做个“铀控装置”。电子仪器设备研制由401所承担。传导装置当时提出两个方案，一是用液压传动，二是机械螺杆传动，分别由王章移、龙属川承担设计工作。这两个方案在设计上都达到了要求。虽然液压传动在当时比较先进，但考虑到液压技术不过关，我们决定采用机械螺杆传动方法。但仍有很多问题需要解决，比如，如何解决铆劲的问题？紧了不能动，松了也不行，只能慢进快退，前进时一步步增加。为了加快进度，我们联系外单位协助加工“铀控装置”，经过一段时间的努力，设备终于在沈阳加工出来。青海221基地那边也准备就绪，所有工作接近完成。1963年底，临界装置上所需要的全部电子仪器已研制成功，整套电子仪器联合调试也已完成，可以到青海221基地真刀真枪地做试验了。

研制中子源

赖祖武：九所三室是中子物理及放射化学研究室，除了搞临界和次临界安全试验外，还安排了多种点火中子源的研究。点火中子源是核武器的关键部件之一。吴际霖提出要设立四个学术委员会来攻关，以彭桓武为首的点火中子委员会是重中之重，成员有朱光亚、何泽慧、胡仁宇、赖祖武、黄祖洽等人。开始所采取的技术路线各不相同。比如：（1）被动式中子源（苏联的），该中子源的研制任务由三室六组承担，组长是王方定，主要利用401原子能所的条件开展工作。作为该中子源质量的静态检验手段，采用了两种方法，一是胡仁宇提出的检测方法；二是我提出的测半球吸收均匀性的方法，具体工作是由高国桐、周裕清两人做的。这些检验方法为顺利交付中子源起了保障作用，并在之后作为生产和交付使用时例行

1963 年王方定小组在 401 所简陋工棚里经过 978 次试验，研制成功引爆原子弹的点火中子源

检验中子源质量的重要手段。（2）调制式中子源（美国的），与第一种中子源比较，这种中子源技术要复杂得多，关键技术是如何实现调制，为此首先要提出一种切实可行的技术方案。这项工作由我负责，傅依备也做了不少工作，还有理论部一室三组储连元及三室吴当时等同志参加。经过对有关资料的调研、理论计算及反复比较讨论，方案基本确定下来。60 年代初，221 基地还不能做爆轰试验，因此派吴当时去长城脚下的十七号工地负责打炮实验。到了 1963 年四季度，研制工作取得初步成果。（3）还有一种加速器中子源（美、苏后来用的），陈俊美带王高典、罗四维一帮人在北京中关村搞。

不同的任务，需要不同的中子源，我鼓励和支持相关科技人员研制新一代核武器需要的各种新型中子源。除技术指导外，依靠大家团结一心，奋力拼搏，满足了不同任务的需要。

第二批队伍出发

李觉动员报告

谢建源：1963年从清华大学毕业后，我和同班同学权忠舆一起分到北京九所四室一组。1964年初，九所在铁道干校礼堂又召开了动员大会，李觉院长慷慨激昂地动员，号召大家到“前方”去，到草原会战去！大家纷纷以写大字报、决心书等不同方式表达决心，响应上级号召，到艰苦的地方去，完成光荣的历史使命！群情激奋，春节过后大家就陆续往草原转移。此时杜挺工程师要到404厂验收并接收产品，临行前嘱咐我们，他已和室领导谈妥了，我们不上草原，在北京等着，手续办妥就直接到404厂实习。他刚走，组长宋家树就通知我们三天后参加四室第一批先遣队到草原会战去。我们虽然觉得有些突然，但是参加会战强烈的愿望能得到满足，心中还是十分欣喜！

我们北京的户口随即迁往青海矿区，当时想都没有想过将来户口的问题，收拾行李马上准备出发。先遣队有20多人，任务是为“大队人马”到草原打前站，做些前期的准备工作，其中十来人押运器材设备，随货车前往，另外十来人乘客车到西宁。那时火车从北京到西宁隔日运行，要走40多小时。1964年3月初抵达西宁，那天正遇上刮大风，“飞沙走石”。火车晚上到站，从厂里来接我们的沈绍严浑身沙尘，满脸灰土，我们都不认得他了。随后，我们乘坐一辆吉普车前往杨家庄，一路颠簸好似筛煤球，从帆布篷缝隙往外瞧，一片漆黑，什么也看不见，只听见风在呼啸，心里嘀咕这是到了什么“鬼”地方。恶劣的天气给我们来了个“下马威”。

第二天起来却是晴朗的天气，中午食堂还有羊排供应，心里嘀咕西北不像想象的那么苦。在西宁等了两三天后， 才来接我们上草原。到了基

20世纪60年代的西宁火车站

地，只见蓝天白云一片大草原，一棵树也没有。后来我们也曾几次植树绿化，可种下的树苗（实为小树）不出三年都成了烧火棍，只有种植在暖气管道覆土上的才能活，现在在221厂旧址见到的就是这些树。刚上草原只是觉得“气”有些不够用，上楼时心“嘭嘭”地跳。记得刚来的第二天住在招待所，有几个先到的复转军人要和我们比赛篮球，往往是由于差一口“气”而抢不到球。草原海拔约为3200米，空气稀薄，内地的气压为760 mmHg，而这儿仅为520 mmHg，等于抽了三分之一的“真空”，含氧量仅为内地的70%左右。最令人烦恼的是，因为气压低，水的沸点仅为89 ℃左右，煮出的米饭、面条夹生，蒸出的馒头发黏，而且是越嚼越黏，难以下咽，甚至想吐。幸好基地有自己的大火力发电厂，电力较为充裕，每个办公室都可用电炉，我们就靠烤馒头作为主食了。此后似乎落下“病根”，见到再好的馒头都没食欲。

到草原后待遇提高了不少，每人发了四大件：棉帽、棉大衣、大头鞋和毛毡。帽子和大头鞋折成人民币发，棉大衣是蓝色的“棉猴”，这几乎成了"厂服"。

到221基地以后工资待遇大幅提高，基本工资在北京是56元，那儿是70多元，还有31%的生活补贴差，18元的事业费等，大学毕业未转正的每月发90多元，转正后是每个月120.75元，加上我每月31元保健费，我每月收入有152.75元。每个月发的几乎都是连号的人民币新钞票。钱很多但没有心思花，即使想花，在草原上也花不出去，几乎每人手上都攒有人民币新钞票。

只身去青海

赖祖武：1964年3月的一天，李觉局长在北京花园路九所做了向"前方"搬迁的报告，随后三室人员、设备全部搬迁到青海221基地。我为了等次临界实验用的装置最后完工，成了三室最后一个上青海221基地的人。说起第一次去221基地，还闹一个笑话。我从西宁坐火车到海晏，再换专线火车进去。221厂领导很重视，派了专车来接。我到海晏专线火车站，看到一辆车停在那里，上前问是不是去221厂。司机说不是。这时专线火车开走了，稍后这位司机也开车走了。这火车站就是茫茫戈壁中的几间简易平房，房前靠近铁轨的地方立着一块水泥牌，写着"海晏"，周围很荒凉。眼见夜色将至，寒风刺骨，晚上怎么办？四下环顾，见到当地

20世纪60年代的海晏县火车站

一个陌生小伙，只好去请他帮忙借住一宿，小伙子答应了，并拿没洗的羊肉切了炒饭给我吃。第二天，我又打电话到厂里问，厂里再派车来接。我刚挂完电话，看见一辆大卡车要进 221 厂，心里着急就先搭上卡车，大约走了一半路时看到厂里来接我的车了，一看正是我昨天问的那位司机和车。司机惊讶地说："专家这么年轻啊？领导叫我来接一位专家，我觉得应该岁数很大才是！真对不住啊，不然昨天就接到你了。"我随车到了目的地。

来到草原以后，机构进行了调整，实验部老三室被分成三室、三十一室、三十二室，我担任三室主任，吴当时任副主任。

最后上草原

刘敏（时任北京九所六室技术员）：1965 年 12 月 27 日傍晚，我们在北京站登上西去的火车，记得与我同行的有姚礼屏，他是从苏联回国的副博士，还有我们六室王正明、陈福民、金建明与五室的苏文科等人。车站月台上，父母亲送我，在他们的旁边是我的妻子，她挽着我母亲的手，看着火车徐徐开出北京站。

1965 年 1 月 2 日，我们到了设在青海省西宁市胜利路 196 号里的接待站，经那里的人事和保卫部门的审查与联系，其他同事都较快地获准到 221 基地去了，我与陈福民等人则等待分配。反正要等几天才有消息，我们几个人就利用这点空闲时间，看看西宁到底是什么样子。当时的西宁市并不繁华，主要的街道就是横贯东西的一条大街，火车站附近有一座稍高点的楼房称为西宁大厦，东大街上著名的建筑就是那座清真大寺，城内南北向的一条大街与东大街交会处有一座大楼，那是当时最大的百货公司——大十字百货公司。我们"小楼"办事处旁边有一个叫西宁浴池的"澡堂子"，还有一家较好的汉民饭馆。由于当地居民中回族较多，回民习惯在寺院和家里进行沐浴，用餐也多在清真饭馆，所以"小楼"边上的浴池、饭馆也是我们这些外地人的去处。由于离京时十分繁忙，来不及洗澡，到了西宁后，“小楼”边上的西宁浴池就成为我们洗热水澡的地方。谁知我们初到西宁，不知道在海拔 2200 米的高原上洗澡是有讲究的，结果我与陈福民在泡热水池时因为缺氧，双双晕倒在地，被服务员扶到凉快的地方休息后，人才慢慢清醒过来，这是我们到西宁时的第一个体验。

在等待的几天里，我们不能走得太远，不知什么时候办事处会安排我们去 221 基地。一天上午，我们几个人从“小楼”后出去，看见一条河，河水较湍急，这就是著名的湟水。跨过这条河，我们一直走到北山寺，算是走得较远了。回到“小楼”正好碰到我们在北京的领导——设计部主任龙文光。他询问我们为什么没有“上去”（即到 221 基地），还说到 221 基地后会催人事部门快办。由于他的过问，我们不久后被通知去报到。

我们去 221 基地时，那边气温很低，西宁办事处的同志嘱咐我们多穿点衣服。从西宁到海晏的火车一直向北并逐渐爬高，当火车从海拔 2200 米的西宁驶过湟源爬到海拔 3000 米附近的巴燕站时，我们有了一点高原反应。火车到海晏站时，当地海拔已经是 3270 米了，不知什么原因，我们反而没什么感觉了，也许是这里湿度大一点吧。下车后，我们需要换乘 221 专用列车才可以到达厂区，但列车是不售票的，每个车厢的门口站着一个验票员，据说是保卫部的人员。他们仔细检查我们在“小楼”办事处拿到的那张通行证，才准予凭证登车。3 月的青海高原，我们从车窗向外望，到处是枯黄色。这里不长树，据说树种下去不久就死了，因为天气太寒冷。冬天草原上的草也枯了。但是，远处山上白皑皑的积雪却从山顶一直覆盖到山脚。沿途有人在乙区、十厂区、八厂区下车。我们到了总厂时，有人接我们，并将我们的行李搬到卡车上，运到我们的驻地。当时221 基地宿舍楼还没建完，不论已结婚还是未婚，都要男女分开，住在集体宿舍里过“单身”生活。楼里的厕所尚未完工，要想方便就得走到楼前挖好的旱厕所去。这种露天厕所仅用席子围一下，特别不方便。这种建在总厂（甲区）的楼房，每间宿舍摆放着 4 个有上下铺的铁床，住 8 个人。幸亏我们的行李少，否则就更挤了。那个年代，不管工人还是刚来的大学生和老的技术人员，都不分职位地住在一起，大家都凑合着，矛盾时有发生。大家来自五湖四海，经历与思维都不一样，生活习惯也不一样，但是工作目的是一致的。

在九院人事部门办完一切手续后，我与陈福民仍去设计部上班。221 基地有许多分厂，每个分厂有若干个科研与生产部门，我们设计部大楼又叫 105 大楼，矗立在金银滩上也很漂亮。

设计部由来

刘敏：据我所知，设计部前身就是九所五室。1963 年二室走后，把六室合并过来就有了设计部，下分五、六两个室。五室主要负责核武器的引爆控制系统，室主任张宏钧从鞍钢调来，副主任疏松桂从中国科学院自动化研究所调来。疏松桂 1948 年在美国获得硕士学位，1955 年与钱学森同船回国。六室主要负责核武器结构设计、结构力学、空气动力学与弹道学研究、环境试验及场外试验工作。室主任龙文光毕业于英国曼彻斯特大学工学院，副主任陈学增毕业于日本帝国大学，另一位副主任赵世诚从北京航空学院空气动力学教研室副主任岗位上调到九所。

1964 年九所大部队上草原后，张宏钧留在北京任科办主任，俞大光则从科办主任岗位上调往青海设计部任副主任。从此，221 设计分院设计部主任龙文光抓全面工作，兼管十六室环境试验部分工作。俞大光、疏松

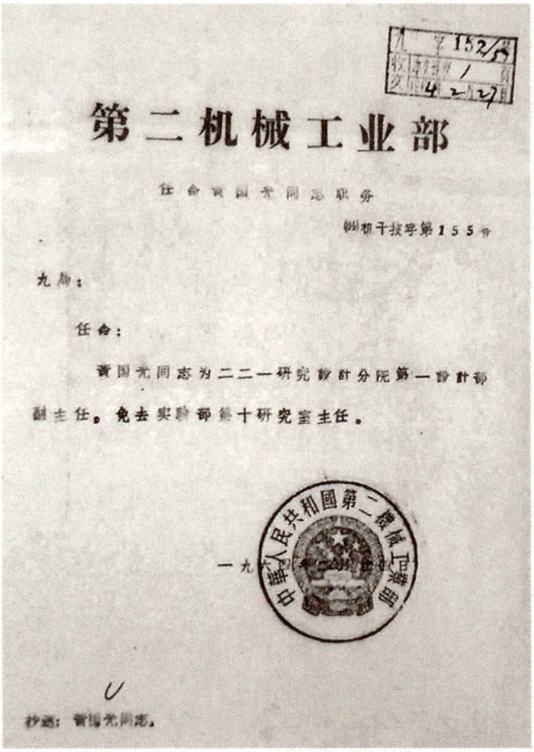
第二机械工业部

任命黄国光同志职务

（64）机干技字第155号

九所：

任命：

黄国光同志为二二一研究设计分院第一设计部副主任。免去实验部第十研究室主任。

抄送：黄国光同志。

第二机械工业部任命书

桂两位副主任分管设计部五室、十五室；姜靖副主任分管十室即非标准件设计室；黄国光副主任兼六室主任分管六室（产品总体结构设计）、十七室（产品组装、总装技术）。黄国光毕业于解放前的兵工大学，1945 年抗战胜利后赴东北碾子山 123 厂任工程师，1963 年调到九所。他很聪明，负责“596”任务时，主持球体设计工作，用“球面三角计算方法”解决了设计工艺难点。陈学增副主任兼十八室主任，负责核试验外场工作。后该室从设计部分离出去，成立了院场外试验处（七处）。

我被暂时分到设计部五室六组工作。设计部五室是一个倾向自动控制与电器专业的研究室，我曾与他们合作过一段时间，为他们的试验做过一点飞行试验的分析工作，但对电器与自动控制组件十分生疏。因此，我得从头学起，向他们请教。毕业于西南联大，后来在清华大学航空系和北京航空学院任讲师的贺联奎十分认真地帮我熟悉有关气压引信的结构与传感器组成等。当时他是这个组的负责人之一。

金银滩印象

刘敏：整个 221 基地被草原包围，向远处眺望，可以看到牧民褐色的毛毡帐篷。当夏季到了，毛毡帐篷边上还会支起一顶白色的帐篷，还可以看到黑色牦牛群、白色羊群。蓝天、白云、辽阔的草原与牧民的帐篷汇集在一起，真是一幅再美不过的油画了。这不禁使我想起一首歌："青海青黄河黄，更有那滔滔的金沙江。雪皓皓山苍苍，祁连山下好牧场。这里有成群的骏马，千万匹牛和羊，马儿肥牛儿壮，羊儿的毛好似雪花亮。"

每到星期天，周围放牧的藏族同胞骑着马到我们"生活区"来购物、用餐。为了改善职工的生活，在生活区除了银行、邮局、书店及影剧院外，还有百货商店、南方风味餐厅及北方风味餐厅。一些藏族同胞也十分愿意在这里享用美餐，有时他们喝得醉醺醺的，东晃西晃地牵着马或爬在马背上回帐篷去，那马儿真是"老马识途"，总会把他们驮回去。

严格保密，严罚泄密

谢建源：我国于 20 世纪 50 年代末开始的研制原子弹、氢弹的工程是国家机密，参加的人员都必须经过严格的政审。通过政审开始工作前先进行保密教育，以达到能自觉地做到不该知道的机密不问，不该看的机密不看，不该说的机密不说，不与海外人士和外国人接触，通信不涉及机密等。我刚参加工作时，在办公室像个"小媳妇"，不言不语，低着头、目不斜视、老老实实地坐在办公室桌前看资料、做笔记。看报纸就算是休息了，哪敢"乱说、乱动、瞎串门"。为了保密，与事业有关的人、事、物几乎都用代号、暗语或掩护名称。大家长期使用，习以为常，张口就来，这是草原人语言的一个特点。如果不通晓它，常常就不明白对方所说的真实意思，没有共同的语言，也就难以沟通。所以先介绍些常用的代号、掩护名称以便了解它们。

我国第一个核武器研制、试验、生产基地的代号为"221"，曾用过的掩护名称有“国营综合机械厂”“兰字839部队”和“国营二二一厂”等。它位于青海省海晏县境内的金银滩草原，离西宁市102公里，职工称之为“草原”。厂址以西宁市胜利路196号为掩护，实为221厂在西宁的办事处和招待所，职工称之为“小楼”。“杨家庄”是职工家属的住宿区。周末用火车专列把工人师傅送往西宁，周一再接回厂区。只有双职工才可住在总厂生活区（十八厂区）。一些干部、技术人员与他们的家属也可住在海晏县城的生活区（乙区），这些干部、技术人员每天早晚乘火车上下班。

221基地的九院人，言谈中还可经常听到“打炮”二字，它是爆轰试验的代名词。爆轰试验在核武器的设计、研制过程中是必不可少的。为检验理论设计、结构设计的正确性、合理性以便改进设计，根据不同的状态、不同的目的，相应有许多不同的代号，如打“65炮”，即地面出中子

1965年颁发的221厂工作证

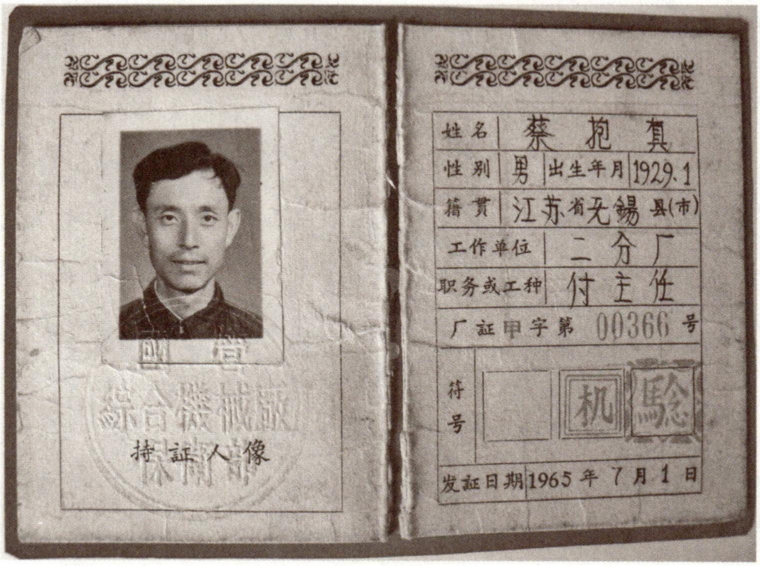

试验，产品的状态与正式产品完全一样，只不过将其中的裂变材料部件用同样尺寸的贫铀替代，检验装置是否适时地产生足够数量的点火中子。核科学家王淦昌，当时化名为“王京”。他在原子弹、氢弹研制中指导爆轰试验、炸药工艺、近区核爆炸探测等，解决了一系列重大的技术问题。

刘振东：当年 221 基地不但技术严格保密，政治工作也保密。像车间有好多会议，级别控制得很严。有些会，我是车间主任能参加，副主任就不能参加。进出分厂各个工号都有出入证。我们都使用专用保密包，一个人一个封泥章，而且这个封泥章还不能外借。整个 221 基地的保密制度非常严，个人严格遵守保密纪律，极少有泄密的。但也有个别人泄密，像朱淑英这个女同志，因为说话、闲聊泄了密。她说了什么，咱不知道，具体公布的罪名就是泄密，判了几年刑。“二赵”期间，朱淑英和宋应松已经判完刑了，又拉回来进行批斗。“二赵”运动以后，因为她泄密面不是很广，后来平反了。

“总工程师”吴际霖

吴际霖（1918—1976），四川成都人。1937 年毕业于华西大学理学院化学系。1940 年冬，经西安八路军办事处转赴延安，在陕北公学自然科学研究室任教员，并从事军工生产，成为延安第一批军工专家。1941 年加入中国共产党，解放战争期间，曾任鲁南军区军工部部长。新中国成立后，历任山东铝厂厂长、冶金工业部有色冶金设计院副院长、国务院第三办公室原子能小组成员。1957 年调进三机部，1958 年成立第二机械工业部时任计划局副局长兼局总工程师。不久，任二机部九局副局长，北京九所副所长，组织起草了我国核武器研制、发展方案。随着西北核武器基地建设的推进，吴际霖及时提出了

吴际霖

工作重心从北京转移到青海研制基地的安排方案，并亲自组织领导这次转移。到达青海以后，马上组织了技术攻关，成立四个委员会，开始草原大会战。1964年3月九局、九所、221基地合并成立第九研究设计院，吴际霖任副院长。第一颗原子弹爆炸试验时，吴际霖担任第九作业队副队长兼党委书记，作业队下设技术专家组成的试验技术委员会，吴际霖任主任，保证了原子弹爆炸成功。1965年9月，吴际霖副院长兼任221厂书记。在突破氢弹技术方面，他主持召开1966—1967年氢弹科研、生产的两年规划会议，鼓励研究人员确定原理探索的主攻方向，明确了攻关技术路线。最终，氢弹试验取得圆满成功。吴际霖参加领导了第一颗原子弹、第一颗氢弹的研制、生产、试验，是我国核武器研究基地的主要组建者之一。“文化大革命”期间，核武器研制基地是重灾区之一，吴际霖被残酷迫害，1976年5月18日逝世，终年59岁。

摘自《两弹一艇人物谱》第603~604页

胡干达：吴际霖是成都人，他家里比较有钱。他在四川华西大学化学系读书时，思想进步，要求民主。吴际霖曾经给我讲过，他在华西大学上学时待遇很好，喝牛奶、吃面包，当然学费也很高。1940年底他就跑到延安参加革命去了。这个人很实在，他自己填的履历表就填地主官僚出身。那个时候一大批年轻人投身革命，可是延安时期真正受过高等教育的人很少，知识分子很宝贵。吴际霖毕业以后投身革命，在延安算是大知识分子。他在陕北公学自然科学研究室教化学，后来到山东老根据地搞军工，搞炸药、手榴弹，投身到火热的革命斗争中，真刀实枪地干起来。到了解放战争时期他开始搞炮弹，和上前线打仗没有啥区别。新中国成立以后他在山东铝厂当厂长，仍是搞军工。有一次，他不知为了什么事情跟另外一个领导争起来。吴际霖坚持自己的意见是对的，那个领导就是不同意。最后听说吴际霖要抬着棺材继续争论，他说如果这个事情是他错了的话，他就以身殉职。陈云因为这个事情对他印象很深。陈云知道他是一块材料，要用这个人。所以说陈云慧眼识人才。陈云有句名言："不唯书，不唯上，只唯实。"凡事要实事求是！

后来吴际霖被调到二机部搞原子弹。所以大家说，吴际霖搞过"三弹"。吴际霖性格比较固执，而且他看出问题以后，敢于坚持自己的意见，是很正直的一个人。他在原子弹、氢弹研制过程中主要负责科研生产，包括组织管理、技术管理方面的工作，这是因为他比较熟悉军工这一块，有这个底子，本身又是党的知识分子。他到二机部最早，起的作用不言而喻。

谢建源：我在基层工作的时候经常听车间主任说，不管遇到什么事，得请示吴际霖。有什么决定，都是吴际霖定的。

20 世纪 90 年代有记者采访知情人，说当年苏联决定帮助我们，派了顶尖的核武器专家来华。他们当时有两个任务，一个是看看中国工业生产水平能不能造原子弹，后来了解到我国工业基础薄弱，还需要加强建设；另一个是给二机部的几位领导介绍什么是原子弹。他们介绍了原子弹结构后，要求二机部领导确定两个人，以便今后联系。一个是技术负责人，另一个是总工程师。咱们提出朱光亚是技术负责人，苏联专家看了他的履历非常满意。他们看了总工程师吴际霖的履历后，对他的学历、曾经从事的工作不满意，还说了一些怪话：“我们是造原子弹的，不是造手榴弹的。”其实，吴际霖完全胜任总工程师的重任。他在 221 厂的作用相当于总工程师，抓具体工作的实施和落实。实际上他比总工程师干得还多。他还是 221 厂的党委书记，因此是党政一起抓。

在草原人的心目中，吴际霖是实际的领导，连李觉大家印象都不是很深。在原子弹、氢弹研制过程中，实事求是地说，原子弹、氢弹有了理论，有了设计方案，具体的实施，怎么把它们生产加工出来，都是吴际霖在 221 基地组织生产的。

吴际霖这个人性格太耿直，加上他出身旧官僚家庭，“文革”中自然成了被批斗的对象。他为人执着、坚持真理，四川人和湖南人都犟，但他犟到难以与人相处。他在山东铝厂当厂长，跟党委书记闹到什么程度？他自己抬着棺材说，如果他有问题，就当场处死。毕竟他是老革命，正好国家要搞原子弹，也需要这方面的人才，就把他调来了。

“文化大革命”期间，草原两派都斗吴际霖。反正哪一派组织揪斗“走资派”，第一个都是吴际霖，然后批斗会上再加上其他几个人。实际上“文革”前都是吴际霖主持的科研生产。“文革”时，他做的具体事情越多，受的批判越狠，受的罪就越大，到最后受奖励都没有他的份，功劳都被抹杀了。我看到过一些资料，听别人回忆，“文化大革命”期间，两派抢资料，其中一派把吴际霖的 18 本笔记本抄走了，那上面写着他在 221 基地的工作经历，很机密的。据说吴际霖这个人非常仔细，他对自己每天做了什么工作，最后怎么决定的都做了详细的记录，记得很认真，很负责。那些笔记本到现在都没搞清楚下落！

任益民：我觉得没有吴际霖的精心组织管理就不会有原子弹生产、加工、装配的顺利完成，他是不可或缺的！221 基地是李觉、吴际霖具体抓起来的。吴际霖到九局最早，1956年吴际霖就接触原子能工作，开始是九局副局长、总工程师。后来他是221厂党委书记，做了很多工作。“文化大革命”中间他受了很多苦，戴“高帽”，挨皮鞭，受批斗，后来被人拿枪押着整天默默地烧锅炉，很可怜，落下了一身的病，很早就去世了。作为九院人，讲“两弹”的历史，不能不讲吴际霖。

实事求是地说，我当时虽然只是基层领导，但是我感觉到221基地的具体工作部署都是吴际霖在管。总的规划、方案，实施过程中出现的具体问题的解决，也都是他在抓。比如，吴际霖提出来成立四个专业委员会，这就把原子弹和武器连接起来了，很有创造性。吴际霖个人在历史上好像挨过两次批判。吴际霖好像在山东铝厂时就挨过批，具体我也说不清楚。我们不能忘记吴际霖的贡献，这件事应该由九院来做。九院的机构经过多次变更，了解情况的老人不多了，你们应该抓紧时间多找几个老同志聊聊，还历史以真实面目。我支持搞这项工作。

原子弹试验委员会下设四个技术委员会名单

名称	主任	副主任	委员
产品设计委员会	吴际霖	龙文光	肖逢霖　苏耀光　疏松桂　周毓麟　谷才伟
冷试验委员会	王淦昌	陈能宽	邓稼先　钱　晋　周光召　李嘉尧　何文钊
场外试验委员会	郭永怀	程开甲	程开甲　陈学增　赵世诚　张宏钧　秦元勋　俞大光
点火中子委员会	彭桓武	朱光亚	朱光亚　何泽慧　胡仁宇　赖祖武　黄祖洽　陈宏毅

唐孝威（时任北京九所三室科研组长）：我1960年初到九所工作，当时九所在北京花园路3号院。我在九所一次干部会议上第一次见到吴际

霖，他给我的印象是精力十分充沛，讲话滔滔不绝，而且讲得非常深刻。当时有人告诉我，吴际霖在革命战争年代是搞兵工生产的，人们对他有点神秘的感觉。以后我参加过许多次由他主持的干部会议，在一次科研会上，他对我说：“有一门学问叫空气动力学，现在‘苏修’欺负我们，我们憋足了一股气，要把这股气变成动力，努力工作，为祖国争气，这也是‘空气动力学’嘛。”这些话激起我们全体干部奋发图强的巨大热情。

1963 年，九所大批同志因工作需要，由北京奔赴青海，李觉和吴际霖亲自带队。吴际霖是九局主要领导之一，据我所知，在青海核武器研制基地，他协助李觉局长负责基地的全面工作，侧重领导科研、生产、制造任务的组织和管理工作。基地的每一次型号任务，都是他布置任务和组织实施，并且具体指挥和协调设计、实验、生产、后勤、运输、安全等多方面的工作。这些工作涉及的面很广，工作非常繁重。

吴际霖很关心和爱护干部，有一次完成大型试验后，我到他的办公室去汇报工作，在汇报后我对基地工作提了一些建议，那时他给我许多鼓励。在 221 基地，每当研制工作到了关键的时候，在关键的地方，李觉和吴际霖总是亲临现场，亲自指挥。我还听说，在有危险的场合下，他们不但身先士卒，而且最后撤离现场。由于他们以身作则的好榜样，以及各级领导的精心组织和严格把关，加上九院人在工作中认真细致、一丝不苟的好作风，保证了各次核试验的成功。

张珍：我在九所学术秘书室时，开始跟吴际霖接触。那会儿九所跟九局没有分开，九局在三里河部大楼，九所在花园路 3 号院。吴际霖这个人工作很认真、果断，干脆利落。当时十七号工地用的是混合炸药，爆速比较低。高爆速的炸药国内没有，我们就自己研制。为这个事，我跟吴际霖跑过西安。我们两个一起坐飞机去，在西安住在一个屋里。那时候李觉已经回到北京，吴际霖为了研制新炸药到西安去盯着那个摊子。他跟西安五机部三所、204 所——我们统称三所，一起研究新炸药新雷管，每天这两个单位都要跑。1960 年生活困难，我们虽然住在宾馆里，但吃不饱。有时候我们晚上饿着肚子没事就聊聊天。吴际霖经历坎坷，历史上曾挨过批。他善于学习，爱鼓捣一些小玩意，安个灯泡，拉电线什么的，都自己动手。他是一个比较聪明的人。当年他看问题比较准确。他曾跟我说过，工作你要看准了，你看准了这个事，心里有把握再去做。你心里没有把握先别去做，要再调查，再研究。我们谈这些比较多。我们去西安也是调研嘛，白天调研炸药、雷管，晚上回来就聊这些事儿。他给我的印象是比较稳重，胆子也大，工作干脆利落，不是那种拖泥带水的人。

吴际霖是九局副局长，后来担任 221 厂党委书记，全面抓核武器研制、生产、试验工作。中国核武器的研究从组织实施一直到试验成功，吴际霖功不可没。他和朱光亚各负责一摊子，一般日常科研生产的事情都是吴际霖管，朱光亚是科研技术上的后盾。从整个九院科研组织管理体系来讲，李觉拿大政方针，总拍板，吴际霖和朱光亚具体实施。吴际霖的组织管理能力很强，他是一位精力充沛、富有活力、勇于开拓的领导，并且有远见卓识，既能精心调度眼前的工作又善于谋划未来规划。他用较短的时间把从全国各部门各行业中调来的人员，尤其是工程科技人才安排到重要的岗位上，发挥他们的聪明才智。他让秘书沈必文把基地科技干部、生产骨干排出名单，并把专业、年龄、出身、家中老小等信息都记在日记本上，从而对他们了如指掌，用起来得心应手。在那非常时期，他为攻克氢弹作出了不可磨灭的贡献。他不主张花过多的时间学政治、搞运动。因为调到九院的人担负特殊使命，都经过严格的政审。他说“响了就是最大的政治”，这是句大实话。集中这么多人来到高原为的啥？花举国之力来建核基地为的啥？不就是为了搞出原子弹、氢弹嘛！

攻坚克难大会战

实验部的工作

科研“三部曲”

任益民：1963 年草原大会战那段紧张工作的日子里，刘杰部长来到 221 基地，并到实验部打炮场地视察工作。那时候总厂正在搞“比、学、赶、帮”的大会战，实验部开大会树立马耀贤为标兵。马耀贤改进电探针的安装技巧，得到了刘杰部长的赞扬。他在大会做报告时，大力表扬这种忘我工作、努力钻研、攻坚克难的精神，号召大家总结经验。我当时任实验部二室常务副主任，负责组织爆轰试验。在实践过程中，大家摸索总结出科学的工作方法，我叫它科研“三部曲”。你要做实验，首先得有个设想方案，经过批准后得有个实验大纲，做完实验后得有个实验总结。从方案到大纲再到总结，这就叫科研“三部曲”。这对我们边干边学、干中学会非常有用，对培养新来的大学生非常有好处。他们不经过严格的训练，就不会快速成长。所以边做试验边培养了人。再就是建立了必要的规章制度。这么频繁的试验，这么多科研方案齐头并进且交叉在一起，没有有效的规章制度是不行的，无规矩不成方圆嘛！要使紧张工作有条不紊，没有规章制度的保障不行。吴际霖一再强调建章立规。“文化大革命”中间却说这是一整套“修正主义”的路线，这正好说明那时候的科研组织管理是成功的。当时我就抓打炮试验中的工作，尽快地建章立规。因为这些章程是从工作实践中总结出来的，所以大家都容易接受，很快实验队伍就高效有序地工作起来。还有一条是大家总结出来的科学实验方法，就是实事求是、循序渐进，一步一个脚印，不走回头路。草原大会战这么短的时间内要出成果，尽快确定国家热试验的时间表很关键，领导和专家考虑得很周到。其中的冷试验环节包括有三个内容：一个叫缩比试验，从 1∶2 开始研究起爆元件，以后爆轰也沿用 1∶2 的缩比试验方法。另一个是采用替代材料，在十七号工地不能用热核材料，只能用替代材料。记得有种材料叫碳化硼，我们用铝代替。为什么不用铁？因为它有相变。以后又用钨合金，这样就加快了工作进度。先用替代材料摸规律，再用接近的模拟材料，最后是真材料。还有一个是分解试验，那时安排先做元件拼合试验，有二拼、三拼，拼起来以后看波形，看它的发展。那么多元件拼起来，不可能没有缝隙。悬空不可能，固定要用什么材料？起爆波形、速度有什么变化？这些对最后的结果必然有影响。分解试验从元件到 50、51、52、53、54、55 都是冷试验炮，这样一炮一炮地打下来，越打心中越有数。这样从上到下精密的组织安排，虽然试验的工作量大大增加，但保证每次试验都实实在在地前进，不走回头路，避免了重复。现在回过来想，当时若不是组织领导指挥有方，这么仔细地安排工作，一步一个脚印，怎么保证原子弹这么快就试验成功！以上各个环节缺一不可。因此必须有严谨的科学态度和全面的思考，编写出试验方案，把一些因素孤立起来研究，攻坚克难。研究的问题实质是什么，一定要搞清楚，工作要非常扎实。打“55 炮”一炮打出中子，“65 炮”放一些核材料也一炮成功。打出裂变中子之后，大家心中就有数了。1∶2 试验打出点火中子，1∶1 试验就不会有问题了。当时王淦昌还有个研究思路：要发生裂变，初始点火中子到底需要多少？这方面理论部做了许多计算工作。我们为了多出中子，特别注意细节，对雷管、炸药、飞层选了又选，千里挑一，就是为了聚焦的性能稳定。

整个大会战，全国许多单位都动员起来大力协同。比如，一机部提供的加工机床，二机部504厂的5号材料，202厂的8号核材料，都是重中之重。中国科学院兰州物理所研制了炸药配方，三机部帮助加工蜂窝架，四机部提供了电子器件、设备，五机部西安三所提供了炸药、雷管，等等。没有兄弟单位的合作也搞不成，所以说我们走出了一条中国特色的原子弹研制道路。

221基地在草原大会战期间，全厂上下贯彻周总理提出的“严肃认真，周到细致，稳妥可靠，万无一失”的十六字方针，确保每个细节都不出问题。大会战以后按时拿出原子弹、氢弹并试验成功，跟爆轰物理做了许多细致的工作是分不开的啊！

六厂区打炮

任益民：1965年以前，我担任实验部二室常务副主任。1965年以后担任实验部第一办公室主任，分管爆轰试验的具体组织实施。按照实验大纲内容要求，比如唐孝威他们负责测中子，每次大型试验前，提前把测中子的设想方案编写报到第一办公室来，要协调试验程序，最后编写出这次试验的总体方案和实施步骤。为保证一次成功，他们要反复地检验，也很辛苦。由于准备工作扎实充分，方方面面劲往一处使，强有力地有机合作，所有的大型冷试验都是次次成功，没有打过废炮。爆轰试验没有测试手段等于是瞎子，出不了成果。从技术上来说，吴世法他们的光学测试，唐孝威他们的中子测试，林传骝他们的电子学测试都功不可没。测试有争论时，我们办公室负责协调工作，大家都能为了一个共同的目标把各方面的工作协调好。

20世纪60年代，草原大会战期间，实验部职工乘卡车到六厂区打炮

1964年草原大会战，六厂区爆轰场地608工号正在做试验前准备

比方说，在221基地做中子源检验，最后决定用实验部三室王方定在401所研制的中子源。草原大会战中间，元件、飞层 、起爆的技术路线都好说，就是中子源拿不准。为此，研制内爆中子源的同时做了多手准备。当时的第二手准备是用加速器源，由陈俊美负责。他是从南京工学院调来的，带着王高典、罗四维他们在中关村搞加速器源。还有第三手准备是混合源，王淦昌带人在长城脚下十七号工地继续做试验。九所二室搬迁到青海以后，留在北京搞中子源的人，像吴当时、叶永他们在十七号工地继续做试验。他们仍算二室五组的一部分，和五组其他搞状态方程的人一起，都是负责内爆试验的。

1965年，实验部张兴钤主任调到总厂当副总工程师，方正知接任主任，他曾具体管氢弹试验的几个方案，主抓实验部的科研工作。氢弹研制的时候，刘西尧副部长坐镇221厂，从各室抽人，专门组织了一个突击队，队长是陈常宜。

1965年八九月份，张兴钤带了十多个人到四川902地区，检查实验部的一所、二所、十所这几个所的基建情况。我参加了一所的选点调研，回到221厂就开始做“596L”试验的冷试验。那是氢弹原理的第一次探索，里面装了氢材料。我为什么记得这么清楚

六厂区打炮试验前技术人员精心装配雷管

呢？因为我刚从四川回来。当时实验现场指挥不是我，但最后的实施方案是我在那里管。我当时向张兴钤总工程师汇报，记得不是在中子测试工号里面，而是在一公里铁丝网外面临时搭的棚子里面。我就在那里观看爆轰试验的效果，“零时”一爆响，就跑出棚子来看，结果看到了爆炸后起火的情况。当时没有想到氢材料质量轻，爆炸后颗粒飞得远，起火是从外往里烧的。我们做试验的人先撤走了，没参加救火，灭火的事交给厂里其他人。这个实验有两个项目是必须测的，一个是总作用时间，一个是中子数。总作用时间很重要，它牵涉到将来物理设计里面许多问题，也关系到爆轰物理试验中要验证的，也就是每个阶段的发生时间到底对不对，持续多少时间。另外就是出中子。只有打完“55”炮、“65”炮以后，才能去新疆做正式的核试验。

研制空投的原子弹时，在六厂区打“65”炮的时候，有个雷管插不上，我打电话叫张振忠赶快去，他去了躺到地上，爬进去插上的。从保证质量来说，应该是他来插，我检查。我是抓总的，你干我负责，这是实验工作的程序，制度很明确，必须严格执行。

打炮要有“指挥”

任益民：当年要下决心搞大会战，没有思想动员、没有率先垂范是不行的。这方面李觉局长做了表率，他和 221 厂领导原来住在红楼，大队伍上去之后，他们就腾出楼房住进帐篷，把楼房交给实验部技术人员和老工人住。为了安全地运输炸药，当时总厂只有三部小轿车，这几辆小车没有交给厂部来管，而是交给实验部来管。因为从炸药加工工号到爆轰试验场地有 20 多公里，全是土路，运送各种物资的车辆既多又频繁，那些重型汽车很快就把路面压坏了。每次做试验前要先修路，填洼坑。第二天运炸药时，就把领导坐的轿车开出来运炸药。当时就是这样的工作条件。各级领导的示范作用，进一步激发了大家的热情，草原人的精神面貌大不一样。为了早日搞出“争气弹”，星期天不是开会就是测数据、讨论方案。每周只安排一个晚上休息，洗洗衣服。那时候爆轰试验非常频繁，六厂区两个工号一起打炮还不够用，于是尽快搞了第三个炮场。我这个办公室主任，负责实验部科研生产安排调度。每个礼拜做哪个方案？谁去？要做哪些准备？都要提前安排好。做实验调度非常忙，每天晚上都要开调度会，加上班前会、班后会，时间排得满满的，没有时间休息。我们只在晚饭后有一点时间打打球，活动活动脑子。青海高原过了 8 月份，天气早晚就开始冷了。我们在 105 大楼上班，离住的地方还有 3 公里，来回都是走路。如果去六厂区打炮，要坐卡车，路况不好，到处坑坑洼洼，能把人的骨架颠散了。但是每天的试验都有新的进展、新的结果出来，让所有人都很高兴。

1964 年到 1967 年期间，草原大会战效率非常高，加上科学组织，统

20 世纪 60 年代的 221 实验部大楼

筹安排，所有的爆轰试验没有走回头路。由于保密，我只知道六厂区爆轰试验内容，七厂区的核测试和核化学分析我就不大清楚。设计部的引爆控制系统也很重要，也做得很好；三个生产部的加工生产干得也很漂亮；北京理论部是九院的脑袋，更不用说了，要是当时科研步骤安排得不好，走了回头路，就会耽误时间，误了国家核试验的大事。大会战以后，我们成功地爆炸了原子弹，进行了弹弹结合试验、氢弹原理试验，最后成功爆炸了氢弹，现在回想起来真不简单！当年整个实验部工作忙中有序，陈能宽、吴益三都是很有能力的领导。一是科学组织安排试验内容，二是一边干一边学，共同商量，在干中学会，没有一个好的组织领导是不可能的。试验方案组织起来之后，就要定谁当打炮“司令”，谁负责安全。科生调度要负责场地的各种安排，形成的制度一定执行。这么多年来打了几千、几万发炮，没有出过事故，这很不容易。曾经有一次，二机部、九院组织人来炮场督促检查，当时我汇报说：“这次打炮实验的总司令是我。”他们看完试验闲聊时说：“全国就一个朱总司令，怎么又出来个总司令？”似有批评汇报用语不够严肃的意思。后来就改叫总指挥，不叫总司令了。但是九院同事之间已经习惯这么叫，很难改口，打炮“司令”就一直这么叫下去了，这是符合当时试验条件的一种组织形式。

爆轰试验出中子

唐孝威：实际上 221 基地草原大会战的时间不是很长，但是很重要，很关键，牵涉到整个原子弹设计的突破。原来在长城脚下十七号工地那个封闭的地方搞了一些前期的爆轰试验，进行关键技术的攻关，在十七号工地打下了基础，我们叫“摇篮”嘛。但是要做更大的试验必须到青海 221 基地参加大会战，真正解决原子弹的设计问题。然后到新疆去做核试验。

我在九所三室工作时，因为北京花园路3号院没有试验的条件，三室大部分人都在401所做核测试工作，我们八组主要进行中子时间谱的测量。我们为了要测量中子点火，还要研制测试的仪器，有时候到十七号工地做爆轰试验，然后再回到401所。由于测试工作跟爆轰试验很密切，要在爆轰的条件下测中子，自然跟二室的关系很好。大概在1963年初，二室就有一部分人上了草原。据李觉回忆，早在1958年就开始筹备221基地的建设工作，在海晏修公路、造铁路、修厂房、建电厂。到了1963年，221基地已经建好大型爆轰场地，我们叫实验部六厂区。就是说草原上的爆轰场地已经具备条件，能做大型爆轰试验了。

那时候二室的人要上青海221基地做大型爆轰试验。我们三室八组的工作跟二室关系密切，所以1963年初，我提前跟二室先去青海看了一下，简单了解了情况又回来了。我们三室大部队是1963年上半年走的，走之前，张爱萍、李觉、朱光亚在铁道干校礼堂做动员报告，动员大家去青海参加大会战。我记得是李觉先做动员报告，然后张爱萍讲话。朱光亚副所长在会上说，大家要踊跃上去，那边大有用武之地。当时李觉一声令下，所有的人，包括搞行政的、做科研的，除了一室（理论部）因为要用科学院的计算机不去外，其他室的人通通上去。

1963年上半年，我们组所有的人从401所撤出来，跟三室大批人一起乘火车，把所有的仪器设备都搬到青海221基地，甚至连家也搬到那里去了，因为那边有建好的大型爆轰场地等着我们去做试验。我们到了青海以后，221基地还是一片工地，草原正在大搞建设，盖楼房，建厂房，一片忙碌的景象。我们去了以后马上投入工作，当时总厂建好了几栋楼房，还搭了一些帐篷。李觉和厂领导住在棉帐篷里，让科研人员住进楼房。我后来回忆的时候经常提起这件事。我说，领导把建好的楼房给科研人员住，自己住帐篷。当年领导以身作则、吃苦在前的作风给我们留下了深刻印象。

高原地区饭煮不熟，馒头蒸不熟。高原上气压低，人呼吸有困难，气候也不适应。我们根本顾不上这些困难，马上投入工作。那会儿工作很紧张。实际上从 1963 年到 1964 年一年多时间就成功爆炸了第一颗原子弹装置。这是一段非常关键的时间，也叫“596”草原大会战。在这期间，原子弹理论设计基本解决了，各个部件的研制，比如说雷管、炸药、爆轰元件都掌握了。我们的探测仪器这个时候也要集成起来，能够系统地进行科研测试。所谓草原大会战，就是以一系列的冷试验为中心，然后完成一系列的科研任务。我们室的任务就是集成联动，把过去研制过关的各个部件都连起来。当时设计部、实验部、生产部都一起参加会战，把核装置生产加工出来，而其中关键的就是爆轰模拟试验。所以试验是中心，一切技术问题的解决都是靠试验。我们从 1∶2 的模型到 1∶1 全尺寸模型，做了很多次冷试验，这是大会战里面最关键的步骤。在完成多个小型模拟试验，有了把握后，很快就到了解决原子弹试验的关键技术，即测量出中子。出不出中子，要进行最后检验，就是测量出中子的整个过程。我们组当时就负责这个关键的技术，责任很大。

1963 年草原大会战的时候，我在实验部三室担任试验组组长，组员有徐海珊、杨思礼、陈涵德、初成文，还有李持贤和赵永盛几个年轻人。当时主管爆轰试验的二室制订打炮的规程，他们要点火引爆炸药，有一套完整的程序。平时我们跟搞电子学的同志一起工作，我们还需要记录测试结果的各种电子仪器。研制电子、光学测试仪器的有林传骝、吴世法这些人领导的九室，示波器是他们研制的，也由他们负责管理和操作。因为核测试技术比较独立，由我张罗。整个实验部最先动员起来，指挥是陈能宽、方正知、苏耀光、吴益三这些实验部的领导。跟着就是设计部、一生部、二生部等负责核装置上必需的引爆控制系统、核内球、总体结构的设计加工。其他各项如保卫保密、物资器材、交通运输、财务劳资、后勤保障等都动员起来，总指挥是李觉、吴际霖等九局领导和王淦昌、朱光亚这些科学家。九院人从上到下都把这一年叫大会战年。

我们试验组的任务就是对爆轰出中子进行测量，所测的中子我们叫点火中子。原子弹爆炸压缩核材料到超临界，再遇到点火中子的过程叫武器点火。点火的话，有没有中子，由我们来测。而且测中子也是对我们装置的全面检验，中间每一个环节，达不到要求就测不到中子，所以这也是对仪器的总检验。当时能不能抓住中子，就是能不能测到中子，关乎整个原子弹的设计。做试验的时候，除了裂变材料用代用材料代替以外，其他的跟原子弹的结构是一样的。只要模拟试验成功了，原子弹肯定能成功。所以测量中子是比较关键的一点。以前我们在十七号工地打小炮，现在到221基地六场区打大炮，从小到大这样一步一步来做，我们在场地拉上电缆、安装仪器，然后练习怎么把自己的探测器机位

221 实验部爆轰试验测试用的示波器

对准。过去在北京，我们虽然没有测过爆轰中子，但是基本技术掌握了，过去没有测中子的条件，现在有条件了。当时中子探测器我们已经掌握了，中子测试缩减快法、慢法也已经有了；然后，测量的时间方法有了，技术也有了；最后测试的仪器设备也有了，问题就是如何测出真正的中子。

1963年11月20号，221基地进行了一次1：2的缩小尺寸模型的冷试验，这中间还有一些曲折的过程。当时各方面都很关心这次试验，李觉、吴际霖、王淦昌他们都到了现场。因为这是头一次测量中子，而且是用我们自己准备的仪器测试。开始谁也没有把握来测这个中子，于是在爆炸装置旁边放了很多的探测器，包括测试过程中快法、慢法等各种探测仪器放得很紧凑。我们想，因为靠得近嘛，以为测量的数目就多。所以我们尽量把探测仪器的灵敏度提得很高，有一点信号就能够测到。炮响以后，我在示波器前紧盯着看信号。我一看，测到了。我说成功了，测到中子了！由于我们测到的中子很多，使整个仪器都饱和了。因为仪器饱和，示波器上就只有一条跳到顶的水平直线，中子不是一个一个地记下来。于是，别的组有疑问，说这是不是假信号。既然有人怀疑，大家就坐下来讨论，王淦昌、朱光亚都参加了讨论。会上我坚持说是中子，因为我们在十七号工地的时候，发现干扰信号跟真的中子信号的波形看起来完全不同，前者杂乱，后者干净。现在虽然信号饱和，看不出一个个中子，但我们测到的饱和信号跟干扰的假信号是两回事。我坚持说测到了，但有的人就怀疑，争论不休。朱光亚决定再做一次试验，进一步验证能不能出中子。第二次做打炮试验的时候，我们先改进仪器，把灵敏度降低，这样计得的中子数目就少了。因为我们有好多个探测器，有的放远一点，远一点计得少一点；有的放近一点，为了能够重复，原来灵敏度高的仪器也有。总之大大小小的仪器不少，花样也多。我坚持做跟上次完全一样的试验，结果全部成功测出来了。看到这个结果，个别的人就不说话了。这次我们用了许多示波器，虽然九室刚赶制出一批双线示波器（相当于苏式 OK-21），一台有两条线，可记录两个探测器，一台顶两台用。但爆轰测压缩聚焦波的形状也要不少示波器，大家都想测得好，多放探头，都在争仪器资源。

实践证明我们头一次测出中子结果是对的，第二次也是对的，而且测中子的仪器发挥正常。我记得王淦昌说过，中子测试的技术很难，难度比较大！一开始没有经验，想尽量把灵敏度提高，那就饱和了。我们用不同灵敏度的仪器再做，灵敏度高的低的都有。灵敏度低些呢，出中子很正常；灵敏度高些呢，还照样饱和，跟原来的一样，说明和假信号完全是两回事。所以当时王淦昌、朱光亚都非常信服。这两次测得的结果证明的确是中子，不是什么假信号，这样大家都放心了。当年除了工作严谨外，领导也比较民主，做一次不行，再做一次试验验证嘛。

当时全厂上上下下都关心实验部打炮打得怎么样。吴际霖亲自抓总，实验部方正知、苏耀光等领导都在一线指挥，后来决定 1964 年 6 月 6 日组织 1∶1 大型的爆轰试验。打 1∶1 尺寸的大炮，跟正式的原子弹完全一样，只是里面用代用材料，其他像雷管、炸药什么的全都一样，当时整个 221 厂都为这次打炮开绿灯。这是一次非常重要的试验，因为小的模拟尺寸有了，但是 1∶1 尺寸的模拟尺寸到底加工的精度够不够，正式的产品合不合格，大家都很担心！后来很多人回忆都说，这次试验非常紧张。我们组全部搬到六厂区那里住，工号里面有很多电子设备仪器，晚上还拉电缆，有事就起来。以前我们打过两次炮都测到中子，所以在室一级的干部会上，大家都问我有没有把握。邓稼先问：“你能不能抓住中子？”所谓抓住中子就是测到中子。我拍着胸脯给他保证，只要产生了中子肯定给你抓到。但是产品如果加工得不好，没有出中子，实事求是，我也没有办法！

6 月 6 日这天，有的人回忆说是吴际霖亲自指挥。当时 221 基地的很多领导都到六厂区看我们打炮，我记得是李觉亲自坐镇打炮现场。经过几天几夜的准备，实验部六厂区一切都准备好了。6 月 5 日我们一直工作到晚上，大家都忘记了时间。李觉说，小唐，你们几天几夜没睡了，赶快睡觉去。我一看表，凌晨三点钟了。

6 月 6 日上午正式打炮前，领导撤退了，实验部很多人在外面山包上看这次试验，看爆炸烟云。我们待在工号里面观察示波器，等待起爆。开始我也不是很有把握，工号有一台空的示波器，我就在旁边用眼睛看着示波器屏，试着速报。原来我们那会儿测中子主要靠示波器拍照，然后洗出照片看结果。外面“轰”的一声，起爆了！我们赶紧把示波器测试的照相底片拿出来，拿出来以后快速地赶到总厂洗出来。我焦急地等在洗相车外，等他们把胶卷冲洗出来，这次利用一台空示波器速报，出结果更快，

1964 年草原大会战期间，实验部在六厂区608工号进行大当量的爆轰出中子试验

尽管那波形只是一闪而过。这个时候所有的领导都在总厂会议室里等待消息，李觉、吴际霖、王淦昌、朱光亚、邓稼先等人把会议室坐得满满的。我一看中子出得非常多、非常好，马上拿着照片赶到会场。我举着照片说，测到了中子，信号非常好，试验成功了。大家听了集体拍手欢呼，非常高兴。因为就等着最后这个环节的消息，几年的辛苦终于有了收获！我当时的责任很大。我为什么有把握呢？因为通过速报我已心中有数，做了多年的准备，而且有很多台示波器来保证测试。我们组操作人员经过多次训练，测试技术很熟练了，所以，我有这个信心和把握。出中子太关键了，这次成功了，意味着以后就没有问题了。李觉马上就跟部里和中央报告说，中子点火技术已经过关了。只要有核材料部件，马上就能做原子弹试验，而且有把握成功。

经过一年多的草原大会战，我们科研工作一步一个脚印，扎扎实实走过来，当然这里面也有研制示波器的同事的努力。后来我参加了第一颗原子弹爆炸试验，目睹了蘑菇云冉冉升起，中国人终于自己掌握了核武器研制技术。1965 年初，实验部调整机构，成立了三十一室，我担任室主任。搞技术工作就是反反复复地练，反反复复地试验。大家全身心地投入，忘我地工作，几天几夜没有睡觉，加班加点地干，从不叫苦叫累。当年那种工作热情真是难以形容。原子弹、氢弹是怎么突破的？就是靠一种精神，一种叫作"两弹"精神的东西。

理论联系实验小组

胡思得（时任九所一室科研组长）：1962 年底，就在第一颗原子弹的理论方案已接近完成时，所里成立一个专门小组负责联系实验和生产。该小组由一室各组抽调一些业务骨干组成，我被任命为这个组的组长，组员有陈乐山、孙清和、孟兴发、朱建士、薛铁辕、苏肇冰、水鸿寿、刘嘉树、王明锐等人。

这个小组由邓稼先和周光召亲自指导。为了理论上有充分的武装，老邓和周光召分别给这个小组吃“小灶”，每星期给他们讲课2~3次。周光召讲课从不用讲稿，依靠他深厚的理论功底，推导复杂的公式时在黑板上一边讲一边写，由近及远，一气呵成，每每令大家赞叹不已。

1963年春节过后不久，张爱萍将军在北京铁道干校大礼堂做报告，动员在北京的实验、设计、生产部门科技人员向青海221基地搬迁。选定这个时候做动员报告，一是理论部于1962年底前已完成原子弹的理论设计方案，为完成“两年计划”（即争取1964年内实施核爆炸），全所有关实验、工程设计、生产的单位必须立即启动工作；二是青海221基地已完成若干基建，基本具备了开展工作和生活的必需条件。我记得张爱萍报告中提到唐朝诗人王维的送别诗里有一句“西出阳关无故人”，他说现在时代不同了，我们这么多的科技人员、机关干部到青海基地去搞大会战，应该是“西出阳关多故人”了。这首诗原文是：“渭城朝雨浥轻尘，客舍青青柳色新。劝君更进一杯酒，西出阳关无故人。”张将军是儒将，书法、摄影都很在行，他一反王维的送别伤感情调，说“西出阳关多故人”，很鼓舞士气。

这次搬迁暂时不包括理论部，但为了配合实验、生产部门工作，所、部领导决定先派我们理论联系实验组副组长孙清和，组员薛铁辕、朱建士三位随大部队前往基地。大概因为我刚刚结婚，领导为了照顾我，让我暂留北京。

随着青海基地实验工作的逐步开展，我们留守北京的同志通过保密电话与“前方”同志的联系也愈来愈频繁，他们把试验数据速报过来，我们把理论计算结果告知他们。这样的电话会议，隔两三天就有一次。遇到大型试验结果，实验部、理论部甚至所领导也会参加。

有一天晚上，周光召在科研楼楼顶的阳台上与我聊天，知道我不久即将赴西北实验基地，他语重心长地对我作临别赠言，他说：“一个有作为的科学家，不仅要重视理论，也一定要重视实验；理论和实验结果一致当然值得高兴，但有作为的科学家特别要抓住理论与实验结果不一致的地方，因为从这种地方会发现理论或实验的不足，有可能产生新的突破。”周光召的这一席话，我一直牢记在心。在此后的工作中，每当试验结果出现与理论不一致的地方，我既不沮丧也绝不轻易放过，而是认为出现了新的机遇和挑战，既思考理论上可能存在的毛病，也仔细推敲试验数据的真伪和精度，努力寻找产生问题的原因；不仅要求这些原因能解释当前的问题，而且还要确保与以前的结果不矛盾。在科学的征途上经常出现“山重水复疑无路，柳暗花明又一村”的诗情画意，每当我们揭开一个又一个的疑团，越来越多的现象为我们所探明、所理解时，心中不禁泛起兴奋和喜悦，内心也特别感谢光召给我的忠告。

1963 年 11 月，我和组内刘嘉树、王明锐等人也动身去青海，留在北京的其他同志由陈乐山、孟兴发主管。青海基地对外叫国营综合机械厂。我记得在到达西宁前的头天晚上，我们在餐车里一起喝了点红酒表示庆祝，为即将投入新的战斗感到兴奋。

到达西宁已是第三天的傍晚，我们住进西宁宾馆。宾馆里挤满了来自全国各地各行各业的人，几乎都是等待着去 221 基地报到的。当晚我们几个人被安排在一个很大的房间里，里面已经有二十来人在睡觉，香烟的烟雾和呼噜声充满房间每个角落。我们在靠近门口的位置找到了空床，连衣服都没脱就倒头躺下，由于旅途疲劳，很快就入睡了。

第二天上午我们到杨家庄办事处领了“四大件”（皮帽、棉猴、大头鞋、羊毛毡），第三天就乘火车从西宁到海晏，再转乘内部火车到厂区。组里的同志早就等候在车站，把我们接到新盖好的黄楼宿舍。听说宿舍是按苏联专家给的图纸盖的，非常漂亮，墙体很厚，保温性能好。孙清和说我们几个人的运气特好，一到厂区就能住上这么好的房子。他们来的时候，住的房子要简陋得多。有的人住“干打垒”，李觉等领导同志住帐篷。221基地所在地区海拔3000多米，冬天晚上的温度可达零下三四十摄氏度，艰苦的条件可想而知。新宿舍一共有10幢，盖好之后，李觉做出一个决定：为保证1964年的任务顺利完成，让在第一线工作的科技人员和工人先住进新楼，领导干部继续住帐篷。李觉的决定深深地感动着大家，也激励大家更自觉地团结在领导周围去克服工作和生活中的各种困难。

我们刚把行李放到床上，还来不及打开，总厂机关就有同志来传达通知——当日下午有爆轰试验，叫我们前去参观。我们当即随他赶往爆轰场地，陈能宽主任亲自在那里接待我们，陪同我们参观并作讲解。在北京我曾经参观过十七号工地，那里的实验设备和工作条件都非常简陋，而现在我看到的测试仪器和控制系统都很先进，工作条件也很不错，试验人员在井井有条地做各种准备工作。为了不打扰大家的工作，没有等“放炮”，我们就先回宿舍去了。

吃晚饭时我才第一次体会到高原的效应——我们吃的米饭不太熟。原来海拔3000多米的高原，水的沸点不到90摄氏度，所以煮出来的米饭就有点夹生。第二天早饭的馒头也是夹生的，很难咽下去。那时大家还没有高压锅，吃饭本应是一种享受，但现在却成了一大难关，作为一种任务去完成。

第二种高原反应是睡觉多梦，据说这是由于高原缺氧。刚上草原的头几天睡得不踏实，时间久了慢慢才习惯。

因为理论必须由实验来验证，去青海不是短期出差，那人事、劳资关系怎么办呢？既为了我们安心，也考虑到工资待遇，就把我们的关系转到了221基地，户口也迁了过去。开始大家也没想那么多，后来氢弹搞成功后，周光召提醒我们，你们要哪一头？我们是理论部的人，老婆孩子都在北京，当然要求回北京。还费了一番周折，好不容易才把户口弄回北京。这是后话。

我们从理论部来的几位与实验部搞理论的同志编在一起，开始叫二室五组。1964年二机部成立了第九研究设计院，221基地变成221研究设计分院，陈能宽升任副院长。我们所在的部叫实验部，部主任是张兴钤，副主任有方正知、胡仁宇、苏耀光、王义和等，党委书记是吴益三。实验部一办主任任益民主管科研生产计划，他对我们理论组特别关心，考虑到我们坐得较久，特意把我们坐的硬板凳，换成软皮椅子。后来我所在的组扩大为二十四室，章冠人任室主任，我任副主任，陈俊祥任指导员。朱建士被调到新组建的二室。

这时的主要任务是准备进行缩小比例的聚合爆轰试验。我们主要负责装置零部件的公差设计，预计试验的量程，同时在研究室内组织讲课，把邓稼先、周光召在北京的讲课内容，传授给其他同志。

进行聚合爆轰试验是为了在核装置的中心形成一个相当球对称、能汇聚在一个极小范围内的冲击波，这就要求核装置从外到内的各零部件都搞得非常对称、均匀，也就是说它们必须满足很严格的加工和装配公差要求。但这样一来零部件的废品率就较高，影响工程的进度。还在北京九所一室的时候，邓稼先、周光召、黄祖洽指导我们做了一项工作，研究什么样的波形对聚焦影响最大以及各种公差对聚焦的影响程度。到221基地以后，结合生产实际，我们又调研了哪些零部件的公差较易达到，哪些较难，然后研究对较难达到的那些公差能否适度放宽，而对较易达到的适度收紧。

经过这样的调剂，既保证了聚焦的需要，又提升了零部件的合格率。

1963 年 12 月 24 日，成功进行了缩小比例的聚合爆轰试验，试验结果非常理想，使理论设计和此前的一系列试验获得了综合验证。周光召也亲临 221 基地，参加分析讨论。

1964 年 3 月，二机部刘杰部长到 221 基地视察。那时大礼堂还没有建成，所以他在一个食堂里做的动员报告，要求全体职工按时、按质、按量、安全地完成国家交给的光荣任务。

1964 年 6 月 6 日，成功进行了全尺寸爆轰模拟试验，试验装置中除核裂变材料用替代材料外，其余都是核爆炸试验时要用的实物。试验结果非常理想。至此，成功实现我国第一颗原子弹爆炸已基本胜利在望。这次爆轰试验因为是全尺寸的，所以用的炸药较多。爆炸后的高温碎片飞散得很远，把远处的草丛点着了。实验部的领导立即组织队伍去灭火，大家拿着扫把去扑打火苗。火苗在草丛中若隐若现，扑朔迷离，刚被扑灭，一转身又在身后窜了出来。我们使劲扑打，一会儿就感到筋疲力尽，高原缺氧的反应很快就体现出来了。但在大家的努力之下，火终于被彻底扑灭了。

随着核试验日期的日益逼近，许多科研人员陆续奔赴核试验基地。朱建士作为理论组的代表，跟随实验队伍一起出发。221 基地内的形势也变得愈来愈紧张，有消息说美国肯尼迪政府要把中国扼杀在“核摇篮”里①。因此，领导决定除留一部分科技人员和工人在厂里继续完成任务外，其余人员转移至西宁与海晏之间的湟源县，万一 221 基地被毁，还能保留一部分智力。二十四室的同志被安排在一个小学里，十来个人的工作、睡觉都在同一间教室里。

---

① 1964 年成立的 221 设计分院，采取一分为二的办法是为了战备。后来国际形势变了，中央重新布局，221 设计分院这个机构失去了意义，基地的行政、科研生产还是九院一套班子运作。

我和室里少数几个同志留在厂内，除白天紧张工作外，下班后还得挖防空洞并进行演习。好几个晚上被预演的警报声惊醒，立即穿好衣服跑到自己挖好的防空洞里，一直到警报解除，再回去睡觉。

终于等到10月16日，我国第一颗原子弹爆炸成功的喜讯传到221基地。全厂上下奔走相告，一片欢腾。

1964年6月胡思得从青海221基地回京时，理论小组的同志到车站迎接并在北京站前合影（前排左起：赖东显、李荣吉、孟兴发；后排左起：于仁、刘嘉树、陈乐山、胡思得、竺家亨）

1963年，理论部完成第一颗原子弹的理论设计之后，除了一小部分人员继续跟踪它的实验、生产之外，大部分人员兵分两路，一部分探索原子弹的小型化，另一部分则开始探索突破氢弹。我们留在北京的理论联系实验小组，改编为新组建的一室一组，增加一些新毕业的大学生，有哈尔滨军事工程学院毕业的赖东显、李荣吉、于仁、李锦平，由孟兴发任组长。陈乐山调至核测试组，苏肇冰、水鸿寿调去搞氢弹探索。

1965年我来往于221

厂和北京理论部，主要参加设计探索热核材料性能的核试验装置。那年5月，我被任命为实验部二十四室副主任，但由于北京的设计工作正处于紧张阶段，直到9月我才回221厂。在室里待了两周，我又被召回北京。

次临界安全实验①

赖祖武：1964年初，第一颗原子弹的研制工作进入了冲刺阶段。为了确保核试验的成功，二机部决定在221基地组织大会战。此时正值严冬，金银滩草原气温为零下20多摄氏度，来自上海的建筑工人日夜赶建次临界安全实验用的厂房。2月份，七厂区工号没有完全竣工，701大厅粉刷的墙壁还没干，散发着白灰的气味，地上全是灰粉、木块和碎砖。在这种环境下，三室的同志就开始安装设备和铺设电缆，抢到了一些时间。当时办公家具还未到，就用装仪器设备的木箱子做实验台、元件柜、办公桌椅，还起了个名叫“箱子化”。为了确保在电子、电器、机械整个系统联合试验时不会因电子仪器故障影响进度，必须马上对设备进行全面调试和检测。我们的任务是用这套系统测出核材料在各种条件下的临界质量。这个系统实际上就是一个快中子反应堆，或称快中子次临界装置，正常工作时随着电子仪器测出的计数率低或高，控制传动结构便相应推进或后退，以达到控制核反应强弱的目的。临界质量是通过系统达到次临界状态后用外推得出的。但是联合试验一开始就遇到了困难，每次继电器触点动作时，机械设备就掉“棒”，也就是系统总认为核反应已达到了次临界，装置无法启动，试验无法进行，不解决这个问题会影响整个大型试验的进程。我在室里组织了三个小组协同作战，大家想了很多办法，当时分析是

① 在次临界安全实验中，核材料没有达到临界质量，不会发生真正的核爆炸。不同核材料的理论临界质量早已计算出来，但由于实际装置的核部件形状、块数、密度不同，周围有无中子吸收、反射材料等因素有别，具体的临界质量必须通过做实验求出，事关核武器装配、储运安全，十分重要。

继电器完成触点动作时一些电脉冲通过电源、探测器……计数仪把它当作核反应的计数，误认为达到限定值，产生了误动作。我把继电器误动作的问题叫“拦路虎”。三室刘雅君是个女同志，设法用脉冲示波器看到了继电器动作时产生的脉冲频谱，并根据示波器显示的频谱做了滤波器，问题便迎刃而解了。她火线立功，排除了障碍。当年任务十分紧迫，我们三班倒。晚上电压稳定，干扰少，工作效率高。如果晚上加班，总指挥和副总指挥，也就是我和吴当时必须在现场指挥。我们身上裹个棉大衣，不值班时就把椅子一拼躺下休息。该值班了，就起来看操作，做实验。这样倒班进行实验系统调试和人员操作训练持续了三个月，即从 4 月 30 日 701 大厅正式交付至 7 月份。通过反复演练，我们把规章制度定好了，操作也比较熟悉了，按预定计划即 1964 年 8 月份正式做实验，这和我向二机部领导承诺三到四个月后开始做实验的时间差不多。221 基地领导非常重视这次临界安全实验。当时草原实验部有两个大会战。第一个会战就是临界、次临界实验，这个实验不做，不知道安装过程中的安全系数，就没办法进行原子弹装配，这是头一关。另一个大会战就是六厂区打出中子炮的试验。那会儿 221 基地上下各个部门通力配合，全力保障这两个大会战的成功。

这次次临界实验由我担任总指挥，吴当时任副总指挥，我们组织了四个运行班，分别由吴当时、周眉清、李嘉樑、沈寄安任值班组长。每班均设有物理员、电气员、机械员、剂量员等。次临界和临界实验不是一个好干的事情，美国第一次做临界实验时就由于实验装置不完善发生了一个大事故：螺丝松动，两个半球滑动，产生了临界；快中子临界发生很快，没有办法控制，事故导致当时的实验操作者斯洛廷受超剂量照射死亡。为此，我们制定了详细的操作规程，每个人均有严格的岗位责任制，每一个操作均有明确的规定，对各种可能发生的意外事件均采取了有效的防范措施，并利用模拟材料进行了多次培训。

由于裂变物质实验的危险性和放射性工作的特殊性，要求参试人员必须严格遵守实验运行规程和辐射防护规定。我在 701 工号大厅门口，认真检查进出人员的着装是否符合辐射防护要求，督促剂量人员随时检查厅内设备环境是否污染，并及时清理以防污染扩大。出厅人员必须“单手”测量手部污染水平，凡超标者必须反复清洗去污，达标后才被放行。

1964 年 8 月正式开始第一个次临界实验。当首个浓缩铀元件秘密运抵 701 工号大厅时，朱光亚、胡仁宇等专家早已穿戴好防护用具来到现场，院领导李觉、吴际霖及各部门领导均亲临现场，在产品操作台前紧张地观看第一颗原子弹的核心部件。这是我国历史上第一次进行快中子次临界实验。当操作人员打开产品包装罐后，我戴上两层手套，里面一层是内纱布，外面是橡皮手套，这样可以避免操作过程中的污染。我亲自操作清洗、检查裂变元件，并且做了详细记录。以后，每次将核材料从储存罐中取出后，规定先用肉眼观察（戴上防护眼镜）并做记录，相互核对，接着有条不紊地进行元件的装配、调试、实验运行及物理测量工作。我当时提出了“把实验场当作反帝反修的战场”“爱护元件胜于爱护自己的眼睛”的口号，并把它贴在了实验大厅的墙上。整个实验厅的气氛就像一个战场，每个人都有明确的作战具体目标。整个实验有严密的组织，总指挥统率下的四个实验运行班，每个班设值班组长，负责全班的指挥工作；设正副物理员负责物理实验，包括核元件操作（开罐、检查、安装至遥控传动装置）、中子源操作（从源罐夹至已安装于传动装置的元件上）、作元件装配实验曲线等；设电气员保证遥控电气设备的正常运行；设电子员保证电子仪器的正常工作；设机械员保证机械传动装置的正常运行和安装；设剂量员负责每个人员的剂量监测。此外还有供电、通风、运输、安全保卫等二线人员待命。实验时，全场气氛十分严肃，总指挥在检查确认各项工作准备完毕后，一声令下，各就各位，全体人员撤出大厅。然后，值班组长听取各分组的情况汇报，综合后向总指挥报告。总指挥确认后下令实验正式开始，各岗位人员均全神贯注，通过观察仪表、工业电视、计数器声响和闪烁的指示灯来监视运行情况。

裂变元件的两个半球，分别安装在装置的固定"托盘"及传动杆上。传动杆慢速提升到预定距离后改为步进，即每前进一步就停止，经判断安全后再前进。随着两个半球的接近，中子增殖也增加，计数器的计数也加快，这时从领导至全体实验人员的心都悬起来。根据装配曲线的判断，如发现异常，值班组长可下令紧急"停堆"。一按电钮，整个系统退回绝对次临界状态。

这次实验用的是我国生产出来的第一个浓缩铀元件，意味着我们做完实验后就可以用这个元件进行第一次核试验（代号为"596"）。没有亲身经历的人难以体会我们进行实验的心情，那两块加工得像镜面一样光亮的黄褐色的半球从经济价值上讲比黄金贵重得多，但我们都清楚，这不能只用经济上的价值来估量，而是组织上对我们的信任，凝聚着党、国家和人民的期盼！我们手托的分量有多重啊！因此，我们以高度的责任感和严谨的科学态度来进行每一次操作，保证经过数十次操作而不会有一点儿划伤。

由于大家的高度责任感和事前严格的训练，加上通宵达旦的忘我工作精神，正式实验进行得十分顺利。1964 年 8 月下旬处理数据，8 月底我把整理好的数据上交总厂。这样用三个月完成了设备系统调试和人员培训，用一个月完成了产品出场前的物理参数测量和产品装配过程中的次临界安全检验任务，保证了第一次核试验用的核装置按计划安全运行。随后，我带领次临界组人员又到我国西北地区参加首次外场核试验，为第一颗原子弹爆炸成功做出了应有贡献。

通过这个实验，我国建立起第一个快中子次临界实验装置（即 621 装置），培养了一支训练有素的专业科研队伍，形成了比较严谨的科学研究作风，不仅保证了我国第一颗原子弹爆炸成功，也保证了以后各次任务的顺利完成。

任益民：次临界实验两种材料都是由实验部三室赖祖武他们负责，实验效果比较好，对理论部计算物理模型很起作用。什么状态下就会达到超临界？安全要出大问题。研究的就是这些。应该说这个工作做得很漂亮。次临界实验第二种材料我也带队去 404 厂做过。1967 年深秋，“文革”中间“一月风暴”“夺权”后 221 厂也很乱，草原两派组织斗得很凶，“武

1964 年 221 基地各个部门的科研人员开始原子弹研制攻关的大会战

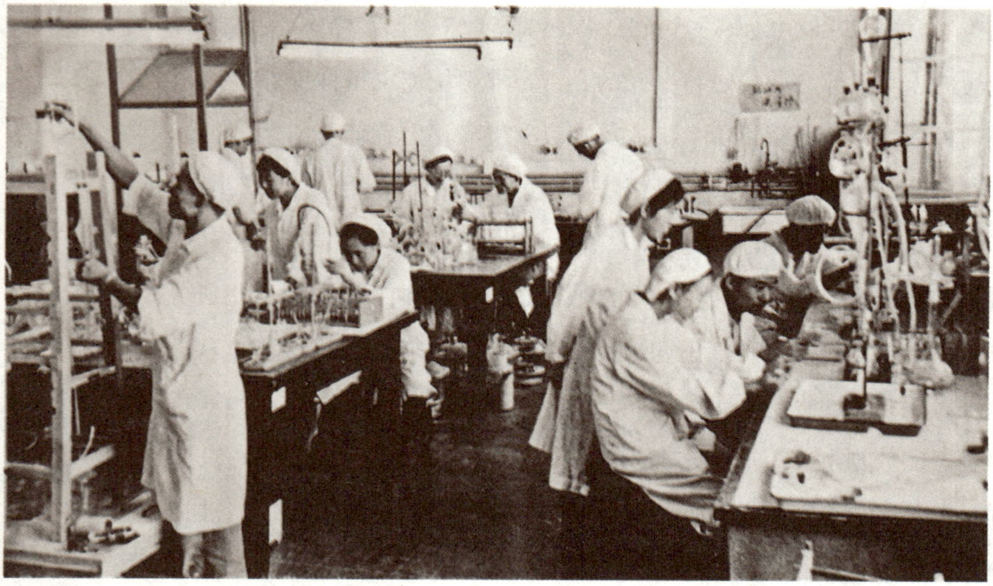

斗”了几次。年底要做一次威力更大的氢弹新原理试验，404 厂在内球的加工、装配中急需保证次临界安全。那会儿胡仁宇是实验部副主任，他和别人商量后，有一天他专门对我说：“老任，这次老赖‘靠边站’，去不了，这事恐怕非你去不可，带上七厂的人去一趟 404 厂，把任务完成。”我说，工作最重要，两派再闹腾，工作也不能耽误。那次去 404 厂，祝麟方是车间主任，吃的住的他都安排得很好。设备是实验部三室带去的，集体讨论出方案，具体操作靠三室那些人。他们在 221 厂搞第一种材料时，土法上马，完成试验任务。这次搞第二种材料更是剧毒，两个半球用手拿，合起来做，中国当时的条件就这样。我们去了一个多月，最后根据实验结果写出了报告，顺利完成了任务。404 厂的祝麟方也为实验做了很大贡献。

设计部的工作

设计部机构

章庆权：1963 年春我于山东大学化学系电化学专业研究生毕业，4 月底从济南来到首都北京，到二机部北京九所报到，研制和使用化学电源。那时，九所科研体制四大部成立不久，即理论部、实验部、设计部、生产部。当时化学电源是一个课题组，隶属于设计部十五室二组。

1964 年 3 月，二机部成立第九研究设计院。接着在北京的全体人员（理论部除外）第二批迁往 221 基地。1964 年初设计部机构大调整，设计部主任龙文光，副主任除了疏松桂、俞大光外，增加了黄国光、姜靖、张敬植，党委书记牛广增。设计部负责引爆控制、总体结构、环境试验和遥测技术，这些都归郭永怀副院长领导。设计部下设十五、十六、十七、十八四个研究室。十五室是引爆控制系统和遥测系统研究室；十六室负责武器总体结构；十七室负责核装置结构；十八室负责场外试验。不久十五室分成五室和十五室：五室主任空缺，副主任是邱祖荫、惠钟锡，指导员是杨忠胜；十五室主任是赵修贤，副主任是程洪涛，指导员是徐世忠。十六室分成六室和十六室。十七室任务不变。原十八室撤销，人员调到总厂机关七处，即场外处。新成立十室，负责装备设计。

设计部十五室下面的一组为引爆控制系统组，组长是惠钟锡，组员有黄慧娜、王树棠、瞿寿德、高深等人。二组为低（电）压部件组，组长是邱祖荫，副组长有许宏温、李忠强。三组为高（电）压部件组，组长是祝国梁，副组长是王铁铮。四、五、六组分别负责天线、无线电引信、气压引信、遥测系统等工作。

老十五室分成五室、十五室以后，我所在的化学电源课题组成为五室一组。当时一组组长是李忠强，副组长是李彦祥，组员开始有十来位，以后又陆续来了一些新同志，科研队伍扩大了，先后到组的成员有郑万芬、左绍禹、刘俊琴、杨希仁、刘杰生、郭仲桃、章庆权、张曼昭、马克忠、黄斌、王义、方思林、王春笃、马俊杰、陈宇声、江协琴、管新凯、成福时、何建华、李献瑞、宋爱华、陈玮如。我们既要研制产品，又要参加国家试验，工作任务饱满充实。

化学电源研制

章庆权：化学电源，就是人们通常所说的电池，是一种把化学反应放出的能量直接转化为电能的装置。电池为引爆控制系统和遥测系统供电，是启动整个核武器的始发电源，要求它重量轻、体积小，能大电流放电，能经受核武器可能遭遇到的苛刻的环境条件，有较长的储存寿命和高度的可靠性。经过调研，我们决定采用银/锌电池。为了加快研制进度，开始靠与四机部十四院十八所协作，后来在原有制造工艺的基础上我们自己进一步研制。银/锌电池是当时性能较好的一种电池，当然还需要改进和提高，它的优缺点我们下面还要谈到。

当时我一度不安心工作，原因是我主观上认为工作太简单，大学和研究生时期所学的内容大都用不上，逐渐荒疏和遗忘了，感到思想苦闷。还在北京的时候，我向设计部副主任兼十五室主任俞大光汇报思想，请他指点迷津。俞主任说，他理解我的心情，他也是从高校调来的，高校重视基础理论，但精通理论的目的在于应用。他认为我的工作安排是合适的，不要把工作看简单了，银/锌电池的性能需要改进和提高，新的更好的电池有待我们去开发，特别是要调研和跟踪美、苏核武器所用电池的情况，我们应不断提高和创新。俞主任恳切希望我安心工作，发挥自己的作用。他的谈话对我帮助很大，部、室其他领导，如疏松桂、邱祖荫、许宏温、李忠强以及电池组内同志们对我的关心和热情帮助使我感受到集体的温暖，特别是使我认识到我们工作的极端重要性，我逐渐安下心来。现在回忆起来，要感谢当年的领导和共事的同志们。

银/锌电池的优点是它的比能量和比功率（单位质量的电池所能放出的能量和放电的功率，以瓦·时/千克和瓦/千克表示）以及能量密度和功率密度（单位体积的电池所能放出的能量和放电的功率，以瓦·时/升和瓦/升表示）都较高，电池可以做得既轻又小，能大电流放电，能经受苛刻的环境条件考验，安全可靠；但银/锌电池的储存寿命较短，使用又不够机动，难以满足武器化的需求。

为了改进银/锌电池的性能和研发新的电池，我们在221基地以及其后的时期做了大量的工作，主要有：（1）刘杰生、杨希仁等研制的干荷电银/锌电池。该电池用于导弹核武器试验，为核弹头内的遥测系统供电，电池能经受更为苛刻的环境条件考验。（2）王义、马克忠、马俊杰等研制的一次性干荷电银/锌电池。这是一种自动激活的储备电池，提高了使用机动性并延长了电池的储存寿命。(3) 刘杰生、王春笃等研制的双极性干荷电银/锌电池。其优点是把电池的能量密度和功率密度提高了一倍左右，做成的电池体积可缩小一半并改进了其他性能。(4) 陆瑞生、王义、成福时等研制的热电池。我们查阅国外文献，了解到美国核武器所用的电池主要是热电池。它是一种自动加热激活的储备电池，其突出的优点是有较长的储存寿命，使用机动，适用于各种先进武器的始发电源，能满足武器化需求。热电池的研制成功开拓了一个新领域，为电池组其后的工作创造了条件。

以上我们独立研制成功的电池，第二种电池因故未实际使用外，都装配在各种类型的核武器上，圆满完成了历次国家核试验任务。

同其他同志相比，我做的工作较少，只参加了上述第一种电池的研制和热电池的文献调研。讲到热电池，我们还碰上了一点机遇和幸运。如前述，我们一直想知道美国核武器所用电池的情况，但不清楚通过什么渠道去探索。一次，一个外组的同志与我们谈起美国核武器的科研机构，有洛斯阿拉莫斯、利弗莫尔、奥克里季（橡树岭）、圣地亚等国家实验室，其中圣地亚国家实验室是研制核武器中的非核系统和部件，与我们设计部五室、十五室的工作相当。受此启发，我试着查阅美国的特种文献——圣地亚科研报告。想不到一查就灵，有一篇综述报告回顾了美国核武器电池的历史沿革，新近使用的是该实验室研制的热电池。更可喜的是该项技术正好解密，科研报告陆续披露发表。这些资料新颖、翔实、完整，很有参考价值。于是领导决定成立热电池课题组并让我们逐篇翻译圣地亚的资料作为参考。后来我们工作很顺利，不久就研制成功质量较好的热电池并付诸使用。热电池研制成功主要是同志们的辛勤努力，也得益于我们及时得到的文献资料。多年后回忆这些往事，我仍感到十分欣慰。

1965 年 9 月 9 日 221 厂设计部 103 车间[①]电装组欢送曾德荣、强玉英合影留念（前排左起：陈训富、刘恺、曾德荣、强玉英、王贻玲、金锦□、朱荣根；二排左起：刘祖妹、常淑贞、□秀英、孙容娇、李玉兰、赵连雨；三排左起：缪盘根、王化魁、卢长山、史信法、张庆生、胡香生、许德强、刘长海；后排左起：李长发、潘世中、卢学友、李德安、陈士达、夏英贵、黄开顺、卢建先）

参加“第九作业队”

刘敏：1965 年春的一天，设计部副主任疏松桂把我叫到他的办公室，办公室里还有设计部党委书记牛广增，当面宣布我被分到我国首次空投原

① 103 车间原属设计部，1965 年后划归第一生产部。

子弹试验的“第九作业队”工作，参加代号为“2923”的试验准备工作，我属于“系统组”。

从那时起，我就在系统组统一安排下工作了。系统组组长是疏松桂副主任，他是1955年从美国回国工作的，后来从中国科学院自动化所调到九所；副组长是惠钟锡，他是从苏联回来的留学生。我听到领导对我的安排后，一方面感到很荣幸，另一方面也感到责任重大——那可不是轻松的任务，出了一点差错将会造成不可挽回的后果，甚至可以说是“犯罪”。疏主任理解我的心情，他说，关于电子器件部分，惠钟锡会安排人帮助我。如果发现组件有问题，他们会将备件换上去，让我不必担心。从这个时候起，我就特别关心引信传感器的特性，因为空气动力的计算与误差分析、气象与弹道误差修正等工作，我们已经做了准备，况且我还参加过“2912”试验，这些都使我更有信心去完成分给我的任务。

3月下旬，第九作业队下属的系统组要进入二分厂的215总装车间，对核弹的引控系统进行联试。我们的工作证的进入范围规定只限于进到总厂和一分厂105大楼，其他地方是不允许去的，每个重要部门都有警卫团的战士把守，验证后才能放行。设计部大楼保卫如此严格，其他重要地方也如此，何况215总装车间是核弹装配的要地！

进入总装车间，除了警卫战士验证外，保卫部派到车间的工作人员还要核对先前报上来的人员名册，每人签到后才放行。在名单上参试的系统组人员有疏松桂、惠钟锡、乔怡、王树棠、梁玉舟、潘吉安、帖玉祥、刘敏及刁粉宝等人。此外，还有负责遥测任务的刘德山、顾念怀、周书年、葛俊新、高殿华、李希华等人。除了我不是五室的人以外，他们都来自设计部五室与十五室，由于工作关系大家凑在了一起，渐渐地都熟悉了起来。

陈能宽副院长是第九作业队的总技术负责人，在我们对系统进行测试的那天晚上，院办通知我们，他要来检查工作，希望大家做好准备。大家都知道他工作作风十分严谨，每个细节都会问到，因此，我们对每个环节都认真地进行了检查。我们正在对系统进行测试时，不知什么原因，突然车间停电了。要知道总厂已三令五申不准在这段时间停电，尤其对二厂区，停电会出大问题。当时215车间的主任是沈国峰，他是从沈阳飞机制造厂总工艺师岗位上调到这里的，他立刻用电话询问了电厂，并将情况汇报到院办，要求恢复供电。在等待来电的那段时间，车间内一片漆黑，什么也看不见。车间内没有凳子，大家又不能离开，只好爬到核弹包装箱上面等待。不到半个小时的工夫，陈能宽带着院办负责人王炎，打着手电一同到215车间视察，他用电话通知电厂厂长，并用严肃的口吻命令他立刻派人查明原因，尽快向215车间送电。不久电厂向二厂区送电，215车间灯火辉煌，系统测试台也恢复了工作。这时，陈能宽仔细地询问了惠钟锡测试准备工作中尚有什么问题需要解决，当得到满意的回答后，他脸上露出了笑容，这时大家才松了一口气。来电后，系统联试一直持续到半夜才结束。不久，厂里发出通知，要各部门仔细回顾一下，出厂的“产品”还有哪些问题，请尽快提出，报告了就是好事，不会追究个人的责任。

1965年3月25日，系统组出发前，疏松桂主任对全体人员做了动员与防止泄密等事项的报告。这次参加“2923”国家核武器试验的地点仍然是酒泉基地的14号地区，我们将在那里完成核弹总装，并经过测试后，按要求调整好引控系统各个部件，将核弹送至停机坪上实施挂弹作业，将核弹直接送入轰-6飞机的弹舱。

第一生产部的工作

解决原子弹攻关难题

谢建源： 1964年3月初，我作为九所四室先遣队成员先行到达221基地。四室负责核材料性能和加工工艺研究。北京的大队人马来到之前，我们当“力工”打杂。那时 102 车间基建尚未完工，还没交付使用，而“596”任务中 4 号部件还没有突破技术关。所谓 4 号部件，形象地说就是要求浇注一口“完美的大黑锅”。而 4 号部件的材料则是由低熔点石蜡与碳化硼按一定的配比熔化而成的。在北京时四室三组曾攻关此项技术，当时是按缩小比例来做试验的，想通过控制冷却速度来达到目的，他们把北京市面上所有的恒温水浴设备抢购一空带到草原。实际上样品壁厚越薄、尺寸越小越难浇注成功。102 工号未交工，又急着研制 4 号部件，基地领导决定将三分厂（当时十厂区）中央实验室的几间实验室先借给我们使用。我们打扫清理实验室，对运来的仪器设备拆箱、清洁、安装就位，等着大队人马一到就可投入试验。我知道石蜡能慢化中子，碳化硼的中子吸收截面较大，两者混在一起对核装置起什么作用至今我也不清楚，不过往后的产品中再也没有用到 4 号材料，看来它也没起到什么作用。后来剩下了几麻袋的美国进口石蜡，在“文革”“武斗”时厂区经常停电，它们就被浇注成大根的蜡烛作照明用了。

4 月初，车间主任何文钊通知我们去甘肃 404 厂实习的手续已经办妥了，让我们仍按原定的计划到 404 厂实习，我们收拾行装离开草原。“会战”似乎与我们无缘。

我们在 404 厂实习的内容，其理论已在学校的专业课中学过了，到此只是了解这些工艺流程如何实现，完成实习任务没有压力。可是好景不长，6 月下旬，杜挺接到朱光亚打来的电话，要求我们马上回草原，有紧急任务。恰巧有一趟运送 5 号部件到 221 基地的专列，我们正好搭“便车”回厂。这趟专列是我国第一次运送核部件的专列，密级很高，运送的是我国第一颗原子弹试验裂变材料的核心部件，专列挂有软卧车厢。车上方方面面的领导很多，技术人员却很少，我们被“抓差”到产品车上定时检测辐射剂量，产品车上别说软卧，连硬卧都没有，我们只能待在列车员待的小间里。专列每次停车都有军代表送水送吃的，列车通过车站时，站台上总有护卫人员，我们在严密护卫下回到青海草原。

102 车间副主任宋家树告诉我们，之所以让我们回来，是因为发生了核材料燃烧事故。燃烧事故造成 80 多人住院，主要症状为头晕、恶心、昏沉沉，后来分析原因，是四氯化碳（麻醉剂）中毒所致。事故使得工号受放射性污染，生产被迫停止。我们的任务就是解决加工产生的 8 号切屑应如何处理的问题，以保证储存和运输时的安全。为此成立了 4 人小组，由我负责，当时我还是未转正的见习技术员，真是“赶鸭子上架”。随着试验工作的展开，人员也不断在增加，燃烧事故后厂里曾组织技术人员进行试验，研究 8 号切屑发生自燃的原因，初步结论是“新鲜”的 8 号切屑化学活性高，浸泡在四氯化碳中会发生化学反应，切屑浸泡在四氯化碳中逐渐变成很细的泥状物，这样的“黑泥”暴露在空气中就会自燃。

8 号切屑的处理非常重要，它不仅仅影响第一颗原子弹研制进程，以后只要在 221 基地进行核武器研制、生产都必须解决 8 号切屑处理问题。我们提出了“水法”处理的方案，经过反复的思考与讨论，我们认为只要保证在加工过程中临时储存和运往回收工厂途中的安全，不着火不出事故即达到要求。任务要求逐渐明确，我们四个刚毕业的大学生，在既无场地也无设备条件下，只有“白手起家”边摸索边干。没有场地，车间西边空阔的草地，简单铺上塑料布就成了小实验场；锯一根不锈钢管当搅拌棍；根据自己设计，请师傅加工一些简单的试验设备，如真空管夹、蒸发盘、料铲等，因陋就简用土办法进行试验，取得数据。当务之急是先把原先泡在四氯化碳中的几十桶上百公斤已成“黑泥”的铀屑进行处理，尽早消除隐患。经研究并通过小型试验，决定用硝酸将其溶解为硝酸铀酰，溶液倒入专用的运送放射性液体的容器并运往包头202厂。

为了临时存放装有切屑（浸泡在四氯化碳中）的几十个不锈钢桶，我们在车间西边100米处突击建造了两间约10平方米的小平房，这就是切屑处理场。我们把桶搬到小平房外，“倒掉”四氯化碳，加入溶解所需的硝酸，不停地搅拌直至完全溶解。经过我们的“苦干”除掉了隐患，但经检测，我和几个操作人员从头到脚放射性剂量均超标。我们把工作服、鞋、帽、口罩、防护眼镜全部“丢弃”，浑身上下洗了很长时间，打了好几遍肥皂，总担心洗不干净。

对于加工产生的大量切屑，只要没有空气没有氧，它就不可能燃烧。我们设想，如采用真空低温干燥去掉水分，在真空状态下储存运输不就安全了吗？经过试验证实这是可行的，于是立即付诸实施。经过一段时间实践，202厂反馈回来的信息说，他们在开罐取切屑回收时，仍有少数罐在打开时发生自燃。经查阅资料得知，铀的储存应避免缺氧有水（湿气）状态，这个认识对今后核装置出厂储存状态有重要参考价值。我们放弃了真空储运的方案，干脆对产生的切屑不做处理，放在桶中自然蒸发去掉水分，空气中氧和铀反应生成的保护膜八氧化三铀阻止进一步氧化腐蚀，待冬季到来时往桶中倒入水，将切屑冻在冰块中，这样运输就安全了，对回收也不产生影响。只有对处理对象的属性有了深刻的认识，你才能得心应手地根据天时地利人和的具体条件，采用最简单最经济的办法达到目的，真是“知者不难，难者不知”。

从文献调研中得知，在国外切屑燃烧也是一个大问题，而且往往难于预料和控制。我们在大量试验的基础上，提出了防止铀切屑燃烧、灭火、储存和运输的多种方案，使得8号材料切屑处理得到圆满解决，并对今后铀屑的处理有重要的参考价值。

由于我们克服困难积极创造条件，有不怕苦、不怕累、不怕放射性的艰苦奋斗精神，工作取得了突出成绩。当年我们的小组被评为第一生产部学习毛著的先进集体，我个人被评为“标兵”好组长。

想当年我们可以说是全身心投入到工作中，没有上下班，双职工都分别住在单身宿舍里。每天早上，我们醒来穿好衣服即步行到一厂区 102 车间，在车间洗漱后到食堂买二两稀饭，吃烤馒头片，然后立即投入工作。中餐、晚餐根据实验情况，抽出两三人一起拿着大锅把饭菜打回来，大家再分别或一起就餐。每个人月初都把发的保健票、自己买的食堂饭票放在我办公桌的右边小抽屉里，谁去食堂打饭谁自取。晚上，大家基本都留在办公室查资料，处理试验数据或学习外文。我们的办公室在三楼，而宋家树有一段时间要“守着”某特殊材料，也暂住在三楼的另一头尚未启用的实验室中。他经常到办公室来听我们汇报试验结果，帮我们分析总结，指出下一步试验方法，还在其他方面给我们释疑，让大家受益匪浅。晚上 10 点后大家三五成群边说边笑步行回宿舍睡觉。这样的生活周而复始，似乎没人觉得单调，现在回想起来更是觉得那些日子过得很踏实、很愉快、很有意义。

20 世纪 60 年代 221 厂第一生产部 102 车间

1964 年 9 月中旬 221 基地开始挖防空

洞，拉空袭警报，进行防空战备演习，重要图纸资料设备也开始疏散到外地。10月16日我国进行了首次原子弹试验。试验的主要目的是鉴定原子弹装置理论设计的正确性和结构设计的合理性，以及各系统动作的可靠性，测定核爆炸总威力和核装料利用率，观测核爆炸影像。试验在新疆罗布泊试验场进行，原子弹（核装置）的代号为“596”。它是按内爆原理设计，核装料为高浓铀-235，核爆炸装置重量为1.55吨，爆炸实测威力为2.2万吨TNT当量。试验获得圆满成功，它标志着我国已经掌握了自行研制原子弹的能力，并能实施核试验，是中国核武器发展史上的第一个里程碑。

热核材料加工、储存

谢建源：轻材料的化学活性极高，空气中少量湿气也会使它变质，它的粉尘被人体吸入后，会导致人咳嗽不止，人体组织也会呈碱烧伤。为了保证加工材料不变质，几乎所有的操作都在有保护气氛的手套箱内进行，压制也是在密封桶中进行的。热核材料加工、储存过程中变质和安全问题十分重要，由我担任组长的安全组负责研究和解决这些问题。我们过去对它的认识如一张白纸，要研究它的燃烧、灭火、粉尘爆炸以及变质的规律确实是困难重重，没有试验方法可借鉴，没有试验的仪器设备，也没有试验的场地，什么现成的条件都没有，只有自己创造条件，群策群力，因陋就简，以“土”代“洋”，逐步开展研究工作，从定性、观察性的试验逐渐过渡到半定量的试验。我们做轻材料粉尘爆炸试验时，拣来废弃不用的手套箱，用M8螺钉紧固成很结实的有机玻璃箱，用它模拟加工时的密闭手套箱，进行爆炸试验。我们把吸尘器排气端接到手套箱充当鼓风机，以扬起轻材料粉尘；用可调变压器加热箱内的电阻丝模拟热源。先扬尘后加热电阻丝，大约半分钟即发生了爆炸，箱盖的M8紧固螺钉被切断，上盖板被抛出五六米远，让我们见识到轻材料爆炸的威力。当时试验就在102

车间西边的草地上进行，不知是谁走漏了消息，负责轻材料加工的工人师傅们都在远处观看，大家得到共识，粉尘爆炸的安全问题不可小视，必须研究怎样保证加工时手套箱内粉尘不爆炸。经过试验和分析，我们认为只要手套箱内气氛中氧含量低于某个值时就不可能发生爆炸，于是设计了一个小型玻璃爆炸球进行反复试验，终于找到了控制箱内气氛中氧含量的数据，并找出手套箱内氧含量的测定方法，机加工防粉尘爆炸问题圆满解决。在轻材料部件刚开始进行加工时，工人师傅都希望我们在机床边陪着，他们才能安心踏实地进行加工，他们说：“谢建源来了我们才放心加工。”总之，安全组进行了大量试验，很好地掌握了轻材料粉尘燃烧、爆炸后的变质规律，提出了加工中的一套安全措施，保证了热核部件攻关的顺利完成。车间安全组还负责轻材料原料、半成品、成品以及加工过程中产生的废料的贮存和保管，保证其不变质和安全，杜绝“混料”。在热核部件首次正式投产时我还负责生产技术的管理和调度，对保证攻关进度起

221 厂第一生产部 102 车间正门

了突出作用。

第一生产部 102 车间功不可没，因为在核装置研制生产中，102 车间负责了 8 号部件的精加工、甲球的内球组合件的组装、核点火装置的生产、热核部件的生产、乙球的组装等任务。基地保卫部的口头禅说：“102 车间是核心中的核心、要害中的要害。”难怪每到关键时刻 102 车间门前的小车络绎不绝，各方面的领导都来“光顾”，此时 102 车间的人都心照不宣，我们知道离国家核试验为期不远了。

第二生产部的工作

第二生产部机关

刘振东：草原大会战开始以后，1963 年下半年成立了第二生产部党委，书记张鸿江，政治处主任肖光，厂部办公室主任黄元德，保卫科科长胡伯鑫，行政科科长徐智明，劳资科科长孟庆兰，生产科科长詹文林，技术科科长高殿生，技安科科长周怀德，器材科科长杨守约，财务科科长叶定松，设计科科长张云亭。

当时第二生产部下属机构及主要领导如下：201 车间主任裴兆麟，指导员贾安国；203 车间主任刘振东，指导员俞仙芳；207 车间主任李必英，指导员徐光大；209 车间主任左汝良，指导员袁治平；229 车间主任郑绥仁，指导员赵铭东；215 车间开始属设计部，后来归第二生产部，主任陈家圣（后任二二一厂总工程师）；216 机修车间主任胡振兴，指导员姜仁；218 理化室主任赵瑞禾，指导员李书华。

第二生产部车间与工号

刘振东：我先按顺序说一下第二生产部下属的车间和工号。第二生产部下辖 201、203、207、209、215、229 车间，以及 216 机修车间和 218 理化室。有的车间下辖两个工号，有的下辖一个工号。201 是炸药浇注成型车间，203 是炸药加工、检测、裱糊车间，207 是炸药和核材料元件组装车间，209 是炸药压装车间，229 是炸药元件机械加工车间，215 是产品总装车间，218 是炸药理化分析室，216 是机修车间（负责全厂设备维修）。开始名称经常变动，根据事业发展，吴际霖厂长按生产程序、按科研步骤划分车间和工号。“文化大革命”开始后就乱套了，军代表来了就进行了调整，军代表走了又改过来。我后来负责的 203 车间人员最多，有 100 多号人；厂房面积最大，占了二分厂（第二生产部）半个厂子。车间下面有两个工号、两个产品库，还有一个专门对炸药切割采样的工号（原先设计

20 世纪 60 年代技术人员和工人群策群力攻关

的废品破碎采样工号，有圆盘锯床），一共五个工号。人家都是一个车间一两个工号，我们车间包了半边天。不是说我老刘一个人本事多大，当年搞螺旋装药和炸药浇注，分来的大学生和工人没有一个干过。有些工人在东北工厂学习螺旋装药，还是我亲自教的。

第二生产部厂房最初是苏联给的设计图纸资料，后来依据国内五机部（兵器部）炸药厂的图纸设计的。厂房建筑本身来讲没什么特殊性，符合火工车间生产要求。当时苏联给我们的设备相当落后，我们见第二生产部工装设计清单中，没有几项新设备，他们还把 1938 年的老式设备米哈伊洛夫锅给了我们。为保证炸药元件装填密度的要求，必须革新技术。我们 1960 年 12 月份就在十七号工地开始用真空浇铸的方法，在当时世界各国来讲，那是比较先进的，可惜没申请什么专利，那时候也不懂什么叫知识产权。当年是我提出的真空浇铸方案，由宋国庆具体设计。宋国庆后来任二二一厂一分厂副总工程师，享受国务院特殊津贴。当年调来的这批人，像我们车间主任一级的在 221 基地都能独当一面。

209 车间开始用 100 吨和 200 吨的压机压传爆药柱，以后用的压机是 2000 吨压机。为什么我们上 2000 吨的呢？因为当时苏联设计是以炸药浇铸为主，而我们考虑以压装炸药为主。压装炸药可以提高密度，相应爆速可以提高，还能够满足核武器小型化的要求。浇铸炸药满足不了核武器小型化需要，第二生产部这一点考虑得比较长远。

我们 203 车间主要负责测炸药密度，用苏联提出的那个称质量用的吊钩称，500 公斤可以差十几公斤，不适用于精密测量。我提出改用特制的 500 公斤天平，使误差达到万分之一。还有原来设计用铁平台，而我们浇注炸药最害怕铁，于是后来改用铜平台。我还负责元件裱糊，元件裱糊要求比较细。怎么讲呢？它和绣花差不多，是细微的手工作业。

真空浇铸炸药后来又有较大的改进，这一点要感谢201车间的设备改进。当时我们还用手工搅拌，它那里已经采用自动机搅拌，201车间参照宋国庆的设计改成了自动搅拌。炸药有时候还必须靠手工搅拌，要不然它冒口本身凝固，会影响质量。所以手上的功夫劲儿必须掌握好，什么时间搅拌和周围环境很有关系，和风速的变化、室内外温度的变化都有关系，搅拌时还要求室温在25摄氏度以上。工号里面的温度和热带差不多，而且潮湿得很。

我们用的黑索金炸药全靠苏联进口，TNT炸药国产自给有余。炸药元件运输有特殊要求，有专用设备箱，防静电、防强烈震动、防撞击，雷雨天尽量减少运输。押运人员工作服尽量穿棉织品，少穿化纤和毛制品。实验部六厂区发生过好几起雷管爆炸事故，大部分是由静电引起的。

早期设计第二生产部时，苏联人给炸药元件成型、检验的203车间编制只有29人，技术人员不算。我赞同苏联专家配备的人员编制，为什么呢？我们车间需要倒班，两台X光机倒时间，检查产品要翻转重新定位，机器散热也要休息，人员不需要太多。后来我们车间有六七十个人，当时201车间有十三四个人；207车间有十二三个人；218是化验分析室，有十几个人；216机修车间有十几个人；209车间也有十几个人。1967年“文革”时军代表来了，我们203车间达到100多人，其中军工占的比例大。关键是1964年以后来了很多人，当时考虑四川902地区开始筹建新基地，调来的人先在这里过渡一下。1965年、1966年是221厂来的人最多的时候，分到二分厂的大部分是五机部123、524、724、672兵工厂的工人。这里应该承认，有些老工人调来不对口，像装配车间搞火工的有几个人就行，人多了插不上手。最后调来一个八级钳工朱深林，因为炸药本身附属于金属结构装配中的关键部件之一，他调对了。像我们1965年开始考虑到后备力量，车间有三个主任。

1964 年，为了保证新疆核基地成功爆炸第一颗原子弹，总厂在第二生产部 207 车间北面广场建了一个地下装配室，有吊车，有装配架，目的是练兵，让大家更快更好更熟练地掌握核试验现场的装配技术，为试验成功创造条件。这个地下装配车间是半埋式的，一般人注意不到，现在还在。

浇注原子弹炸药部件

刘振东：1964 年上半年，第二生产部副主任吴永文，201 车间的我和郑绥仁，操作工人赵镇宇、邓炳林，辅助工人王文广六个人，亲自为第一颗原子弹炸药部件加工检测。当时车间灯火辉煌，我们夜以继日地工作，精益求精、专心致志地加工和检测。说实话，第一颗原子弹能经过我们亲手制造，让我们倍感荣幸。

1964 年 10 月 16 日，第一颗原子弹爆炸成功。随后我们迎战氢弹研制生产任务，大家情绪高涨。这个时候，221 基地的生活环境有了大的改观，可以称为 221 基地的黄金时代。职工上下班有火车、汽车接送。干部定量由每月 28 斤调为 31 斤，食堂保健吃细粮，又开始发放事业费。文艺和科技两个图书馆常常坐满读者。因保

20 世纪 60 年代第二生产部 203 车间浇注原子弹炸药部件

1965年10月16日庆祝原子弹爆炸成功一周年，第二生产部203车间全体职工在221影剧院前合影

密的限制，科技人员查阅资料多限于厂内，不便与外界沟通信息，所以不少人自费订阅期刊，一时成为风尚。

221 基地比较注意劳动保护，茶水、糖水免费。当时保健分甲、乙、丙、丁四档，保健有时发钱，大部分时候给奶粉和罐头。我们炸药浇注工作实行六小时工作制，不是八小时工作制。

过去我们在沈阳老厂时，两年体检一次，到 221 基地因特殊情况一直到了 1965 年后才开始检查身体，到 1968 年终止。这个体检也有漏洞，车间的工人我最清楚，有些人有病也没有检查出来。

1965 年开始，中央战略调整，搞三线建设，在四川筹建 902 基地。221 厂人员陆续调出支援 902 地区，这里又成了培养骨干力量的地方。

核试验花絮

参加原子弹空投试验

百分之百是 5 号元件

赖祖武：第一次原子弹试验“596”爆炸成功后，紧接着进行空投原子弹试验，这次核试验的代号“2923”。1965 年 4 月的一天，我带着陈早林到总厂机关参加第二次国家核试验出场前的专业会议，李觉、吴际霖、朱光亚、陈能宽等领导要求我们万无一失地做好出场前的各项准备工作，并等待出场通知。我在这次试验中担任次临界安全及中子源组组长。为了检查中子源是否受到振动冲击导致聚焦偏离以致点不着火，专门设计了检查设备，由高国桐和周裕清具体实施。以后这套设备移交给航弹生产部门作为正规检验的手段。

当时，作为产品现场装配安全环节控制的主要负责人，我身上压力之大可想而知。我提前到了甘肃酒泉基地，产品装配现场戒备森严。在产品装配、验检、移交后续环节之前，为了安全，没有我的允许，现场保卫人员不会让任何在场人员靠近产品。试验前工作有条不紊地进行，我严格把好各个关口。

这次试验中，我们组原来只负责次临界安全，兼保管核元件。当产品装配好，装上弹舱，飞机即将起飞时，在现场指挥的刘西尧副部长突然向我提出一个问题：“装在弹上的究竟是5号元件还是8号模拟元件?”我当时毫不犹豫地回答：“百分之百是5号元件。”我之所以敢于这样回答，是有充分依据的。一是有装配前的检查测量的数据；二是有装配前元件的表面观察记录；三是有一套十分严格的元件保管和交接制度。原子弹空投试验获得圆满成功，我和在场的参试人员及酒泉基地官兵一起参加了庆功宴。

到巴丹吉林沙漠

刘敏：我们设计部系统组全体人员乘普通列车前往酒泉空军基地。这样一群衣着、年龄各不相同的人，采取这样的出行是十分普通不过的了，绝对不会引起人们的注意。我记得当时“2923”系统组由组长疏松桂，副组长惠钟锡，组员乔怡、王树棠、帖玉祥、李彦祥、梁玉舟、潘吉安、刁粉宝和我等十几个人组成。此外，还有总装、遥测、场外、后勤等多个组。

1965年4月1日，我们从西宁火车站乘坐开往兰州的列车，于当日下午到达兰州，入住盘旋路附近的兰州饭店。第二天我们乘大轿车到兰州西站后，改乘到酒泉的慢车并到达清水站。到达时已是夜晚了，我们在基地设在清水的接待站内住了一晚，第二天转乘基地的列车到达“14号”。

坐落在巴丹吉林沙漠边缘、弱水河东面的“14号”，是我们熟悉的地方。1965年4月，先于我们到达基地的第九作业队后勤保障部门及场外试验单位为我们安排了住处，发放了劳动布的工作服、白色大褂、白色球鞋等用品。我们系统组集中住在三个大房间，以便于工作。因为开始工作后，作息时间不见得能与其他组协调。其他组有总装组、场外组、后勤组、保卫组和工作队办公室等。负责安全保卫工作的人员是北京公安部派来的几位干部，还有负责保卫工作的副院长乔献捷。他们与我们生活在一起。当时工作队还有临时党委，牛广增是书记。

“14 号”作为空投核试验飞机的起降机场，这里距新疆核试验基地附近的空投核弹的“阳平里”有 1000 多公里，我们系统组的测试平台及工作间与总装车间在一个新的厂房里，它距停机坪不到 1 公里。中央派张爱萍将军全面负责核试验工作，刘西尧、李觉与兰空副司令员袁学凯将军配合工作。陈能宽是第九作业队的总技术负责人。

从 4 月初到达“14 号”机场后，我们将专列运来的设备安装在总装车间，并逐一进行了调试，准备对弹上引控系统进行测试。基地根据有关情报的报告，美、苏可能对我国核试验进行“绝育式的攻击”，这里除了加强戒备外，还挖了防空壕，进行人员疏散防空演习。第一次听到警报器拉起的声音后，我们与“14 号”的解放军同志一起沿着指定的方向进行疏散。解放军同志全副武装，有序地、安静地分散到他们指定的防空壕，并迅速地向四方转移，与真实情况一样。我们也在跑步，沿防空壕向外疏散，跑不远就卧倒在防空壕内，但我们毕竟不是军队，显得乱一些。这次空袭演习后，指挥部总结了搜集到的情况，又进行了一次演习，这次我们被通知，当听到警报声后，立即登上为我们准备的汽车待命，而不需要像部队那样疏散。第二次演习开始后，我们上到安排好的汽车上，由于靠指挥部的楼顶平台近，我们看到张爱萍、袁学凯将军与基地副司令员及李觉院长等都站在平台上观看基地的防空演习，不时还用望远镜向周围搜索着什么。这次演习更加逼真，解放军官兵人人都携带了武器，而幼儿园的小孩则由战士用箩筐挑着撤离营区，到安全的防空区域去躲避。我们从221基地出来前那里也挖了防空壕及防空洞，也进行防空演习，比起这边解放军的演习状况，那就差点了。

一天，我们正在总装车间对遥测弹进行测试，李觉陪同张爱萍将军来视察，总装组和我们系统组全体人员列队听张爱萍讲话，他讲了这次核试验的重要性，是我们首次以核武器形式进行的试验，意义重大，希望大家精心准备，为取得核试验全面成功而努力……。他接着换了话题对我们讲，根据李觉同志的统计，我们参试的同志很年轻，平均年龄不到28岁，前途远大。他又听说我们的伙食不好，说不能让我们饿肚子，还说他已经和基地讲好了，从明天起我们都到空军地勤灶吃饭。

说实话，我们在青海高原时的定量是每人每月30斤粮食，其中百分之三十是粗粮，如青稞面、杂豆等，由于高原反应，胃口都不太好。因此，这点定量也够吃了，而且副食品又多，岂知从3270米的高原到了“14号”机场，高度一下降低了很多，氧气也多了，自然而然地吃东西就特别香，而且也容易饿。大家觉悟比较高，没有把这点小事反映上去，不知张爱萍将军是怎么知道的，将我们的伙食标准一下提高到空军地勤灶的标准。我们每个人只交16元，另外多出来的钱由基地的财务支出。

4月20日、4月24日，轰-6在核试验基地靶区试投了两发配重弹，检验投弹表及操作程序。因为是配重弹，没有我们系统组的工作。我们这段时间主要是对遥测弹的引控系统进行测量与调试。当然进入基地后我们的工作就没有确定的上下班时间，一切以完成任务为重。5月1日，我们对遥测弹进行最后一次检查与测试。当天，刘西尧副部长到总装车间视察，当时我们每一个人都站在设备旁的应站位置，等待命令下达后开始操作。疏松桂向刘西尧报告一切准备好，请刘部长检查。当得到同意后，疏主任让惠钟锡下令启动程序，对遥测弹上的引控系统进行模拟测试，即整个过程都与真实飞行情况一样，输入到弹上引控系统的信息也与正式核试验时的信息一样，这样才会使弹上系统在反复测试下暴露出问题或表明各系统均能正常地工作。惠钟锡命令各系统负责人通报准备状况，接着每个人都按引控程序的先后一一通报：某某准备好……。当惠钟锡下令“投弹、拔脱”，我与刁师傅立即用力按拔出脱落插头与保险栓键。接着各岗位上相继报告“某某工作正常”，一直到起爆。测试总时间有 50 多秒，模拟了系统工作的整个过程。由于我们早先已对系统进行了测试与调试，因此，在进行最后一次测试时，一切都顺利地通过了。然后，由总装组完成全弹装配后待命。

空投试验成功

刘敏：1965 年 5 月 13 日，我们接到了进入 24 小时准备的命令，大家一下兴奋起来。半夜一点，我们几个人乘车去机场塔台，在停机坪调完仪表。疏松桂、梁玉舟检查完从舷梯上下来，疏、梁、陈三人共同签了字后，陈能宽放心地说：“你们看过后，我就不用再检查了。”他微笑着走开了。这时天色已亮，太阳从东边升起，天空晴朗，连一丝云彩也没有。机场上的风标耷拉着，表明无风，真是个好天气。我与梁玉舟和地勤大队的干部们站在停机坪一侧静静地等待轰-6 起飞。上午八点多钟，李觉、袁副司令员、陈能宽去了塔台指挥中心。不久，21 号机滑向跑道，在发动机轰鸣声中，它载着原子弹腾空而起，向西南方向飞去。接着 22 号机也升空，向同一方向爬升。我们向远去的飞机敬礼，默默地祝福试验成功。机场距靶区还有 1000 多公里。当我们乘车回到营地时，大家围着徐邦安那部直通核试验基地指挥中心的保密机，里面传出了空地联络的通话声，大家静静地听着：“……一转弯……二转弯……三转弯对准了靶标……打开了弹舱……有了讯号……”“老六吃黄豆？”“可以黄豆！”（这是投弹的密语）大约过了50多秒，又传来了“核弹爆炸”的报告。我们在那间屋里使劲拍手，大家脸上充满了笑容，真过瘾，太兴奋了。

21号机返回机场时，受到基地领导及兰州空军、九院领导的欢迎。22号机则直接飞回36师驻地了。当晚，基地招待所食堂为大家准备了十分丰盛的晚餐，以祝贺我国首次空投核弹成功。

5月15日清晨，大家将总装车间的仪器装箱后运至专列。这次是快速撤离，和军事行动一样。当专列开到西宁军运站台时，吴际霖等领导在那儿迎接大家。

参加完这次实验后，我重新回到了设计部六室的气动、导弹组。同时，对参加实验后的有关问题做了总结，此时的设计部六室由于工作任务的扩大，六室领导增加为四位。他们是室主任蒋蓉涛，副主任姚礼屏、陈锡钧、杜先宜。蒋蓉涛来自上海沪东造船厂；姚礼屏是留苏的副博士，从北京工业学院调来；陈锡钧是我们在京时的老领导；杜先宜是苏联莫斯科航空学院的留学生，专业是空气动力学，他来自航空部601所，还兼任空气动力学与弹道专业组的组长。在我们组负责具体工作的是黄愚，他是从哈尔滨军事工程学院某系的讲师岗位上调到221基地的。除了设计部直接关心我们的业务外，郭永怀副院长经常指导我们的工作、计划及发展规划等，他有时还具体地深入到某个课题，进行指导。例如，他提出开展与导弹弹头有关的物理引信及弹道学有关课题研究，氢弹试验使用的增阻方案与弹道分析，核弹头环境实验与我组有关的力学问题等。记得王正明就参与了环境实验“跌落装置”的力学设计。我在杜先宜主任的安排下，计算弹头在飞行中可能承受的最大过载值，作为设计离心机最大过载值的参考数据。姜南燕、陈昌连等为物理引信提供设计参数及误差分析方法。陈福民、黄愚、朱志梅则为氢弹试验的增阻装置进行调研与计算。朱志梅还为未来氢弹试验时，核弹爆炸产生的冲击波、光辐射等对飞机的安全进行计算、论证，其他同事则为计划中的各种试验做相应的预研。这些都是在郭永怀副院长及室领导的指导与组织下，有条不紊地按计划进行的。当然，还有很多的研究项目由组内其他同事负责，就不在此讲述了。

参加导弹核武器飞行试验

刘敏：1966 年是我国核武器发展关键的一年，按计划这一年要进行几次核试验，包括氢弹原理试验，我国首次大当量氢弹空投试验准备工作以及载着核弹头的导弹飞行与核爆试验等先期研究工作。导弹与核弹结合的“两弹结合”这一系统工作是由钱学森与郭永怀两位领导牵头协调，我室的陈锡钧主任，他从 1963 年起就参与了组织与该项目有关的科研工作。

207 炸药总装车间

黄克骥（时任二分厂 207 总装车间工人）：1952 年，我 16 岁离开家乡来到沈阳，考进沈阳重型机械厂上班。1959 年从沈阳重型机械厂调到二机部，组织上先派我到沈阳飞机厂（112 厂）实习一年。那时候我和爱人赵守岩在一个车间工作。1960 年，部里正式把我们调往北京九所车间，任务是为研制第一颗原子弹做试验准备工作，加工试验需要的部分工具，主要为满足长城脚下十七号工地爆轰试验使用。后来我们车间中的一部分人直接到青海参加 221 基地的建设。1962 年至 1963 年间，我和另外一位老师傅李文星被抽调到某仓库去工作，这里是研究空投弹体飞行试验场所，主要做航道等试验。在这里我真正接触到了产品（原子弹部件）。当时为了严格保密，连爱人都不能打听我正在做什么事情。

1964年5月，我由北京九所车间正式调往青海221基地，被分到第二生产部（二分厂）207炸药总装车间，参与我国第一颗原子弹、第一颗导弹飞行试验和第一颗氢弹的总装。从此我的命运与核武器紧紧联系到了一起。

当时，第二生产部主任是炸药专家钱晋，副主任有孙维昌、吴永文、蔡抱真，党委书记是张鸿江。总装车间主任是李必英，副主任有吴文明、吕崇修，支部书记是徐光大。当时207炸药总装车间由三个小组组成，装配组组长是吕崇修工程师，组员有朱深林、程喜河、曹庆祥、陆振声、关景元、我等人，还有导弹部队、空军派来的实习人员。元件组组长是吕思保，组员有李巨元等人。核材料装配组组长是杨春章，组员有王华武等人。最初负责总装组技术工作的有潘长春、何文彬两人，以后相继调来任春泽、庄明淮、由吉祥、邢洪岐、尹成跃、闫安立等技术人员。

我们所在的炸药总装车间，三面被六米多高的防爆土围子围着，后面是车间露天玻璃窗。车间里没有核弹装配任务的时候显得空旷敞亮。这里面没有现代化的设备，只有大厅一侧放着操作台和摆放整齐的地装和吊具。为了早日装配出我国第一颗原子弹，这些地装和吊具都是车间技术员和厂里有关工程技术人员一起争分夺秒地设计加工出来的。车间里的天车也很简陋，天车上挂个倒链（又叫手拉葫芦），前后左右行驶，上下起落零部件都是靠人力手拉铁链子操作起吊升降。

当时，我和陆振声两人是装配核弹的主操作手。在试装第一颗原子弹的工作中，大家最紧张最担心的是吊起一个炸药部件，往另一个炸药部件里下落的时候，由于手动天车吊着炸药部件不稳当而左右摇晃着，一不小心就会将下落的炸药部件边缘磕碰成锯齿似的凸凹缺口。后来在一次核弹装配中，我大胆地提出甩掉手动天车吊装，用双手提着专用工具装配有十多斤重的炸药部件。这一提法得到了车间、分厂、总厂三级领导的同意。

我站在操作台上胆大、心细、平稳地一次操作成功。在场的同志高兴地说："这方法可行。"我心里却在想，这可是一项胆大心细的操作呀，万一失手可就要出大问题！

世上无难事，只怕有心人。在全厂开展技术革新中，装配组的师傅也都在想如何解决操作方法不安全的问题。车间技术员王法宪经过认真考虑，提出改装天车的建议，立即得到车间领导、技术组和工人师傅的支持和帮助。他很快就将手动的天车改装成可控硅无级变速的电动天车，一个人坐在驾驶室里操作，又安全又稳妥可靠，为我们在批量生产核武器的装配任务中立下了汗马功劳！我可以自豪地说，我国第一颗原子弹、第一颗核导弹、第一颗氢弹以及后来各种型号的核弹头都是在这个没有现代化设备的炸药总装车间里诞生的。这是一个充满自信和霸气的总装车间，凝聚着草原人艰苦创业的汗水和智慧，有一批业务过硬的装配工人和技术人员。在党中央毛主席的英明领导下，在周恩来总理亲自领导指挥下，221基地仅用短短几年的时间，用血汗浇铸出"两弹"，实现了中国人民多年的梦想和期盼。

酒泉基地装配核弹头

黄克骥：从全国各地汇聚在青海湖畔金银滩草原的九院人，在221基地不畏高寒缺氧，不惧气候恶劣，开展草原大会战，仅用了一年时间，我国第一颗原子弹就爆炸成功。一开始原子弹还是一个核装置，不能用于实战。紧接着，1965年5月13日，我国第一颗用于实战的原子弹空投试验成功，接下来马上就开始准备核弹与导弹结合的试验。那个时候核试验任务一个接着一个，221基地研制、生产、试验工作热情极为高涨，一年以后，1966年10月27日，我国第一颗导弹核武器飞行试验成功！

1966年9月初，221厂公布了参加第一颗导弹核武器飞行试验的人员名单。作业队队长由场外处处长马志诚担任，队领导有设计部 215 核弹整体总装车间主任陈家圣工程师，第一生产部（一分厂）系统测试组组长吴景云工程师，第二生产部（二分厂）207 炸药装配车间主任李必英工程师。李必英担任炸药装配组组长，组员有工人王华武、郭学标和我等，技术人员有吴克福、由吉祥及二炮实习的技术人员刘文选、安金柱等同志。宣布名单时，大家高兴地跳起来，感到浑身干劲倍增。

出发前几天，我们按照国家核弹试验的计划安排，在 207 总装车间圆满完成了核导弹试装配任务，紧接着进行了核弹分解装箱工作，等待命令出发。

9 月 9 日傍晚，221 厂九院作业队全体人员登上了专列火车，带着金银滩上的花香，带着全厂人的寄托，驶进了茫茫戈壁——酒泉导弹核武器发射基地。到了酒泉基地，九院作业队住在 6 号工作区。由于住房紧张，队领导决定炸药装配组和导弹整体总装组同住在车间办公室里。当时，大家都为能和我们亲手装配出来的核弹睡在一个车间里而感到光荣和自豪！作业队领导和系统测试组的技术人员、技安、保卫、医护等人员住在距车

黄克骥 1964 年启用的工作手册上面记载着 1966 年的参试日记

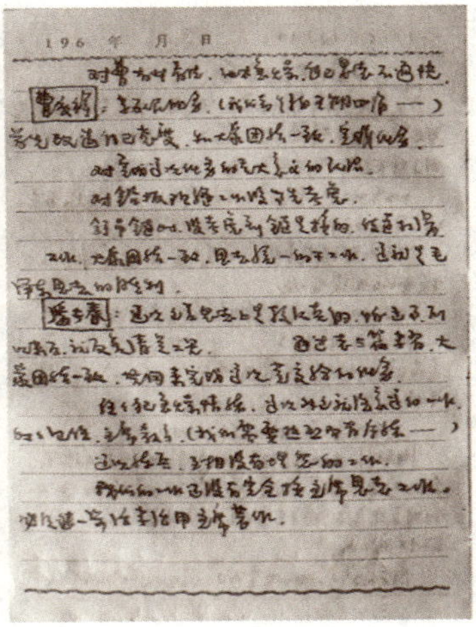

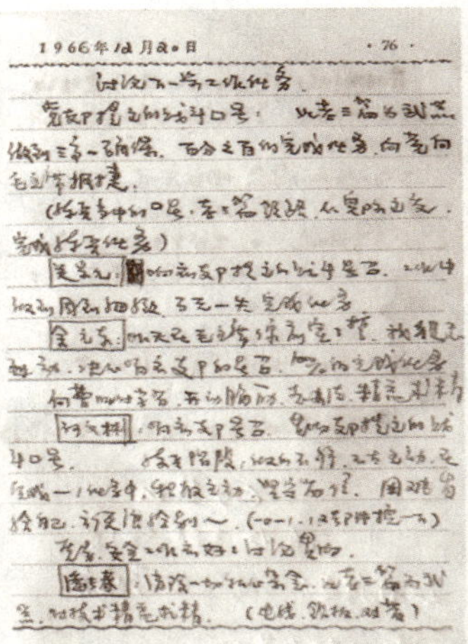

间百米远的解放军营房里。

二机部副部长兼九局局长李觉亲临基地试验现场，他和大家同吃同住在一起。在基地指挥部的安排下，全队人员到达后来不及休息就投入到了工作中：首先打扫车间卫生，检查摆放工装和专用工具……接着大家开始学习毛主席著作“老三篇”（《为人民服务》《愚公移山》《纪念白求恩》）和毛主席语录：“世界上怕就怕‘认真’二字，共产党就最讲认真。”“下定决心，不怕牺牲，排除万难，去争取胜利。”……车间墙壁上挂着周总理提出的“严肃认真，周到细致，稳妥可靠，万无一失”的口号标语。站在标语下，我心里暗暗发誓：坚决完成党交给我们的任务，为国家、为221基地争口气，把工作做到最好，做到万无一失！其实，作业队的每一个人，都尽职尽责地把自己负责的工作环节做到最好，做到不出任何差错！

我们总装配组在领导陈家圣、李必英的带领下，首先开始冷弹和实弹的操作练兵，先总装一发试飞航弹产品，准备基地合练预演。虽然一连几天都在紧张地工作，大家毫无怨言，但当夜里躺在被窝里的时候，心里却有些不踏实，因为我们要与核弹睡在一起。装配组都是学机械的技术人员和钳工，对炸药、核材料，特别是对灵敏度很高的雷管性能和安全知识了解得很少，真要与核弹睡在一个车间，还要进行试插雷管的工作，这万一不小心碰响了雷管引起爆炸……老婆孩子怎么办？我躺在被窝里，脑海里全是这些念头。这是危险性很高的操作，不能有一点马虎。李觉仿佛了解我们这些工人的心理。他不仅在现场陪伴，还指派负责技术安全的同志给我们上课，讲解雷管知识、性能和安全注意事项。负责插雷管的技术员还给我们做了安全试验，抚平了大家害怕的心理。有了领导的陪伴、关怀和鼓励，我还有什么害怕的呢？下面讲讲两件终生难忘的事情。第一件是李觉送葡萄酒的事。中秋节那天，我们执行完总装一发合练预演产品的任务，吃晚饭的时候，走进营房食堂刚坐下来，李觉就走过来冲着我说：“大黄，今天是中秋节，晚上你们要加班，可不能喝酒啊。”我起身说：“李部长放心，就是桌上摆着酒，我也不会喝的。”李觉高兴地说：“好，完成任务，我给你们酒喝。”晚上，我们顺利地完成总装工作的时候，只见圆圆的月亮早已升上了天空，月光下的戈壁景色迷人。工作队领导在营房里开会，研究下一步工作。我们则乘此难得的闲暇，在办公室里欢快地谈笑着，有的打扑克，有的下棋……谁也没有想到，这么晚了李觉还来看望大家。见到李觉进来，大家立刻惊喜地站起来。他笑着说：“坐下，坐下，完成任务了，玩吧，但可要注意休息哟。”我刚放好被子，想躺下休息，李觉走到我的床前说：“大黄，今天过中秋节，没有喝着酒，不高兴了吧？”我赶忙笑着说：“没有，没有。”只见李觉把手里拿着的一瓶葡萄酒放在我床上说：“你和大家每人喝一口，睡觉香着呢。”大伙感动得一时不知道说啥好，大家心里明白，这是部长送给我们的一瓶充满爱、充满情、充满温暖、充满寄托的酒呀！

第二件是冒着危险拔雷管的事。1966 年 10 月 24 日，基地指挥部下达正式装配导弹核武器的命令。多少天来的练兵、参加基地合练（核弹头和导弹对接）发射预演，都是为了这一天啊！下午，准备往核弹头插雷管的时候，我们退到操作线外观看，等待继续总装工作。突然，意想不到的事情发生了。一个工人师傅小心谨慎地将雷管试插进去后，有一个雷管怎么也拔不出来了，本来就是冒着危险在操作，万一碰响雷管，后果不堪设想。站在操作线外的人们，急得头上都冒出了冷汗。车间里静得仿佛一根针掉在地上都能听到响声。此刻，大家都没有注意到李觉走进了车间，就坐在我们身后几米远的地方，注视着大家，一声不响。有人担心地小声说：“快让李觉离开车间吧。”这时，陈家圣工程师走出操作线，跟李必英说了两句，然后走到我跟前说："大黄，你是钳工，去试一试，给拔出来！"我一下子傻了，赶忙推托说："我从来没干过那工作，不行，不行。"陈家圣了解我的心理，鼓励道："不要怕，只要胆大心细，别紧张，不会出问题的。相信你会有办法的，去试一试。"我望了一眼坐在身后的领导，李觉也在望着我，期待我能够完成这项工作。这时，大家的目光都盯着我。为了争取时间，继续完成总装工作，我没有再说什么，走到操作台前，稳一稳神，伸出手轻轻地左拧一下，右拧一下，但雷管仍旧一丝不动。我一边拔，一边琢磨，大概过了半个多小时，我也不知道是怎么干的，突然，轻轻一下子就把雷管拔出来了。我舒了一口气，这时才发现已经满头大汗，连内衣都湿了。看到我的狼狈相，场上的气氛一下子活跃起来。下面工序的同志高兴地走进操作区，有条不紊地继续进行核弹装配工作。

九院作业队相互配合顺利地完成了炸药装配、核导弹整体总装、系统测试工作。大家喜滋滋地给核弹头穿上了弹衣，又小心谨慎地把它横躺在车间里的托架上，待命运往发射塔下。

当天晚上，茫茫戈壁的天上，星星眨着眼睛。在这夜深人静的时候，我们挨着插上雷管的核弹头，躺在车间办公室行军床上怎么也睡不着觉了。是恐慌害怕吗？不是！大家的心情很兴奋，一直想着怎么打破美、苏的核垄断、核霸权，明天的试验一定要成功。……

1966 年 10 月 27 日，当太阳升起的时候，朝霞满天。九院作业队全体人员吃完早饭，迈着轻松自信的脚步走到距工作区 1000 多米远的地方，陆续登上一座小山坡，望着那雄伟壮观的发射塔，等待着振奋人心的时刻。不一会儿，大喇叭里传来倒计时的报读声，蓦然就见发射塔下燃起翻滚的火焰，导弹喷火升腾，转弯进入航道向爆炸目标飞去，第一颗核导弹飞行试验成功了！欢呼的人们互相拥抱、互相伸出大拇指说道："中国人有实力生产可以投掷的核武器了!”面对这振奋人心的时刻，我骄傲地写下一首小诗：

蓝天飘云坐山坡，眼望红日正喷薄；
发射塔下喷火海，神剑腾起上云娥；
汗水浇出科研果，创业路上勇拼搏；
满含热泪高声喊，目标准确壮山河。

1966 年 10 月我国进行了导弹核武器试验。导弹从酒泉基地腾空而起（左上）；导弹携带的原子弹爆炸火球（下）；原子弹烟云，弹弹结合试验取得圆满成功（右上）

1966 年 10 月 27 日，我国弹弹结合飞行试验成功以后，《人民日报》发表号外

人民日報 号外

1966年10月27日星期四

毛泽东思想的伟大胜利　文化大革命的辉煌成果

我国发射导弹核武器試驗成功

导弹飞行正常，核弹头在预定的距离，精确地命中目标，实现核爆炸

中共中央、国务院和中央军委向参加核试验的解放军指战员、工人和科技人员等热烈祝贺，高度赞扬他们活学活用毛主席著作取得的新成就

中国发展核武器，正是为了反对美苏勾结实行核垄断和核讹诈，对于正在进行抗美救国战争的英雄的越南人民，对于全世界正在进行英勇斗争的革命人民是一个巨大的鼓舞，对于保卫世界和平是一个新的贡献。

我们再一次郑重宣布，在任何时候、任何情况下，中国都不会首先使用核武器。中国将继续同全世界一切爱好和平的人民和国家一道，为全面禁止和彻底销毁核武器而共同奋斗。

新华社十月二十七日訊　新闻公报

一九六六年十月二十七日，中国在本国的国土上，成功地进行了导弹核武器的試驗。导弹飞行正常，核弹头在预定的距离，精确地命中目标，实现核爆炸。

这次試驗成功，标志着我国的科学技术和国防力量，在毛泽东思想的光辉照耀下，正以更大的速度向前发展。这是中国人民在为进一步加强国防力量、保卫祖国安全和世界和平方面取得的又一个新的重大成就。

中国人民解放軍、科学技术人員和广大职工，积极响应林彪同志的号召，高举毛泽东思想伟大紅旗，突出政治，活学活用毛主席著作，在无产阶級文化大革命的推动下，抓革命，促生产，发揚自力更生、奋发图强、群策群力、大力协同的精神，保証了这次試驗的圆满成功。这是毛泽东思想的伟大胜利。它充分証明毛泽东思想一旦为群众所掌握，就会产生巨大的物质力量，发揮无比强大的威力。

中国共产党中央委員会、国务院和中共中央軍事委員会向参加这次試驗的人民解放軍全体指战員，向为我国发展导弹和核武器作出貢献的工人、工程技术人員、科学工作者和一切有关人員致以热烈的祝贺，高度贊揚他們活学活用毛主席著作所取得的新成就。希望他們再接再厉，坚持不懈，把学习毛主席著作提高到一个新阶段，搞出新的局面，进一步促进人的思想革命化。希望他們在进一步加强我国的国防建設、实现国防现代化的斗爭中，取得新的更大的成就。

当前以美国为首的帝国主义者和以苏共領导为中心的修正主义者，狼狈为奸，加紧勾結，阴謀在所謂防止核扩散問題上做成交易，以保持它們的核垄断地位，破坏各国人民的革命斗爭。中国发展核武器，正是为了反对美苏勾結实行核垄断和核訛詐。中国人民掌握了导弹和核武器，对于正在进行抗美救国战爭的英雄的越南人民，对于全世界正在进行英勇斗爭的革命人民是一个巨大的鼓舞，对于保卫世界和平是一个新的貢献。

中国进行必要而有限制的核試驗，发展核武器，完全是为了防御，其最終目的就是为了消灭核武器。我們再一次郑重宣布，在任何时候、任何情况下，中国都不会首先使用核武器。中国人民和中国政府将一如既往，继续同全世界一切爱好和平的人民和国家一道，坚定不移地为全面禁止和彻底銷毀核武器的崇高目标而共同奋斗。

押运原子弹，守护氢弹

押运原子弹

赵泽民：1964 年，国际形势十分严峻。为确保第一颗原子弹运输的各个环节的安全，中央领导高度重视。周恩来总理主持召开中央专委会，专门指示：运输工作要做仔细，做周到，防止意外，每个环节都要加强保卫保密工作。解放军各总部、各军兵种、新疆军区、兰州军区、二机部、公安部、铁道部、国防科委、核试验基地等单位联合，空中地面统一布防，指定专人参与原子弹的运输及安全工作。根据总理的指示，保卫保密领导小组制订了详细的运输方案，对“产品”的包装、装卸、转运、保温、防震以及运输过程中的保卫保密工作提出了极为具体、严格的措施。

进行第一颗原子弹试验时，李觉任第九作业队的队长，吴际霖、朱光亚任副队长，吴际霖、朱光亚、王淦昌、彭桓武、郭永怀、陈能宽、邓稼先等 14 人组成技术委员会，负责研究解决核试验中出现的各种问题。技术委员会下设技术保障组、保卫保密组、生活管理组和七个作业分队。我任保卫保密组组长，负责产品的火车、飞机运输安全及场地安全保卫保密的具体工作。运送原子弹的专列被定为一级专列，安全保卫级别定为最高级，沿途警卫和到站后警卫按国家最高领导人规格实施。按照既定安排和时间，运送原子弹的专列从青海 221 基地火车编组站出发，驶向新疆大河沿火车站。我们的专列上，押车的有一个警卫班，执行武装押运任务。沿途实行了严密的保卫措施，铁路沿线、站台布防了很多部队战士、公安保卫人员。

在专列上，公安部原子能事业保卫局高伦副局长是我的直接领导。我带了马瑜、王孝云等几名保卫干部。我们的职责是：随车押运，沿途与各路段护送上车的铁路公安处处长对口联系沟通，听取和了解所辖沿线治安情况和可能出现的安全隐患，掌握沿线路情路况，确定重点防范的保卫措施，并向高伦副局长汇报，保证产品运输万无一失，绝对安全。专列所经青海、甘肃、新疆三省区，铁路公安处的处长按各自责任路段，各管一段，各负其责。进入谁的责任路段，这个路段的公安处处长就上车，向我们汇报这一路段的治安情况，并陪同行驶，执行保卫职能。到达下个路段，他们签字交班给下个路段的铁路公安处处长，然后下车。如此循环往复，直至到达目的地新疆大河沿火车站。

当时，核试验的安全保卫保密工作是由首次试验任务保卫保密领导小组统管的。记得在运输安全讨论会上，有领导提出要在火车头的前面架设机关枪，以防不测。当时，我们认为安全工作应内紧外松，当年周总理出访的保卫工作就是这样的。对此，大家持有不同意见。当然实际运输时，我们这趟列车是架了机关枪的。以后的专列运输就取消了。专列上有餐车，火车停靠车站时，由车站补充餐食。火车行进时，整个车厢是通的，可以来回走动，便于观察了解情况。专列经过甘肃某路段时，这一段的路况复杂，比较乱，常有逃荒、避难和自发迁徙的人穿行铁路，扒火车，找吃的和用的或其他能换钱的物资。我们就对这一路段重点防护，部署警卫。

在经过这一路段的时候，我们按照预案一直提高警惕严密防范。好在所在省、区沿途严密控制，没有出现异常情况。最终，专列安全抵达大河沿火车站。到了新疆，原子弹的部件分别改为公路运输和空运。执行往返运输的空运飞机有好几个机型，包括直升机。

我跟随原子弹的部分关键部件执行了两趟空运安全保卫任务。那个时候我们所有的重要、关键部件的运输都必须由保卫干部和技术干部共同押运。这部分的部件是由一架改装过的伊尔-14飞机运送的。飞机上，空军作战部副部长恽前程负责飞行计划和安全，我负责产品方面的安全。

改装后的伊尔-14飞机上，我们编好次序的部件包装箱按预先设计好的位置捆绑固定在中间，飞机两边有椅子，可以坐人。机上有我们试验组的科研人员和技术安全、保卫干部。产品处副处长张世昌比较有劲，把固定捆绑包装箱的绳子总是紧了又紧，检查确认加固工作是否完善妥当。我们按照安全保卫保密措施和程序检查产品箱的情况。每个部件的箱子都有编号，便于清点、装卸、检查。马瑜同志不晕机，随时和技术人员一起检查产品震动、温度情况。我在飞机上晕机，不能走动，只有平躺在机舱的地板上才能保持清醒。部件运到马兰附近的开屏机场后，我用暗语通过电话向李觉报告所运代号产品安全运到。之后，部件又由专用直升机转运到试验场地的铁塔下。铁塔下的装配间，门是双人控制管理的。装配组的同志和保卫组马瑜各掌握一把钥匙，产品装配操作须由两人同时开门或封门。在产品装配、插雷管、吊装的过程中，我们的保卫干部采取蹲点、跟班的方式，在塔下日日夜夜与技术干部轮流值班，进行场地安全检查和安全保卫。这里的生活条件很艰苦，淡水很缺乏，不远处的甘草泉一天只能供六车水。基地还派了一个加强班的战士在此警卫，保护水源。参试人员生活用水限人限量，每人每天能分到一壶水（军用水壶）。我们不能奢望洗澡，要洗也只能“干洗”。

原子弹吊装完成，所有自检、互检和领导检查工作就绪后，参加试验的人员开始撤离。我与公安部原子能事业保卫局高伦副局长、乔献捷副院长又认真地进行了安全检查。李觉院长检查完所有工作后，来到核心部位的塔下，再次检查无误后，我们加锁密封，撤离现场。1964 年 10 月 16 日 15 时我国第一颗原子弹终于爆炸成功了！

试验成功后，我与马瑜在对第一颗原子弹研制、生产、试验等全过程的安全保卫保密工作起草的书面总结基础上，又对试验现场的保卫做了总结。原子能保卫局局长程诚做了批示：“很好，为今后试验打好了基础。”之后，我随同程诚局长去向公安部罗瑞卿部长汇报。程诚局长主汇报，我做补充汇报。罗瑞卿部长听后说：“很好！”

我参加了第一颗原子弹的安全保卫保密工作，感到无比的幸运，每每回忆起当时的情景，心情都难以平静！

刁有珠：1966 年 5 月 9 号，我参加了第三次核试验，即加强型原子弹爆炸试验（代号“596L”）。这次试验原子弹的一部分重要部件空运到马兰机场，其他的部件均通过火车专列运输。凡是正式产品都是一整列车，定为一级专列，中间不在任何编组站停车。列车一般都在客站以客车的形式出现，或在军运站停留，目的一是上水、上饮食，二是进行车检。列车的安全保卫，人员的学习、生活和停车时的活动，都由行车领导小组统一按计划安排，任何人不得擅自行动。行车路上地方和铁路公安局的局、处长按照一级军运警卫方案登车护送，处理路间发生的一切问题。军运代表，站站有人接、送，处理要解决的问题。作为一个保卫干部，当“保卫对象”交付与你的时候，你的肩上就担负着神圣的使命，为了保卫原子弹的安全甚至需要不惜牺牲自己的生命，这就是保卫人员的神圣职责。当你从 221 基地的军运编组站出发，你与这个“弹”的命运就紧密地联系在一起，与她共呼吸。你是她的随身警卫、侍从，一切围绕她转，一切服务于她。

记得当天晚上 10 时左右，车检员发现产品车的轴瓦温度高，有燃瓦切轴的危险，领导小组人员召开紧急会议并通过军运代表速报军委军运部。铁路系统很快派了高级列检人员登车跟随，经几次检查分析排除燃瓦切轴的可能，采取了积极补救措施，并上报军委军运部。我们这些当头头的一夜也没合眼，每一站都参与分析研究。一路上均由铁路车检人员全权负责行车安全。到达终点后，我们心里的一块石头终于落地，都长长喘了一口气。列车上的固定哨兵下车在门前守卫，警卫干部和保卫干部都各负其责分片巡逻，以警惕的目光观察周围情况，戒备森严。在客站等候乘车的人们常常以异样的眼神注视着我们，观察我们的一举一动，猜测这是些什么样的人物。还有的时候为了让我们通过，正点行驶的客车也得在一旁等候，不知道他们等了多久。这一次到新疆参加试验，列车终点站是吐鲁番，是新疆的好地方。到马兰基地的路上，用汽车运送产品，要翻越天山。我们一大早天还没亮就装车出发，运载原子弹的车队浩浩荡荡地奔向马兰。前导车提前半个小时出发开道，警卫车随后，参试人员乘坐大轿车。我在前导车上，车行到半山腰就跑不动了，水箱的水开锅啦，只好停下来休息。我是第一次经过天山，从半山腰开始就看见天山山脉、山峰、山岭层层叠叠、一望无边。蓝蓝的天，晴空万里，大家坐在路旁观看天山的美景，整个山脉没有一根草，紫红的石板岩特别地好看。最后原子弹部件顺利抵达马兰基地，核试验也取得成功。

押运氢弹

刁有珠：1967 年 4 月，氢弹正式试验前进行了“弹道特性试验”，并验证热核装置和现场测试技术以及引爆控制系统的可靠性。第一颗氢弹采用的是飞机空投的方式，飞机空投的安全特别重要。根据飞机的飞行速度、投弹条件和爆炸高度进行了飞机改装，包括研制新的降落伞。空投的弹道计算等各方都要协调好，才能进行一次与真弹一样配重的空投试验。

1967 年 1 月，我从北京押运外协加工的部件回到了青海 221 厂。这次押运得多说几句。此次军运不是一级专列，是我们自己的专用设备车挂在货运车厢后面，随着货车编组运输。车辆运转时间都是由军委军调处指挥，我们也不知道何时停车发车。从北京出发后才知道走北线，就是经张家口、呼和浩特、宁夏、兰州，最后到达目的地青海 221 厂。在运行的路上怕“红卫兵”冲击，军调处给我们发了一个特别通行证。

当我们还在押运的路上时，221 厂党委被夺权。不久 221 厂实行军事管制，由国防科委派出军代表，组长姚光、副组长刘建峰（他曾当过保卫处处长，我们工作常有来往）。我们押运外协部件回到 221 厂以后，马上接到新疆核试验基地的出差任务。这次核试验任务由刘建峰负责组建第九作业队，他任领导小组组长，我担任副组长兼政工组长。

这一次的产品除“重材料”用代用材料外其他都是真的。氢弹部分元件从 221 厂火车专列站装上车，次日零点从海晏车站出发，下午到了武威，再到军用机场用安-12 大型运输机整装运到马兰机场。用飞机运输也是一个大胆的尝试。我是第一次坐飞机，而且以任务在身的特殊方式，不敢把坐飞机当成一种享受。在氢弹元件上飞机的时候，我长了见识。运输机上有一个小卷扬机，那根细得可怕的钢丝绳要将一个大的元部件拖到飞机上真不敢想象。我斗胆地问地勤人员：“这行吗?”地勤人员说：“坦克都能拉上去。”我还是提心吊胆地在后面跟着，看他们用那么小的电动吊车。那个小吊架活像个玩物，钢丝吊绳比卷扬机的那根还细，我的心随着吊机的升起而“突突”地跳动。当将这个“宠物”乖乖地拉上飞机吊到指定位置时，我的心才平静下来。飞机上的吊装工具真是让人赞叹，想到我们那些吊具可真有点“傻、大、粗”。说起来也能理解，飞机上的装备第一要轻，第二要安全可靠。这些装备造价都很昂贵。我们地面作业的装备只要安全第一，自然造价要低得多。空勤人员计算着每个方块的质量，重新调配配重位置，我的印象是好像装了一辆坦克当配重。飞机起飞后那些空勤人员躺在驾驶舱的地毯上呼呼大睡，看他们那样无忧无虑，说明他们的任务已完成了一半。这时我的任务是什么呢？自然是紧盯着产品了。飞机上四个发动机在飞快地转动，直线地向上爬高，发动机是那么平稳地转动，升到一万多米后飞机直奔新疆方向飞去。那一天的天气特别好，晴空万里，飞机两个小时左右到了马兰机场。飞机在机场上空盘旋了两圈，机长说："请注意！飞机要降落。"我清楚地看到机场上的车辆人员往来如梭地为接机而忙碌着。飞机平稳地徐徐降落，安全到达目的地，我长长松了一口气，完成任务了！在机场，第九作业队张世昌副处长、陈英科长等人负责接机。氢弹元件在弹衣的掩护下装上专用车，从机场跑道拐弯直行一公里就顺利地进了马兰机场旁的装配厂房。

第九作业队装配厂房在机场的南边，厂房的路与机场的跑道相交，装配好的产品用运弹车直接送到飞机前。马兰机场归基地和空军双重领导管理，没有试验任务的情况下，机场是不停飞机的。

新疆戈壁滩上的老鼠大得吓人，一个有半斤重，长长的尾巴，尾巴尖上还有一撮白毛，像长在尾巴上的一朵花。就是这家伙让我们保卫干部最头疼，怕它磨牙咬电缆。如果让老鼠钻进弹体里，那可真不得了！所以，保卫人员 24 小时与产品"共枕"。我们得用双眼盯着产品，守护着它、保卫着它。它走到哪儿我们就跟到哪儿，一步不离，直到核试验成功。

核武器国家试验委员会由国防科委、二机部、马兰基地领导组成。九院组成第九作业队。作业队下设有政工、计划、装配、系统、遥测、运输、技术安全、后勤等组，政工组又有组织、宣传、保卫组，我是保卫组组长。

在完成准备工作待命的时候，马兰基地组织我们去第一颗原子弹爆心参观。我们乘北京吉普车从马兰西村出发，跑了近十个小时。一路上都是沙漠搓板路，颠簸得让你腰酸腿痛。太阳晒得沙漠热浪滚滚，让你头晕目眩。跑了六七个小时，才到了那个不见人烟的爆心地点。我们也不管放射性污染，脚下踩着焦化的了黑沙土。我看到那些被冲击波摧毁的坦克、飞机、大炮，铁塔钢梁都变成了麻花，横七歪八地卧在戈壁滩上。有些地堡还完整无损地保存在那儿。我们还看到了从沙漠里钻出来的骆驼草，这是多么顽强的植物啊！它不仅不怕戈壁高温，还不怕放射线的杀伤。站在让人胆怯的原子弹爆心，我们一边看一边议论。原子弹、氢弹是杀伤力很大的武器，我们有了它，真给中国人争气，有了它就可以打破美、苏两霸的核垄断。身临其境，才能感受到保卫核武器的光荣！

守护氢弹

刘云生：我讲讲参加一次氢弹试验的过程。当时我的任务是负责第九作业队的文化宣传，结果，没有想到在核试验场地却被分配去看守氢弹，这一段经历成了我人生中最宝贵的记忆。

1976 年 10 月，按原定计划要进行一次空投氢弹试验，也是爆炸当量最大的一次空爆试验。那一年试验任务很重，九院先后派出四个作业队，我们是最后一个作业队，冲着氢弹空爆去的。我第一次参加国家核试验，任务是搞文化宣传，就是在繁忙工作间隙，让科技人员精神放松一下，在场地搞一些羽毛球比赛和下棋比赛。当时我随车带了好多副扑克牌和象棋。

我们一出发就遇到了困难，秦岭隧道塌方，火车被堵。我们的专列只好转圈走成都到贵阳，过柳州插到湖南，经长沙、武汉到郑州，再从郑州转向西北方向，过兰州直达新疆。专列整整走了 10 天。下了火车转汽车，连夜赶到马兰基地，安排在一个军营驻下。基地的住宿条件很差，虽然每个人发了大皮袄、毛皮靴、皮帽子，早晚还是冻得受不了。三天过后，作业队领导交给我一个重要任务："你去装配车间看守氢弹，同时做些宣传鼓动工作。"第二天我带了两个帮手，由汽车把我们送到马兰机场。

这个军用飞机场很荒凉，周边是一眼望不到边的戈壁滩，没树没草，没人没鸟，什么都没有。飞机场内只有一架飞机，好像也没人管它。机场一角有一座不大的混凝土建筑，一个大铁门正对着机场。进了大门是一间耳房，房间内有一张床、一张桌子。桌子上面放着一部电话、一个暖瓶和一个喝水缸子。过了耳房便是装配车间。说是装配车间，实际面积非常小，小得只能十几个人围着工作。车间顶棚上头是葫芦吊，地面上有一个铁架拖车。拖车上面便是要装配的氢弹。大铁门外架起一个席棚，这就是作业队工作人员的休息室。席棚内有几张桌子、凳子，一个大型保温桶放在桌子上。席墙上挂着一块黑板，平时作业队几个伙伴写点稿子，表扬好

刘云生手绘的氢弹产品装配车间示意图

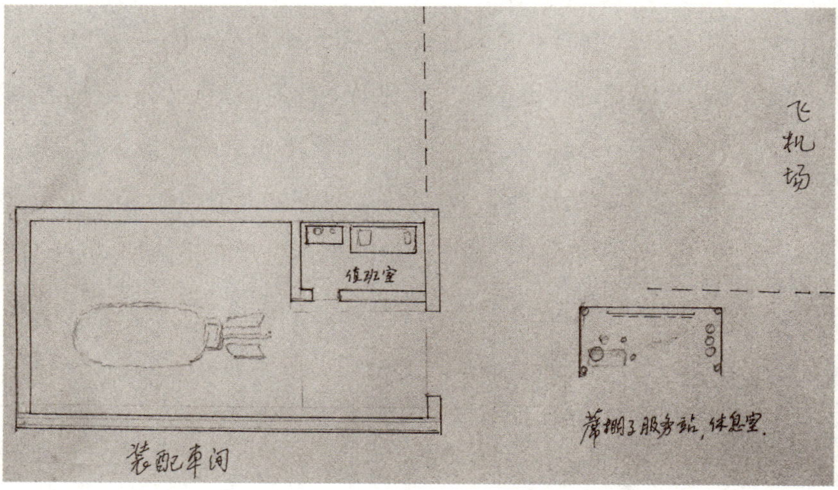

人好事，我便编排到黑板报上。有时传达上级指示精神，也组织科技人员表决心或写学习心得体会，我用壁报的形式把稿件贴到席墙上。

这里工作条件很差，白天作业队有七八个技术人员和工人忙碌着。干起工作来大家也不讲条件，有的人趴在那里，有的人蹲在那里对产品进行安装调试。大家连话也很少说，都埋头各干各的。我一般不去打扰他们，只是隔一段时间进去送点开水给他们喝，一天三顿饭都由外面送进来吃。到了晚上下班，装配人员都撤了，就剩下我一个人，还有两个解放军战士在大铁门外站岗，我就一个人在车间耳房守着那个“宝贝”。就这样昼夜值班，我也从没和战士说过话。记不清值了几天班，大概一周多时间。直到试验“零时”前，机场降下一架大型轰-6 飞机，九院作业队装配组把氢弹装上飞机以后，我才离开看守岗位。

完成任务后，我们便赶往罗布泊附近的观摩点，准备观摩核爆炸。观摩现场距离靶心 80 公里，在一个戈壁沙丘坡面上聚集有上千人。这次核试验有海军、空军、中科院等共 11 个作业队，九院是第九作业队。还有全国各省市领导，也到试验现场观摩。开始大家都坐在地上等待。正午 12 点，一架飞机从头顶飞过，忽然听到一声令下——“全体人员戴上保护眼镜”！眼镜是纯黑色的，戴到眼上四周漆黑一团，只能看到太阳像一个亮斑。不多一会，一道白光闪后，脸上如火灼一般，这就是光辐射。眼前，一个新的太阳出现了，“太阳”逐渐膨大变成烟云。现在“可以摘下眼镜啦”，广播声一停，暴风雨般的掌声、欢呼声随即响起。核爆的过程开始是个白球，然后逐渐地变成红球，出现彩云。蘑菇云中心红火翻滚，最后又变成白色。蘑菇云在天上翻滚，越来越大，我们距离靶心 80 公里，蘑菇云好像就在头顶上面，大家起立，欢呼跳跃，高喊：“共产党万岁！祖国万岁！人民万岁！科学家万岁！”

1976 年 10 月我国又进行了一次空投氢弹试验(关维兴摄影)

这张氢弹试验的照片是国防科委的画家关维兴拍的，他为核试验留下了一份珍贵的文献资料。照片中，第九作业队的人面对蘑菇云坐着，我就在其中。为了国家安全，严防外敌侵犯，国防必须强大。

“文革”期间，全靠他（吴际霖）和朱光亚、陈能宽等领导支撑基地局面。王淦昌、周光召等科学家，受到不公正对待，仍坚守在科研岗位上，勤奋工作。受到迫害的科学家周光召在氢弹爆炸成功后，通过下边技术人员将核武器小型化想法提交给组织。正是对国家和事业的执着和忠诚以及强烈的使命感，在“二赵”营造的恐怖氛围中，221厂人仍顽强地工作着。

第 5 章
军管与“二赵”运动

概述

王菁珩：历时十年的“文化大革命”，对中国来说是一场历史浩劫。我国第一个核武器研制基地（221 基地，后来的国营二二一厂）发生的“文革”灾难是这场历史浩劫的一个缩影。

山雨欲来风满楼

王菁珩：1963 年至 1965 年，中共中央在全国开始了“社会主义教育运动”。1965 年 10 月，成立了国营 221 厂“四清”分团及分团党委，二机部刘西尧副部长任团长兼书记，李毅、戈克平为副团长。在学习文件的基础上，各级领导干部“下楼洗澡”，在职工代表中对照检查，听取职工意见，职工称之为“搓背”。受极“左”思潮的影响，越是接近群众，工作做得越多的干部，在一次又一次的对照检查中越难以通过，职工形容基层领导“洗烫水澡”，上级领导“洗温水澡”，这是“文化大革命”的先声，为后来的苦难埋下了种子。

1966 年“文革”正式开始后，6 月 11 日，在 221 厂新华书店的玻璃橱窗和周围的墙壁上，出现了第一批大字报，有批判实验部技术人员宋应松“反动言论”的，有批判厂主要领导的，也有批判《三家村》的，等等。各分厂、处级单位纷纷召开《三家村》批判会。同时对基地《红原报》上的一篇题为《谈革命激情》的文章，展开大围攻，报社也被迫停刊。8 月，厂两派群众组织相继成立。9 月 11 日，第九研究设计院北京理论部李锦平等人要求进厂“串联”，在 6 号哨所静坐。“四清”工作分团副团长李毅和吴际霖赶到哨所做工作，不同意他们进厂，叫他们返回北京。一派群众不满，给李毅戴“高帽”，引发两派群众公开对峙。221 厂组织了 10 多人的调查组，直接向刘杰部长汇报。“两报一刊”发表《革命干部要支持革命群众》的社论后，221 基地九院的政治、干部、宣传部门个别领导站出来表态，表态的厂级干部王志刚、姜静群即成为另一派打倒的对象。

1967 年 1 月，全国夺权风暴刮到厂，一派群众组织接管了总厂、分厂“文革”领导权，财政、干部、科研生产、保卫保密的监督权，印鉴掌握权。2 月 23 日，西宁市发生流血事件，设在西宁市的 221 厂技工学校少数学生卷入了这一事件，加剧了基地两派群众的对立。在九院 221 厂召开的氢弹空爆试验科研生产会议进行到第二天，中央军委副主席聂荣臻派专机到西宁，把参加会议的人员接到北京京西宾馆，改由国防科委、国防工办主持会议。聂帅在会上宣布：221 厂是我们国家极为重要的工厂，担负着国家十分重要的科研设计任务。最近的事态发展，使正常的科研、生产秩序受到影响，工厂的安全受到威胁。国务院、中央军委对此十分关切。经周总理批准，我宣布，国务院、中央军委决定对221厂实行军事管制。8122部队司令员贾乾瑞同志任221厂军事管制小组组长。

221厂实行军管后，两派群众的对立情绪有所缓和，逐步恢复了正常的科研秩序。5月29日，国务院、中央军委给221厂军管组发来电报，指出："'七三'任务已进入紧要阶段，为了切实保证产品的质量和安全，按时按质完成这项任务，厂的'四大'暂停，待'七三'任务完成后再继续进行。"6月5日，九院221厂承担的氢弹设计、实验、生产、环境试验以及核测、总装、联试工作全面完成，产品运往新疆罗布泊核试验基地。1967年6月17日，一颗330万吨TNT当量的氢弹试验成功，我国成为世界上第四个掌握氢弹技术的国家。中央军委又特给221厂军管组发来贺函，指出，221厂的任务十分艰巨，新的研究设计和试验任务十分繁重，整理和向三线调整搬迁工作很紧迫，全厂同志都应以党和国家的利益为重，积极完成上述任务。7月17日下午，在三分厂发生了以石头、砖块、棍棒为武器的大规模"武斗"。7月23日，中共中央、国务院、中央军委、中央"文革"小组对我厂发出特急指示，指出，221厂是国家极为重要企业，最近发生的"武斗"，科研、生产陷入停顿，广大职工生活受到影响，工厂安全受到威胁。……中央将派调查团，专门去处理221厂的问题。27日，周总理、聂副总理指示，立即停止"武斗"，现在双方集结的队伍，应立即撤回各自驻地，恢复生产，恢复交通运输。……厂两大组织各推选代表20人来京进行具体商谈。同时给青海军区司令员刘贤权发出电报指示，要刘劝说进入221厂在海晏县生活区的□□□红卫兵迅速返回西宁。8月4日晚，在总厂办公楼前发生了第二次大规模"武斗"，致死一人。8月14日，中共中央、国务院、中央军委、中央"文革"小组对221厂指示，内容如下：一、为迅速解决停止221厂“武斗”，恢复生产的问题，中央决定派出调查组，由青海省军区司令员刘贤权同志为组长，国防科委副主任罗舜初同志、二机部副部长刘伟同志、总理联络员办公室张晋德同志为副组长的调查组，于近日内乘飞机前往221厂。二、党中央坚决要求你们严格保证工厂的绝对安全，希望你们停止“武斗”，迅速回到自己的生产岗位，认真地执行我们伟大领袖毛主席“抓革命，促生产”的方针，动员一切力量完成今年的科研、生产任务。这样，两派大多数群众，回到或坚守在科研工作岗位上。热电厂、交通运输处、房建处等辅助生产部门和医院、学校、商场等社会服务部门工作继续运转。

1968年1月1日，国防科委接管九院，冠以“总字819部队”番号。[1963年初，二机部九局、北京九所（除理论部外）陆续向221基地转移。1964年3月二机部撤销九局，局、所、基地合并成立了第九研究设计院，李觉任院长，下设221研究设计分院。1965年9月分院改为221厂，九院第一副院长吴际霖任党委书记。]内部机构改为司、政、后编制。同时，在221厂成立了九院临时领导小组和办事机构，全面负责四川902地区的三线建设、221厂、北京单位的工作。9月17日成立了院和设计、实验、各生产部的革委会，王荣任院革委会主任。

11月14日两派群众组织成立了“11·14”联合总部（纪念毛主席在北京接见厂两派群众组织的日子）。“文革”中总厂在多巴、西宁杨家庄举办学习班，各车间也有学习班，学习班成员要“天天读”、跳“忠字舞”，晾晒自己的思想，一遍又一遍翻晒自己的灵魂，写出学习心得上交。即便是住在医院不能参加运动的病人，也要每天“早请示”“晚汇报”。

1969年3月，在黑龙江省珍宝岛爆发了中苏两国的武装冲突，苏方密谋对我国实施外科手术式的核打击，全国进入“要准备打仗”的临战态势。国防科委指示：221厂过去是根据苏联专家意见建于青海草原的，集中暴露，从战略观点考虑，在三线地区应有第二手准备。院、厂也发出通知，抢在敌人发动战争之前，以最快速度向三线（四川902地区）和河南驻马店“五七”农场转移。从11月上旬开始，第一批1100多名职工、130多台运输车辆，向902地区转移，并要求分三批完成迁移工作。11月4日至19日，在搬迁过程中，连续发生了热电厂1号电缆线短路爆炸，第二生产部229车间炸药件加工爆炸，牺牲了4名同志，实验部七厂区核心资料“丢失”。

这时正面临清理阶级队伍运动。遵照周总理“加强领导，充分发动群众，查清问题”“年内完成清队和破案工作”的指示，国防科委要求“以青海221厂为重点，实行分割解决”。这时军管组组长是赵启民，他原来是海军副司令员、国防科委副主任。军管组副组长是赵登程，他原来是空八军副军长。军管组的正副组长被人称为“二赵”。黄、吴、李、邱把持的军委办事组不听汇报，不做调查，就将“三大案件”定性为“深藏的阶级敌人有组织有计划搞的”，肯定九院有“长期潜伏的反革命集团”。黄永胜还说“要狠一点，特别是清队，要严不能宽”，“要杀一批，清一批，还要控制使用一批”，并给“二赵”先斩后奏、边斩边奏的权力。“二赵”秉承黄、吴、李、邱的旨意，在发给军委办事组的报告中说，在电厂发现“反革命‘五一六’阴谋集团”，229工号的炸药件加工爆炸是郑□□、程□□、高□□等组成的“反革命集团”干的，二分厂董海山、周□□、吴□□、何□□、谷□□等是“苏修特务集团”。“二赵”还诬蔑说，“多年来，这里的叛徒、特务、反革命和走资派四位一体，互相勾结，狼狈为奸，篡夺了九院的党、政、科研大权，组成了一个地下王国”，“成为合法的反革命基地”，是“资产阶级的大染缸”“资本家的大乐园”“帝、修、反的安乐窝”，“这里的阶级敌人新生的多，现行的多，集团的多”，“是一窝一窝的”，“按百分之几去搞不行，而是百分之十几”。他们诬蔑矿区的公、检、法是“美蒋特务机关，安在国防科研单位的据点，收集、盗窃核心机密情报的公开合法机构”，还说“这里一挖带动全国”，要“打到四川去！打到北京去！打到全国去”！

“二赵”自1969年11月28日进厂，在两年的时间内，打着“清队破案”“整顿九院”“清查‘五一六’”的旗号，制造了“赵传国反革命阴谋集团”“国民党西北派遣军”等数十起冤假错案，残酷镇压广大职工和干部。“二赵”在科研生产上，对抗周总理“边试验、边定型，定型合格后再小批生产”的指示，一味追求扩大生产，盲目进行扩建，把安全防护、文明生产视为“活命哲学”。他们将科学家王淦昌提出的在1969年挖掘地下核试验平洞时，不要在里面进食的建议，视为“活命哲学”进行批判。在放射性材料加工的工号，把重视文明生产的第一生产部领导何文钊，拉到现场进行批斗。“二赵”实行一竿子插到底的垂直领导，解散了党支部，停止了党员组织生活，调进了221名军队干部和2700多名复员战士，对他们灌输编造的“严重敌情”，多次发动“反右倾”运动，大搬“绊脚石”，打击那些抵制他们错误的同志，对百分之八十以上的科、室、车间干部，以审查为名，进行政治迫害。院机关及四个科研生产部副主任以上技术干部，百分之九十以上被打成了各种牌号的“特务”“反革命”，切断广大职工和干部与厂外的一切联系，一段时间内，不准通信、不准职工探亲，也不准家属来基地探亲；并宣布军事戒严，授权夜间巡逻“喊三声不站住就开枪”，在全厂挨户进行大搜查，把搜查出来的日常生活用品作为“特务罪证”——烟灰缸是“特务联络工具”，“号码相连的人民币”是“特务经费”。

他们极力制造恐怖气氛，“二赵”提出：审查对象的问题“未弄清楚前，当敌我矛盾”对待。现在“敌人”放风要重证据，“互相揭发，既是人证也是物证”，“一人供听，二人供信，三人供定”。在严刑拷打的逼供、诱供下，在批斗、坦白会上揭发了孙维昌是什么“国民党西北派遣军副司令”“在蒋介石头像下宣过誓，就是国民党的团长、营长”“准备盗窃原子弹，装到口袋里带走”等等。真是离奇荒谬，幼稚可笑的供述，让人哭笑不得。

草原笼罩着恐怖。昨日的依靠对象，今日成了批判对象。今天你参加批判别人，很可能明天你就被揪了出来，搞得人人自危。留学人员成了“特务”，一般质量、安全事故成了“反革命破坏”，工作生活在一起的朋友，成了“反革命集团”。他们利用“坦白控诉”大会，公开点供、串供，甚至逼迫受害同志，看着进入饭堂的队列指认“反革命”。他们采用非法严刑逼供手段，乱捕乱斗，草菅人命。被审查的人中，有关押在警卫团的“要犯”，有禁闭在分厂地下室的“骨干分子”，有锁定在车间交代问题的“重点人员”，还有不少坐在车间走廊的“被审查人员”，成天学习《南京政府向何处去》《敦促杜聿明投降书》，写“交代材料”和进行体力劳动。他们极力制造恐怖气氛，每次枪杀人，就在俱乐部前广场和南操场召开万人大会，会场的制高点架设机枪，四周武装巡逻。在南操场宣判时，叫大家向后转，观看冤杀的血淋淋现场。赵登程当众叫嚷，“你们听见枪声没有？再不交代问题，你们那个头是很好剃的”，今后“要用机枪扫，大炮轰”！赵启民也叫嚷：“今天是一个小台风，今后还要刮十二级台风，还要枪毙，还有大头。”

基地先后召开了三次所谓的“宽严大会”，枪杀了五名职工。职工医院外科主任陈长贵，是1959年从北京率第一批22名医务人员进基地的领队之一。同年4月，在无电灯、氧气、血库、X光机的极其简陋的条件下，用手电筒在“百户大院”的临时职工医院，为陈光月同志做了基地第一例肝脓肿手术。在抢救一位训练中颈部穿入弹片，处于昏迷中的战士时，经与部队医院大夫会诊，在左颈手术中没能找到弹片，战士血压急剧下降，因而停止了手术，未能挽救那名战士的生命。结果，只因陈长贵出身成分不好，被判故意杀解放军，定为“阶级异己分子”而被冤杀。宣判前怕他高呼“冤枉”，当场用筷子插进嘴里。实验部技术员宋应松在“四清”运动时，有人从他抽屉里发现一个笔记本，从中揭发他写的不满江青耀武扬威的话和生活感情低沉、悲观的诗和散文。宋应松因此受到批判，并判了重刑。赵登程说要“用杀人打开局面”，赵启民也说“杀他两个××的”。于是宋应松被他们从监狱提出来，省主管政法领导带着图章，在矿区法院的判决书上盖章，在第一次厂的宣判会上与陈长贵一同遭冤杀。张邦鹏由于报到时间晚，根据规定少发了部分工资，说了气话。在“四清”时，有人揭发他说了什么“你让我损失200元，我让你损失20万”。后来“四清”结束时，做了结论——是场玩笑。可“二赵”一进厂，听到此事大发其火，没证据，就叫人东拼西凑，在炸药浇铸配方实验中，出了质量问题产品中，凑够了20万，把此事定为“反革命破坏”。还有一名生产工人赵德和一名不满16岁的中学生刘剑，被“二赵”采取诱供、逼供，完全以口供定以强奸幼女罪和流氓罪名而处以极刑。火工专家钱晋教授、工程师张云亭、老工人马久昌等被活活折磨致死。30多名职工难以忍受折磨，含恨自尽。骇人听闻的威逼、打骂、折磨，昼夜不断的连续审讯使300多人致伤、致残。10多名关押在警卫团的“要犯”已被列为处决名单，“九一三”事件之后才还他们清白。

就在那混乱的时期，大多数职工在思考，我国每次核试验的成功，党中央、国务院、中央军委都发了贺电祝贺。怎么可能说核武器研制的主战场——221基地，一下子变成了“反革命基地”“资产阶级大染缸”？职工们坚信在党中央直接关怀下的核基地广大职工是好的，是可信赖的。在恐怖氛围中，科研生产没有停顿。有的科学家、科技人员白天受到批判、审查，晚上仍坚持科研和工作。九院第一副院长兼221厂书记吴际霖，为突破第一颗原子弹技术，他在干部会上提出了“一切为‘596’（我国研制第一颗原子弹的代号）让路”“响了就是最大的政治”的响亮口号。“文革”中因这两句口号，他受到不公正批判，给他戴“高帽”。批斗完回到办公室，他脑袋上的糨糊都来不及清洗，就去主持科研生产会议。后来又把他轰到一个单身宿舍，他说：“你们要揪我，就揪我，批完我，我照样在单身宿舍办公。”局、院、厂合并后，李觉院长抓原则、抓大事，主要对外。吴际霖主持院里的科研计划和日常工作。“文革”期间，全靠他和朱光亚、陈能宽等领导支撑基地局面。王淦昌、周光召等科学家受到不公正对待，仍坚守在科研岗位上，勤奋工作。受到迫害的科学家周光召在氢弹爆炸成功后，通过下边技术人员将核武器小型化想法提交给组织。正是对国家和事业的执着和忠诚以及强烈的使命感，在“二赵”营造的恐怖氛围中，221厂人仍顽强地工作着。1971年6月23日，第二生产部204车间研制生产了10公斤××炸药，并建成生产线，提供了低感度、高爆速、高效能新型炸药，为后续新型号产品提供了安全、优质高能炸药。221厂完成型号研制任务，于1970年10月14日和1971年11月18日，成功进行了第11次、第12次国家核试验。

平反昭雪

王菁珩：1971 年，“九一三”事件后的赵启民被隔离审查并解除了一切职务，做了降级处理，赵登程被送上军事法庭。经周总理提议，毛主席批准，中央于 1972 年 9 月 12 日至 1973 年 3 月 10 日，在北京京西宾馆召开了九院“批林整风会议”，联系“二赵”清算林彪集团罪行。“京西会议”后，以李觉为组长，周秩、赵敬璞、胡若嘏等组成的学习组分赴四川、青海，传达“京西会议”精神，帮助恢复秩序，筹建领导班子，做了大量调查研究工作。

1974 年 1 月，221 基地和九院正式一分为二，九院迁往四川，国营二二一厂留在基地。1973 年 11 月 14 日至 1974 年 2 月 14 日，又在北京友谊宾馆召开了“九院党委扩大会”（第二次北京会议），继续揭发“二赵”破坏 221 基地罪行，统一思想、统一步调，医治“二赵”所造成的创伤。会议确立了“讲原则，讲大局，讲团结”的指导思想，形成了《北京会议纪要》。中央派出以梁步庭为组长，赵振清、刘书林为副组长的中央联络组，于 1974 年 2 月 20 日进厂，专门处理青海二二一厂的问题。

面对“二赵”造成如此多、如此大的冤假错案，联络组冒着可能被打成右派的风险，向上打的报告迟迟得不到批复，他们敢于负责，提出了十条处理意见。冤假错案一一复查，落实政策，平反昭雪，不留尾巴。两个多月就给 2600 多名干部、技术人员、工人摘掉了“特务”“反革命”“‘五一六’分子”等帽子，政治上彻底平反；对“靠边站”的 800 多名干部和技术人员分配了工作。对被迫害自杀身亡的 35 名同志彻底平反和进行善后处理；对被错误开除和强行退职的 74 名同志彻底平反并接回厂里工作，恢复了职务；对死、伤、残者家庭生活有特殊困难的给了特殊照顾，其中 65 名家属、子女安排了工作。其后，又对历次运动中遗留下的证据不实、定性不准、处理不当、久拖未决的案件和问题进行复查，对 452 名干部和工人重新做了结论和处理，基本上做到了领导、群众、本人满意。对冤杀的五名同志经矿区法院复查，报国防科委党委、青海省委、二机部党组同意，撤销原判，平反昭雪。1975 年 11 月 8 日，在俱乐部举行的省委、国防科委、公安部驻厂联络组、二机部及省有关部门领导参加的群众大会上，宣布了“二赵”所谓三大案件的复查结果：电厂电缆爆炸，是年久失修造成的；229 车间炸药爆炸，是一起责任事故；实验部七厂核心机密文件丢失查无实据。所谓三大案件，是对广大革命群众的栽赃陷害，罪名纯属捏造，是毫无根据的。至此，落实政策工作告一段落，业务骨干回到了重要工作岗位。1975 年核武器生产任务圆满完成，中共中央特发来贺电。

“四清”运动

章庆权：221 基地的政治运动是从“四清”运动开始的。1965 年 10 月二机部西北“四清”分团进驻厂区，并在南操场召开全体职工大会，大会由“四清”分团副团长、二机部副部长兼九院院长李觉主持，“四清”分团团长、二机部副部长刘西尧做报告。“四清”分团另外两位副团长是李毅和戈克平。从那天起基地正式开始“四清”运动。设计部“四清”工作队队长是宋继亨，副队长是刁有珠。我们五室的“四清”队员是安玉刚。

“四清”是社会主义教育运动的简称，内容是清政治、清经济、清思想、清组织。运动初期，室领导在全室大会上做检查，检查领导工作中“四不清”问题，包括个人思想修养、工作作风、工作中的问题和今后的努力方向等。几次检查后待群众满意，“四清”工作队认可后获得通过，称为“洗澡下楼”。我们五室的领导，室主任空缺，副主任邱祖荫、惠钟锡顺利“下楼”；指导员杨忠胜一时下不了楼就“挂起来”，继续考虑自己的问题。

转眼到了1966年，全国各地开展批判《海瑞罢官》《三家村札记》以后，221基地“四清”运动也转入清思想阶段。到了8月份，中共中央八届十一中全会通过和颁布了“五一六”通知后，“四清”运动名义上纳入“文化大革命”轨道。此后，“四清”分团靠边站了，221基地的运动陷入混乱状态，直到1968年军管会进厂，成立革命委员会为止。

“洗澡下楼”

孙维昌（时任221基地二生部副主任）：1964年9月份，221基地成立了“社教”工作队，有800多名新大学生、中专生、高中生，以及200多名机关干部。工作队把我抽出来，到青海省各地搞“社教”运动。当时我们在西宁郊区湟中县、湟源县搞“社教”，为了保密，以高教部的名义，对外叫北京学生劳动实习大队。我担任学生大队队长，宋继亨任党委书记，马希义任副书记。

我带着大学生搞了一年“社教”，上半年在青海西宁郊区和湟中县搞第一期“社教”运动。等到下半年在湟源县搞第二期“社教”运动时，我成了青海省“四清”工作团副团长兼学生大队队长。从1964年9月到1965年9月，持续一年时间的“社教”运动结束了，我把学生带回221

1964年10月至1965年9月，分到221厂的大学生到青海农村参加“四清”工作留影

厂，他们分配工作，我回到第二生产部参加“四清”运动。当时我们干部都要“洗澡下楼”（领导干部向群众检查“四不清”问题），有一些人“下不来楼”，还得做检讨。我做了两次检讨就“下楼”了。“四清”运动开始以后，刘西尧到青海任二机部“四清”工作团团长。刘西尧不常在221厂。真正主持工作的是李毅，他原来是401所党委书记。

1965年9月份开始搞“四清”运动，其实“四清”没搞完，“文化大革命”就开始了。那时二生部领导班子仍是原班人马。二生部主任是钱晋，副主任是我、蔡抱真、吴永文，党委书记是张鸿江，政治处主任是肖光。张鸿江原来是郑州市公安局副局长，从河南调来。肖光是从成都部队转业来的。1966年“文革”开始了，“造反派”夺权嘛，我们都“靠边站”，把我弄到食堂给大家做饭。钱晋也“靠边站”了，二生部几个主要领导都“靠边”了，由“造反派”掌权。

胡思得：1964 年 11 月，221 厂开始搞“社会主义教育运动”，让几乎所有科室以上的党员干部，停止业务工作，一律请“上楼”去，然后在群众的“帮助”下闭门思过，向群众做自我检查，直到群众满意，才能“下楼”，继续工作。我们二十四室三位领导，章冠人主任是党外人士，可以免于“上楼”；陈俊祥指导员家庭出身好，很快就“下楼”了；我实际只当了两个星期的副主任，却“义不容辞”地成了要“下楼”的重点对象。

因此我被“通令”立即回 221 基地。当晚，工作组就向我抛出一个“自我检查”的提纲。第一条的标题就是“一贯反对党的领导”，具体的事例有跟党小组长经常意见不合，1959 年不满意所党委安排工作时间大练广播操等。我听完以后，反问了一句：“这些是我的问题吗?”这一下惹火了工作组，先用几天时间整我的态度。接下来一段日子就是没完没了的、每次肯定是通不过的检讨。为了“帮助”我端正态度，室里走廊里贴满了大字报。

有一天，我写检查报告感到很累，精神不好，请假在宿舍休息，下午午睡后觉得头脑轻松些，就去办公室。刚好是中间休息时间，同事们在办公室打乒乓球，我也凑上去打了几拍。结果当天晚上，大字报又铺天盖地地贴出来，说我写检查报告没有精神，打乒乓球却有精神，必须端正态度。

我开始感到很委屈，心里确实非常苦闷。那些写大字报批评我的人都是相处很久、平时与我关系不错的，现在怎么都落井下石呢！但是后来我渐渐想通了。我觉得不能对这些批判我的同志有意见，应把他们的行为放到一个特定的历史时期里来考虑，他们这么做也好像出于无奈，工作组布置的事他们能顶着不干吗？其实，谁当领导，谁就得“下楼”，总得有人“下楼”。我呢，当时比较年轻，又是刚提拔上来的。即使不批判我，也要批判别人。如果我不当副主任的话，我也可能会参与批判别人。所以，都是被迫的。这样一想，应该谅解这些同志。我认为做人要宽容，不要你对我不好，我下次就报复你。做人也要想得开点，最麻烦的事是遇到挫折就把自己搞得一蹶不振，那就完了。其实人的一生不可能总是一帆风顺的，在低谷的时候，要想想这些都是暂时的。其实有这样一点受挫折的经历也好，能锻炼自己。有八个字非常重要：淡泊明志，宁静致远。就是说，待人接物处世都要“宁静”，不要搞得太斤斤计较。斤斤计较的话，肯定“宁静”不了，心理不平衡。有些东西要想得开一点，放在一个很大的框架里去思考，不要被当前的一些小事所干扰。所以我对大家的抵触情绪逐渐消失了。

1965 年国庆节后不久，理论部于敏领导的小组在上海牵到了氢弹的“牛鼻子”，之后又经过理论部不断完善，形成了完整的氢弹方案。12 月理论部邓稼先、于敏飞到 221 基地向刘西尧副部长、厂领导及实验、设计、生产部门领导汇报。刘西尧当机立断，同意这一方案，并决定动用全院之力，迅速攻关。但当时许多技术领导和骨干还在“楼上”，当务之急是要把“运动”赶快收场，让骨干们尽快“下楼”参加工作。有一次刘西尧到实验部视察，看见有关我的大字报，就问我怎么还不“下楼”。过了几天，我的检讨突然让群众满意了，我就这样“下楼”了。

刘文翰（时任实验部二室技术员）：1960 年到 1963 年，我们在长城脚下的十七号工地打炮。为了设计出聚焦元件，我每天晚上都加班加点，拼命地工作，搞出原子弹聚焦元件这一套理论公式，为第一颗原子弹试验成功做了贡献。没想到 1964 年“四清”运动一开始就把我揪出来。有人问“四清”工作组，你们说刘文翰反动，他为什么这么努力工作，而且工作还有成绩？“四清”工作组怎么回答的？“你们被他的假象蒙蔽了，他努力工作是为了掩盖其反动面目。”这就没地方说理去了！你好好工作，他说你是假象，我还能说什么呢？

1965 年，221 厂全面开始搞“四清”运动，那会儿叫“洗澡下楼”，把所有干部通通赶“上楼”去，然后让下边的群众起来揭发干部，让他们下不了“楼”。结果把这些干部搞得哭哭啼啼，非常狼狈。最后“四清”工作组出面了，说不是我不放你们，是群众不放你们，你们写个检讨，检讨深刻一点，得到群众谅解就行了。“四清”工作组让群众和干部对立，在群众当中找一些人揭发干部。但是所谓的揭发材料，有私人报复，有假公济私，什么都有。所以青海“四清”分团那帮子人，没有做什么好事，紧接着“文化大革命”开始又批他们。

刘西尧不常来，李毅从 401 所过来，他实际上是一把手。他们在 221 厂邮局整出一个贪污犯。邮局一个小职员管盖章戳，说他贪污了一万元。全厂开大会，让他坦白交代，现身说法自己怎么贪污的，贪污多少钱。他一边哭，一边交代。李毅宣布，因为态度好，按政策处理，免予刑事处分。后来“文化大革命”开始，这个人又说原来的交代是被逼的，他要翻案。现在根据“四清”运动的具体情况来看，假的可能性很大。那时候一万元相当于现在百万元，所以我不太相信这是真的。

到青海农村搞“四清”

胡思得：1966 年初春，221 厂全厂上下忙于攻克氢弹，根据安排，还抽调相当的人力去参加农村的“四清”运动。我和孙清和、刘嘉树等都被安排去搞“四清”。我们去参加“四清”有两个目的，一是去整农村的“四不清”干部，二是去接受贫下中农的再教育。对于像我这样刚“下楼”的干部，重点应该是接受贫下中农的再教育。

2 月底，所有去青海各地搞“四清”的干部集中在西宁大厦学习，这些干部来自不同行业，有政府机关、农村基层、刚毕业待分配的大学生等。除了省领导做动员报告，有些参加过上一期搞“四清”的同志也传授他们的一些经验。

使我犯难的是远在北京的爱人，她已怀胎十月，即将分娩。我向领导提出能否允许我先回京一趟，待我爱人生产后，再去农村。我这个要求在那时的政治气氛下必然遭到拒绝。那时候既没有手机，家里也没有电话，所有的消息只能靠书信传递。女儿出生的喜讯我是一个多月之后才获悉，我第一次见到女儿是她降生九个半月之后。为了不影响我的情绪，我爱人在待产时由于没有家人陪伴照料，只能在病房孤苦伶仃地啃着冷馒头的事，也是我回到她身边后才告诉我的。

221 厂参加“四清”的同志被派往青海互助土族自治县，这里是海拔 2000 多米的高原。实验部大部分人分配在县里最贫穷的红崖子沟公社和哈拉直沟公社。我所在的红崖子沟地处靠近大深沟边的山坡上。深沟里平时流淌的水不多，但全大队的生活用水却全靠它。每天早晨，在此取水的人挑着担子或赶着毛驴陆续不断。

所有的工作队员都住在最贫困的农户家里，与他们同吃、同住、同劳动。在青海搞“四清”给我印象最深刻的是当地农民的贫穷与朴实。这里的早饭一律是青稞面糊糊，中、晚饭是青稞面片汤，汤里飘着几片菜叶子，没有油花。天天如此。有时房东爱人也会烤几个叫“锅盔”的馍馍，把用水调和的青稞面放进一个铜盒子里，丢进灶里，烤好后一打开，香气扑鼻，简直像刚出炉的面包。但这不是平时吃的。他们把它扔进炕上的箱子里，放上一周左右，等锅盔变硬、变酸、长毛，才拿出来给当天背肥料到山上去的人当干粮，据说吃这样的干粮不容易饿。

由于缺少粮食，连饲养的鸡也很少下蛋。偶尔下了一个，赶紧卖给合作社，换一些盐、灯油之类的，有时还花三分钱买一本《为人民服务》缩小版的单行本。

工作队领导为照顾大家，让大家每一个月到公社去集中一天，除了听报告布置工作，中午能吃到一个炒菜。久别重逢的油水和肉香，引得大家胃口大开。但由于肠胃已不适应油肉，许多人饭后就拉肚子。

许多农民常年穿一件羊皮袍子或一件旧棉袄，这些也许是他们结婚时增添的。他们在田头劳动时穿着它，平时开会也穿着它，开会时靠着墙根就往地上一坐，所以衣服上沾满了灰尘。

我先后在两个大队担任工作组组长，较长时间是在老幼大队。我的房东叫杨科，是个中年汉子，据他说他的祖先是从南京发配到这里安家的，已经有 100 多年的历史了。他住的是用土墙围起来的“四合院”。我和他以及他的儿子睡在一个炕上，他媳妇和他女儿则在另一个房间。第一天晚上被虱子咬得睡不好觉，但过两天也就习惯了。我们工作小组有时碰面，那就一边聊天，一边翻着衣领找虱子。

住的方面还有一点不习惯的是露天厕所。每一家都是如此，在院子的一角，用土垒起一米来高的矮墙，里面铺满土疙瘩，土疙瘩也用来当卫生纸。过一段时间把土疙瘩和粪便一起运走，存起来当肥料。

最累的活是往山上背肥料。这个大队在河滩只有少量的麦田，大部分耕田在山上。每年播种前先得把肥料往山上运。早晨出发，晚上回来，回家时每个人都是灰尘满面。舀了一瓢水洗个脸就吃饭，因为担水不容易，不可能像城里人那样痛快地洗个澡。

这里的信息很闭塞。虽有一条乡村公路在村边，但很少有汽车经过。除了大队部有一个广播喇叭，村民家里都没有收音机。有的老乡告诉我，在“土改”那年见过“工作人”（指上级干部）之后，直到这次见到我们，10 多年来再没有见过别的“工作人”。

这里的老乡非常朴实。有一次上游发大水，平时干枯的深沟突然汹涌奔腾，波涛席卷着好多木料直冲而下。我们大队有个别胆大的，趁机捞起

1965 年国庆节，青海湟源“四清”工作团白水工作组合影留念［前排左起：李秀玲、□□□、韩思玉（杂多县县委书记）、刘德生、余淑贞；后排左起：高克勤、王高典、赵承祚、□□□、□□□、谭善交］

不少木料，准备拿回家去自用。我知道后，就召集大家开会商议。我说这些木料是上游大队的财物，他们受了损失，我们应该怎么办？老乡们都异口同声说应该送还。第二天就冒着雨用板车给送了回去。收到木料的大队给我们大队和捞木料的老乡写了一份大字报表示感谢。

干部"四不清"的问题主要是三年困难时期有些干部利用职权多吃多占。根据群众揭发和自己交代，实事求是地核实后进行退赔。取得群众谅解后，有的仍然被选为大队干部。

1966 年 6 月，"文化大革命"开始，我们接到通知要求尽快结束"四清"工作准备撤离。几个月的共同生活，一旦离别，老乡和我们都感到依依不舍。有一位老乡偷偷将自己养的羊宰了，煮了一大锅羊肉汤请我们全体工作队员。按纪律我们是不能"赴宴"的，但现在盛情难却，何况木已成舟，不去反而让老乡在精神和经济上受损害。说实话，羊肉汤实在不好喝，估计这位老乡自己家从没烹饪过羊肉，不仅膻得很，汤里甚至还漂浮着些许羊毛。但我们一点也不能显露难以吞咽的表情，想到老乡的盛情，很快把它喝了下去。临走时我们留下了一笔钱，决不让老乡吃亏。

"四清"搞极左

刘文翰："四清"分团有个别领导一到 221 基地就大谈反修正主义、反资产阶级特权，首先减少九院职工的探亲假。我们在青海工作，每人每年有 29 天探亲假，加上路程一共 40 天假。有人说这样会产生修正主义，不能搞特殊化，按国务院规定，所有职工的探亲假由 29 天统统改为 14 天，一句话砍掉了 15 天。当时一些老工人骂他，骂也不行，谁骂谁挨整。221 基地地处高寒地区，单位又保密，老婆、孩子不容易去，国务院多给一些探亲假是合情合理的。不久“四清”分团又把奖金制度取消了，说发奖金就是搞修正主义。他们还要取消事业费，结果上边不批，没有搞成。所以我说“四清”分团没有做什么好事情。

实验部党委书记吴益三开始被外派到其他单位搞“四清”，后来大家贴大字报，把他从“四清”工作队抽回来，让他听听群众意见。当时我看实验部贴的大字报上面写的，无非是吴益三开玩笑说的一些事。他曾经在上海工作过，曾说过：“在上海怎么做衣服呢？开始的时候挺着肚子让裁缝量尺寸，一下量大了，最后取衣服的时候把肚子缩小，衣服肥了，赔我衣服吧？有人去上海大饭店吃饭，纸包里包一只苍蝇，吃完饭往汤里面一扔，说不干净，把汤碗给砸了，这顿饭就白吃了。”这本来是上海“瘪三”做的事，吴益三听来的，结果大字报把这些事揭发出来，说他损害了工人阶级的形象。还有一张大字报说吴益三在困难时期多吃多占，也没什么其他方面的问题。不管别人怎么评价，我对吴益三的评价是，这个人虽然执行了一些“左”的东西，但比较近乎人情，在那种形势下，算是一个较好的领导。

宋应松日记被查

刘文翰：1964 年，全国学习解放军，从部队转业调来一批营、团级干部，充实九院各级领导班子，实验部、设计部各个分厂都成立政治处，专抓政治思想工作，并把每周政治学习的时间从原来半天增加为一天。这就出现了两个重点，搞原子弹还是搞阶级斗争？人们的思想混乱了，有的人不爱想，你叫干啥就干啥；有些人从业务工作出发就不免窃窃私语。党小组汇报上去，要统一思想。政治运动一来，人人自危，人与人之间互不信任。有的人爱打小报告，向上级告密。

宋应松是实验部九室三组的技术员，搞电子学测试的。这个人脾气比较怪，朋友不多。他喜欢写日记，也不怕别人看见，因为日记惹了大祸。同室的一些“积极分子”找了个借口，晚上得到宋办公室门的钥匙，拿到他的日记本，交给党小组长，逐级上报，又把里面的一些话断章取义摘出来了，又把日记本送到实验部党委，又转送到院保卫部。“四清”分团一来，仿佛抓住了“阶级敌人”，立即组织批判，并在《红原报》（“四清”分团办的报纸）上断章取义地公布宋的“反动言论”。“文化大革命”开始以后，宋应松的问题进一步升级。大约在1966年，宋应松为了澄清冤案，写了一张大字报贴在商店前墙，标题是“冤鬼申诉”，提出要全文公布其日记，反对歪曲其真实的意思。这立即引起一些人的围攻，他们给宋应松戴“高帽”游街示众。宋应松被揪出以后，停职打扫楼道，清厕所，每天到食堂吃饭，先要向领袖像请罪，然后才允许买饭。

诗词成罪状

刘文翰：“四清”运动一开始，有一些人捏造材料，说我在十七号工地的厕所里写反动诗词，说我要“挥刀斩尽人间士”。本来是捏造的东西，结果“四清”分团如获至宝。一个单位必须得揪出几个“阶级敌人”，他们就希望多点揭发材料。当时虽然有人捏造这件事，但也有人给我证明，说他亲眼看见根本不是这么写的，诗被人篡改了。结果这个人不仅没有给我洗清白，连他自己也搁进去了。

实际上是怎么回事呢？十七号工地的厕所是木头门，蹲在厕所里面很无聊，我看见有一个人在门板上写了一首打油诗，我也在打油诗旁写了一首诗：“风卷黄云日色浑，胡天三月不知春，君在金陵看花处，我在燕山思故人。”这首打油诗是写给南京同学的。后来有人给篡改了，“君在金陵”，他写“君离金陵”，那就是蒋介石离开南京了；“我在燕山思故人”，说我在怀念国民党。这首诗是 1961 年的时候写的，1964 年底“四清”运动中被揭发出来。即使没有旁证，如果仔细、认真地想一想也能看出有问题。你想，1961 年发现反动诗词，他向哪一级组织汇报了？当时党团组织为什么没有重视呢？再说 1961 年发现反动诗词，他不汇报不就是同流合污吗？这是非常简单的逻辑，对不对？那会儿私人报复的事情很多，“四清”分团不愿意采用正常的逻辑思维，也不去调查，宁肯信其有，不肯信其无。

1966 年夏天，实验部从基层群众里头首先揪出宋应松，第二个就是我，后边又揪出卫玉章、周复芳等人，但我们这些人都不是党员。当时党内有文件，“四清”运动重点是整党内走资本主义道路的“当权派”，于是又象征性地揪出实验部二室党支部书记姜宝田。他跟群众关系不错，是一个比较通情达理的领导。为什么揪出他呢？说他写反动日记。原来姜宝田的大哥被打成右派，他觉得不公平，为他大哥鸣冤叫屈。也不是公开鸣冤，只是写一点自己的感想罢了。后来不知道谁把姜宝田的日记弄出来，结果说姜宝田为他当右派的大哥辩护，“四清”分团就把他当作“党内走资本主义道路的当权派”批斗。

我估计整我们这几个人，最后也拿不出像样的材料。无非是逼着你做检讨，一次检讨不行，就做两次、三次……其实像我们这几个群众最后定不了案，你说我写反动诗，查无实据，在公安局里面根本定不了案，包括宋应松的日记被断章取义也算不了什么。

为了完成凑指标

刘文翰：“四清”运动像历次运动一样，有划“敌人”的指标，一般百分之五左右。没有“敌人”也要凑指标，不然就是右倾。最后总结说，占百分之五左右的“阶级敌人”揪出来了。

“四清”分团为了完成抓“坏人”的指标，怎么凑数的呢？比如说221厂设计部揪出两个人，一个叫陈德芳，一个叫徐必寿，就是冤案，我到现在还记着。徐必寿什么罪状呢？有一次在草原上他和党支部书记一起散步，低头时看见一堆牛粪，党支部书记戴一顶帽子，他说把你帽子摘下来，我把牛粪装走。本来是开玩笑的事，批斗他时，说他把党支部书记的帽子装牛粪，是反党，这不是胡扯吗？陈德芳爱写诗，写了一句“蓝色多瑙河”，结果给他上纲上线，说他写的不是“蓝色多瑙河”，他写的是“蓝色多恼火”，意思是在社会主义国家中他多恼火，纯粹是凭想象定罪。

平时我喜欢抄一些唐诗，“春蚕到死丝方尽，蜡炬成灰泪始干”这两句诗是名句，有些人无知，批斗时说，本来蜡烛成灰泪始干，为什么刘文翰说是蜡炬？蜡烛的火焰很小，蜡炬很大，说明他的反革命气焰旺盛。我还抄了一首赞美诸葛亮的诗，“旧业未能归后主，大星先已落前军”。旧业未能归后主，后主指的是“阿斗”。诸葛亮没能实现统一大业，大星先已落前军。批斗我的时候说，“旧业不曾归后主”，说中国的事业没有归“地富反坏右”？“大星”指的是彭德怀，彭德怀早垮台了。这完全是张冠李戴嘛！我后来为什么不写日记了，就因为写日记危险。

我当时写了两次检查，给自己扣了很多“帽子”！那也不行，上纲上线还不够，还得给自己编造罪状。上面说执行坦白从宽、抗拒从严的政策，这完全是骗人的。在当时那种政治高压之下，坦白从严，抗拒才从宽。我那时候也很傻，瞎编了好多不是自己的罪行，以为可以从宽处理，其实越编整得越厉害，最后问题越滚越大。当然真正定案的时候这些东西都是子虚乌有的。“四清”运动一开始就停止了我的工作，在“四清”运动中，我被批斗了两三次。批斗完了以后写检查，检查总是过不了关。最后“四清”分团怎么收场呢？两次批斗完了以后，他们说你这么多反动思想，在我们教育之下有一定的认识悔改，可以把敌我矛盾变成人民内部矛盾。

“文化大革命”运动来了，李毅、戈克平垮台。北京理论部的“造反派”上草原，给李毅戴上高帽游街，说“四清”分团执行了刘少奇那一套“资产阶级反动路线”。这样，我们这些“阶级异己分子”就解脱了。最后整我们这些人的资料统统封存起来，暂时不追究，说以后再追究。但是这些材料为以后的“清队”运动提供了素材。“四清”运动完了，我又没事了。那时候实验部揪出来的这几个人，宋应松是第一号人物，我是第二号人物，卫玉章、周复芳是第三、四号人物。这时周复芳首先站出来，他说刘文翰写“反动诗”根本不是这么回事，是资产阶级反动路线整的，要求给刘文翰平反。后来他找了吴益三书记，吴说：“平反这事我不管，我不知道情况，你反映的话也要容我们一段时间考虑，但是现在可以恢复刘文翰的工作。”恢复工作以后，我两年没回家了，我要求探亲。那时候我正在谈恋爱，先到湖南长沙找我的未婚妻，见未来的岳父。他是长沙参事室的参事，一个从旧社会过来的老知识分子。我在长沙待了两个星期，然后回到老家北京。

1966 年全国开始轰轰烈烈地搞“文化大革命”。在“文革”当中名义上恢复了我的工作，但是没有工作可做。我探亲完了又回到 221 厂，回去也没有工作做，因为许多人都没有工作。

我的三个罪名

王士俊（时任实验部二室技术员）：我 1962 年从兰州大学毕业后分到北京九所，年底就上了青海草原。我这个人平时说话很直，心直口快，但干事特别认真。“文化大革命”之前，1964 年有段时间批判杨献珍的“合二为一”论。毛主席说，一切事物无不具有两重性，都是一分为二嘛。那时候正在学毛主席著作，我和其他同志在讨论过程中，杨益民就说，毛选能一分为二吗？咱这个人争强好胜，我信口说了一句，毛主席著作还可能有个别错别字呢。就这一句话，大帽子扣下来了。我这个人在组里老是跟不上形势，人家说咱懒、散。我也不是不学毛选，而是不像人家搞形式主义，这是一个罪名。还有一件事，“文化大革命”当中，我家由中农成分补划成地主成分。当时家里穷，吃牲口吃的豆子，什么苦都吃过。所以我想不开，就找组织谈，强调自己不是地主成分。这就变成为地主家庭翻案，又是一项罪名。

还有啥呢？我爱人虽然出身地主家庭，但是她在新社会成长起来。我和她是邻村，隔着二里地。她从陕西老家到青海 221 厂探亲，先住在招待所一楼，后来搬到 32 号楼去住。这个农村人没有什么概念，自己从外头捡来一张被风吹掉的毛主席和林彪的合影像，拿回来裱在墙上。农村人做完针线活后顺手把针别在像的边上。后来我们搬走以后，招待所的人看见了，搞运动时揭发出来。当时可不得了！因为我老婆家庭出身不好，人家揭发你反对毛主席，那个形势就是这样的。就为这三个罪名整我、批我，搞运动嘛，也是很自然的事。

“文革”中的221基地

221厂“两派组织”

刘敏：1966年5月份，“文化大革命”开始，理论部工作组到221厂分析打炮数据、验证方案的可行性时，有人觉得草原运动搞得冷冷清清的，青海“四清”工作团只抓室一级干部“洗澡下楼”，不动更大的党内“走资派”。理论部工作组有几个高干子弟，像李锦平他们从北京带来一些消息。221厂也有高干子弟像任嘉因，两边一通气，就贴大字报说“抓小鬼不抓大鬼”。于是“四清”工作团认为理论部的人到草原点火，起哄干扰运动，甚至要抓“反革命分子”。这时候实验部冷试验基本做完了，理论部工作组准备回北京，221厂不让走，相当于把人扣在那里。年轻人血气方刚，不让走就用绝食抗议，其实也没绝食几天。事情闹大了，北京理论部就派何桂莲到草原接人，也算救人吧。221厂周边都是岗哨，不经221厂开通行证，谁也别想进去，所以他们开始给堵到外头不让进。实际上理论部是带工作去的，不是专门去“点火”。当时受极左思潮的影响，被认为顺便给草原“文化大革命”点了一把火。后来“四清”工作团倒台了，他们就解放回北京了。这个时候221厂也分成“草红”和“革联”两派群众组织，两派都派人到北京“串联”，也不需要什么人“点火”了。

当“文化大革命”的狂潮席卷全国时，221厂的正常科研生产也受到外界的影响，虽然它不与外界交往，但出差人员回来带来的信息，外面熟人寄来的“小字报”等，也使这个平静的科技城卷入运动的漩涡。“四清”工作团受到了群众的冲击，工作开展不下去了，厂内出现了对“四清”褒贬各不相同的意见，也贴出了一些大字报，这种情况引起国防科委有关部门的重视。如果两派群众的这种冲突不加疏导与制止，将会影响当时我国氢弹的研制、试验工作，也会影响当年准备进行的首次导弹核试验。九院领导、专家们很着急，怎么办？情况反映到了中央专委。周总理指示，221 厂的“文化大革命”运动，要在院党委领导下进行，不准与外界“串联”，上班时不准“辩论”及“停产闹革命”，不准妨碍科研生产的正常进行。由于某些高校的学生，知道 221 厂的具体位置与性质，有个别激进者跑到海晏县，准备进厂“串联”。周总理知道后，命令警卫团予以制止，不服从者将受到严厉制裁。这才使 221 厂的科研生产工作没有受到外界的干扰。而绝大多数的科研人员与工人，也清楚地知道自己肩上所

1966 年 221 厂“文化大革命”运动中，组织职工群众排队看大字报

担负的任务是与国家安危相关的重大课题。更进一步来讲，这里的每个工作人员都是经过严格审查挑选来的，素质较高，为了一个目标，不会违反周总理的指示，越“雷池”一步。一切都按部就班地进行着。国防科委有关局还派来了梁志处长和宋炳寰参谋、倪廷玉参谋在 221 厂了解情况，及时向中央专委反映科研生产等情况。

1967 年“一月风暴”后，全国掀起夺权高潮，九院一个姓赵的头头，组织草原“红卫兵”夺了吴际霖的权。吴际霖说，夺权让你夺，但是技术组织工作我该做的还要做。吴际霖一边被批斗，一边工作，咬着牙坚持氢弹的研制，工作并没有完全停下来。基层的科室、车间也还在继续为氢弹试验奋力地拼搏。全国“支左”开始，221 厂实行第一次军管，中央任命贾乾瑞为“一把手”，当时集中批判吴际霖的“红色保险箱”。有人贴吴际霖书记的大字报时，郭永怀副院长说：“吴际霖有什么问题?”有人写大字报说他不突出政治，动员完成“596”任务时讲“响了就是最大的政治”，说他是“修正主义分子”，要打倒他。郭永怀说，这话又不是吴际霖讲的，是上面领导讲的，何况这话也没有错。如果 1964 年我们没有成功进行首次核试验，没有给世界一个震动，政治上的损失又会怎样估量呢？他为“批斗”吴际霖鸣不平。

“文化大革命”在全国掀起了阵阵狂潮，几乎人人都卷入运动中，尽管 221 厂地处青海山高人稀之地，也没躲过这场风暴的袭击。“文革”中，许多领导被揪斗。厂内除了一些群众没参加什么组织外，有人参加了“草原红色造反总部”的一派，另有一些人参加了“革命群众联合指挥部”的组织。一派喊着打倒“吴际霖、王志刚、姜静群”，另一派喊着打倒“吴际霖、王志刚、汪松”，反正意见有分歧，互相指责。由于科研生产任务重要，科研场所受影响较小，一些“批、斗”大多在业余时间进行，但有些派头头和组织骨干，却是“脱产闹革命”，当然那些只是少数人。

由于221厂的重要性，国防科委派了军队干部驻厂，负责正常的科研生产安排及向上级反映这里的“文革”情况。我记得国防科委派梁志、宋炳寰、倪廷玉几位参谋经常到厂里了解情况。这段时间厂里还算正常，那时还酝酿着两派大联合。但是好景不长，在全国“文革”闹得乱哄哄的时候，这里怎能逃脱这种影响呢。

1967年7月17日，不知什么原因，也不知是谁先挑起的，221厂发生了第一场“武斗”，两派组织仅使用棍棒、石块等，相互在各自控制部分的“边界上”展开了“拉锯式的战斗”。结果是双方头头去北京“汇报”与接受批评，换来的是221厂实行了军事管制。中央先派来了军级干

1967年3月221厂实行军事管制

部，贾乾瑞作为军管的首长，即军管会主任，而其办事人员仅有国防科委二局的几位干部与参谋，只是形式上的监管，各个科研部门、工厂及行政单位仍然负责各自的职能，运作照常，仅有少数领导干部受到群众组织的批斗。即使如此，有些干部在“批斗会”后，仍然回到本部门岗位上工作。当时的情况就是如此，那种“斗争”并没像国内许多地方那样，使整个工作失控、瘫痪。

军管会的成立，使原来各职能部门能正常开展工作，但一些党政领导卷入了所谓的“资产阶级反动路线”。他们原来贯彻执行的那些政策，在“文革”中被定义为“资产阶级与修正主义”的反动路线，所以他们成为斗争的对象。不时有“群众组织”对他们进行“批斗”，但触及面不广，形式也不太过火。在军管初期，两派还实行了“大联合”，但是派性仍然被根深蒂固地潜藏了下来。

领导班子被夺权

孙维昌：在“文革”期间，221 厂形成“草红”和“革联”两派群众组织。我倾向“草红”派的观点。张鸿江他们是“革联”派的观点。钱晋和吴永文两边都不沾。那时候 221 总厂政治部副主任姜静群和 221 厂技术管理处副处长谢家琪等人比较活跃。有一个阶段，他们俩挑头，组织厂处级干部签名，支持一派群众组织。

二生部“四清”工作队队长是从包头 202 厂来的，他原来是 202 厂基建处处长。谢家琪是工作队副队长。我们那时候是革命对象。后来谢家琪动员我签字，一共有 43 名处级领导干部签字表态支持“草红”组织。自从表态以后，我就被动了，这一派保你，那一派就抓你。咱们也没有什么经验，一天到晚东藏西躲。草原上两派互相斗得很厉害，1967 年 8 月 4 日

221厂“武斗”不是死人了吗？后来军管进来了，贾乾瑞任军管会主任。军管也控制不住，其实军代表也有倾向性，支持一派，反对另一派，不然的话，为啥221厂“武斗”军管都控制不住。1967年，221厂的“造反派”到北京，周总理接见了他们。周总理要求青海221厂不要搞“四大”。但是时间不长，各级领导都被夺权，并成立了革委会。

当时二生部成立了革委会，钱晋、吴永文“靠边站”了，革委会主任是赵永杰（后来任九院政治部主任），副主任是于川。他们两个是从军队来的师职干部。我参加“三结合”领导班子，成了革委会成员之一。蔡抱真也留用，属于结合的技术干部。后来成立党的核心小组（那时候不叫党委），我也是核心小组成员。从1967年氢弹试验成功，中央决定赶快转入小批量生产，解决我们国家部队值班站岗的问题，就是用核武器值班站岗，保卫国家安全。221厂又开始抓生产，我负责抓第二生产部的科研生产。

科研生产没有停

孙维昌： 这期间科研生产没有停，一边“抓革命”，一边“促生产”。有几件事给我印象比较深。一个是在生产当中黑索金炸药短缺，苏联不给我们了，五机部库存也不多，于是我找了朱光亚。朱光亚马上给国防科委打电话，从湖南五机部的库里边调一批黑索金炸药。于是我派赵明俊坐飞机把炸药押运回来。按规定飞机不准运炸药，要靠火车运输，但那个时候工作急需嘛，火车运输根本来不及。

为了解决生产黑索金的难题，我专门到甘肃兰州。在兰州以北的白银市有五机部的805厂，我让他们开始试生产黑索金，跟他们厂签合同。他们三班倒地研制，很快就能够批量生产，解决了黑索金短缺问题。

我们开始用国产黑索金炸药，但是这个炸药能量差一些。当时王淦昌、钱晋、董海山他们在西安三所、兰州化学所、上海有机化学所、大连化物所一起研制新型炸药，开始把这个黑索金叫改性“1105”新型炸药。后来董海山搞出一个二号炸药，这个二号炸药的优点是能量比较高，但它的敏感度也高，为什么敏感度高呢？因为二号炸药里面的颗粒晶体是针状的，黑索金炸药是圆颗粒的。现在生产用这个二号炸药，要把它的敏感度降低，怎么办？在外面包一层塑料膜，把针状颗粒包起来。这样，在压制加工当中有这个保护膜，不至于发生事故。开始用的是“1105”型炸药，就是黑索金炸药。后来我们就用自己研制的二号炸药。因为氢弹要批量生产嘛，上面要得比较紧。我们就三班倒地干，晚上我基本都跟班到半夜。1969 年，二生部车间爆炸事故就发生在二号炸药上。

九院改部队番号

孙维昌：1968 年 1 月九院的体制变动了，中央下令改成国防科委第九研究院。对外叫总字 819 部队。那时候 221 厂书记吴际霖“靠边站”了，真正掌权的是军代表。1968 年 9 月王荣任革命委员会主任，肖泽泉是政委。

四川 902 地区，作为“三线”建设，1964 年开始选址，1966 年征地、选点、搞设计，1967 年开始逐步地建设，逐步地往那里迁人。那个时候，九院副书记刁筠寿也到了四川。1968 年的冬天，221 厂领导派我到四川去了一趟，那里房子已经盖起来了。那会儿我是二生部革委会成员，也是党的核心小组成员。出差的目的是看看四川 902 地区三所那边准备得怎么样了，具备不具备开展科研生产的条件。我在剑阁县待了一个多礼拜，建成的各个厂房都看了一下，我考虑 1969 年搬过去问题不大。去四川的时候，我还专门到王荣主任那里汇报工作，我说我从青海来，到这来了解基建的情况。九院归国防科委以后，四川 902 地区各个所都有部队番号。九院机关叫总字 819 部队，一所叫成字 151 部队，三所叫成字 153 部队，五所叫成字 155 部队。在四川待了不久，我就回到青海给 221 厂领导汇报，为他们如何安排过渡到四川奠定了基础。

刘敏： 1968 年的 9、10 月份，221 厂似乎稳定了下来，表面上看不出什么问题。在这段时间里，可能有什么重要会议将召开，几位专家及技术副院长王淦昌、郭永怀、彭桓武陆续来到了金银滩，他们住在保卫部的那栋楼里。与他们前后到达 221 厂的还有我院北京科办的工作人员。

当时九院已划归国防科委，按部队编制管理，番号为总字 819 部队。同时派出了师级及各级干部接管了各个部与分厂，主要是行政管理部门，而科研室则由各室的领导小组负责管理。这样一来，两派群众组织也只能偃旗息鼓，各自东西。一句话，被解散了。这一变化使 221 厂基本稳定下来，一切恢复了正常运转。

北京召开“九大”之后，上级向 221 厂派来新的军管会领导班子，南京军区炮兵司令员王荣被任命为九院院长，广州军区后勤部政委肖泽泉为

1968 年以后 221 厂职工出入证改为解放军总字 819 部队

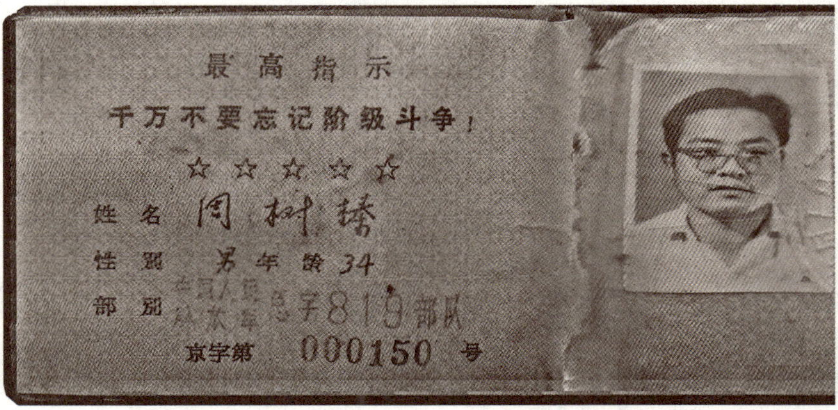

政委。同时向各部配备了相应的领导，我们设计部的军管主任是41军炮兵师师长王国屏。

草原“三大案件”

三线建设是为了适应战备的需要，由国家做出的战略安排。根据中央的指示精神和核工业的实际情况，二机部于1963年11月提出了在三线地区进行核工业建设的报告。中央专委同意了二机部的报告，并决定从1964年开始选择厂址，争取尽快新建一批核工业科研、生产基地。

1969年，林彪对核工业进行了直接干预。7月2日，林彪在“三北”（华北、东北、西北）会议上提出：“酒泉、包头的原子能工厂要搬，1970年准备迁完。”7月28日，二机部在北京召开紧急会议，研究“一线”工厂搬迁问题。

引自《当代中国的核工业》第70、74页

谢建源：1969年，中苏边境发生了珍宝岛之战，我们面临两个核大国的严重威胁，北京和221厂都紧急备战起来，九院理论部也要往四川疏散。221厂是在苏联的帮助下建设的，苏方对地址、厂房一清二楚。美国也想把中国核基地搞掉，所以221厂把科研、行政力量一分为二。中央也要求加快新基地的建设，但在“文化大革命”当中进展缓慢。到了1969年，这次是苏联想整我们，而且要用外科手术的方式，对基地进行轰炸。要不是美国不愿苏联独霸世界，坚决反对，真还不知道后来是啥结果。中央毅然决定战备搬迁有深刻的国际风云变幻的背景。限于当时的条件，根据中央部署，把核武器的研制力量和生产能力分开。前者往四川搬，后者留在青海金银滩。但“文革”运动把221基地搞乱了，搬迁过程中谁也没想到会出点事，这又为“二赵”进厂提供了契机。

二分厂“爆炸案件”

孙维昌： 我记得1969年11月14号二生部229车间发生爆炸事故。发生事故当天，二生部军代表在食堂做动员报告，动员准备往四川过渡、搬迁。因为快到年底了，我在总厂区的屋里写总结报告，没有参加动员会议。下午两点多钟，我在房间里听到“轰”的一声响，赶快跑出来看。二厂区那个方向冒烟了，白烟冒得很高很高，我知道出事了。我跟生产科长詹文林临时在厂区的路上截了一辆大卡车，和司机说那里发生了爆炸事故，你拉我们过去一下。我跟詹文林两人最先到的现场，到了现场一看，整个工号厂房的顶棚都掀了，房子、墙体都没有了，就剩几根柱子。

原来炸药装配的时候，工作台上有四个炸药部件在旁边放着，加上吊车抓的一个炸药球，等于五个药球全炸了，所以爆炸威力特别大。现场一个完整的尸体都看不见，人不知道炸飞到哪去了。当时我们赶快清理现场，后面总厂的负责人，都是军人也赶到爆炸现场，然后赶快给北京打电话报告发生了重大事故，牺牲了四个人，其中有技术人员，有工人。事故发生不久，北京国防科委就来人了，青海省军区也有代表参加，一起组织了一个调查组。我参加了调查组，负责从技术上找原因，看是不是因为操作失误，或者设备加工过程中出现什么问题引起爆炸的。另外，221厂军代表又组织了一个调查组，从政治上找原因，从政治方面来考虑爆炸问题。那个调查组我没参与，也不知道，反正是他们军队组织的。

我仔细勘察爆炸现场，认为这不是敌人故意破坏。为什么呢？我后来用重锤做了跌落实验，看看多大的冲击力能引起爆炸。然后我又勘查现场，发现现场形成了一个大坑，还有加工炸药球的大型立式车床。这个爆炸的大坑，离工作台一米五左右，坑中心点跟上面大立车的吊车梁处在一条垂直线上。用吊车把炸药球吊起来，要靠抽真空后的吸盘把炸药吸住，然后靠吊车的拉链控制上下升降。我判断吊车梁在运行时，拉链移动过程当中摩擦片（刹车片）失灵引起了事故。为什么要用摩擦片呢？摩擦片卡住时吊车梁就不能移动，松开它就走。这个弹坑跟这个吊车梁是一条垂直线，而且离工作台才一米五的距离，说明移动产品的时候摩擦片打滑了，没卡住，金属吊具加上炸药球一块落下来，自由落体冲击造成的爆炸。勘查现场以后，我写了这么一个调查报告，是从科学角度判断写的。现在回想起来，我也认定是吊车运行当中摩擦片失灵了，打滑了，才引起爆炸。因为那个吊具是金属的，很厚很重，像个大锅似的，而且周围带密封圈，因为不带密封圈吸不住。然后药球还得要托住，怕那个药球掉下来，所以有那么三个爪，把它卡住。金属吊具和药球从高处自由落体掉下来的时候，越高速度越大，而且它的爪变成撞针，这样更容易发生爆炸。11 月 14 号发生的事故，没有几天我就把报告写好了，报告写的是意外机械事故，找不出阶级敌人破坏的原因。

刘振东：1969 年 11 月 14 号，229 车间一工号发生了爆炸事故。下午两点十几分，二分厂食堂正在召开搬迁动员大会。军代表于川、刘德柱主持会议。听到爆炸以后，会场立即混乱，我们跑出门外，正好水厂的汽车到了，无人组织，大家马上上车，自觉地往工号赶。爆炸工号离我们开会的地方起码有两公里以上，现场冒的黑烟看得特别清楚。等赶到那里就不让人进了，距离工号 500 米就戒严了，不让靠近，怕再发生爆炸。

爆炸是升降器具检修不够造成的。1966 年以前，我们二分厂有安全月，副主任吴永文特别注意抓安全生产，固定一个月的某一天，大部分是星期六下午搞安全月检查。“文革”开始以后，我们这些领导“靠边站”，工作管不了，过去定的制度也不执行了。这次属于吊车刹车片年久失修造成的事故，主要是刹车片磨损了，应该定时换刹车片。我们车间还是人工拉链，不是自动拉链。那时候一般一年至两年就要拆开检查更换刹车片。当时刹车片失灵，吊着的炸药球落下爆炸，工作台上还有四个药球同时殉爆。什么叫殉爆？这个爆了那个也跟着爆了就叫殉爆。当场死了好几个人，其中一个值班工人叫刘彬，上海技校毕业生，这个人在车间以敢干闻名。我们厂房设计属于三点控制，什么叫三点控制呢？就地控制一个点，中间过渡控制一个点，总控制台又有一个点，任何一个点只要一关，马上全停。当时卸料员工是手工操作，没有电动设备。因为开始设计时就没考虑到安装机械手。说实在的，我们还没那个水平。另外，苏联设计时考虑到工作量不大，原子弹没有成批生产，这一点我们早就想了。而且我们考虑吊装时也有安全保护带，掉不下来。偏偏他们在起落过程当中爆炸了，这样的概率非常小，属于偶然事件。

炸药球掉下来炸死四个人，立式车床也毁了。工人俞春宝是二级工，刚来车间没两天。他爸爸是雕刻花的手艺工人。俞春宝死后，厂里车间按月给家属发抚恤金，这一点 221 厂做得不错。

二分厂炸药工号设计有特点，所有工号设计必须是轻型屋顶，一爆炸整个顶棚冲翻了，只剩几根梁柱子。所以工号里面冬天不保温就是这个原因。另外厂房设计时地下都有水，是为了减少炸药粉尘，也防静电。

当时处于“文化大革命”中，一是总抓“阶级敌人”，二是什么事情都上纲上线。总厂派孙维昌、詹文林、杨笃专门组织做了冲击落锤重复实验，实验证明是机械事故。当时二分厂主任钱晋、副主任吴永文“靠边”了，我们车间主任也“靠边”了，就剩下副主任孙维昌。孙维昌组织试验有功，但后来因为这次技术事故挨了批斗和关押。从理论上来讲，就是卫星、飞船也没有百分之百成功率，而且炸药本身有感度实验，公认的安全炸药TNT还有百分之六到百分之八的爆炸可能性，黑索金是百分之二十五的爆炸率。

这次229车间爆炸被“二赵”定性为“三大反革命案件”之一。1980年1月，我代表总厂、分厂去了四位牺牲同志的家，带上十几块钱的慰问品，走访了解家属生活，以示慰问。我这里有牺牲者的名单。

1969年的“11·14”爆炸事故中牺牲四人，他们分别是：

刘彬，男，工人，团员，上海技校毕业，上海人。

王明恩，男，技术员，团员，兰州大学毕业，甘肃兰州人。

程元福，男，技术员，团员，四川大学毕业，重庆人。

俞春宝，男，工人，团员，221基地技校毕业，江苏无锡人。

后来221厂为牺牲的同志举行了追悼会，按照一般工伤死亡事故处理安置。他们的骨灰被送往各自的家乡安葬，只有王明恩的骨灰，由其父亲退回了221厂。这位老军人留下一段发人深省的话：“我的儿子在这里因公献出了生命，221厂应该留下他，更不能忘记他。”王明恩的骨灰安葬在青海省海晏县烈士陵园。

七厂区丢失“资料”

谢建源：搞原子弹花了多少钱，全国人民勒紧裤带才搞成功原子弹。“二赵”差点把它毁了。当时221厂定性的重大的“反革命破坏事件”——七厂区丢失“绝密资料”，这个事件纯属子虚乌有。因为战备的需要，九院组织往四川三线搬迁。由于搬迁命令下得急促，要你几天就要做好准备，然后把资料准备好带过去。这个过程中间，据说七厂区丢失了“资料”。一般技术员知道多少机密？我不相信一般工作人员手上有什么了不起的绝密资料。当时的221厂保密特别严，随便写几个字的纸，你要上纲上线，都是宝贝，这叫欲加之罪，何患无辞。后来胡仁宇、唐孝威清理资料，啥也没有丢。

我觉得这是无限上纲的结果，因为重要的资料都归档案了，当时保密资料不可能掌握到个人，这不是泄密事件。

有一个军代表叫马如寅，大家叫他“马斗批”。他是一个团级干部，整人整得非常厉害，搞得人人自危。那时一个室就是一个连队，我们那个连队是“斗批改”的试验田。因为大部分人走了，我们因为各种原因留下来的人，成了“斗、批、改”的对象。“马斗批”亲自坐镇，今天开会，只要他说你站起来，好了，今天你就回不了家了，晚上你就开始交代问题吧。七分厂因为丢失了“绝密资料”，军代表马上抓了徐海珊等“反革命分子”。

电厂电缆爆炸

谢建源：1969年11月4日热电厂1号电缆线短路爆炸，致使总厂停电，那是个技术设备事故，就是电缆线年久失修造成的。我们平时做饭烧水都用电炉，到处乱拉电线，工作生活全靠用电。其实，电厂运行还有备份的设备，车间工号大部分都是双路供电，偶然停一次电也没有什么了不起。当时电厂书记李建华、厂长马文申被“二赵”诬陷是“主谋”，电厂爆炸被定性为“反革命事件”，他们被抓起来了，整得死去活来。这三大事故，二分厂爆炸和电厂电缆爆炸纯粹是技术处理上的问题，七厂区丢失“资料”是个保密问题，这些事故不是反革命分子有意识破坏。

“三大案件”分析

谢建源：1966 年“文化大革命”开始，如果让“文化大革命”运动一直干扰下去，221 厂无政府状态发展下去，那么 1967 年氢弹爆炸是不可能成功的。中央英明决定，221 厂暂停“四大”，实行军管，等到氢弹爆炸成功以后才恢复“四大”。这时，草原就乱了。一个是体制上乱了，1968 年中央下文件九院归国防科委管。国防科委接管 221 厂，后来番号为兰字 839 部队。

1969 年以后，221 厂开始把九院大部分人迁移到 902 地区去。林彪“一号命令”下发，草原大搬迁加速。221 厂人员处于混乱状态，科研生产混乱，职工思想也混乱。职工中流传着“三品论”，即调往四川 902 地区的人员属于“正品”，留在 221 厂的是“次品”，到河南驻马店“五七干校”劳动的人是“处理品”。传说劳动改造解密以后调出处理掉，所以叫“处理品”。职工队伍中在猜测谁是“正品”，谁是“处理品”；从搞尖端武器的技术骨干变成了“处理品”，落差太大，思想包袱很重。221 厂人员思想混乱，在这乱的情况之下，发生了所谓“三大案件”。

实际上“三大案件”其中两个应该是重大事故，另一个案件根本就没有发生。所谓的泄密事件就是“莫须有”，搬家的时候把图纸装箱运往四川，忙乱中装到哪个箱子忘了。结果要找时没找到，就说丢了，被定性为“严重泄密”。其实装好箱运走了，实际上没有丢，就是这么回事。

电厂电缆爆炸，造成全厂停电，算一个大事故。二分厂炸药车间爆炸，是机械操作失灵，造成重大人员伤亡。“文革”中间科研生产处于停顿状态，设备老化没有及时维修，规章制度全打乱作废，加上人心不稳，思想都不在工作上，甚至连自己的前途都搞不清楚。到底我是“正品”还是“处理品”，还等着领导给我下结论呢。在这种混乱的情况下，自然容易出事故。

“二赵”联络组进厂

拿着“尚方宝剑”

谢建源：“三大案件”惊动了中央，中央派“二赵”工作组进厂。“二赵”扬言自己带“尚方宝剑”来的，可以“先斩后奏”。他们未经调查就给“三大案件”定性为“反革命案件”。一切“二赵”说了算，他们全权负责。

“二赵运动”从什么开始呢？1969 年召开党的九大，毛主席号召“深挖洞、广积粮、不称霸”，中国、苏联之间的紧张关系逐渐升级。1969 年冬天，苏联勃列日涅夫跟中国在政治上越闹越凶，在中苏边界挑起珍宝岛事件。221 厂区传说苏联要派飞机来轰炸，中央军委派了一个高炮师，在几百公里的草原周围的山头上执勤。到晚上，草原四周的探照灯划破夜空，那个探照灯转啊转啊，好像真可能要来一次轰炸似的。因为苏联很容易从西北过来，我们在草原上都能感觉到形势非常紧张。中央下令紧急往四川疏散，决定大搬迁。草原顿时像开了锅，收拾仪器、设备装箱，整理家私，打包行李。军代表在五分厂的铁路边招呼着一个又一个单位的科研人员，挤上临时调来的一列列闷罐车。一声声汽笛，列车翻山越岭向南方开去。千里荒原上孤零零的 221 厂，难免人心浮动。就在忙乱之中，221 厂电厂年久失修的电缆短路爆炸造成停电；无独有偶，二生产部车间加工炸药时发生了爆炸事故，死了人；不几天传来七厂区在装箱、整理资料时丢失了文件……。事故被一级一级往上报直到中央。最后被中央“文革”领导小组定性为“阶级敌人的有意破坏”。这还得了！加上听说221厂出了三大事故，周总理也很着急。跟着国防科委派赵启民、赵登程来到青海，带着大批武装的士兵，还有穿着军服的军代表，杀气腾腾地直奔221厂而来，让当时的革委会主任王荣、政委肖泽泉都“靠边”了嘛。他们想怎么干就怎么干，一进厂就说，这是跟“帝、修、反”的阶级斗争；九院是个大染缸；要重新清理阶级队伍，抓“反革命”，做最后的决战……。这第二阶段的军管对九院的破坏非常严重。

被判三年徒刑

刘文翰：“二赵”进厂时，刚开始我的问题谈不上严重，他们抓“赵传国反革命特务集团”，抓来抓去抓不出什么名堂来，因为是子虚乌有嘛！这时候他们就找一些人互相揭发。给我定的罪状是什么呢？我曾经给同学写过一封信，说彭德怀的事是冤枉的，彭德怀是对的。当时我写的是私人信件，没有想到这个同学也出问题了，一抄他的家，把这封信抄出来了，最后转到我们单位。这是一个罪状。第二个罪状，有一次学习讨论，有人做记录，我在发言的时候赞扬苏联的赫鲁晓夫。我说赫鲁晓夫是一个杰出的政治活动家，对世界和平做出很大的贡献，比斯大林强多了。“清队”时给我定了两条罪状，一个是给彭德怀鸣冤叫屈，第二个是赞扬赫鲁晓夫。还有一条罪状，攻击党中央的“三面红旗”。

彭德怀那个事我是听一个老朋友讲的。他是云南昆明人，回家探亲路上跟一个军官坐在一个车厢里面，那个军官谈到造成中国困难的原因就是所谓“大跃进”和“三面红旗”，彭德怀的意见是对的。军官说当时中央已经给彭德怀赔礼道歉了，然后这个朋友回来跟我讲了，我又写信给我的同学讲了。后来追查这件事情，问我听谁说的。我不好把这个人交代出来，我把他咬出来不是又搭上一个人吗？我就说坐火车时听一个军官说的。他是哪个部队的？番号是什么？叫什么名字？要我揭发。我说萍水相逢，我怎么能问人家番号，问人家姓名呢？好，你不知道就是你造的谣，就兜在我的头上了。就这么几件事情，把我这个小人物过去的问题揪出来，把这些罪状加在一起，判我三年徒刑，送去坐牢。

乌云压城

全厂抓“特务”

谢建源：“二赵”迫害九院犯下滔天罪行，他们的手段比法西斯还法西斯。“二赵”有一套整人的“理论、方法、手段”，例如“关门打狗”。什么叫作关门打狗呢？就是禁止221厂的职工出入，禁止通信，切断跟外界的一切联系。最早不许写信，这里的情况不允许向外反映，而外面的来信，他们首先没收，公开讲不没收，后来经检查后没问题了才给你。运动后期，你要给家里写信要通过军代表检查，检查完了才可以发出去。“二赵”自己这么讲，到你们这儿关起门来打狗。全厂大抄家，找所谓的罪证。他们把大抄家美其名曰“保密大检查”。头两次是全厂性的，以后即成了想抄谁的家，就说要进行保密检查。对此，群众还不能有意见。如果有意见，他就说：“谁害怕保密大检查呢？只有阶级敌人才害怕，怕我们把他们的罪证查出来。革命群众越检查越清楚。”221厂好多人多次遭到所谓保密大检查，连我这个普通技术员，也被抄了四次家。他们抄家，抄了许多假的罪证，制造了许多冤假错案。如人家分牛羊肉时，手套上沾有血迹，就被当作“杀人的罪证”，被下到牢狱。当时有人用报纸包刀，报纸上面天天印毛主席、林副主席像，就成了“反革命”。他要找你茬的时候，找不到就抄家。开始的时候普遍地抄家，后来“有的放矢”地抄家。他们大搞逼、供、信，还有一套理论，叫作“一个人供听，两个人供信，三个人供定”。在这种理论指导下，许多“反革命”都是审讯逼供出来的。这里面最惨的就是二分厂的张邦鹏，他后来被枪毙了。

当时基建工程兵成建制地转业到221厂，车间每个班里面都有两三个复员军人，等于他们两三个人管我们十来个人，那些打人之类的事都是他们干的。保密大检查查到你家里，看到有什么好小说，他们没见过就拿走了。当时职工工资高又没有地方花钱，有的人发了工资就往床底下一搁。青海省的钞票回收率很低，工资从国库提取出来是新票子，结果每次发的钱都是连号的。抄家时翻出这些连号的人民币新钞票，被诬陷为“特务经费”收缴，作为“罪证”拿出来在“展览会”上展览，荒唐到极点。

所谓的“特务”平反以后，要求归还展览的那些钱，搞得军代表很尴尬。这样的例子还很多，家里的蛤蟆烟灰缸也抄来当罪证，说烟灰缸是用来传递情报的，朝哪个方向就表示出现情况，像侦探小说。

我们车间一对师傅和徒弟关系挺好，师傅比较胖，年纪也比较大。群众批斗师傅时，徒弟看不过去，说这样子吧，老师傅年纪大了，我来替他。这下好了，徒弟也一起挨斗。杨家庄家属区也有怪事，家属打人怎么打？家属之间打人像揉面一样，真是稀奇古怪的。

“二赵”自称是中央军委办事处派他们来的，实际上就是黄永胜总参谋长派的，“二赵”讲话时总说向黄总长汇报。他们讲话杀气腾腾，要下面揭发检举做到“刺刀见红”。在这种指导思想下，让群众斗群众，“刺刀见红”，一些人民内部矛盾都变成了敌我矛盾。整个运动起来了，人人搞刑讯逼供，如果谁不揭发，那他就要挨打。那会儿不知道抄了多少次家，揪出多少“反革命”来。之所以运动搞成这个样子，他们有一套思想体系，有一套的思路，把什么问题都提升到敌我矛盾的高度。具体到运动中的一些人，大家都受到极端的思想迫害，每个人都在里面起了不同的作用。有一批人跟着跑；有的人跟着去打人；有的人被波及了，就乱七八糟地揭发别人。“二赵”对整个221基地的迫害是灾难性的，光讲几个例子不行，光听几个人诉说不行，要看到“二赵”具体的迫害，应该有一个完整的被迫害人的数字。“二赵”搞逼、供、信，把整个运动发动起来，最后变成了浩劫。

1969年221厂各分厂召开批斗大会，批判本单位揪出来的“反革命”“特务分子”

“二赵”在 221 基地犯下的罪行：虚构了 9 个“特务集团”，78 个“反革命”组织，84 起重大破坏案件，200 多名“国民党特务”，上千名“五一六”分子。

“二赵”刑讯逼供打死 3 人，冤死 5 人，被逼上吊、跳楼死亡 35 人，关押放出后死亡 17 人，造成精神病 20 多人，直接伤残 300 多人。受迫害干部达百分之八十以上，技术干部达百分之九十以上。受牵连职工 3000 多人。真是触目惊心，221 基地遭受了一场大浩劫。

开会时被抓走

孙维昌：1969 年 12 月份，我回北京准备搬家。那时候组织已经定了叫我到四川去，很快我把家从北京搬到四川。到四川以后，我是 902 地区三所党的核心小组成员，所革委会常委，继续管科研生产。那时候三所革委会主任是赵永杰，还有一个叫苏玉平，都是军代表。1970 年我刚满 39 周岁，有一次和九局副局长郭英会在总参开会，我们住在一个屋子。他说：“孙维昌，你这个人大事不糊涂。”他给我这么个结论。到了 1970 年 6 月份，突然通知我回青海 221 厂开会。那时候有“八不准”，不能够写信，不能够互相来往。当时叫回去开会的一共三个人，王淦昌、赵明俊和我。赵明俊主管器材，也是从青海搬迁到四川的。

我们是 6 月中旬走的，军代表陪着我们。我们从四川坐火车到宝鸡要换车，因为没有直达青海的车。宝鸡有个兵站，兵站开个大卡车接我们。我很奇怪，我们年轻坐大卡车没问题，王淦昌那年 62 岁了，也坐大卡车？我觉得不大对头。王老还想跟我们坐后面车厢，我说你就坐前面驾驶室吧，别跟我们挤了。一路上，三所姓董的军代表一直陪着我们。

到了青海 221 厂，一下车军代表就领我们到小灶食堂吃饭，吃完饭领到总厂办公大楼二楼。一进去，我看到于川坐在那里。于川原是二生部副主任，现在升副院长了。他说：“孙维昌，叫你干吗，知道吗?”我说：“不是叫我来开会吗?”“不是开会，是叫你交代问题，考虑考虑你的问题吧。”我说我有什么问题可考虑的，我一点思想准备都没有，不知道怎么回事。我旁边坐着221厂警卫团刘副团长。于川说：“你跟着刘副团长，他带你走。”刘副团长把我带到楼下，上来两个兵架着我，把我弄到总厂66号楼关起来了。关了我一个月，也没人找我谈话，就这么关着。我就奇怪，不知道为什么关我。我就老催他们，老找他们，有什么事儿你们快点说，憋我啊？不过那会儿吃喝倒是很正常。

关进厂监狱

孙维昌：关了一个月以后，军代表带着一帮军工开始提审我，叫我交代问题。我说，交代什么问题啊？我不知道有啥问题。他们说：“二厂区的爆炸你是不是参加了整个调查活动?”我说参加了。“那你就把这个问题好好交代交代吧。”

我说，我最早进入爆炸现场看的，又参加调查组调查，后来写的书面调查报告上面都有，你们看就行了，没啥交代的。他们马上态度变了，你站起来！站起来就站起来，叫我站着交代问题，整整审了一个多月，我也没有什么好交代的。于是宣布对我隔离审查。在总厂影剧院召开大会，正式宣布“孙维昌态度不好，不老实，现在隔离审查”，给我升级了。

原来那次爆炸事件被“二赵”定性为“反革命破坏”，属于221厂“三大案件”之一。我关的时候还不知道什么“三大案件”。后来关的时间长了，就慢慢知道了。对我升级以后，一个人关一间房，隔屋见不着人。

隔离审查以后，又审了我一个多月，又斗了我一个多月，对我进行不间断的批斗、体罚、殴打、脚踢、罚跪、弯腰，把我耳膜打穿，使我至今常年犯中耳炎。他们拿我不当人看，不给吃的，那时我一个礼拜拉不了一次大便。他们说，你要交代问题就可以吃饱。我说我没有什么交代的。我从6月份关进去的时候，身上穿个小破棉袄。批斗了几个月以后，到了冬天，我身上棉袄里的棉花已经叫我拽得差不多了，快拽光了。为什么拽呢？平时在监狱里面大便没有卫生纸，只好从身上棉袄拽一块棉花擦擦屁股。等棉花全拽没了，我就找扫地的笤帚，用笤帚苗蹭一蹭，顾不上讲卫生了，蹭一下总好一点嘛。我一人一个屋，电灯泡弄到屋顶上，窗户都糊死，门上留个小眼，外面可以看见我在屋里的活动，我往外看啥也看不见。因为我们上厕所得报告，有一次我正拿笤帚苗蹭屁股呢，结果叫警卫战士看见了，那个警卫战士说："你干什么？"拿枪托把子咣咣揍我两下，毫不讲道理。我当时也火了，我把上衣扣子扯开，说，你拿刺刀来捅我，来，你欺负人也太厉害了！我拿个笤帚苗擦屁股都不让擦啊？反抗结果怎么样？第二天下午，两个战士进来把我打了一顿，然后把我手给铐上，24小时戴着，不给摘下来，戴了17个多月的手铐。他们把那个手铐子往后一背，叫你弯多大腰，你就得弯多大腰。

后来又继续审查，开始逼我交代，说爆炸是反革命事件，而且是反革命特务破坏，把我定性为"国民党西北派遣军"少将副司令。国民党统治时我才十四五岁，能扯上吗？钱晋是"国民党西北派遣军"少将司令，我是二把手。我估计可能是钱晋咬我的，他被打得没办法了，只能乱说了。

我被关了17个多月，监舍没有床，人睡在地下，就铺一层草，从门缝吹进来的风好多土，醒来后鼻孔里都是土。有一次老鼠爬进来，钻到我被窝里，我也不知道。早晨起来一看，褥底下一只老鼠叫我压死了。他们每天给我吃的青稞馍冻得硬邦邦的，从外面扔进来。我捡起来，搁在暖气上热一热，热一圈啃一圈。手上的手铐边缘没打光，有毛刺。等我放出来的时候，手腕两边磨得长了很厚的茧子。军代表有时候进来就动手打人，我手还铐着，结果这么一躲闪，把那个打我的人胳膊刮破了，出血了。他们打得更凶了。

审查批斗没攻下来，我坚决不承认是阶级敌人破坏。结果斗我又升级了。在 221 厂影剧院开了一次控诉大会，二生部四个人上台控诉我，控诉我什么呢？说我给他们 800 块钱作为“反革命”经费，一人分了 200 块钱，叫他们往饭、菜里边放毒药。后来召开公审大会，青海省矿区公安局在会上宣布逮捕我，由隔离审查到依法逮捕。逮捕就逮捕，反正我知道没啥怕的。

“国民党西北派遣军”

孙维昌：他们关我、整我，说我是“国民党西北派遣军”副司令，领了 800 块“反革命”经费。我问专案组的人，谁给我 800 块钱？他们说你上级给的。我的上级是谁啊？我都不知道上级是谁？我是副司令吗？简直是污蔑造谣！“反革命”经费的事儿硬往你头上安。你不承认就打、罚、饿、拖，全都用上。有些事儿不定性，拖也很厉害，憋也挺厉害。你不知道，憋的滋味也很难受，把你关在那里，不管、不闻、不问，故意憋你，你不着急吗？开始我也着急，但后来就不着急了，着急没用啊！他们就是在心理上折磨你，连假枪毙都用了。

当时，我有一个基本分析，如果 221 厂有这么多敌人破坏，不可能搞出核武器，不可能搞出原子弹、氢弹来。像陈长贵、张邦鹏被枪毙了。陈长贵是个外科医生，这个人我认识。我们被关的时候，我有一次提审时碰到他。我们俩都没说话。他是什么罪状呢？他给一个解放军战士做急救手术，结果战士死在手术台上，就说他谋杀战士，把他枪毙了。还有一个叫刘剑的学生，说他强奸女孩子也被枪毙了。我觉得整个221厂被他们搞得乌烟瘴气的。像李建华从部队转业，担任电厂书记，来221厂时间不长，他怎么就破坏电厂呢？我不相信这些事情是真的。

所以“左”的东西在我脑子里面印象很深。关押的时候，我把过去历史联系起来想，感到这里面有极左的问题，但是究竟“左”在哪里，根在哪里，我不清楚。不过我认为不会有那么多的“反革命分子”，里面肯定有冤假错案。所以我坚信，我可能会放出去，也可能被冤死，只有这两种可能。我住的监舍灯泡手够不着，怕我们自杀。我当时就想，这灯一拉就灭，人死了不就是灯灭嘛，有啥了不起，死就死嘛。但死得清白一点，给家人、给亲属会少带来一些麻烦。

如果承认自己是“反革命”，那老婆孩子全完了，他们就成了“反革命家属”。我有个经验，运动一来总有“左”的时候，也有虚假的时候，挺过去就行了。董海山从青海到四川以后，我跟他聊过两个事情，其中一个事情就是221厂二生部的爆炸事故。我说，你搞二号炸药你懂行（后来这个炸药不安全，淘汰了）。我把二生部爆炸现场的调查结果跟他一说，他完全赞成我的意见。他跟我解释，炸药药粉是晶体针状，两个尖尖塑料薄膜包不上，容易出事儿。

可是“二赵”运动当中，谁敢说不是啊？说不是就把你抓起来。董海山胆子比较小，这个可以理解。我经历过几次政治运动，不说身经百战吧，反正心里有底。董海山跟我讲的另一个事情，那天大会揭发控诉我，他也参加了，他看我在会上的态度那么强硬，他在下面心里的大石头放下了！他说回去以后他们全都翻供了。原来他们的罪行都挂在我这个“国民党西北派遣军”的头子上面，董海山不承认就迫害他爱人李子君。他们夫妻俩的感情很好，李子君原来在北京工业学院当助教，调来以后被迫害得患上了精神病，最后迫害致死，对他的家庭伤害很大。

二生部在当年的运动中死了好几个人，实验部副主任王义和可能有一点历史问题，也不算个啥。但是他在食堂后面的库房里上吊自杀。历史就是历史，没有什么大问题，说清楚就完了。

整人的“专案组”

多种手段搞逼、供、信

孙维昌：控诉我的那个人叫马□□，是 229 车间的技术员。他的控诉，我听着太可笑了。怎么能编成这种无中生有的事呢？他们把我从影剧院大会拉回来继续审问：“你听到控诉你没有？”我说听到了，我说他的控诉，特别是那个假哭像说单口相声一样！我说，编也不能这么编吧？陷害不能这么陷害吧？这些都是无中生有，根本没这事儿。审讯我的人一脚把我坐的凳子踢倒，滚蛋！滚蛋就滚蛋，我被再押回牢房。

我看出来了，攻了几个月攻不下来，他们审的人也没有什么劲儿了。后来他们念别人揭发我的材料，对我进行诱供，也不说谁写的。说什么什么是我破坏的，问有没有这事儿。我说没有，这个材料你别念了，你念一千条、一万条全都没有，一大屋堆满了材料，都是假的。以后他们就不再审我了，关起来了不审不问。我 1970 年 6 月份关进去，一直关在 221 厂警卫团那个楼里，关到 1972 年 5 月份才放出来，将近两年时间。

到了 1971 年夏天，“二赵”开了一次全厂大会。这个大会要给我定案，我事先不知道，后来有人告诉我的。他们在开大会之前训练了好长时间，把我作为一个头子，下面挂着好多人，都是我这个“国民党西北派遣军”的人，口供说我们串联嘛。

我记得大会是晚上开的，他们弄个小车把我拉到总厂影剧院，到那里把我手铐子摘下来。第一个上台控诉的人是二生部技术科技术员，他刚开口，还没等他说两句，我就把他骂回去了。我说你真不要脸，你造谣造到我孙维昌头上来了？我说你臭不要脸，一点骨气都没有，反正我说得很难听，骂他几句他就下去了。接着再上来人控诉，一共上来四个人。他那边控诉，我这边就喊。他说我，我就反驳。我一反驳他们就喊口号，为什么喊口号呢？一喊口号下面就听不见我说啥，就盖住了。但是我的态度非常硬，非常硬。

开完会以后，连着两个晚上，他们轮流派人打我。晚上把我拉走，眼睛蒙着，拉到哪也不知道。进屋以后，他们把我用手铐子扣起来，一抬我胳膊我就得弯腰，只看见对方的腿和脚，看不见人。这样打了我两晚上，他们出气呗。动手打人都是年轻的军工，也有两个老工人参加审查，这两个人在北京十七号工地就跟我在一块工作。他们负责押着我，接送我。开始对我不放心，一个人一边架着。我说你们把手松开，我不会跑的，我跑了把你们也牵进去，你叫我跑我也不跑。那两个工人听了不吱声，不说话。

我也担心他们对我使计。可以跟你说几件事情。一件事情就是枪毙张邦鹏的时候没有把我拉到公审大会现场，而是在我的屋里装个喇叭让我收听。听完了以后跟我讲，枪毙张邦鹏你知道不知道？我说我不知道。他们说：“我们先给他洗澡、理发，还给他吃一顿好的，我们这是按照人道主义处理他的。”

接着他们问：“孙维昌，你是走张邦鹏的路，还是走自己交代的路？”我说哪条路都不走。“那你就这么顶下去？”我说不是顶，我没有问题我怎么顶？我说你们枪毙张邦鹏还有个理由，他家庭出身不好，爱发牢骚。我对张邦鹏的事情很清楚，他是二生部201车间一个技术员，1963年涨工资的时候，没给他涨工资。于是他发了一些牢骚，大意是说“你不给我涨工资，我叫你出废品”。这话就被人揭发上去，说他故意破坏生产。张邦鹏就这样被冤杀了。我说你们枪毙我理由都没有。他们说：“你有历史问题。”一说历史问题，在国民党时期，我参加过火工炸药训练班。我念过六年书，那个时候算是有文化的人，国民党也培养一些年轻技术人员、技术工人。我说你们不是到东北调查过历史问题吗？你们都查清了，我没什么交代的。“滚蛋！”让我滚蛋我就滚蛋。

他们作法够卑劣的，先弄个小喇叭让我听，然后专门讲述张邦鹏行刑前的过程，实际上是威胁恐吓我。后来还真给我来这一套。没过多久，主动给我理发、洗澡。但是我心里有数。我知道他们的意思，看来你要走这条路了，给你理个发，洗个澡，弄一顿好吃的，你就准备枪毙吧，用这个来吓唬我。那个时候我已经做好死的准备，顶多死呗。我偷偷刻了几个字——“我无罪”，把它抠下来夹在一本《毛主席语录》里边。

那时候我胡子很长，指甲很长，人已经瘦得不得了，恐怕身体熬不下去了。所以我用扫帚条刻了三个字夹在《毛主席语录》里头，为了我的孩子将来能看到。我无罪，是冤死的！

1971年初，要过春节了，他们问：“你不给家里写封信吗？”我说不写，没什么写的。我不知道他们又设什么圈套，拿我这个信去弄我家属什么事，我说我没啥写的。可以说“二赵”在我身上，除了美人计没用以外，审人的那一套基本都用了。到了“九一三”事件以后，对我们看管就松了一些。

有一次叫我去洗澡，在澡堂子里面看到设计部主任龙文光，他也关在警卫团。但是我们这些人洗澡，一人站一个角，背对着墙不能说话，有军人看着你。

我那个时候身体不大好，每天低烧，我到医院打针有人跟着，这个时候不是军人而是工人跟着我。在医院的路上，有人碰见我，他不跟我正面说话，从旁边走过，一边走一边大声说，林彪爆炸死了，谁谁谁出来了，故意让我听见。那是认识我、同情我的人故意提供消息。

后来我住进西宁市医院，住医院的时候，老伴带着小儿子孙杰来看我。他们从四川到青海 221 厂，然后由二生部的柴映州把我老伴领到医院去。

221 厂警卫团的战士很少打人，主要是军工打人。平时罚得多，罚跪，罚弯腰，腰弯不下去就趴地上。有一个警卫连连长，平时跟我们打交道多一点。我关押的时候他已经是营长了。林彪自我爆炸以后，管理放松了，这个营长来看了我一次。可能营长跟下面有交代，生活上我可以吃饱饭了。

刘振东：“文化大革命”一开始，我被夺权，1967 年下车间劳动，干活我不怕，各个工种，浇注炸药、测密度、元件探伤我全都能干，熟练程度不亚于老工人。

1969 年 12 月，赵启民、赵登程在 229 车间内召开座谈会，声称要在 1970 年春节大开杀戒，第二生产部三位车间主任刘振东、郑绥仁、程惠纯相继被关押达两年以上。专案组说我曾是国民党少将，可解放前我才十几岁。运动中间无中生有的编造多了去。实际上，我 1949 年进入中国人民解放军军事工业专门学校（后改为东北兵工学校）学习，结果“二赵”

运动当中仍抓我辫子，把我关了整整两年。没有调查就没有发言权，“二赵”则是先定案后调查，人为造成混乱局面。他们大搞诱供，逼供，挑动群众斗群众，挑拨离间，一些不明真相的人反目为仇，人人自危，朝不保夕的批斗迅速展开。残酷斗争日夜不停，不叫你睡觉，不给定量吃饭，只可吃半饱，吃带冰碴的饭，吃菜汤是常事。221 厂不准通信，扣压、检查外面的来信，以保密检查为由，多次到家里翻箱倒柜大搜查。我老伴王艳秀是北京九所工人。1969 年 12 月 25 日，她带着孩子从北京下放到河南干校劳动。我在青海 221 厂挨批斗，爱人在河南干校挨批斗，儿子就业成了问题。

当时“走资派”分别关押在总厂警卫团和本单位里，关押在警卫团比关在二分厂待遇还差。我们被关押在 24 小时照明的阴冷房间里，一人一室，对外什么也看不见，警卫则能从小孔向内窥探。我住在北面的房子，屋内的床板紧贴地面，冷风不时吹着灰尘直入牢房。星期日两餐，伙食员边送饭边骂被看守的人，似乎表明立场鲜明。我们身上的腰带、鞋带全被收走，只留一条布带当腰带。不时被拉出去批斗，有时上午、下午、晚上三班倒轮番批斗，批斗会上还有人大打出手，这样至少搞了半年。我们这些被管制的人有的戴手铐、身上被泼冷水。冬季，专案组有人朝我身上泼冷水，全身湿透。那时，我无衣更换，两年没洗澡没换过衬衣。批斗前才给理发刮胡子，还拉到露天冷冻拷打。生病时不但不给医治，还说装病逃避批斗。“二赵”运动波及北京理论部、四川九院、河南干校，九院职工来自各省市，被管制的人不发工资，子女就业受影响、个人婚姻受阻的为数不少，负面影响很大。

“二赵”军管期间，二分厂 229 车间领导又将有疑问的产品令人加工，结果又发生了一次意外事故，炸死了人，其惨烈场面让人不堪回首！这就是“二赵”“抓革命”的“成果”，为此，二分厂陷入重灾区之中，死亡人数最多。

原本生机勃勃的221厂被“二赵”运动搅得厂子冷冷清清，职工见面冷若冰霜，人人不知所措。人们奇怪地发现一下子出现这么多“反革命分子”“坏分子”，不禁令人哑语。多数人看到苗头不对，采取沉默旁观、消极对抗的态度，有的领导和工人则自动离厂。1971年林彪事件之后，赵启民、赵登程和杀害职工李长锁的凶手梁礼秀被推上军事法庭，221厂冤死的职工平反昭雪。我们这些被批斗的、被关押的人被释放回到原岗位工作。但是人们仍心有余悸，有人拒绝上班，有人独自一人不进工号，怕再受怀疑、牵连，人人存有戒心。军代表几经动员，过了很长时间才勉强恢复工作。

二分厂厂史大事记中记载：“1968年9月26日，成立第二生产部革委会，下设科生组、政工组、军务组、后勤组和革委会办公室。解散撤销原有的11个科室。”此时党组织解散，技术干部“靠边站”，科室职责不存在了，多年行之有效的安全防护制度作废了，操作规程也可以不执行了，正常的科研生产流程停止了运转，二分厂处于一片混乱之中。

“二赵”一边进行组织破坏，一边在群众中大搞迫害和精神施压。留过学的人可能成为外国“特务”，没留学的人可能是台湾“特务”。因为一件小事或一句闲谈，人人都可以打成“现行反革命”……当时人心惶惶，个个自危，工人不敢单独进车间，不敢单独行动，怕被怀疑安放定时炸弹搞破坏。做任何事情都要找几个人在场做证。有的工人一进车间就双腿发抖，两手打战，根本无法集中精力干活，人人都到了谈“弹”色变的地步。正是在这种高压混乱的情况下，二分厂从1969年11月14日至

1971 年 3 月 22 日，在短短 16 个月时间内，先后发生了 1969 年的“11 · 14”、1970 年的“6 · 12”、1970 年的“7 · 13”、1971 年的“3 · 22”四起恶性事故。四起爆炸事故伤亡 15 人，其中死亡 12 人，重伤 2 人，轻伤 1 人。这些事故在政治上造成恶劣影响，在经济上造成严重损失，在思想上造成极大紊乱，特别是给职工的生命造成了无法挽回的损失。除了 1969 年“11 · 14”爆炸事故死亡 4 人外，1970 年“7 · 13”爆炸事故中又死亡 5 人，他们分别是：

刘瑞芬，男，现役军人，党员，部队干部，山东日照人。

张宝仁，男，分厂调度，党员，523 厂调来的老火工，辽宁庄河人。

刘耀南，男，技术员，团员，哈军工毕业，天津人。

葛沛兴，男，工人，团员，221 基地技校毕业，江苏江阴人。

莆国现，男，军工，党员，四川遂宁人。

1971 年的“3 · 22”爆炸事故中死亡 3 人，他们分别是：

王立臣，男，军工，党员，山东招远人。

许油锤，男，军工，党员，河南上蔡县人。

李留党，男，军工，党员，河南上蔡县人。

王士俊：我在林场关了 30 多天。林场的房子是半间房，不到两米宽；里面放一个床板，有一个火炉子取暖；没有厕所，大小便用自己洗脸盆去接，也不洗脸。天天吃凉的、吃冻的食品，我这个肠胃就是在那里搞坏的。草原上那么冷的天，为了不打瞌睡，冬天拿冷水浇头，这样我的头发早就白了，完全是运动搞的嘛。关在林场的时候，有一个人偷着逃跑，把砖墙弄了个洞刚要钻出去，警卫人员一听动静又把那个人抓回来了。后来我从林场转到厂部大楼关押，只记得那是南北方向长方形的楼，为啥对那个楼印象深呢？因为发生过两次有人逃跑的事，但最后都被抓回来，抓回来的人被打得够呛。

“二赵 ”进厂后，运动更升级了，批我为地主家庭翻案，又用针破坏毛主席像，还对毛选一分为二，想起这些事，我的态度也软下来了。为了逼我承认破坏毛主席像的问题，专案组在连续数月的批斗之后，又整了我八天八夜。为逼我交代问题，他们分为两班 ，前半夜一班人提审，后半夜另一班人提审，我得低头弯腰，腿不许打弯，手要着地，整夜如此。白天我被关在一楼楼梯洞写交代材料，学《毛主席语录》，有专人看管。在数月里每晚只能睡两三个小时，之后又连续八天八夜不让睡觉，白天坐着打盹，站着也打盹。为了预防打盹，专门做了一个独脚凳，让我坐着。一打盹，人就会跌倒。一天，我手里拿着《毛主席语录》，一打盹它就掉到地上了。我的专案组组长在批斗会上挑动群众说：“王士俊这个反革命，竟把《毛主席语录》摔在地上。”他就这么挑动群众。我怎么说？我为了头脑清醒一点，不打盹，只能求看管人员，让我用冷水冲一下脑袋。在冰天雪地、滴水成冰的冬天，我曾多次用水龙头的冷水冲头，以便让自己不再打盹。没有办法，你想，群众要是把我打死了，那我不是白死的吗！我只能暂时昧着良心认罪。认罪之后，终于不再天天批斗了。

攻人先攻心

孙维昌：“二赵”他们还搞些所谓“榜样”让你学习。我关押的时候，221电厂党委书记李建华也被抓起来。我在监舍的广播里听到李建华所谓的控诉，像真的一样，叫我们学习他主动交代问题，其实他是被逼迫录音的。还一个叫徐海珊，是实验部的技术员。他承认自己在七厂区怎么泄密的，什么都承认，就找这些交代好的人做样板叫我们学。还有一个女的揭发丈夫，大义灭亲。

我被关起来以后，老伴也受牵连。她在四川关了七个月，叫她揭发我，她怎么揭发我啊？那时候我们都不跟家属谈工作的事儿，逼她揭发，把她党籍也停了，四个小孩搁在家里受苦。那时候大儿子十四五岁，他弟弟更小。老伴一个人工资 70 多块钱，养四个孩子生活够紧张的。我们的子女都是"反革命"子女，一天到晚挑大粪。最后我老伴被逼得跳了一次楼，没摔死，胳膊骨折了。我是宁可冤死，也不会自杀。我一死，我们家不就全完了。

王士俊：运动期间，七厂区有一个女的，叫啥记不起来，被逼得没有办法就乱咬乱供，好多人受到牵连。人们都说那个女的不对，其实她也是逼得没办法嘛。因为那可不是关一天两天，一个月两个月，而是关好几年，你怎么办？只有我们受过这个苦的人才能体会到这个味道。这个逼供也太可恶了，只要一承认，马上把你搁到另外一个地方去了。有些人吹牛说自己怎么样抗压、抗打，我说你不要吹牛，只有在那个环境中待过你才有体会。

钱晋之死

孙维昌：等我放出来以后，听他们讲，钱晋被打得很厉害，他受不了了，可能编了一些东西。他以为编完就没事儿了，但是你编造完之后，冷静下来想肯定要后悔的。你想想，承认自己是"反革命"，家里老婆孩子怎么活啊？钱晋他肯定要翻供，他越这么样反复，就越挨打嘛。你态度不好，你欺骗他们，越要整你。那个时候只要交代了一部分，人家认为还有更多的东西没交代，所以才一次次逼你，越逼越多。他肯定有些话讲完了后悔了，所以才翻案，被专案组的人活活打死。

那个时候 221 厂要搞运动，又要生产，还要搬迁。两派"武斗"，工厂混乱，很多制度都破坏了。我回过头来看，在生产二号炸药产品的时候，我也是差一点丢了性命。后来我才知道，在我关押期间，221 厂又发生好几起事故，死了好几个人。“二赵”掌权以后，发生的那些事故就不定性成反革命事件。我们二生部爆炸、电厂爆炸、七厂区泄密，“二赵”把本来的责任事故，定性为“反革命”案件，全厂都在抓“反革命集团”，搞得人人自危。

我这个人心比较宽，把生和死看得比较淡。因为我兢兢业业地工作，于心无愧。我那时候已经做好两手准备，一个死，一个放，只能这样。反正给我加的所有罪状我都不承认。在牢里我一个字也没给他们写，没留一个字，更没有咬过别人。我出来的时候，他们告诉我，有人揭发你，你也别怪他。我说当时一看他上台控诉，生气才骂了他，事后我也没怪他。

谢建源：“二赵”搞刑讯逼供，轻易地相信口供。他们有一个口号：“革命群众掉几斤肉，我们要让阶级敌人扒几层皮。”这个口号一喊出来，那不就是要打人吗？在这种情况下体罚、酷刑就来了。第二生产部主任钱晋被打死了。

钱晋自以为法不责众，如果不揭发，自己就要挨打。他被打得受不了，就瞎交代，像写反特小说一样，胡乱说成立了“国民党西北派遣军”，自己任司令，交代孙维昌是副司令，□□是参谋长，基本上把二分厂领导、技术骨干统统说成“国民党西北派遣军”里的人。根据交代，这些人受审查迫害得很厉害。这个时候叫他到台上去揭发、坦白，如果上台讲，别人一下子都知道是他供出别人的，将来就没法做人了。所以钱晋就翻供，再怎么打也翻供，直至被打死。当时专案组都是军代表加复转军人，本单位职工打人下不了手，他们打人下得了手，把钱晋活活给打死了。

刘振东：钱晋是1962年调到北京九所的，但他直接到西安三所搞炸药合成。1964年10月第一颗原子弹爆炸以后，他才到221基地第二生产部。他到得比较晚，一到厂就担任第二生产部正主任，副主任有吴永文、蔡抱真、孙维昌。吴永文负责抓技术，蔡抱真负责207和215总装车间，孙维昌负责行政和其他车间工作。

钱晋这个人非常好，是个老共产党员，抗日期间就参加革命。他比我大十来岁，当时也就40多岁。他调来时是北京工业学院的副教授，那时学校正教授非常少。为什么调他来呢？因为他主要研制新型高爆速合成炸药，二机部这边需要。为了搞原子弹从全国调来“105将”，调来的人都有水平。钱晋负责炸药合成，做出了很大贡献。当年221基地条件有限，炸药合成发展不了，需要与兰州化学研究所和西安三所合作一起搞。这方面董海山也做了很多贡献，他留学苏联学的就是炸药制造。

钱晋平时小心谨慎，他一直讲他家庭成分不好。他属于官僚家庭出身，但出身不能代表他的历史。1965年全国学习毛主席著作高潮期间，他被221厂选为学习毛主席著作积极分子，在厂俱乐部千人大会上介绍学习心得体会。作为研制核武器的立功人员，他还受到了周恩来总理的接见。工作中钱晋是个识大体、顾大局的人。总厂两派“武斗”时期，二分厂食堂无人做饭，他几次动员干部去义务劳动。他的字写得很好，但他练毛笔字只练笔，从不写字。我问他为什么，他坦率地讲是怕被抓辫子。他还不买收音机，说怕被人家说偷听敌台。可见他这个人平时小心谨慎到何种程度！当年我们俩住在单身宿舍里时，私下偷偷说一些知心话，没有第三者在场。

“文革”221 厂军管期间，说他是“国民党西北派遣军”总司令。他后来交代了很多人，还有花名册。“二赵”进厂以后，他突然翻供，说以前说的不是事实，专案组就打得很厉害，在西宁多巴学习班你一拳我一脚，把他活活打死了。钱晋的爱人杨玉没调到 221 基地，仍在北京工业学院教基础化学，没调去是对的。

杀人以立威

王士俊：赵登程主张杀一儆百，首先选中的就是宋应松和陈长贵。1970 年 2 月，221 厂首次召开公审大会，“二赵”在台上发威，赵登程大讲一通形势如何如何严重，然后宣布实验部九室技术员宋应松、总厂医院外科主任陈长贵是罪大恶极的“反革命”，判处死刑，立即执行。两个活生生的生命消失了。我脑子里永远记住了那一天。我记得在图书馆后面的大广场，全厂职工集中坐在那里。草原上空的冬云，像死了一样一动不动。“坦白从宽，抗拒从严。”高音喇叭传出军代表赵登程的吼声。图书馆楼顶上架着机枪向下瞄准着……只听“砰、砰”两声枪响，广场上黑压压的人群回过头来。执行枪毙的时候，广场上的人群不准走动，只能头向后转，虽然离得远远的，但是能听到枪声。枪毙完了以后，尸体被拉走了，听说就扔在附近荒山上。

刘文翰：1966 年，军管会将宋应松定性为“反革命分子”，押到海晏县看守所，强迫劳动改造。后来干脆判了 17 年徒刑，关进监狱。1969 年“二赵”进厂，要杀人立威，打开局面。宋应松又被他们从监狱中拉出来，1970 年初被宣判死刑以后，马上就被拉到广场外的空旷地执行枪决。

1970年2月17日221厂举行公审大会，宣判陈长贵、宋应松死刑，当场执行，在场的人员能听到行刑的枪声

枪下冤死鬼

刘振东：二分厂201车间的一个技术员叫张邦鹏，"二赵"运动中被枪毙了。张邦鹏毕业于北大化学系，学化学专业，不懂炸药制造，却被分到201车间搞炸药浇注。他希望到218室做理化分析，不愿意做炸药浇注工作。这个人性格比较倔，我和张邦鹏合住在单身宿舍，他看不惯就爱说。比如他说："干得多挨批评就多，不干事的却成了好人。"吃忆苦饭时，他跟我发牢骚，他说他不吃，咽不下去。我们闲谈中没有第三者，我从来不告密。我后来听人说，张邦鹏发牢骚说了几句话，"你扣我几十元工资，我叫你损失几十万"，就因为这句话把他抓起来了。后来揭发他和麻皮寺的喇嘛勾结起来搞叛乱（那时候麻皮寺有221基地办的牧场，一个

牧场工人在批斗大会上揭发出来的)，这就属于严重的政治问题了。欲加之罪，何患无辞。他六年的大学白念了，可惜啊！1970 年 2 月，221 厂召开公审大会，公安部都来人了。头一个枪毙的是陈长贵，陈长贵是总厂医院外科主任，他给我做过急性盲肠炎手术。“二赵”把他抓起来，有人揭发说，他有三大罪状：一名解放军战士训练时头颅受伤，他没有抢救过来；一名产妇生的婴儿没有肛门，他做整形手术没有挽回孩子的生命；一名“造反派”成员“武斗”时腹部受伤，死在他的手术台上。他们硬说陈长贵是阶级报复，罪大恶极。听他儿子陈洪建讲，开宣判大会时，军管人员强制让张丽湘（陈洪建之母）到场亲眼看着自己的丈夫被枪决。还有一个细节，陈长贵在行刑前，执行人员将竹筷子折断后插入他喉中，不让他高声喊冤。枪毙后，陈长贵的尸体被扔到汽车上，拉到荒山野岭给扔掉，平反以后连尸体也找不到了。

1964 年陈长贵(站立者)生前在 221 医院外科讨论病例

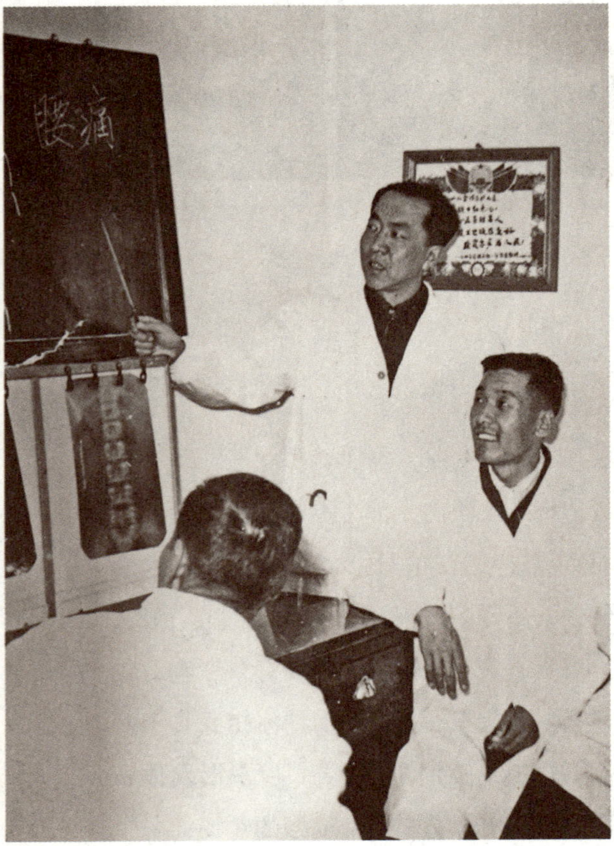

第二个枪毙的是宋应松，宋应松在日记里骂江青，最后定性为“现行反革

命”，都判刑了又拉回去枪毙。张邦鹏是在1970年8月第二次公审大会上枪毙的。他枪毙时是从我身边押过去的。行刑前我亲眼见他嘴里堵着毛巾，用专用的警绳捆绑，两名战士戴着口罩将他从大会现场押往刑场。1970年11月3日，221厂召开第三次公审大会，一个叫赵德的工人，还有一个叫刘剑的中学生（不到16岁），都被当成流氓枪毙了。我们当时戴着手铐，手背在后面参加批斗大会。

201车间还有一个工人叫马久昌，他是从沈阳724厂调来的，当过工长、先进生产者。他在群众之间互相揭发“反革命”时被打死，之后由部队医院出的尸检报告，上面写着头骨、肋骨骨折。二分厂被打死三人：钱晋、张云亭、马久昌。

谢建源：张邦鹏是1963年北京大学毕业的，不那么循规蹈矩，平时有点刺头。分到草原工作，第一年是见习期，结果他被延迟半年转正。当年大学生转正前拿90多块钱，转正后是120块7毛9。张邦鹏被延迟半年转正，工资损失不少。于是他发牢骚，你让我损失多少钱，我要让你损失多少万。有两个工人听到他说这话就揭发他。恰好在这个时候出了生产事故，产品出了废品，就说是他破坏的，实际上他没有能力去破坏。第一，他刚来，是一个见习技术员；第二，他在浇注车间当技术员，产品最后浇注时，估计他只能在旁边看着，因为有许多老师傅在场，连量尺寸都没他的份。最后说他“破坏生产”，是“现行反革命”，直接从批斗大会上拉出去给崩了。

王士俊：还有一个叫赵德的工人被枪毙了，说他强奸邻居小女孩。赵德这个事我清楚，因为他就关在我的隔壁，实际上被冤枉了。这个事别人不知道，只有我知道。当时关着的人中有一个“老流氓”，一个“小流氓”。“老流氓”是赵德，“小流氓”叫刘剑。 看守警卫人员是个陕西人，

1970 年 8 月 20 日 221 厂又召开一次宽严公审大会，公审、枪毙张邦鹏

他问赵德，你怎么一回事？怎么把你关到这来了？赵德说着说着就哭了，他说他没有把邻居的孩子强奸，他是为了争取宽大处理，就胡乱交代，啥都承认，现在后悔也来不及了。他成了枪下冤死鬼。

“第四大案件”

王士俊：当时九院不是准备搬迁吗，祸不单行，221 厂所谓第四大案件——锅炉房案件又牵扯到我，成了我的“第四件罪状”。那个锅炉房在设计部旁边，早已破损不堪，上头石棉瓦漏了，顶都烂了，是个闲置的破房子。因为当时要搬迁，而我们从北京出差回来得晚，搬迁啥都没有嘛。原来公家配一些木箱子给个人装行李，说我们回来晚了，没参加劳动，就没有我们的份儿。我们室的李忠信、李全、孙义亭、刘志伟、董维申他们都回来得比较晚，这些人也要准备箱子搬迁。于是他们开始打锅炉房的主意，因为搬迁前几天，平房的木板都拆光了，只剩锅炉房了，我们室的这些人回来得晚，找谁谁都不管，就打算拆锅炉房的木料。于是几个人搬个梯子就上去了，把锅炉房的房檐给掀了，我也爬上去。房顶上头的木头全熏黑了，黑的不能用，就把那些好的木料弄下来。实验部二十四室有的人说：“王士俊，要是一出事，我就说是你带的头，你是第一个上房的。”我说我不怕，你们先在那干的，我在你们后头上的。拆锅炉房的第二天，厂里要检查，室里得到消息，还通知大家要把木材藏好。后来“二赵”将拆锅炉房定为“第四大现行反革命破坏案件”，要追究策划人和带头人。这时，大家才害怕起来。原来二十四室的几个人就把责任推到我的头上，硬说我是拆锅炉房的策划者和带头人。其实，我是在他们的影响下后参加的。但是“二赵”把这事当成我的主要罪状，把我关进牢房。我开始承认自己的罪行，觉得对不起毛主席，对不起培养我多年的党，也对不起自己的家庭——我成了反革命，孩子受到连累怎么办？

我一想到连累家人，就整天在牢房里头哭，一边哭一边要求跟组织重新交代。实验部有个叫刘倍保的军代表，当时重新审讯我，正好给我机会，我就把破坏毛主席像的事儿全部推翻，同时把家里的情况向他们反映了一下，向组织实话实说嘛，咱不能把自己冤死，对不对？翻供了以后，又把我拉回来批斗。到了这个时候，我啥也不怕了。开始我抱着一种幻想，以为承认就没事了，现在我彻底打消了这一念头。他们把我拉回来批斗，叫我弯腰，我就不弯腰。他们按我的头，我说我没裤带，裤子要掉了。后来他们就不敢按了，因为他们知道我没有裤带。

反正我啥都不怕，死也罢，活也罢，要死要活不取决于我个人，当时就这样想的。我跟组织上谈，我是冤枉的。但是“二赵”把我的问题定为草原“第四大反革命破坏案件”，说我是罪大恶极的“现行反革命分子”，布告都贴出去了，交由群众讨论。我成了枪毙对象，名字上都打上叉。

这里头还有好多细节呢。221 厂召开审判大会的时候，我在死囚牢里关着，当然不能参加，也没有资格参加对不对？那个叫赵德的人不是枪毙了吗，还有一个技校学生也被枪毙了。我在牢里面听到审判大会场的广播，啥都知道，下一次就该轮到我了。但是为啥我又活过来了？后来听说赵登程问实验部军管会主任（我们叫马政委，外号“马斗批”），王士俊和“赵传国反革命阴谋集团”有没有联系？当时马政委含糊了一下，不敢说有联系，说还得再查一查。他没有证据不敢乱说，所以我没有被枪毙，就这样活了过来。1971 年 9 月林彪事件出来了，有人给中央写信，中央开始知道九院的事儿，枪毙风才刹住。

“文化大革命”中间，221 厂搞出一个“赵传国反革命阴谋集团”，“二赵”给定的性，搞成一个很大的案子，牵扯到很多人。我虽然没被枪毙，但还关着，在草原上没有执行，又拉到四川这边来了。

押解到四川

王士俊：我从青海押到四川，不仅押我一个人，还有实验部九室一个人，设计部两个人，一共四个人。我们开始戴着手铐，后来押运的时候怕影响大，把我们的手铐取了。其实那时我可以自己打开手铐。到了晚上睡觉的时候，我用手劲儿让手铐的弹簧弹开，白天又偷偷地扣上，这些都是小故事。

把我们四个人押到四川以后，我被关在九院一所半山腰一个楼里。我虽然冤枉的，但是心里想：我说清楚了，我怕啥呢？啥都不怕。反正拉来还是想处理我，到底怎么处理，咱也不知道。有一天，“二代表”（复员转业军人）一个胖子偷偷跑来告诉我，高在堂死了！他在另一个房子关着自杀了，也不知道咋自杀的。他说："王士俊，你不要和高在堂一样胡思乱想。"我跟他说实话，我说其他事我都不怕，最怕的就是成分问题，我没有办法说清楚。他说你怕啥啊，我们到你家乡的县里调查过，成分现在还没有定下来。就这句话，让我感谢他一辈子。

听了"二代表"的话以后，从此我心里更不怕了，一直坚持到给我平反。但是平反的时候，还留了个尾巴，说你有错误，错误是啥呢？你拆了锅炉房，留了个尾巴，就是这样。

草原上来的"走资派"

张生文：1970年春，"二赵"在221厂搞残酷迫害以后，又要把火烧到902地区。他们把在青海已批斗得遍体鳞伤的吴际霖、王志刚、袁冠卿押到四川继续批斗。从221厂押上闷罐车的时候，用黑布蒙着脸，不让他们知道往哪里去，免得节外生枝。一路上将他们押在闷罐车上不说，车行两天两夜，下了火车换汽车还蒙着脸。押到梓潼县曹家沟，第二天就开批斗会，军代表劈头就说："这里是四川，批斗温度比青海还要高，你们要老老实实，交代罪行。"台下组织人喊口号："打倒吴际霖，打倒王志刚，打倒袁冠卿。"他们以为这种突然袭击会收到意想不到的效果，谁知这三个"走资派"，只低头弯腰啥话也不说，以示抗议。军代表就采取车轮战术，二十四小时三班倒地斗，不让这些"走资派"喘口气。吴际霖在原子弹、氢弹攻关过程中主抓科研生产，重用知识分子，所以被斗得最厉害。

据李信女儿李晓玲回忆，"文化大革命"开始，吴际霖变成草原头号"走资派"。批斗时，他人又倔又犟，身上挂上大铁牌，弯90度的腰也不交代。他心里面不服气啊，搞原子弹有啥错！1970年221厂的一次批斗会上，斗吴际霖、李信、王志刚三大“走资派”，让他们挂牌、弯腰、戴高帽，还把吴际霖的女儿吴昌玖、李信的女儿李晓玲、王志刚的女儿王曙光三个女孩子拉出来，站成一排陪斗，一点尊严也没有了。李晓玲有身孕，站久了受不了也不让她坐下。吴际霖批斗完后被押回招待所的楼梯间里蹲着，平时整天扫地，吃咸菜窝头。有一天李信看见他藏了段铁丝，猜他想自杀，就说了他一句，何必呢，死了家属孩子咋办？以后又悄悄告诉看管人员，把吴际霖藏的铁丝没收了。吴际霖很惨，家都毁了。他在青海挨批斗，老伴在北京着急上火，神经受了刺激，后来吊死在家中的大衣柜里。女儿吴昌玖在草原陪斗，整天哭，眼睛哭坏了，视力一直不好，走路都看不清楚。1972 年平反后，李觉就安排吴际霖、李信回到北京治病，经常住院。1975 年春，李晓玲回到北京治病，住进北医三院，吴际霖也在三院住院。李晓玲去看他时，他已经瘦成皮包骨头，但头脑很清醒。他说：“你看我这个样子，恐怕再也起不来了，干了一辈子，最后有什么结果？你们年轻人，要好好保重身体啊！”1976 年 5 月 18 日吴际霖去世，骨灰放在八宝山，他没看到“四人帮”垮台，死时还不到 60 岁。想当年吴际霖为在草原的“两弹”研制呕心沥血，我们不能忘记他啊！

李根昌：李信是 221 基地筹备处主任，后来担任 221 分院院长，“文化大革命”中间整得很惨。听他女儿李晓玲说，1966 年“文革”开始后，李信在 221 厂多次挨批斗，多次被抄家，就因为他在草原上，为活跃职工生活组织舞会跳舞。“二赵”进厂后，把李信从北京弄回 221 厂，关在招待所打扫卫生。1970 年底，又把李信送到河南驻马店农场劳动改造。1972 年平反的时候，已经是一身的病，他四次中风、脑梗，整天昏昏沉沉。1980 年 12 月去世前，沈阳皇姑屯车辆厂的不少老同事来看他，他都认不得了。在八宝山举行告别仪式，李觉主持，邓稼先致悼词，朱光亚和九院的一些老同志参加。李信的骨灰盒放在八宝山革命公墓二室，和早去世的袁冠卿放在一起。李信是行政干部，为筹建221基地出了大力。1960年困难时期，草原上饿死了人，上千个民工都跑了。李信一直坚持在金银滩草原建设221，他们那代人的贡献，后来的人应该了解和记住。

王志刚是志愿军转业下来的师级干部，在221厂专管后勤保障。平时爱穿个黄军装，到处转转，看有啥问题。他看见保卫处门前一堆乱砖，会主动上前一块块地捡起来码好。他做人低调，从不训斥下面的人，很受职工爱戴。“文化大革命”中，221厂分两派，一派叫“革联”，一派叫“草红”，后者夺权后拿来几十个干部签名的名单，要他表态，他想要有个立场，和中央保持一致，就把名签上了，为此闯下大祸。以后两派都斗他，死得很惨。他死前留有遗嘱，说他什么监狱都坐过，都没你们这样整人，我要向党中央申诉！王志刚死后，那些人拿席子把尸首一裹，在曹家沟山坡上刨个坑，草草地埋了。平反后，他的大女婿张宝富将他迁回原籍安葬。

张生文：袁冠卿曾经是902基建指挥部党委副书记，当年也是“走资派”，在梓潼县曹家沟被白天黑夜轮番地斗。有一天天气炎热，斗到晚上11点钟，他回房间热得受不了，就用冷水冲头。他原来心脏就不大好，这一冲凉，马上就说不出话，嘴也歪了。军代表这才派人送到梓潼汉江医院抢救，从此得了脑梗。

劳改三年

刘文翰：在草原上有一段时间已经宣布我没事了，回班里学习，就是说按人民内部矛盾处理。后来从青海搬迁到四川。九院改成总字819部队，一所在剑阁县，叫成字151部队。九院仍归“二赵”管。他们在这边仍找阶级敌人，又把我定性为“反革命”，当时实验部老二室，定了我和石越岑两个“反革命”。

石越岑是党支部书记，这个人平时挺“左”，整了很多人。运动当中就有人揭发他，结果把石越岑关起来，批斗时他觉得冤枉。当时是江子瑜和一个姓王的工人两个人看管他。石越岑过去一直整人，现在他挨整能受得了吗？他想：“你们两人整我，我把你们通通砸死。”他就到外面抄起一个钉耙，两人都受了伤，没给砸死。后来一喊，旁边人过来把石越岑按在那里，把他抓起来。他要砸死一个人的话，当时就判死刑，杀人偿命。据说石越岑想把姓王的工人砸死，他不想砸江子瑜。江子瑜一看砸工人，他起来救他，那就连着也一起砸。就这样石越岑被抓起来判了 20 年徒刑，关在四川一个茶场。

这个时候运动继续深入，在四川 902 地区，一所军管会宣判我是“反革命”，不是地方法院判的。我判了 3 年，石越岑判了 20 年，九院一共判了 7 个人还是 8 个人。我们先在所里暂时羁押一段时间，然后转到梓潼县拘留所，在里面吃豆腐渣稀饭，苦不堪言。狱警毫无人道，拘留所定时清监，所有的犯人都站着，管理人员把每个人浑身上下摸一摸，问带没带东西。犯人说，报告管理员，没带。都说监狱不打人，其实用皮带抽得人乱叫。当然，拘留所里的犯人大部分是强奸犯、刑事犯，也该整一整。

和胡风关在一起

刘文翰：我 1971 年 3 月份关进拘留所，在里面待了 5 个月。1971 年 8 月份入四川省第三监狱，在重庆大竹县境内。因为我们属于保密单位，没有关进大监牢，6 个人关在一个小院里，其中王俊丰是三所的科研人员，搞炸药设计的。他会写一笔好文章。他是怎么回事呢？他从青海搬迁到四川902地区，没什么事干。他和几个人一起钓鱼时，私底下议论"文革"的事情，就因为这个把他们几个人打成"反革命集团"，头头是一所的医生，叫高在堂。高在堂挨整后，实在顶不住上吊自杀了。高在堂一死，头头就变成了王俊丰。另外一个是二机部404厂的人，他不知道把什么资料捅出去了，因泄密关起来。还有两个人是二十四建筑公司的人，说他们搞诈骗关进来了。后来胡风也关来了。

大竹监狱的牢舍分等级，一等监狱里面的待遇相当好，抽的是中华烟。我们隔壁院子里关的一个人可以抽中华烟，有糖果、蔬菜供应，吃的东西比外面一点不差，就是失去人身自由。我们隔一道墙，墙上有一个小洞。他在那边养兔子，兔子有时候跑过来，我们就给送过去。那个人递过一盒中华烟表示酬谢，我们才知道这个人地位比较高。还有一个阿拉伯人，不知道犯了什么罪，待遇也比较好。我们监舍的条件比隔壁条件差一些，但比大监里面要好，属于中等条件。我们监舍是一个小院子，院子里面有乒乓球室，平时可以打打乒乓球，下下棋，看看报。小院外面还有一亩菜地，我们自己种菜，养了一些兔子，兔子是给管理人员吃的，有时候他们也分给我们一点。平时我们自己开灶，六个人轮流做饭。粮食每人定量36斤，一个月每人半斤猪油、半斤清油，一斤肉还是两斤肉。在那里我们自己可以炸油条、包饺子。

平时我们六个人轮流做饭，有一天我当值做饭，到外面菜地里摘菜。那时候正值冬天，菜叶都冻住了，伸手去摘菜时突然感慨起来，我想起杜甫"三吏""三别"里面有两句诗："存者且偷生，死者长已矣。"人在那种场合下念起杜甫的诗特别有感触，感觉诗写得真好！我想现在活着，存者且偷生，死者长已矣！想起九院那些惨死的人，我比他们还要强些。比如说钱晋，全国著名的火药专家，硬是给打死了。还有董海山，后来当上工程院院士，他的老婆也是留苏回来的，人被打到休克，扔到粪坑里面。实验部王义和被逼上吊自杀。与那些打死、打残的人相比，我比他们还好一点。但是想到自己前途茫茫，出狱无望，又想起老婆孩子，想起老父亲、老母亲，这时候眼泪哗哗地往下流。我当时就反复地诵读杜甫两句诗："存者且偷生，死者长已矣。"

我们六个人住三个监舍，我和三所王俊丰住一个监舍。后来胡风来了，我们三个人住在一起。胡风开始比我们惨得多，他关在大监里面。大监里面苦得很，有时候我们到大监去拿东西，看到那些犯人顶着烈日在劳动。大监里面粮食定量低，吃得也不好。一开始把胡风关在大监里面，对他很残忍。胡风实在想不通，想死了算了。让他劳动搓麻绳，正好有剁麻绳的斧子，他拿斧子照着自己的脑袋就是一斧子，想把自己砍死。结果砍了一个大口子人没死，伤口给缝上了。后来经过请示，加上胡风的年纪也大了，上面同意把他从大监转到我们小监里面。1972 年胡风转到小监的时候，开始我们不知道他是胡风。我问他多大年龄、叫什么。他说 69 岁，叫张光人（胡风是他的笔名）。

我们不知道他是胡风，就觉得这老头很有学问。他喜欢跟我和王俊丰讨论一些文学问题，讨论《红楼梦》，讨论杜甫的诗。有一天我们到大监里面看电影，大监里面那些老犯人认识他，说他是胡风，让我们听见了。看电影回来以后，坐在那休息，我说原来你是胡风啊，他说这是历史的误会。我说："你别这么说，是误会的历史，不是历史误会。"我又说："你当年不是提出主观战斗精神吗？你拿出当年的主观战斗精神生活下去！"他说："你知道我是谁了，我是胡风，胡风不反动，我现在成了一个名词了！"

胡风年纪大了，不让他劳动，也不让他做饭，就是闲养着。我们每个月定量 36 斤，胡风可能长期坐牢，他一顿只吃 3 两，一天 9 两，三九二十七，36 斤还剩下 9 斤。他说这 9 斤给你们吃，诸位正年轻。你看这个人挺有意思的。我还想起一个细节。胡风有存款，监狱的人说：“你可以拿存款买点副食品。”胡风说不要，还说他已经犯罪了，不能再浪费人民的财产。我觉得胡风节俭这方面值得表扬。

我们在监舍里面可以自由交谈，胡风说他不反动，他没那么大能耐。我们说历史上冤假错案多得很，岳飞、袁崇焕都是冤假错案，搁了若干年后才平反。但是胡风想来想去，觉得活着没希望，趁着我们人不在，他把房间里的电门打开，把一个插口上的灯泡拔下来了，脚着地，一只手伸到灯头里面去。结果，他两个手指头各碰一极被打了一下。正好三所王俊丰进来了，他说：“张光人你想干什么？你这是自绝于人民！”胡风他不懂，两个手一碰形成的回路，打不到心脏。王俊丰把他训了一顿，说你这样可不好，自绝于人民。本来是跟他开玩笑，胡风却一想，不对头啊，我跟王俊丰这两个人都有学问，有学问的人跟他住一个宿舍，肯定是上面派来监视他的，从此以后不再理我们两个人了。有时候胡风跟我说：“我到现在还感谢毛主席，感谢党中央。”我说话从何而来，他说都到现在了，中央还派你们二位来做我的工作。我说你又误会了，我们跟你一样也是囚犯！他不信。胡风这时候神经有些不正常了，他经常写检查，写十万火急，然后把检查交给我，让我看一看，再转交监狱管理人员——他认为我监视他嘛。他说他是吴佩孚的干儿子。这不胡说八道吗？他还说鲁迅是他谋害死的。他写了那么一段，让我交上去。人家管理人员看了发笑，这不可能！胡风待了一会儿又跟我说：“我刚才不清醒，刚才写的是假的，我再写一个十万火急。”然后又说一段，说斯大林死也是他害的。他神经已经不正常了。

胡风这个人我很钦佩他，钦佩在什么地方呢？1955 年批胡风的时候，周扬等人也参与了批判。周扬后来也被关起来了。1972 年周扬专案组到大竹县监狱找胡风，把周扬的一系列罪状，也是捏造的罪状跟胡风说："给你一个立功赎罪的机会，这些是周扬的反革命罪状，你看一下，看完了以后在上面签个字。"胡风看了一下，说这些事我都不知道，不知道就不能签这个字。专案组怎么动员他也不签字。专案组生气了，说："你顽固到底，给你立功的机会你不要，带着花岗岩脑袋去见你的上帝去吧！"这件事情说明胡风这个人的品质还是高尚的，人家不在这个时候落井下石，而且自己不要立功赎罪。这是一件事。另外一件事，后来胡风不是也被平反了吗？平反以后，他回到北京，周扬亲自去看他，向他负荆请罪，赔礼道歉。胡风说，他最钦佩的是周扬，周扬这个人虽然过去做错了事，有悔改之心，这样的人就是好人。我觉得也是这样。不怕你做错了，做错了你得检讨。

我和胡风相处有一年的时间，有一件事情到现在还后悔。我平反出狱的那天早晨，监狱里面通知，你们号子里还有不少肉，今天早上把肉做了吃了。狱警说："刘文翰今天别去了，收拾东西准备出去。"我想，是福是祸呢？是福的可能性大，因为我已经嗅出了政治气候的变化。知道我要出去了，胡风拉住我的手，老泪纵横地跟我说："你这次走了，回到北京向中央汇报（他以为我还向中央汇报），帮我说两句好话，我永远感谢你。"当时我一句话也没说，我起码应该跟人家说一声您多保重。我到现在还后悔，对不起这个老头子。他以为我回北京，以为我是监视他的人。

多巴学习班

章庆权：从 221 厂准备去河南干校的同志有过两次编队，第一次是

1969 年秋编好队伍，因 221 厂发生所谓“三大案件”，没有走成。一年之后，1970 年又重新编队去了河南干校。准备去河南干校的学员都到湟中县多巴镇集结。那时候军管会说是去学习，故名“多巴学习班”。

当时草原因忙于往四川 902 地区搬迁，“三大案件”事发几天以后才下令搬迁暂停，我们去干校也走不成了。再过几天，国防科委派来工作组，为首的是赵启民和赵登程，就是后来被称为“二赵”的那两个人。到了 12 月份，厂军管会决定干校学员集中到多巴镇一个兵营办学习班，集结待命。

去多巴实际上是搬家。多巴镇离 221 厂不到 100 公里，但因人多，携带的家具也多，军管会还是申请了军列运送。我们 12 月 25 日早晨出发，军列时开时停，下午才到多巴车站，当晚仓促住下。第二天多巴驻军出动几辆法国载重汽车帮我们把行李从车站运到住地，一部分同志准备炉子和煤开始取暖，晚上全连召开大会进行总结。

221 厂设计部学员编成一个连队，连长叫达应新，指导员叫马长安。达连长说：“同志们辛苦了，昨晚大家挨了冻，有人当了‘团长’（缩成一团）。现在生活就绪了，今后几天整理内务，元旦后安排学习。”马指导员讲话很风趣：“我是潜水艇干部，没有水平。”“兵马未动，粮草先行，这后勤工作很重要。当年杨六郎带兵总是要老寇准管后勤。”说得大家哄堂大笑。

多巴镇的自然环境较好。它离西宁市不远，约 20 多公里，湟水上游西川河流经镇旁，海拔比 221 厂低约 1000 米，气候比较温和。我们所住的兵营紧挨着青藏公路，公路两侧白杨树高大挺拔，兵营院子里也种有多种树木，冬天无叶，但茎、枝是绿色的。这里天空蔚蓝，水质清澈，空气清新。久住草原看惯了单调的景色，到了多巴一下子赏心悦目，生活上精神上舒服轻松多了。40多年后的今天，多巴镇建成我国的高原体育训练基地。

转眼就到了1970年元旦。中央人民广播电台广播“两报一刊”社论《迎接伟大的七十年代》并播放经集体改词的革命历史歌曲《抗日战歌》《大刀进行曲》《工农一家人》《毕业歌》等。记得社论上有这样一些句子：“帝国主义殖民体系的堤坝，一块一块地塌了下来。”“旧世界风雨飘摇，一座座火山爆发，一顶顶王冠落地。”连队以班为单位讨论学习，我们班班长高天佑，副班长庞国相，学员有许宏温、张秀丽、陈启刚、刘文俊、管新凯、刘杰生、王义、陈宇声、章庆权等。我们以为跨出221厂的大门，可以放松一些了，所以发言自由热烈。现在回忆当年班会上的一些花絮。管新凯说：“社论题目很好，与十年前社论《展望六十年代》相呼应。”许宏温说：“整个六十年代主要是反对国内外修正主义。七十年代世界革命走向深入，正如毛主席的教导：不是革命制止战争，就是战争引起革命。”1月初云南省通海地区发生强烈地震，各国纷纷发来慰问电报，第一个是南斯拉夫。管新凯说：“铁托的脸皮最厚，我们这样骂他，他还抢先来电慰问。”管新凯消息灵通，他讲话比较公允又不失幽默。陈启刚这样评价他：“‘管子’说话做事不做绝。”从他那里我们知道了刘少奇、贺龙已被迫害致死。他说“这可不是小道消息”，表示事实确凿。学习会上也有人发牢骚，刘杰生说：“我挨了整，有些人不在‘拉’字上下功夫，而是在‘推’字上动脑筋。”大家有同感但还不敢附和，这时班长就引导转换话题。

学习班的生活是老一套：早晨集体出操跑步，早餐后就是三个单元的学习，很呆板。好在我们食堂办得好，吃饭是个享受，大家可以自由交谈说说笑笑，借此放松放松。后来学习管得松些了，有时可以溜出兵营去镇上转转，星期天可以骑车到西宁洗个澡什么的。大家都在想以后的去向，什么时候去干校呢？221厂的情况怎样了？还要搞运动吗？但是一点消息也没有，令人心焦。

1970年春节过后，221厂形势陡然紧张，连队传达“二赵”的讲话，大意是“三大案件”是严重的“反革命事件”；221厂已揭露出一些“反革命集团”；大家要注意阶级斗争新动向。与此同时，221厂军管会来人带走了二生部连队的张邦鹏，他的问题早有所闻，看来又要成为运动对象了。后来，他果真被“二赵”枪毙了。大家觉得221厂事态严重，多巴学习班已纳入总的运动，河南干校恐怕是去不成了。

2月17日，221厂召开公审大会，要我们学习班全体人员参加。那天天没亮就乘大轿车出发，下车后被带到指定地点，即影剧院广场东头。我们坐在自带的小板凳上等待着，只见影剧院和广场东南的邮局、西南的商店这些建筑的屋顶上，架起了机枪对准广场。一些单位群众在拉唱歌曲，但稀稀拉拉的，人们无心唱也无心听。临近开会时间，从东边驶来一辆军用吉普车，走出一位首长。大会开始，几位首长讲话都引用林彪的话“你不杀他，他要杀你”，尤其是赵登程声嘶力竭地喊叫，真是杀气腾腾。接着有20多人被押到主席台前，有逮捕的，有判刑的，也有当场释放的。令人不能忘怀的是那天开了杀戒，判处宋应松、陈长贵死刑立即执行，还要我们听枪声、呼口号。“文化大革命”开始之初，这两个人就出了名，宋应松的罪名是写反动日记，1969年已判刑17年。后来层层加码，这次是图谋叛逃、鼓动藏民暴动罪，自然是非杀不可了。陈长贵的罪名一直是“阶级报复”，今天突然处决是大家想不到的。审判大会以后，我们回到多巴已经是下午三四点钟，人又饿又累，十分难受。

大约一星期后，又通知我们全体人员返厂参加运动，这是大家意料之中的事。回去是轻装乘大轿车，随身携带必需的被褥衣物，大件行李是后来运回的，历时两月的多巴学习班就此结束。

为了把多巴学习班的前后情况说得更清楚些，我再说两个事情。那天回厂后立即开会，设计部五室尚留在青海的人编成一个连（少数人已去四川 902 地区）。连长宣读了连、排、班的编制后宣布运动纪律：不准写信，不准打电话，不准汇款。这“三不准”把我们与外界完全隔开了，可见形势之严峻。会后我看到西宁杨家庄学习班的人到了，贺联奎抱着一个行李卷走路很吃力，我想上去帮他一把，突然听到有人对贺联奎大声训斥：“动作快一点！”于是这忙也无法帮了。

1964 年 3 月，俞大光与设计部全体人员一起从北京转移到 221 基地，时任设计部副主任兼十五室主任；1965 年初设计部各科研室、组进行调整，他仍任设计部副主任，主管五室、十五室。“文革”开始时他被怀疑为特嫌——历史上曾加入国民党特务组织“军统”，又是现行的“西北派遣军”成员，再加上他的族兄俞大维先后任国民党政府兵工署署长、交通部部长、国防部部长，可谓有“重大政治历史问题”。

1966 和 1967 这两年，运动没有直接波及俞大光，他尚能照常工作，还参加了三次国家核试验。到了 1968 年下半年开始清理阶级队伍，对他的审查和管控逐步升级：1968 年 8 月被勒令停止工作，9 月进设在湟中县多巴镇的学习班，1969 年 8 月进西宁杨家庄学习班（所谓学习班就是交代问题），1970 年 1 月被拘留关进西宁市南滩监狱，2 月又被绳索捆绑押回 221 厂参加“二赵”指挥的“清队破案”运动。在 221 厂他是被管控最严的“牛”：戴着手铐关进单人房间（俗称“牛棚”），白天受群众批斗，晚上被专案组审问至深夜。为少受体罚和能早些睡觉，他往往编造一些口供过关，次日又翻供，为此屡遭专案组人员的训斥。

在俞大光关押在221厂期间，我仅见过他一次。那是在一次小组批斗会上。他交代了两个明显是编造的“问题”：一是解放前夕他发展□□□参加“应变委员会”；二是他知道□□□是“现行特务”，但未向组织上检举。我们问他为何编造口供。他说交代不出来只好如此说。大家没有训斥他，理解和同情他的处境。

1970年11月，九院大部分科研人员从221厂向四川转移，俞大光也随之被武装押送到绵阳九院五所，仍关在单间“牛棚”。可能是实在找不到他是特务的旁证材料，军管会对他的审问、管控逐渐宽松起来，直到1971年7月将他释放。

不住“牛棚”的俞大光能够与同事们住在一起，过着半自由的生活。虽然分配他的任务是放羊、养猪等体力劳动，但他十分认真地干好这些活。他认为做好工作是人生最大的快乐。他向有经验的师傅请教养猪的方法，把猪厩打扫得干干净净，天冷就用热水拌猪食，让猪睡好食好，长得又肥又壮，得到大家的好评。

“九一三”事件后，“二赵”接着垮了台，九院的工作逐渐走上正轨。俞大光终于在1972年4月得到解放，接着被允许探亲（他妻子韩颖娟在河南省上蔡县九院干校），并到北京看望哥哥。6月，俞大光探亲回到五所恢复工作，被任命为六室主任，不久又被调到所里协助所领导工作。

1972年8月，九院在河南的干校即将停办，俞大光又到干校接家眷到四川定居。此时我又一次见到俞大光。8月18日我与另两个人负责押运回四川九院的同志的行李，那天较早地赶到西平火车站。俞大光夫妇那天也从住地赶到车站寻找火车车皮，我们在站台上相遇了。我与俞大光交谈了一会儿，见他身体恢复得很好。他看我在干校劳动两年也比以前壮实了。大家很高兴。

1972 年 9 月至 1973 年 3 月九院党委扩大会议（京西会议）在北京召开，会后进行了认真的平反工作。1973 年 6 月俞大光被正式宣布平反，8 月又被任命为五所所长。自从 1968 年被勒令停止工作以来，5 年的磨难终于结束了。

多年以后，1998 年 1 月 21 日，俞大光和我们一起去看望一位同志，大家闲谈“文革”旧话。我们问他当年身陷囹圄的时候想些什么。他淡淡一笑道：“听天由命。”后来他与我做了解释：“关押之初，思想很痛苦，后来一想我一生清白，专案组是找不到我当特务的旁证的，那就耗下去吧！林彪、‘四人帮’那些干坏事的人肯定不会长久，几千万共产党员、十几亿人民不会允许他们长期作恶。这样我就想开了，爱护自己的身体，总会有光明的一日，我就这样熬过来了！”

刘振东：1969 年 12 月 25 日，我随下放人员乘闷罐车到双寨站附近的多巴学习班，多巴在西宁市郊，原址是个兵营。不久我因涉嫌车间爆炸案件，又被调回 221 厂 229 车间隔离审查。关了两年释放以后，得知了二分厂一些人在多巴学习班的遭遇。二分厂党委 1981 年 4 月 28 日文件《“二赵”在二分厂的罪恶事实》中记载：“二赵”到草原，在二分厂捏造各种“反动组织”35 个，在全厂 634 名职工中，枪杀 1 人，打死 5 人，逼死 2 人，判刑 2 人，拘捕 3 人，批斗 205 人，牵连 420 人。这些数据是“二赵”罪行铁证，反映了当年二分厂遭受破坏的程度和惨状。仅 1970 年二分厂被迫害致死的就有 7 人，他们是：

1970 年 2 月 24 日，202 车间老工人辛长顺，跳楼自杀。

1970 年 3 月 1 日，201 车间火工马久昌被打死。

1970 年 3 月 14 日，201 车间车工李国宏自缢身亡。

1970 年 3 月，设计科科长张云亭，在学习班被迫害致死。

1970 年 4 月，二分厂主任钱晋教授，在学习班被殴打致死。

1970 年 8 月 20 日，201 车间技术员张邦鹏被枪杀。

1970 年 10 月，218 室技术员宗兆起，在学习班被迫害致死。

加上 1968 年 2 月 5 日 218 室工程师周秉义被迫害致死，一共 8 人。

二分厂工程师董海山的爱人李子君，原来在北京工业学院教化学专业课，调到 221 厂在“二赵”运动当中迫害得患上精神病，最后被迫害致死。

1970 年二分厂 218 室技术员张明权在多巴吃完晚饭后，和陈业明、花平寰等人去山丘上轰鸽子玩，不慎摔死。不久认定这是蓄谋已久的“反革命”活动信号，是有组织、有计划的害人，又冤枉了不少人。

二分厂设计科科长张云亭，为人耿直，不善于处理人际关系。因为在日伪时期的奉天省奉天市公立第二国民高等学校当过学生会主席，解放前由沈阳到北京联大学习而被怀疑是特务，被揪出来批斗，斗争会上倒下未站起来，当场死去。

二分厂工人韩德新因为说了一句话被判了刑。“文革”期间，二分厂要竖个大铁牌，上面写毛主席语录。韩德新说，这要倒了，像乌云压顶黑乎乎的一片怎么办？结果他同乡告密，韩德新被判了刑，你都没法解释！

203 车间保管员朱贵学也判了刑，他在 212 库管成品库，他自己都不知道怎么判的刑。一个管库房的能搞什么破坏？库房又没出事。后来放出来给他解决了户口。

河南上蔡干校

任益民：“四清”运动和“文化大革命”中间，当时抓氢弹研制和试验，实验部一办的工作基本上没有停，机关工作没有停，科研也不停。氢弹研制成功以后，221厂军管会是贾乾瑞司令员掌权，1969年搬迁的时候我还是一所搬迁办公室主任呢。到了搬迁的时候我自然不能第一批走，后来就出问题了，出了“三大案件”，于是国防科委派“二赵”来了。1970年过完春节，我去上班，“二赵”刚进厂的时候，我还带他们参观过六厂区、七厂区，参观打炮工号，他们也没多少兴趣。参观时我对他们说，这是爆轰场地，你们要把枪支、打火机都拿出来（工号规定不准带这些东西进场），他们只好乖乖地拿出来。没想到，过了一个月就把我关起来了。为啥关我呢？说我有实权，科研生产中的“特务”都是我在调动。当时实验部批斗吴益三和我，后来才知道有人乱咬，他说“特务”是我发展的，我就变成“走资派”加“特务”。我这个人人缘比较好，关起来的时候，看我的老工人给我通风报信：“明天要开批斗会，你多穿点、多吃点。”还早早去食堂排队，给我打点吃的回来，有时偷偷地帮我买烟、买茶叶。专案组不让人睡觉，他们给我放哨，有人来了敲窗户通信，没人来照样睡。1970年冬天把我弄到河南驻马店上蔡县干校去了。当时221厂去河南干校的都是有问题挨整的人，再加上那些“不可靠”的人，家庭出身不好的人，大概有1000多人，分成8个连队，整天劳动、学习。

221基地的很多科技骨干被弄到河南去了，实验部老主任张兴钤去了，理论部副主任黄祖洽、秦元勋也去了。我对秦元勋用男高音唱京戏的情景记忆犹新。我去河南干校比较早，而且是全家都去。刚去的时候，连队分散住老乡家里，像我一家人就挤在一间磨坊里，一家人睡一张床，和牲口粪便滚在一起。孩子在上蔡当地升中学，我们连队有三个孩子去考试，我的孩子考的成绩很好，但那两个孩子能上，我的孩子不能上，说我是“走资派”，后来孩子连初中都没上。

1972年在河南上蔡干校，北京理论部参加劳动的部分职工合影(中排左6黄祖洽，后排右2何桂莲)

干校的连队要种庄稼，要盖房，在哪里干活，我都是强劳力。军代表王庆他们不懂怎么盖营房。盖房的关键，比如定角、立柱子，我都懂。伙房要竖个烟囱，就是我砌的。我农村出身的嘛，泥瓦匠那一套从小看得多了。盖房要运材料，那时候每个连配辆马车，饲养着四匹马。所以在全连挑选人喂马、赶车，连队就选我去喂马、赶车。我住在生产队饲养室里，虽未干过，向农民学习还是把车赶得不错。那些马是青海去的野马，不好侍候，要训练它们。我驯马的方法一是打，二是哄。结果马和我的感情很好，夏天光着膀子，它还拿嘴给我抠痒痒，舔我的肩膀。我对马也非常好，母马生马驹我给接生，给母马熬了一锅小米粥补充营养，小马驹也对我很亲。

有一匹老马非常讨厌，它不用后腿踢人，用前腿刨人，不好防备，这匹马到最后也没调教过来。后来有匹马生病了，我带它去看病、陪马住院，可惜那匹马没救活，害瘟病死了。幸好 1971 年林彪垮台了，不然马死了又是“阶级敌人在搞破坏”。每年的冬天我们要给马准备饲料，赶着马车去收购谷草，拉回来满满一车。周泽利和我一块儿喂马、赶车。他的出身很好，也弄到上蔡去了。

1971 年 9 月，林彪垮台后我们解放了，军代表说话也不算数了。林彪垮台后，国防科委派了一个组织部部长来传达，再三动员大家回四川。其实我不大想回九院了，准备回地质部，单位都找好了。

上蔡干校有千把来号人，不叫“五七”干校，叫劳动学校，校长是苗兆瑞，这是学校印章上的名称。之所以不叫“五七”干校，是因为我们是处理对象，校牌子就是劳动学校。我后来怎么又回九院来了呢？当时国防科委组织部部长专门找我谈话，他说：“四川一所好多的人都推荐你，说运动要结束了，准备恢复科研生产。科研管理这一套东西，还是你玩得转，要把你弄回来。”这个话中听，还有人想到我，所以我就回来了。

离开河南的时候，军代表也要撤了。1972 年过了五一节，我们全家就动身到四川九院一所，一所的军代表接我。回到一所后，二机部李觉副部长来看望了我们。

那时候一所的驻地在梓潼县马灯公社。回来后按九院的安排，首先要把实战用的氢弹尽快搞出来，我全力投入和组织这项重要的研究工作。我记得刚回来时，陈能宽副院长来所指导工作。我长期在他手下工作，彼此都很熟。他在会上讲了一句玩笑话：“老任回来干这事会马到成功。”当然这也只能是指我分管的爆轰专业而已。

章庆权：我在河南干校待了两年，苦中作乐写了一个《干校八记》，没去过干校的可以看看，摘抄如下：

一、途中

1970年10月底，青海221厂的运动接近尾声，待处理的人员该去河南干校了。设计部的同志编成一个连，番号为三连，我被安排在一排一班。连长冯大茂，指导员姜晓钟（孝忠），排长钟明祥，班长管新凯，半年以后有所调整。

11月6日下午登上火车，该车是一列三等军列，挂有两节硬座车厢，安排带幼儿的女同志乘坐，其余一律坐“闷罐车”。我们这节车厢很特别，是男女合车，中间用芦席隔开，因时值深秋初冬，还算方便。旅途中我们白天坐在行李上，晚上和衣而卧。11月6日傍晚编车后立即发车，驶进海晏车站与青藏铁路接轨时天已全黑，大家舒了一口气：“永别了，金银滩草原。”

我在车上前思后想，1970年真是虚度光阴。本来一年前就决定我们去干校，由于发生了所谓“三大案件”，“二赵”改组了军管会，经过一阵酝酿，开展了大规模的揭批运动。设“监狱”、开杀戒，实行“三不准”，人人自危，一片恐怖。11月初又处决了两人，其中刘剑是一个未成年的中学生。何罪之有？厂里究竟发生了什么事？新军管会到底要干什么？“文革”以来大小事件的政治背景又是什么？百思不得其解。车过西宁，沿甘青铁路在湟水谷地疾驰。夜已深，我渐渐瞌睡蒙眬。

军列多在兵站停靠，我们下车就餐、休息、散步、“方便”。11月7日晨到西固城（兰州西），下午过定西，列车在陇中高原行驶，这段铁路两侧寸草不生，路基较差，车速很慢。由于大家的心态仍被运动的威慑所笼罩，同学之间交往拘谨，车厢内空气沉闷。我在西固城兵站饭厅见到一年来未见面的黄乃淮同学及其女儿小月和小林，亦懒于招呼。连队领导似乎注意到这种情况，在 7 日下午定西兵站讲话时希望大家活跃一些。

11 月 9 日早上车过三门峡，上午停洛阳，中午停郑州。我们把两边车门打开，饱览中州风貌。比起西北地区，河南的气候温和多了。最后一个停靠站是古都许昌，看着工人光着膀子拉大锯，我们也觉得浑身热烘烘的。离开许昌后，我们就打好行李包，准备下车。下午四点多到终点站西平，历时三天的火车旅程结束。因离我们的驻地还有 20 公里，当晚在西平县招待所过夜。

二、进驻

原先我们计划在河南省上蔡县百尺公社建干校营房。因运动耽误了时间，百尺公社的地皮已经建了校部和北京理论部连队营房。我们从青海来的人马暂时安顿在无量寺公社，我们三连住吴宋大队，其他连队住后陈大队。“吴宋”这个地名由“吴”和“宋”两个姓氏组合而来，这里人际往来比较和睦。对于我们的到来，乡亲们十分热情，腾出住房和库房安排我们住宿。大房子住一个班男生，单身女生住一小间，不多的几家双职工也分到了房。我因晚上睡梦中爱说梦话唱戏，领导难以分配，幸亏钟明祥排长接纳我。我与钟排长同住，相处十分和洽。

在我们到来之前，农田的麦子已请老乡种上了，冬天需管理。连队的安排是晴天为营建备料，由各班轮流劳动，雨雪天在宿舍学习，内容无非是“五二〇”声明、九届二中全会、新宪法草案。陈伯达反党事件还属绝密，然而从中央文件（关于拉练）毛主席批示的抬头“林、周、康”中可看出一点端倪，只能私下议论。大家感兴趣的是国家大事。我白天在伙房劳动，晚上给各班送报，常参加议论。那时的热点是柬埔寨和越南南方，风云人物是西哈努克、乔森潘、黎德寿、基辛格等。11 月的两件抢手新闻是戴高乐病逝和日本小说家、剧作家三岛由纪夫切腹自杀，激起大家对欧洲局势和日本军国主义复活等的关心。对时事熟悉并有独到见解的是一排二班的朱镇生同学，他记忆力强，分析透彻，每与他谈论都有收获，他是闻名全连的“活辞典”。

三、伙房

进驻吴宋村的第三天，钟排长要我去伙房劳动，也是一个锻炼。伙食由连里管总务的郑涛（栓喜）负责，采购员是王九皋、班长王云山和李伍振师傅，炊事员除我以外还有李周群、刘德山、陈祖邦、秦森开、罗世杰、陈正秋等。每天还有各排派来的临时帮厨。我因手笨体弱，和面做馒头力气不够，切菜又慢，只好干零杂活，洗菜、挑水、烧火和管理饭菜票。我很喜欢这些工作。挑水由少到多，锻炼腰、腿、肩膀的用力和配合，渐渐地能胜任这些活计。烧火较难，由李伍振师傅和罗世杰耐心教。由于我起得早，每天天不亮就帮罗世杰引火加煤，以后就能独立值班，熬稀粥、蒸馒头从不耽误早餐开饭。由于初来乍到，采购渠道及伙房设施慢慢完善，所以起先副食较差，有啥吃啥，主食可变些花样，也无非是馒头、米饭、红薯、炸酱面、打卤面等。大家吃得津津有味，有时吃顿猪肉白菜馅包子就算改善生活了。伙房工作多次得到连队领导的表扬。

1971 年元旦过后，春节临近，干校领导允许部分同学探亲。当时还是运动期间，所谓有问题的人是不让走的，双职工一般也不能探望父母。最早请假的是管新凯，他要去陕西户县看望未婚妻，因运动期间规定“三不准”，其中就有不准写信，故他的恋爱进程停顿了近一年，领导上让他去解释以延续恋爱。其后是钟明祥、徐鸿元，都是爱人有病赶去照顾的。到春节前几天，接到通知我也能回家，十分高兴。同路的有王九皋、宋爱华、朱镇生，我与王九皋在苏州下车，互道珍重后分别。我回老家见到父母、内子，他们见我身体健壮了很高兴，希望在干校一两年后能顺利调离九院。

四、营建

在吴宋村东面约二公里路，有一条宽阔的河流，它是 1965 年新疏浚的，用于灌溉和泄洪。河的西岸自北向南五六公里的平旷大地就是当地政府拨给我们来自青海的一连至四连的用地。1970 年秋老乡已替我们播种好小麦，过年春天已见绿油油的麦苗。各连在此选择合适的位置建造营房，一、二连分散在北部，三、四连在中部偏南，相距较近。准备建的营房包括宿舍、办公室、储藏室、厨房、饭厅等。我们连建六栋长排平房，还要与四连合建一座储粮仓库并配有宽阔的晒场。

营建自 1971 年春节后破土，11 月竣工，中间隔着夏秋农忙季节。3 月、4 月、5 月三个月任务最艰巨，要抢在麦收前建成过半的营房供农忙时大家生活、学习和休闲用。开始我们还住在吴宋村，早出晚归，劳动效率不高；待到建成一排房子后，临时辟成几间男生、女生集体宿舍，上午、下午、晚上三个单元全部劳动，营建进度就加快了。我们与时间赛跑，劳动强度大，下工后略事擦洗倒头便睡，次日清晨在睡梦中被哨声吹醒，振作精神继续干活。大家知道这也是形势逼人，只有齐心协力、艰苦劳动才能早日建好房子，生活休息得好，所以精神饱满有干劲。连队领导作了调整，原连长冯大茂是经验丰富的电工，调到校部负责安置电杆、架设电线等工作，现任正、副连长（分别是）王成文和郑涛，正、副指导员（分别是）姜晓钟和谷炳寅，各排班长和成员也有小变动。领导班子精干，组织能力较强，能与大家同甘苦，这也是完成营建任务的重要因素。

建筑工程很不简单，就拿我们所建的平房来说，也是“麻雀虽小，五脏齐全”，打基础、砌墙、立柱、上梁、安椽、铺瓦、粉刷装修等一样不少。其中最主要的任务是砌墙，它直接关系到所建房屋的牢固和安全，以及整个工程的进度，是牵动全局的工序。与之相关的工种有瓦工、架子工、制灰浆、制土坯以及小工等。瓦工的工作量和劳动强度都很大，登上建筑架，半天不下来，一手拿砌刀，一手拿砖，码好位置用灰浆把砖砌上，持续不断，又要费力，又要动脑。砖要砌得横平竖直，上下左右，有些要平行，有些要垂直，上层的砖要压住下层砖之间的缝，叫作"磨砖对缝"，像数学的除法符号"÷"。从墙的侧面望去，仿佛有数不清的梅花在怒放、美观端庄，称为"梅花墙"。再说制土坯，房子的隔墙是用土坯砌成的，制土坯是就地取材，将水与土和成泥在模子里压实，然后脱模晒干。人要蹲着，手要用力，连续干活几个小时，十分消耗体力。

我体弱手笨，砌墙和制土坯我无法干好，只好做小工。做小工也不易，要连续不断地送砖送水送灰浆，有时要在建筑架上接下面抛上来的砖，运砖的卡车来了要紧急卸车，把砖码成堆，十分累人。大家在紧张干活，我却什么也做不好，被动、惭愧、苦恼。可能领导上想到了我是学化学的，搞配方是内行，把我调到制灰浆组，当时灰浆黏性不够，急需提高质量。灰浆的成分是熟石灰、水泥、沙子和水，如何配方要做试验，我将这四种成分的用量、混合次序等排列组合大量试验，终于找出优选配方和工艺，得到稀稠合适、混合均匀、黏性好的灰浆，所需人力也可减少。后来只有我和虞子宇二人为常工，用量大时加几个临时工就够了。虞子宇是有名的"刺头"，但在灰浆组干得很好，各成分加料合适后经他用木耙大力搅拌就成。待小工运输时我们可以休息，他可擦身，抽烟，很痛快。我也很高兴。

只要努力，事遂人愿，待到麦收前我们集体盖好了四排营房，只差门窗和墙壁的粉刷，已可以住人。面积大了，同学们住得宽敞，双职工也分到房间。天热蚊子多起来，连领导组织女同学缝制蚊帐，每人一顶，大家可以好好休息了。

农忙以后，我们继续营建。由于秋季适宜，时间充裕，更主要的是我们有了经验，驾轻就熟，仅用了一个多月时间就盖好剩下的两排平房并对全连各间房做了整修，可以越冬了。

5月下旬，中州大地一片金黄，小麦已经成熟。老乡有经验，提前开镰，以防碰上连天阴雨烂麦。我们也做好了一切准备，迎接农忙到来。

五、农忙

收麦子，我是谈虎色变。1959年大学毕业前夕到济南郊区拔麦半天，日晒地烫，腰酸腿软手疼人乏，一个女同学当场抽筋晕倒，我也休息了几天才缓过劲来。时隔12年心有余悸，但现在收割在即，怎能退缩？6月初开动员大会，叶清环同学宣读他们班的决心书，"再苦不叫苦，再累不叫累"，道出了大家的心声。

开镰第一天，天不亮就下地，2小时后回营房吃早餐，随后劳动4小时，中午休息后再干，晚上打场脱粒。这天我们干劲很大，我也振作精神，回来的路上还奉命起音领唱了一首歌。第二天起来就感到很累，坚持到晚上打场，我们把麦秸往脱粒机前送，由强劳动力把麦粒甩打下来。我赤膊上阵，连续送麦秸，一点喘息时间也没有，大汗淋漓。麦芒刺身奇痒，收工时听到朱镇生感叹"真是精疲力竭"。

"久旱逢甘霖"，过了几天校部开来了联合收割机。那家伙像红色巨龙，轰隆隆开进麦地，麦粒就从尾部输出，地下就留下一堆麦秸。只需一两个同学坐在机器上把麦秸聚拢，定时放在地上，大部分同学只需在收割机开不到的地边地角收割少量的麦子，并把地上的麦秸装上卡车运回场上堆成垛。劳动强度大为降低，我们这才体会到毛主席语录的意思："农业的根本出路在于机械化。”

自从有了收割机，我们就轻松了，体力和精力逐渐恢复。隔几天可到营房南面几公里的村庄去赶集，买些水果、鲜枣或鸡蛋回来。鸡蛋非常便宜，买回来就在双职工家的炉子上煮熟后吃。

收起的麦粒要晒干入仓。如果天气晴好，晚上就在晒场上晾凉。为防止有人偷麦，三连、四连轮着派人夜间看场。领导总是派我去，一则我睡眠少能熬夜，二则我睡梦中发出声音影响同室同学安睡。我也乐意承担。除上述情况外，我白天休息可以看书，更主要的，我是天文爱好者，可以整夜看星星。晚饭后我就在晒场上乘凉，日落西山时可在西偏南方向清晰地看到嵖岈山，它位于京广铁路西平站的西南面，形体奇特。当地产的香烟就以此山为烟标图案，现亲眼看见岂不更亲切？1971 年有一次重要天象：火星大冲，整夜可见火星。天黑后从东南方可见一颗红色亮星冉冉升起，像红宝石嵌入苍穹，十分壮观。这种天象每 15 年或更多年月一次，上次 1956 年我在青岛观看过，海面上红星闪烁。那年苏共批判斯大林，全球震动；毛主席提出“十大关系”“双百方针”，我们年少气盛，想干一番事业。现时值中年，身在干校，辜负了大好时光。今后 15 年、30 年再见火星，又当如何？人生如梦，凉风习习，瞌睡蒙眬。待到后半夜，看猎户星座升起，东方泛白泛红，天逐渐亮了。

六、批林

1971 年的头号大事是林彪叛逃折戟沉沙，这是林彪作恶多端和私欲膨胀的必然结果。我关心时事，爱作猜想，虽然时有偏激片面或产生差错，但总的来说思想是清晰的。1971 年一开始就极不平常，不少人的思维开始活跃起来了。到了夏季，更察觉到一些怪异现象。其一，建党 50 周年的纪念文章冒出一句：要警惕那种“自称小小老百姓，实则大大野心家”的骗子，这分明是指陈伯达，他的问题逐渐公开了且情况还在发展；其二，《参考消息》陆续刊登出毛主席与斯诺的谈话，曾说：“四个伟大”讨嫌，此语锋芒直指他的“亲密战友”；其三，国庆节天安门广场不举行庆祝游行，改为各公园群众联欢，理由是“节约闹革命”，这只是一种托词而已，背后有难言之隐；其四，国庆前后号召歌唱《国际歌》和《三大纪律八项注意》，“一切行动听指挥”，“团结起来到明天”，似乎有重大的政治斗争在进行；其五，国庆节后，我们第二阶段的营建开始了，广播员程瑞华同学照常用扩音喇叭朗读毛主席语录以鼓舞士气，但诧异的是与以前不同，不紧接着念林彪语录。我问其故，她说这是王成文连长特意关照的。我反复思考这些怪异，得出结论：林彪出问题了，但是没有也不敢进一步猜测发生了什么事。

时间一天天过去，营房里、工地上照样生活、劳动，但逐渐呈现一种异乎寻常的景象，人们在窃窃私语，流露出疑惑不解，似信又否的模样。10月下旬一些党员和班长打起行李卷乘车去校部听传达，还要住一晚上。此后某天，连领导找李周群同学谈话，严厉批评他“散布小道消息”，整个营房的空气日趋紧张。终于有一天下工时宣布全连同志集中学习一星期，要传达重要文件。第二天上午全连同志集中在连部办公室，由校部派来的军代表传达中央文件。传达前，姜指导员宣布纪律：不准记录、不准外传，违者追究责任。本来，班长管新凯与我约定把文件内容默记下来便于班上讨论，当我看到面前那种紧张严肃的场景心里不免慌张起来。

军代表开始念中央文件：“中发57号，绝密，毛主席批示照发。”当他念完“各省、市、自治区党委……”稍顿片刻，接着念道：“中共中央正式通知：林彪于1971年9月13日仓皇出逃，狼狈投敌，叛国叛党，自取灭亡。”这段文字如晴天霹雳把我们吓蒙了，大家惊讶竟发生如此惊心动魄的事！直到听完下段文字——"根据确实消息，出境的三叉戟飞机已于蒙古境内温都尔汗附近坠毁，林彪、叶群、林立果等全部烧死"，大家才舒一口气。以下的段落是交代事件的来龙去脉，我们才知道庐山会议前后的种种情况。

57号文件是9月18日发出的，逐级传达，全国平静，中央随后又发出一些文件。那天上、下午全部传达完毕。其后几天，分班讨论。一次要我到营部听纪登奎的讲话，结尾很幽默："林彪很喜欢用两个字'大'和'最'，现在可以'回敬'他，大阴谋家、大叛徒、大卖国贼，最坏最坏最坏。"我回来在班上一说，大家哈哈大笑。

林彪垮台后，周总理抓住时机批判极左路线并直接关心九院的运动。九院是重灾区，国防科委派来赵启民、赵登程挑动群众对立，残酷迫害干部群众，后果十分严重。我们从中央文件中知道黄、吴、李、邱和国防科委主任王秉璋被隔离审查，预计"二赵"就要垮台了。果然1972年春末我探亲回来，"二赵"已成过街老鼠，人人喊打，群众扬眉吐气，干校领导无所适从。

如果说连队领导组织劳动较能胜任，那么批判"二赵"就很不理解很不得力了。全连学习松懈，安排劳动也较少。1972年的农活有机械操作，当地一向广种薄收，田间管理较少，所以大家的生活轻松了。

当时正好赶上毛主席号召学习马列，干校领导趁势往学习文献转移，给每个人发了六部经典著作和一些辅导材料。马列原著不易懂，辅导材料不足取，我只集中精力学习《共产党宣言》一本书。

七、养猪

1971年冬，第二阶段营建任务结束，各班作了调整，我的编制仍是一排一班，而劳动改为饲养家畜，归入饲养班。饲养班共四个人，胡昌喜、王云山养马，金显盛养鸭，我喂猪。相比之下，喂猪最容易。只要不缺猪食，猪厩比较卫生，猪就可以顺利长大。

我们连原先只有一头母猪，由一个姓徐的同学顺带养的。现在换了我成了专职，原因是母猪即将产仔，以后的活计增加，忙碌时还派陈启刚、徐德馨等人协助。很巧，母猪配种日子是 10 月 16 日，九院人对这个日期有特殊感情。猪的妊娠期很好算："三三三。"三个月加三个星期再加三天共 114 天，自 10 月 16 日算起，预产期为来年 2 月 7 日。母猪临产前，我与陈启刚把一间存放农具的棚屋腾出来打扫干净，堆放一些麦秸秆作为"产床"，把新鲜的大白菜切成块并煮了一盆小米汤。棚屋的门改造成半截矮门，屋檐挂一盏马灯，我们可以在门外观看，也可以自由出入，母猪却爬不出来。

猪的"生物钟"很准，预产期一天不差。2 月 7 日是腊月二十三送灶日。那时送灶风俗已取消了，但晚上仍不断听到从远处传来稀疏的鞭炮声。那天下午母猪焦躁不安，常叼着柴草垫它的产床。晚上它时而趴下休息，时而爬起转圈，看似疼痛难忍。午夜趴在"产床"上喘气流汗，不久一只只小猪从母猪尾下滑出，立刻去拱母猪的奶头吸奶。我惊喜万分，数了数共 13 只。天还未亮，陈启刚赶来帮助我，连领导很关心，一大早就来察看，同学们陆续来了，孩子们拍手嬉笑，一片欢腾。母猪产仔后，我们十分辛苦，日夜看守，不让母猪压坏小猪，更担心母猪把小猪吃掉。又要准备猪食，让母猪奶水充足，每天打扫猪厩，保持环境清洁，让小猪顺利成长。2 月底我累病了住院，然后回家探亲。4 月底回来，小猪长势良好，撑起了骨架，可大口吃食了。

喂猪劳动容易规范化，只是母猪加上 13 只小猪每天要吃很多猪食，还要用水瓢浇它们全身保持清洁，所以用水量很大。每天我在水井上压水，挑水几十担。我赤膊上阵，肩膀上长起鸡蛋大的老茧疙瘩，皮肤黢黑，配着穿的咖啡色短裤，全身黑色。段映月同学戏说我：“老章快变成黑人了。”

8月中旬，到了连队解散返回单位的前夕，连领导决定把小猪全宰了会餐。凡事投入了就会产生感情，我可不能看它们挨上一刀，那天借故赶集躲开了。第二天会餐我下不了筷子，连一口汤也没喝。

八、回川

当年221厂军管会命令我们奔赴干校，表面文章做得漂亮，实质上要把我们处理出九院。林彪自我爆炸后情况大变，军管会自身难保，只能保持现状等待中央处理。为此，1972年夏从四川派各所的负责人来干校动员我们回单位。九院五所所长王国屏是军代表，开始仍然做表面文章：“你们两年来学习得很好，现在该回去了。”他说这次来无权放人，调动的事免谈；还说只要回去，就可以提出各种要求，把爱人从外单位调来解决分居问题，也可以变动原先的工作；至于想调离九院的，可回去申请审批。这几点意见很厉害，我们无以答对。经过几天的个别谈话，除了极少数同学情况特殊暂时留校部外，大部分同学准备到四川九院四所和五所工作。为便于安排或是一种“安抚”，王国屏拍板给每人一个月休假，何时使用都有效。

我们又一次准备搬迁了，大部分同学回家探亲，少数同学直接回单位。行李先行，连领导委派我、王泽民和曹玉伦押运行李，由王泽民负责。这项工作真是“任重道远”，平生第一次接触货运。8月18日上午，同学们送两卡车行李到西平货站，冒着酷暑装上车皮。多年不见的俞大光夫妇也从校部运来行李交给我，他们见我光着脊梁汗流浃背的狼狈样，大家相视而笑。

货运情况大致是这样：货列编组后出发，按编定的时刻停靠各货站，有时为了交车，有时是把已到目的地的车皮甩出或接上新加入的车皮，所以停靠次数很多，总的行驶速度很慢。到了大的货站，列车长会告知大致停靠时间，大站一般有餐厅，价廉且不收粮票。我们这节车皮先挂在京广铁路向北（上行）的货列到郑州，再接陇海铁路往西（下行）的货列到宝鸡。在宝鸡重新编组，沿着宝成铁路南下到小溪坝（六所附近）和绵阳（五所中转）卸车。

8月18日离开西平，18日晚车皮被甩在郑州的铁路货站，后半夜蒙眬中感到挂上货列开动了，天亮时路过巩县。豫西一带车行很慢，20日晚到宝鸡，车皮被甩出，孤零零停在岔道上。21日整天得不到消息，又不能离开车站，天热心烦。22日上午终于有了动静，我们在站台上看编组的全过程：机车把车皮推过来拉过去，越接越长，逐渐把几十节车皮串联成货列。编组后又过了一小时才见绿旗闪闪，导引我们货车徐徐出站。

22日下午车过秦岭。23日晨车到广元，列车长说要停靠几个小时，我们早餐后漫步出站，见嘉陵江上风樯如林，远眺层峦叠嶂。广元是四川的门户，脚底下就是天府之国。到四川工作自然不错，但妻室家小何时团聚？此刻心情正如李商隐的著名诗篇："君问归期未有期，巴山夜雨涨秋池。何当共剪西窗烛，却话巴山夜雨时。"

宝成铁路沿线群山起伏，隧道很多。广元以南穿过一个很长的隧道，为生平所仅见；在另一隧道出口处见刻有"宝成铁路接轨处，1956年×月×日"，看不清具体日期。

24日下午我押行李到了绵阳，路上整整花了一个星期。次日到了单位五所，遇到多年不见的同事，他们看我身体和精神比以前好多了，常常围上来问长问短。由于"文革"之初我就成了"牛鬼蛇神"，我以前有意回避大家，所以不少人好多年不接触了，现在同我亲切地谈话，十分感动。

所里很松散，军代表组成的领导班子软弱无能，群众对立情绪严重，工作任务也少。大家似乎都在等待什么。有人说九院得了“癌症”，难医难治。我想这种情况是暂时的，对于九院这样的重要单位，上级一定在考虑如何解决。

京西宾馆会议

揭发控诉“二赵”罪行

章庆权：1971 年“九一三”事件林彪自取灭亡后，揭露出“二赵”与林彪反革命集团的关系，林彪死党赵登程被捕，赵启民上了贼船被隔离审查，221 厂和整个九院的运动停止了，但“二赵”遗毒仍在，人心涣散。这种情况持续了一年多。1972 年 9 月，国防科委召集九院干部群众代表在北京京西宾馆开会，我所王国屏、疏松桂、林道亮、徐奇等人参加。从 1972 年 9 月 21 日开始到 1973 年 3 月结束，开了近半年时间，故又称“九二一”京西会议。会议期间，查明黄、吴、叶、李、邱及王秉璋、赵登程等人是林彪死党，赵启民是上了贼船。“二赵”倒台了，与会代表纷纷揭发“二赵”对九院的破坏罪行，明辨是非，正本清源，伸张正义，拨乱反正，很多冤假错案得到平反昭雪，对“二赵”进厂后的历史做了结论。“九二一”京西会议的同时，召开了九院临时党委扩大会议，并成立了九院新的领导班子。从此，九院工作逐渐走上正轨。

孙维昌：一直到1972年5月份才把我放出来。从1970年6月到1972年5月，关了我整整两年。放出来以后，有人动员我回221厂，有些老同志想见见我，但是身体不行了。当时我没有回四川，那时候老是偏头痛，关押的时候发低烧，放出来以后低烧没有了，但还是偏头痛。于是，总厂领导军代表陪着我到北京看了一段时间病。看完病我急急忙忙回四川一趟，看看孩子。

没待多长时间，1972年9月份通知我参加北京京西会议，就是“批林整风”，批“二赵”的会议。开始我不想去，我说身体不好。后来刁筠寿书记跟我说，还是去吧，在北京也不影响看病。有事儿该请假就请假，什么时候去看病，有车来回接送。刁筠寿动员我去参加，这个会一开就半年，从1972年9月开到1973年3月。第一阶段，我们在总参招待所开会，时间很短，后来就搬到京西宾馆去了。会议由国防科委组织，国防科委领导小组组长叫翟毅东，还有二机部副部长刘西尧参加。那时候九院归国防科委管，仍是部队番号。第二阶段主要揭露“二赵”在221厂犯的一些罪行。会议期间，我找国防科委的张部长和于部长，跟他们说调我走，结果他们不放，我还得继续干。

吴际霖也参加了京西会议，他身体已经不太好，不久就去世了。陈英参加京西会议负责材料组，不是有个批斗吴际霖的电影吗，我们叫它“黑电影”，是军代表拍的。从揭露“二赵”罪行角度考虑，在京西会议期间放映了，当作反面教材，我们都看了。最后会议结束之前，中央领导接见全体代表，那时候有谁啊？王洪文、李德生、纪登奎，还一个记不起来了。四个人接见参加会议的代表。同时把“二赵”之一的赵启民也弄到京西会议上，面对面批判。赵登程那时候已经关起来了。赵启民弄去以后，纪登奎、李德生问他问题，他一声不吭，批评他，也一声不吭。京西会议等于肃清“二赵”对九院的影响。

赵启民是老红军，延安时期的老干部。其实他是军管组长，赵登程是副组长，但坏点子都是赵登程出的。我放出来后别人跟我讲，为了给我定案开批斗大会，他们演练了半个多月，还用纸画了个孙维昌像，谁第一个上去，谁第二个上去，谁第三个上去，然后怎么发言，怎么批判，想那样定我的罪。后来董海山跟我讲，我那天在大会把黄□□骂走了，他们回去就把口供全推翻了。原来罪名都挂在我这里，“二赵”对其他人说，孙维昌都承认了，都交代了。结果我坚决不承认，所以其他人回去全翻供了。那天的批斗会没有给我定案，定不了。他们原准备把这个案件定了，然后审判其他人时说我都交代了，拿这个来串口供，就这么搞“逼供信”。“二赵”准备第四次枪毙人时挖了16个坑，其中就有我一个坑。如果林彪不垮台的话，我就被枪毙了！1971年“九一三”事件后，他们后台没了，也就倒了。林彪一跑，“四大金刚”不行了，“二赵”更不行了。

京西宾馆会议最后给赵登程定了一个“林彪死党”；给赵启民定成“上林彪贼船陷得很深”，犯了严重错误，给予开除党籍的处理。

1983年审判林彪和“四人帮”反革命集团案时，赵登程判了15年徒刑。北京市中级人民法院审判赵登程的审判会我参加了，还在证人席上发了言。实际上在整个运动中间我一次都没见过这个人。赵登程个子不高，我当面控诉他的罪行。“文化大革命”以后还出版了一本书，专门讲述了赵登程的罪行，那里边写了我好长一段儿的事，书上介绍赵登程如何迫害九院知识分子。其实赵登程的罪不光在九院，还有其他的罪行，他紧跟林彪，迫害党和国家领导人。1983年北京中级人民法院审判时，我才知道他是空八军副军长，“文化大革命”“支左”的时候到公安部当革委会副主任，他实际上是林彪和黄、吴、叶、李、邱线上的人。

刘文翰：一所王士俊两次从死亡簿上划回来。第一次说他拆锅炉房，是“阶级敌人”搞破坏，判他死刑，布告都贴出来了，准备第二天执行枪毙。头一天晚上最后一次提审他，王士俊又交代出一个人跟“五一六”有关系。赵启民当场表态，说这个人明天不毙了，先留着，毙了以后，查“五一六”分子就断线了。这样王士俊命保住了。“二赵”在 221 厂靠杀人来打开局面。后来我们搬迁到了四川 902 地区，他们还想用杀人来打开局面。“二赵”想杀人，成都军区不买账，你赵登程、赵启民算老几？你们不是上报杀人吗，把他们的材料通通拿到成都来，我们要审查。“二赵”不敢上交材料，就在青海把王士俊判了死刑，他们在青海有杀人权。然后把人拉到四川，准备在 902 地区开大会执行枪决。结果成都军区知道了，你在青海判，你就在青海执行，只要拉到四川执行，犯人的材料必须报到成都军区。“二赵”说他们有杀人权，成都军区说你在四川没有权力杀人。最后王士俊又捡了一条命。你说悬不悬？赵登程这个人非常坏，审判赵登程比审林彪反党集团还要早。1972 年我从监狱平反出来，就到长沙探亲。这时候四川九院一所拍来电报，说先别回四川，让我作为一所代表到北京参加京西宾馆会议。这样，1972 年 9 月，我到京西宾馆参加“批林整风”会议。记得孙维昌上台揭发，控诉“二赵”在 221 厂制造冤假错案。那时候“二赵”准备枪毙 23 个人，审判会上用幻灯片打出有谁、谁，有的人认识，有的人不认识。后来林彪垮台，枪毙的事就不了了之了。我参加审判赵登程的时候很有感触，赵登程的主要罪状是什么？“文革”开始他整了几个老帅的黑材料，这是第一条大罪。第二条罪状是在中央政法干校，制造了“石、闻、宋反革命集团谋杀苏枚”的假案。第三条罪状才是在青海 221 厂抓“反革命集团”，滥杀无辜。

"九一三"事件后平反

刘文翰：1971 年"九一三"事件，林彪反革命集团垮台。1972 年底，我从监狱放出来，是第一批出狱的。三所王俊丰比我晚两年才出来。

我为什么第一批平反呢？"二赵"一垮台，我们组里面有人帮我说话，周之奎就站出来说："现在'二赵'垮了，刘文翰有什么问题？判他的刑根本是错误的。他那时候给我送过一些材料，我看这些材料都是捏造的，算不了什么罪行。"然后一些平时跟我比较要好的人也积极响应，向上面打报告要求给我平反。九院那时候已经决定了要给一些人平反，所以我平反比较早。紧接着其他的冤假错案在我后面也陆陆续续平反出狱了。

我平反的那天，起床以后先把自己的行李打好包。监狱管理人员从大监里面叫上两个犯人帮我扛行李，他说你不要动手了，把衣服穿得整齐一点。我一看对我真挺客气的，猜想可能是平反。然后走到监狱门口，上面有岗哨。凡是老犯人出入那个岗哨都得喊："报告管理员，我要出去。"上面的军人一拉铁门，出去吧。然后管理人员带着我，前面两个人给我扛行李。我刚要喊"报告管理员，我要出去"，那个管理员马上说"你别喊了"，然后把我叫到他的办公室，说："今天跟你宣布一个通知，你听着，我给你念。'中国人民解放军总字 819 部队关于给刘文翰同志平反的决定'。"我听到这个消息一点也不激动，没有任何表情。他原以为我会特别激动，就等着听我喊"万岁"呢。他想错了，这本来就是冤假错案，我激动什么？管理员念完以后问我感觉怎么样。我说有些问题我出去以后还要申诉。那个平反报告里面说，当年在国家困难时期，我散布一些较为严重的带有政治性的错误言论，那根本不成立，子虚乌有；还说我散布一些错误言论，后来经过领导的帮助和教育，我有所认识，做了检查，以后没有重犯，应该平反。我说那时候所谓散布那些言论也不是我说的，是刘少奇在中央说的。我说，平反决定上说我曾经散布一些带有政治性的错误言论，这条我不同意，因为不是我说的，是上面说的，我只能说是做了个传声筒。

接我的两辆车就在外面等着，还带了一个医生。从车上下来一个军代表对我说："这几年让你受委屈了，实在对不起。"然后把我接上车了。就这样一路开回来，在梓潼县九院院部住了一晚上。当时一所军代表马芝田当党委书记，郭宪民当所长。我出狱回到一所以后，这两个人都没敢见我。后来我见到马芝田，我说，马书记我回来了，咱们几年没见面了？他说，过去对不起，对不起！

我出狱那天，单位来车接，正好有一个监狱管理人员搭接我的车去办事。那个管理员知道我平反了，就跟我说，跟你住一块的人叫胡风，我回答已经知道他是胡风了。他又说上面有指示，胡风从你们那里面搬走，再升一等，搬进另一个小监舍，可以把他老婆接进去，让他们住在一起。

根据梅志的回忆，胡风一开始都不认识她了。她见到胡风的时候，他精神已经不正常了，说话颠三倒四。但是胡风一直同我和王俊丰谈得来，认为我们两个人跟其他的狱犯不一样。

王士俊：1973 年开始全面平反，平反那个场面很感人。你想，当时关押了起码上百人，说明很多人受到迫害啊！为啥说这个话，在青海 221 厂的时候，"二赵"一进厂，关押批斗多少人就准备多少副手铐，据说准备了几百副手铐。加上警卫团、高炮师押的人，你说有多少人？听说最后有一个统计数字，九院受牵连的、被批斗关押的有 4000 人，300 多人致伤、致残，死了 50 多人，真是惨啊！搞得多少人家破人亡，妻离子散，还有好多人从死亡线上逃过来，我就是其中之一。

后来，在一所礼堂开了几天平反会。应该说我算是最重的一个，赵传国也是在那时候被平反了。我的看法是，主要责任在“二赵”，因为“二赵”定的性，其他人谁也没办法。他们说枪毙就枪毙，你有啥办法！

我记得光念平反决定就花了很长的时间。我对过去整我的人一概不记仇，但说实在话，有些人我心里始终有点看法，他们不该把拆锅炉房的责任硬推到我的身上。刘□□见到我说：“王士俊，我可没整你啊。”其他人都给我赔礼道歉，包括我们室的人都赔礼道歉了。其实他这话有点不打自招。我想，你咋能说没有责任？你肯定没有说实话，当时为了自保，就把责任往我身上一推。这事儿咱可以想得通，责任在“二赵”身上，本来一个破烂锅炉房，搬迁的时候又那么乱，拆了就拆了。“二赵”却把它定性为草原“第四大案件”，所以责任在“二赵”身上。

但是各人有各人的问题，比如说有的党员，在牵扯到人命的事情上，都不敢说实话，把自己的责任推卸掉了。还有整我的专案组组长，他也是党员，我打瞌睡把《毛主席语录》掉到地上，他这样给我上纲上线不对啊！

咱说实在话，那些个军代表知道个啥？105 室是一所一个小室，就那么几个人。当年一所召开全所大会，树两个反面典型，都是 105 室的，一个是我，一个是支喜昌，他还是个小青年。那些军代表审我审了八天八夜，前半夜一班人，后半夜一班人，轮流审讯。怎么审？一晚上“坐飞机”，折磨你，两个手向后抻直，弯着腰，腿还得站直，你站不直就拿脚踹你，我一个脚指甲被踹伤瘀血。当年那些人像发疯了一样。最后中央决定，责任在“二赵”身上，其他人的责任一概不追究。

1977 年二二一厂为陈长贵、苏振同、李国宏同志召开追悼大会现场

冤案终有结论

不计前嫌

孙维昌：我参加完北京京西会议回到四川，1973 年担任三所党委副书记，那时候军代表还没走。军代表一走，1974 年我担任三所所长，1975 年担任所党委书记。1978 年我调九院当副书记，常务副书记。刚到三所的时候，有些职工不想让我去，反对我进三所。那个时候三所天天开批斗会，第一个批我，因为我是从三所抓走的嘛，肯定要批判我，还批判我老伴儿。后来平反了，有人怕我打击报复嘛。我 1972 年回到三所，老伴跟

我讲，有两个人在运动当中跳得很高。但是回三所以后，我是一碗水端平，整我的人也好，没整我的人也好，都一视同仁看待，不抱个人恩怨。我要把这个单位搞好，必须这样做。我不这样做，单位肯定搞不好。我开始当所长，后来当党委书记，尽量秉公办事，该提干提干，该涨工资涨工资，很快就把工作恢复起来了。1974 年第一次涨工资，我开了一宿的会议，第一次涨工资只有 40% 的人涨。一二十年没有涨工资，你说给谁涨？很难办！但是这两个人我都给涨了一级。他们见我都掉了眼泪，主动说他们在运动当中确实做错了，没想到还能涨工资。我说这个事情不怪你们，涨工资看的是工作，你们工作做得好，有成绩，就要涨工资。1977 年三所被核工业部、四川省授予大庆式企业称号。

1986 年我已经担任九院党委的领导，有一次到杭州疗养，那是全国总工会给的疗养指标，可以带家属去。我跟老伴到南京停了一下，看看赵永杰。他原来是二生部的军代表，后来回南京军区任政治部副主任。我在他那里吃了顿饭。原来没关押之前，我们俩处得挺好。你知道吗？尽管他们整过我，我还去看看他们。赵永杰当时见到我说：“哎呀，老孙啊，对不起你，我们那时候搞得太‘左’了。”我说：“都过去的事儿了，你们也受了欺骗。”当年“二赵”是他的顶头上司嘛。九院军代表于川在杭州，正好我在杭州疗养，我们俩见了面以后也吃了一顿饭。

刘振东：“二赵”运动后平反复职，我回到二分厂负责 203 和 229 车间工作，本着团结为重，从容面对现实，坚持“安全第一”进行工作。我天天到各工号、岗位检查指导，总算在任期内保证炸药加工工作安全运行。

我这人性格特别倔，运动中间把我关起来，足足审了半年，我什么都不承认。打我最凶的那些人，我复职回来上班，谁也没报复，照样当你的干部，当你的工人。我 1986 年离开车间，调到二分厂当整顿办公室主任，苏良法继任车间主任。这一点上，我老刘是响当当的人。

大潮之下

刘文翰：我出狱以后先探亲，大概有两三个月的假，因为我好几年没探亲，通通给我补了。探亲回去以后，那时候“四人帮”还没垮台，工作不太正常，反正马马虎虎地工作。我没当过官，最大也就当科研组组长。

“二赵”期间，陈常宜也挨了不少批判，他也参加了审判赵登程的会议。“二赵”连王淦昌都批斗，批王淦昌的时候，有些人批他是“反动学术权威”，说王淦昌来一次，他们就消一次毒。我都看不下去，太不像话了，这简直是对老科学家的侮辱！当时在那种大的气候下，批判王淦昌你可以不发言，或者不疼不痒说两句就完了。那种政治形势之下能看清楚一个人的人品。“二赵”期间重用的一些“积极分子”，不叫“积极分子”，叫“重用分子”，有的人头脑就很清醒。像我大学班级的党支部书记，1957 年“鸣放”的时候，我们班上一批有右派言论的人通通让他给保下来了，他一个都不向上汇报，就说不知道。他说自己经过多次运动总结的体会，第一条保自己，多看少说不表态。第二条不害人，保自己有一条底线，就是不害人，这样可以做到问心无愧。

王士俊：其实，各人有各人的责任。比如实验部九室有人把宋应松的日记偷出来上交，宋应松后来给枪毙了。我有一个体会挺深刻，当年“反右倾”的时候，咱也喊过打倒谁，打倒谁。有的人只有当自己被冤枉的时候，才能体会到那些人也可能被冤枉。

平反以后，我那时候身体很差，四川省在成都杜甫草堂有个干部疗养院。大约 1982 年，九院领导里知道我在运动的时候挨整，身体不好，就把名额让给我。我在那里疗养了半年，打那以后身体才慢慢好起来，所以我感谢党组织。

刘文翰：实事求是地说，九院自从建院以来，“左”的东西一直就有。总的来说，当时风气都是“左”，这也不能全怪各级领导，更不能怪跟着跑的群众，不能全怪某个人如何如何。至于在运动中成心整人那就另当别论了。

治好偏头痛

孙维昌：我在三所工作的时候，偏头痛很厉害，上午还好一点，下午疼得受不了。我到北京看了好多医院。北京医院说是鼻炎；301 医院怀疑我脑里面长了东西，但是没最后确诊。后来我想，这个偏头痛神经老痛也不行，这可能跟在 221 厂被打有关系。三所派出所有个叫姚虎成的干部，他爸爸妈妈在西安工作，他妈妈是西安医学院的党委书记，通过他母亲的关系，我到西安第一附属医院检查，人家一检查就查出来了，说我这偏头痛是上颚斗里面垃圾太多，形成炎症引起的。医院说，穿刺快，但是去不了根，最好做个手术。我问怎么做。他说要把半拉脸掀开，然后打个洞，把里面东西清洗干净，再做一个活检，看看有没有癌细胞，这样就得住院。我走之前，在三所召开了干部会，很严肃认真地把工作交代一下。我说我不知道脑子里面长了什么东西，这次可能回来，也可能回不来了。事后，三所的刘金汉告诉我：“你这个话都讲了，还有精神给我们开会，真不简单。”结果我在西安住了 18 天院，做手术时是局部麻醉，我都听见他们说把脸掀起来。医生在里边给缝上了，现在一点都看不出来。

是什么原因造成偏头痛的呢？原来我在青海被关押在监舍里，一直躺在地上，从门缝吹来的尘土进入鼻腔里面，最后不通气、发炎，形成了偏头痛。那个西安的老大夫真有经验，说我颚斗太脏了，清洗以后现在是彻底治好了，啥事儿没有。军管的人还打我的腿，现在腿走道有点瘸，这是外伤，别的毛病没落下。

再没见过胡风

刘文翰： 有一次我到北京开会，知道胡风平反了。我想都是老朋友，无论如何得去看看他。因为我不知道胡风在哪儿，到北京后第一件事就是给中宣部打电话。电话那头说："你找谁?"我说我找张光人，他叫胡风。他们问我跟他什么关系。我说我们在监狱里是老朋友、老狱友，我想和他见见面。他说胡风在文化部，告诉了我电话，让我打到文化部去，我就把电话打到文化部。文化部也问我为什么找他，说胡风在艺术厅，让我打到艺术厅去。我再打到艺术厅，艺术厅告诉我，胡风现在住院了，精神不正常，得了严重的精神分裂症。他问我跟胡风什么关系。我说我们在监狱里是老狱友，我要去看看他。艺术厅那人说，现在看他不合适，他现在有严重的精神分裂症，经过治疗有一点好转，如果见到我的话，又把他的往事勾起来了，病情会加重。然后那个人让我写一下姓名、通信地址，等胡风病好了以后，再打电话通知我去看他。我就把我四川的通信地址留给他了。那个时候电话还没有普及，我把院、所的电话告诉他了。然后他说："等胡风病情好转了，我把你这个老朋友要看他的消息通知他一下，他如果清醒一点，想起来的话，我们再通知你来。"我说好吧，就撂下电话。这一撂两年也没任何音信。过了一段时间，寄来一封信，是胡风治丧委员会写来的一封信，通知我胡风同志因病去世了，他的追悼会什么时间在八宝山召开，问我能不能赶去参加他的追悼会。作为他的生前友好，我一看很有感触。但是时间很短，我根本不可能从四川赶到北京去，等到我赶到北京，追悼会早就开完了。结果最后一面没见着。因为上面写了治丧委员会的电话和地址，我就打一个电报给治丧委员会，请转给他的家属表示慰问。

一份判决书

北京市中级人民法院刑事判决书

〔1983〕中刑字第276号

公诉人：北京市人民检察院分院检察员涂斯春。

被告人：赵登程，男，现年63岁，河北省定县人。原任中国人民解放军空军某部副军长，"文化大革命"中任公安部领导小组和核心小组成员，"中央专案审查小组第3办公室"副主任。现在押。

辩护人：北京市法律顾问处律师赵玉林。

北京市人民检察院分院以被告人赵登程积极追随林彪、江青反革命集团进行犯罪活动一案，向本院提起公诉。

本院依法组成合议庭进行公开审理，听取了公诉人支持公诉的发言，审问了被告人，听取了被告人的供述，辩护和最后陈述；听取了辩护人的辩护意见；核实了与本案直接有关的证据，查明被告人赵登程犯罪事实如下：

被告人赵登程于1968年12月担任"中央专案审查小组第3办公室"副主任后，即按照林彪、江青反革命集团主犯谢富治"抓组织"、"追后台"的授意，伙同原公安部副部长李震，指使专案人员对中国科学院经济研究所见习研究员周慈敖等人进行逼供，制造了"中国（马列）共产党"假案，诬陷全国人民代表大会常务委员会委员长朱德是这个"党"的"书记"，国务院副总理陈毅是"副书记兼国防部长"，李富春是"总理"，董必武、叶剑英、李先念、贺龙、刘伯承、徐向前、聂荣臻、谭震林、王震等是成员，并诬陷他们“里通外国”，“准备武装叛乱”，要搞“政变”。

1969年4月，被诬陷的朱德等领导人当选中国共产党第九届中央委员会委员，有的当选政治局委员，赵登程对办案人员说：“‘八大’王明选为中央委员，‘九大’王效禹选为中央委员，不是垮台了吗?！不要动摇，继续搞下去！”

1969年8月，谢富治被迫决定将“中国（马列）共产党”假案的材料封存，赵登程还指令把国家经委一干部的保姆于光凤关押，进行批斗，追逼交代“中国（马列）共产党”假案的材料。于光凤被迫害致死。

1967年4月6日，林彪、江青反革命集团主犯康生的妻妹，中央政法干校政治部副主任苏枚服安眠药自杀身死。康生、曹轶欧硬把苏枚的自杀说成是“反革命谋杀”，致使该校副校长石磊、医生闻伯俊无辜被拘押。

1968年5月赵登程主管此案后，强迫石磊、闻伯俊的家属和“知情人”提供“石磊一小撮谋杀苏枚”的罪证。同年6月28日，赵登程、李震给康生和曹轶欧写报告，编造苏枚案是石磊“策划主谋”，由闻伯俊“以医疗为掩护”，“有计划搞的一个阴谋案件”。同时，赵登程以“有参与谋害的嫌疑”为由，报谢富治批准，对该校医生宋公田、段学思大搞刑讯逼供，制造了一个“石、闻、宋反革命集团谋杀苏枚”的假案，致使石磊、闻伯俊、宋公田、段学思等人被关押多年；朱林甫等60多名干部和家属受到株连，石磊之妻谷敏、闻伯俊之妻吴群被关押多年，段学思之妻国淑琴被迫害致死。

1969年11月至1971年11月，被告人赵登程与国防科委副主任赵启民担任国防科委工作组负责人，在国防科委九院221厂查破案件时说“221厂特务，反革命一伙一伙的多”，“不杀人打不开局面”，布置“追组织”，“抓后台”，“抓反革命集团”，私设监狱四十余处，自制手铐二百余副，大搞刑讯逼供，先后制造了“国民党西北派遣军”和“赵传国反革命阴谋集团”等假案。

赵登程诬陷九院副院长王志刚、矿区公安局局长黄启之是“赵传国反革命阴谋集团”的“黑后台”，黄启之还是“特务”。王志刚、黄启之被迫害致死。赵登程逼迫第二生产部主任，副教授钱晋交代“国民党西北派遣军”的问题，在批斗逼供中，钱晋被活活打死。

赵登程诬陷第二生产部副主任孙维昌是“229 车间 1 工号反革命爆炸案的首犯”，将其关押，训练“小分队”进行批斗迫害。

赵登程诬陷电厂厂长马文申是“爆炸电缆”的“主谋”，将其逮捕，指使专案组对马文申残酷批斗，进行人身摧残。

赵登程诬陷电厂党委书记李建华是参与“爆炸电缆”的“主要成员”，指使人对李建华逼供，并在李建华病危期间，强迫李建华读经赵登程修定的所谓“交代材料”，将录音在全厂大会上播放。李建华被迫害致死。

赵登程诬陷技术员赵传国是“赵传国反革命阴谋集团”的首犯，并亲笔批示“要肯定他是特务”。

赵登程诬陷技术员施美珉是“谋杀张培干的主要策划者和凶手”，提出对施美珉“可以开刀”，并呈报“枪毙”。

赵登程让专案组给电厂工人郭宗仪“戴上特务帽子，使他没有反抗余地”。

赵登程诬陷工人周相林“参与策划爆炸电缆”，“爆炸 229 车间 1 工号”，“盗窃机密资料”，并亲自对周相林逼供。赵传国、施美珉、郭宗仪、周相林被非法关押，遭到残酷迫害。

由于赵登程等人制造假案，九院 221 厂和 902 地区的干部，科技人员和工人四千余人被非法隔离审查和关押，300 多人被迫害致伤、致残，50

多人被打死和被迫害致死。

本庭经过法庭调查和辩论，听取了3名受害人的陈述，对各种证据92件进行审查。大量的书证、证人证言以及受害人的陈述证明，被告人赵登程的上述罪行，事实清楚，证据确实，充分，足以认定。赵登程供认了全部犯罪事实。

本庭认为，被告人赵登程积极追随林彪、江青反革命集团，制造假案，诬陷党和国家领导人，诬陷、迫害干部和群众，已构成阴谋颠覆政府罪、诬告陷害罪。

为维护社会主义法制，巩固人民民主专政，保卫社会主义制度，根据被告人赵登程犯罪的事实、性质、情节和对于社会的危害程度，依照《中华人民共和国刑法》第9条适用法律的规定和第90条，第92条，第138条及第64条，第52条，判决如下：

判处被告人赵登程有期徒刑15年，剥夺政治权利3年。

刑期自判决执行之日起计算，判决执行之前羁押的日期，以羁押1日折抵刑期1日。

如不服本判决，可在接到本判决书的第2日起10日内，向本院提出上诉，上诉于北京市高级人民法院。

北京市中级人民法院刑事审判庭

审判长　周智勇

人民审判员　王纪欣

人民审判员　穆守智

1983年11月2日

本件与原件核对无异

书记员　卢燕丽

1977年青海省高级人民法院刑事再审裁定书

青海省高级人民法院刑事再审裁定书

（77）青法刑再字第113号

原审被告：陈长贵，男，一九二四年生，家庭出身地主，本人成份学生。辽宁省沈阳市人。捕前系二二一厂工农兵医院外科副主任。

青海省革命委员会保卫部和中国人民解放军青海省公检法机关军事管制委员会，一九七〇年二月十七日（70）青革刑字第2号判决书，以反革命杀人罪判处陈长贵死刑，立即执行。

根据青海省矿区人民法院（77）矿法刑字第7号关于撤销陈长贵案件的请示报告称：现已查明，赵启民、赵登程秉承林彪反党集团破坏二二一厂的黑旨意，忠实执行林贼反革命修正主义路线，在该厂制造假案，大搞逼供信，疯狂镇压革命群众和革命干部，实行法西斯专政。在此期间对陈长贵在医疗上的某些问题，不作调查，无限上纲，错定为“反革命杀人犯”，故，特裁定如下：

一、撤销青海省革命委员会保卫部和中国人民解放军青海省公检法机关军事管制委员会一九七〇年二月十七日（70）青革刑字第2号判决书；

二、对陈长贵政治上予以平反。

一九[illegible]月十六日

1977年中共国营二二一厂委员会文件《关于陈长贵同志的平反决定》（第1页）

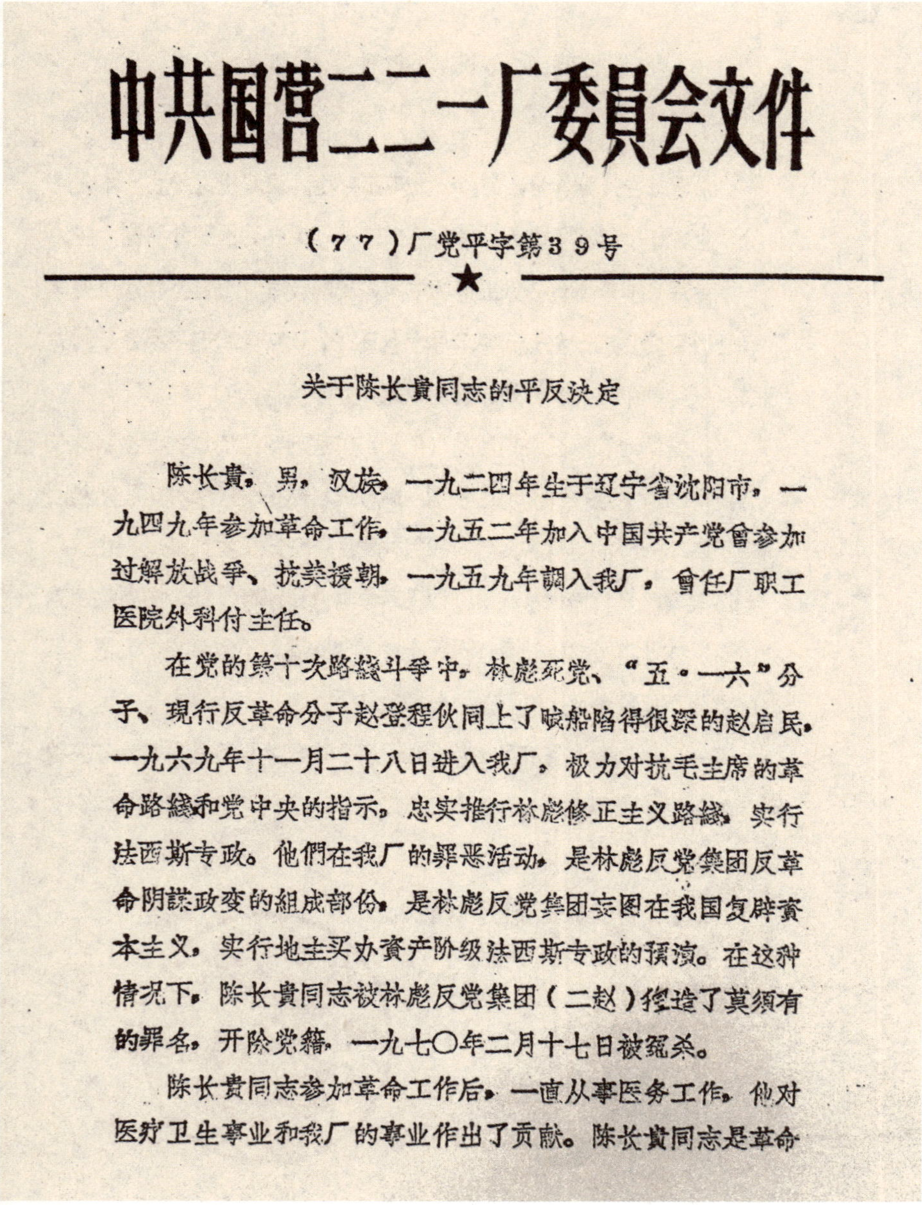

中共国营二二一厂委員会文件

（77）厂党平字第39号

★

关于陈长貴同志的平反决定

陈长貴，男，汉族，一九二四年生于辽宁省沈阳市，一九四九年参加革命工作，一九五二年加入中国共产党曾参加过解放战争、抗美援朝，一九五九年调入我厂，曾任厂职工医院外科付主任。

在党的第十次路綫斗争中，林彪死党、“五·一六”分子、现行反革命分子赵登程伙同上了贼船陷得很深的赵启民，一九六九年十一月二十八日进入我厂，极力对抗毛主席的革命路綫和党中央的指示，忠实推行林彪修正主义路綫，实行法西斯专政。他們在我厂的罪恶活动，是林彪反党集团反革命阴謀政变的組成部份，是林彪反党集团妄图在我国复辟資本主义，实行地主买办资产阶级法西斯专政的預演。在这种情况下，陈长貴同志被林彪反党集团（二赵）捏造了莫須有的罪名，开除党籍，一九七〇年二月十七日被残杀。

陈长貴同志参加革命工作后，一直从事医务工作，他对医疗卫生事业和我厂的事业作出了贡献。陈长貴同志是革命

1964年10月16日，我国爆炸成功的第一颗原子弹在这里研制出厂；1966年10月27日，我国首次“两弹结合”试验的原子弹在这里研制出厂；1967年6月17日，我国爆炸成功的第一颗氢弹在这里研制出厂；我国第一代核武器主要在这里研制，并实现武器化批量生产，装备部队；我国第一个型号核武器在这里退役处理，为新的核武器研制基地输送了科技和管理人才，这里是“两弹一星”精神孕育、形成之地。

第 6 章

永远的丰碑

核武器诞生地

王菁珩：从青海省西宁市往北 102 公里，便是海北藏族自治州政府驻地——海晏县西海镇。在海拔 3200 米的高原（610 工号海拔 3690 米）划出 1167 平方公里的禁区（后缩小到 573 平方公里），建有我国第一个核武器研制基地——青海 221 基地（中国工程物理研究的“老家”，后来的核工业部二二一厂）。

1958 年 6 月，邓小平总书记亲自批准 221 基地的选址。基地选在青海省海晏县境内的金银滩草原，地处湟水源头，高寒缺氧，无霜期很短，地理位置十分优越。这里交通方便，搬迁人员少，四周环山又便于隐蔽和保密。

1958 年 11 月，221 基地开始施工建设。按苏联专家提供的初步设计方案，二机部设计院和核武器研究所进行工程设计。我国先后调集了一大批施工队伍，其中有 2000 多名解放军指战员、7000 多名民工和 2000 多名熟练建筑工人，在草原上组成庞大的基建队伍。修路、修桥、建厂、盖房，基本建设全面铺开。即使遇到三年困难时期，221 基地项目也没有下马，克服困难坚持建设。终于到了 1964 年 6 月，一个水、电、暖、路齐全，集生产、生活为一体的研制基地初步建成，为第一颗原子弹的研制生产提供了必要的条件。221 基地建筑面积 56.4 万平方米，铁路专线 39.8 公里，沥青标准公路 75 公里，电厂发电铺设输电线路 100 多公里，通信线路 263 公里，铺设上下水管线、热网管线几十公里，总投资 4.5156 亿人民币。

1965 年 4 月，国务院批准成立了为基地服务的社会机构——青海省人民政府矿区办事处，形成了院、厂、政合一的核武器研究、设计、制造、试验基地。

221 基地建有 18 个厂区，其中生活区又分为甲区和乙区：甲区是政治、科研、生产、文化中心，乙区在海晏县城。

1964 年 3 月，九局、九所、国营综合机械厂合并成立了第九研究设计院，李觉任院长，吴际霖任第一副院长，下设 221 研究设计分院。九院第

20 世纪 80 年代，蓝天、白云和绿草茵茵的二二一厂区

二书记刁筠寿兼分院党委书记，李信任分院院长。分院成立不到一年，又合并到九院。1965年9月9日，九院又叫221厂，九院党委副书记、第一副院长吴际霖兼任厂党委书记，厂下属实验部、设计部和第一、二、三生产部。这个时期，不论是九院还是分院、厂，内部机构只有一套，九院和221厂同是一家人。直到1974年1月，九院一分为二，九院迁往四川，221厂（国营二二一厂）留在青海。

中央多次从全国各地区抽调高、中级科学研究人员和工程技术人员，还有高、中级技术工人以及全国大专院校的毕业生和归国留学生，组织他们陆续奔赴“草原”，展开研制生产原子弹和氢弹的大会战。在险峻的国际环境和恶劣的自然条件下，履行国家意志，担负起保卫国家安全的重任，在实现中国特色的核武器发展道路上，创造了震惊世界的科技奇迹。

曾经荣获“两弹一星”功勋奖章的王淦昌、彭桓武、郭永怀、朱光亚、邓稼先、陈能宽、周光召、于敏八位科学家在这里生活、工作过，这里是“两弹一星”精神孕育形成的基地之一。

从1958年选址到1964年建成，再到1987年撤厂，1994年交付给青海省海北州，221基地整整走过了36个年头。其间历经了三年困难时期，头顶蓝天，脚踏草原，基本建设的最艰难时期；独立自主，大力协同，过技术关，突破原子弹、氢弹的草原会战时期；医治“文革”带来的创伤，恢复科研生产，实现第一代核武器批量生产，装备部队和军转民第二次创业时期；服从战略调整，撤点销号，向常规武器生产转移的最后时期。这几个历史转折时期贯穿起来，为祖国、为人民做出了历史性贡献。张爱萍曾说，221基地是我国核武器事业首先立功的地方，其后，又为二二一厂题写了“中国第一个核武器研制基地”12个字。由于她的突出地位和历史贡献，221基地成为我国核武器发展的摇篮。

出成果、出人才

任益民：走中国特色的核武器研制的道路，为什么那么省钱？美国搞核武器可是花了很多钱的。世界核武器的发展中，我们是五个核大国中核试验次数最少的国家。我们做的核试验只有美国核试验次数的二十五分之一，我国核试验总体费效比是最高的。截至 1998 年 5 月底，美国进行了 1032 次核试验，苏联进行了 715 次核试验，法国进行了 210 次核试验，英国进行了 45 次核试验，而中国也仅进行了 45 次核试验。考虑到英国后来核武器完全依赖美国，我国核试验的费效比当之无愧是高的。

郭永怀担任九院副院长，负责核武器的环境试验、核武器早期小型化研制。郭永怀有个说法，他讲的这句话我一辈子也忘不了。他说："美国人是拿钱夯出来的。英国人就聪明，精打细算，搞什么方案都是反复比较，找最佳的，我们也是同样这么做的。"

张彩华：我国核武器研制起步晚，1959 年 6 月，苏联单方面撕毁援助协议，拒绝提供原子弹教学模型和图纸资料、特殊设备仪器以后，也是我们开始自力更生、艰苦奋斗研究原子弹的起始时间。当时我国的工业基础十分落后，在帝国主义核讹诈和经济技术封锁以及三年困难时期等极其恶劣条件下，用短短的五年时间（从 1959 年 6 月至 1964 年 10 月）我国就成功地突破了原子弹，又过了两年多的时间突破氢弹，取得了巨大的成就！我国核武器研制的历程比世界其他核大国都短，美国用了 1000 多次核试验，我们只用了 45 次核试验就达到了与其他核大国同等的水平。而且我们所用的经费也是最少的！这是中国人创造的奇迹，是党中央毛主席英明决策，是我国从事核武器研制的科学家、科技人员、工人以及后勤保障人员艰苦奋斗的结果，是全国各有关兄弟协作单位大力协同并肩战斗的结果。所有的中国人都感到骄傲和自豪！

谢建源：221 基地既出成果又出人才，造就了一大批核科技骨干。1960 年 3 月中央为了加速原子能工业建设和加强原子弹研制力量，紧急从原子能所抽调王淦昌、彭桓武、朱光亚等几位著名科学家，从中国科学院调来郭永怀、陈能宽，从高校调来程开甲。接着又从全国各地区、各部门选调 105 名高、中级科学研究和工程技术人员，先后调入核武器研究所。1962 年 10 月，中央专委再次批准调张兴钤、方正知和黄国光等 126 名高、中级工程技术人员和科学研究人员，以及高、中级技术工人。另外，由全国各大专院校分配的毕业生和归国留学生有数千人之众，他们汇集到青海 221 基地，展开大会战，研制我国第一颗原子弹、氢弹，取得了辉煌的战果。

当年，不论大科学家还是归国留学生，所有的人都没见过原子弹，更不用说氢弹，对于核武器是门外汉。他们边干边学，从门外汉变成行家里手。在 221 基地艰苦创业的同时，孕育了热爱祖国、无私奉献、自力更生、艰苦奋斗、大力协同、勇于攀登的“两弹”精神。创业者使精神原子弹变为物质原子弹，也成就了自己。221 基地为我国培养造就了一大批核科技骨干，奠定了核事业发展的基石，为我国新的核武器研制基地储备了技术人才和管理人才。20 世纪 60 年代末，几千名核科技人员先后调往四川 902 地区，通过他们不懈的努力，继续为我国核武器小型化和赶上美苏水平的发展做出新的贡献。拿 221 一分厂 102 车间来说，曾被人们戏称为“黄埔军校”，据不完全统计，前后在 102 车间工作过的工程技术人员约 120 人，后来大多都分到新的研制基地。其中出了两名院士，即中科院院士宋家树（原车间副主任）和工程院院士武胜（原 102 车间三大组组长）；出了三任厂长：九〇三厂厂长何文钊（原102车间主任）、二二一厂厂长王菁珩（原102车间团支部书记）、九〇三厂厂长吴东周（102车间安全组技术员），还有被派往联合国国际原子能机构任职的国际公务员。

完成多个第一

谢建源：我国第一颗原子弹在221基地突破并研制完成，使原子弹成为具有实战能力的核航空炸弹和导弹核武器的战斗部，并实现了武器化批量生产，装备部队。1965年5月14日，我国第一颗核航空炸弹空投爆炸核试验，测得爆炸威力为3.5万吨TNT当量，试验产品的代号为“2923”，试验成功后即可供部队服役。从此中国才真正有了可用于实战的原子弹，大大增强了国防力量。但是要成为导弹核武器的战斗部，武器化要解决的技术问题很多，对核装置与引爆控制系统的要求更为苛刻。首先，核弹头对质量、重心和转动惯量都有严格限制和要求，外形尺寸、几何形状要适合弹头壳体的空间（锥形）。其次是导弹的飞行环境条件，必须通过许多试验，如综合静力强度试验、整体振动试验、离心试验、冲击试验、温度试验、运输（或航行）试验，只有通过了这些试验才能保证导弹核武器的有效性。在221基地进行一系列试验取得满意结果后，1966年10月27日我国自行研制的中近程核导弹（“东风二号”）在国土上进行了一次“两弹结合”（原子弹和导弹结合）空中核爆炸试验。这次是我国的第四次核试验，试验产品的代号为“548”，核弹头的总质量为1.29吨。导弹从酒泉西北导弹试验基地发射，核弹头在罗布泊试验场南部弹着区上空爆炸，爆高为596米，试验的射程为894公里，爆炸威力为1.2万吨

TNT 当量。试验的成功标志着中国有了可用于实战的核导弹。“548”产品经定型后，221 基地开始了中近程核导弹的核战斗部的批量生产，并陆续装备部队，大大增强了我国的国防力量。

我国第一颗氢弹的突破并研制成功，是我国核武器技术发展的又一飞跃，为热核弹头的研制和装备部队奠定了基础。氢弹研制经过三次核试验才取得成功。第一次是 1966 年 5 月 9 日进行的含热核材料的原子弹空爆试验，试验产品的代号为“596L”。这次试验取得热核材料在高温、高压条件下热核聚变反应的实测数据，提供了初步的理论数据。第二次是 1966 年 12 月 28 日，在新疆罗布泊核试验场进行的减当量的氢弹原理试验，试验产品代号为“629”。试验目的主要是验证利用裂变装置作为“初级”，来引爆“次级”的氢弹理论设计方案的正确性和结构设计的合理性。试验采用塔爆方式，塔高 102 米，测得爆炸威力为 12.2 万吨 TNT 当量。试验圆满成功，表明我国已掌握了氢弹原理、氢弹研制中的关键科学技术。第三次是 1967 年 6 月 17 日进行的首次氢弹空爆试验，试验产品代号为“639”。试验目的主要是验证氢弹的总威力和裂变、聚变分威力。运载工具为轰-6 甲型飞机，空投带降落伞的核航空炸弹，爆高 2960 米，实测氢弹爆炸威力为 330 万吨 TNT 当量。试验获得圆满成功，是我国核武器技术发展的又一个飞跃，为氢弹弹头的研制和装备部队奠定了基础。

早期的“东风三号”地地中程弹道导弹的核装置研制、定型、批量生产和装备部队。“东风四号”地地中程导弹热核装置由九院研制定型后，在二二一厂进行了批量生产，并顺利交付部队，大大加强了我军的核力量，增强了我国核威慑力。“东风三号”地地中程弹道导弹上的大装药量常规弹头，是我国首次研制成功的常规战斗部。该弹头可根据实战需要与核弹头互换使用。

可以说，我国第一代核武器各个型号的研制工作，大部分是在221基地完成的。我国第一次地下核试验以及一些原理性试验产品是在221基地生产的，我国第一个型号的核武器也是在这里完成了退役处理。221基地为16次国家核试验提供了试验产品，并对几个型号进行了武器化生产并装备部队，提高了军威和国防力量，为国防事业做出了杰出贡献，功不可没。

平反恢复建制

王菁珩：中央于1972年9月12日—1973年3月10日在北京召开了九院“批林整风会议”，清算“二赵”的罪行。1973年11月14日—1974年2月14日又在北京召开了“九院党委扩大会”，形成了《北京会议纪要》。1974年2月20日中央派出以梁步庭为组长，赵振清、刘书林为副组长的中央联络组进二二一厂。联络组顶住了“四人帮”的压力，切断了厂内与外界的“文化大革命”联系，走家串户，“拆墙、填沟、解疙瘩”，让群众组织头头上台讲认识、进行自我批评，为职工队伍团结奠定了基础。联络组对“二赵”制造的冤假错案一一复查，两个多月就为受迫害的职工落实了政策。

接着下面的工作就要腾出领导和工作岗位。运动中调入的2700多名部队转业军人和221名军队干部，一时想不通，派了几十名代表到厂招待所，找联络组主要领导讨说法。领导耐心进行劝导并指出，你们同样是“二赵”的受害者，你们的工作会得到妥善安置的。当时调动需要劳动指标，联络组梁步庭组长亲自找劳动部领导解决调动指标。除少数军代表和转业军工留厂外，其余军代表回原单位。厂里组织了 17 个工作组，帮助转业军人联系落实调动，2700 多人很快得到安置。腾出岗位以后，大批“靠边站”的干部、技术人员恢复了职务，工人回到原来的工作岗位。

很快二二一厂恢复了工厂的建制，贯彻国防科委二次会议精神，解决批量生产中的问题。其后通过了产品定型，开始批量生产交付部队。1975 年核武器批量生产任务圆满完成，中央特发来贺电。二二一厂终于从“文革”“二赵”运动走向安定团结，实现了由科研体制向批量生产的历史性转变。1975 年 11 月 8 日中央联络组在近万人欢送声中返回北京。

“文革”结束以后，二二一厂承担起早期核武器和地面设备的批量生产、工艺研究、贮存性能研究、产品复检和部件返修更换等任务。国防科委和总参先后批准二二一厂对某型号核弹头进行退役处理。二二一厂对核装置和引爆系统的分解、检测、试验，取得了 20 多项科研成果，为今后核武器贮存提供了可靠依据。

机构调整

谢建源：221 基地归属国防科委差不多有六年时间，到了 1974 年 1 月（实际上 1973 年 6 月已经有文件），国防科委把整个九院还给二机部。1974 年元月份，二机部正式下发文件，决定九院、二二一厂、九〇三厂分别独立建制，各有分工。九院负责今后核武器的研制生产，九〇三厂搞核材料的研究和核部件生产，二二一厂为核武器批量生产厂。三家各自独立，不是隶属关系。后来九院认为核材料研究、核部件的生产是九院的“六神之主”，要求九局将九〇三厂合并到九院。九局做通九〇三厂工作，九〇三厂同意合并到九院，成为九院一个所。

1974 年，二机部成立了新的九局。而原先的九局是九院在二机部机关的代称，即九局就是九院。现在九院归九局管，九局是二机部专设机构，负责管理九院、二二一厂、九〇三厂这三个单位，早期只管技术专业上的事，到了后来就变成名副其实的管理局，人、财、物都管了。

体制变化以后，国营二二一厂的任务是核武器的批量生产。总厂下面成立了四个分厂，一分厂在原来的一厂区，二分厂在原来的二厂区，三分厂在原来的十厂区，四分厂仍是电厂等后勤保障部门。二二一厂进行核武器批量生产以后，关于产品设计，有一些工艺要改动，还有一些环境试验要做，这个时候又成立了总体室，后来改叫研究所，加上厂办等行政部门，形成一个完整的工厂管理体系。

1978 年 8 月 31 日二机部领导来二二一厂 229 工号视察，在工号西墙外合影（前排左起：□□□、程惠纯、刘树林、刘伟、白东齐、梁祥善、□□□、□□□、赵东辉；后排左起：刘振东、张希武、□□□、□□□、费桂廉、赵培森、□□□）

"苏老总"

王菁珩：我专门提提二二一厂总工程师苏耀光。苏耀光是一位老军工，抗日战争后期，大学没毕业就从事军工生产，有着丰富的理论和实践经验。他政治思想敏锐，原则性很强，对待工作严肃认真，对技术一丝不苟。1960年他调入二机部北京九所任二室副主任。1963年上青海草原以后，他先后担任实验部副主任、总厂技术管理处处长等职务。1974年院、厂分家以后，他留在二二一厂担任总工程师，首先抓人才队伍，从迁往四川的九院调入叶钧道等几十名技术人员，充实厂总体室（研究所）、一分厂、质量检查处。他是一位精力充沛、勇于创新的老专家，分析讨论起技术问题常常有独到的见解，在厂技术人员中有很高的威望。他平时言语不多，外表看起来很严肃，其实为人很随和，大家习惯称他"苏老总"。

1982年我作为主管科研生产和技术改造的副厂长，配合苏耀光总工程师抓核武器的储存研究和工艺技术改造。他主持"东风×号"的储存试验，亲自带领工作队进行公路、铁路运输和阵地的储存试验，取得了丰富的科研成果。他重视技术改造，引进新材料、新工艺、新设备。如进口温等静压设备，研制五坐标加工中心机床、铀产品数控加工车床，引进真空电子束焊接工艺、爆炸成型工艺，进行热核材料产品涂层新材料研究和热核材料产品烧结设备的压力、温度自动控制的改造等，进一步满足了核武器批量生产的质量保证和高效生产需求。他主持全厂质量管理，把专家、技术人员、工人三结合解决技术的机制，转换成以工人为主体、技术人员参加的关键技术难点的攻关"QC小组"，大大提高了工人技术创新的积极性，每年厂里都涌现出许多技术革新能手，以适应批量生产的需要。他卓有远见，为发挥厂的技术综合优势，组织技术人员，跟踪常规武器弹头信息和调研，结合退役进行常规武器弹头的起爆测试前瞻性研究，为“国家××”工程任务打下扎实基础。二二一厂在撤厂的过程中，圆满完成了中近程弹道导弹常规弹头的研制、试验、定型、生产、出口，为国防建设做出了新贡献。

刁有珠：1975 年 6 月，由二二一厂总工程师苏耀光带队组成代号“756”工作队，在某基地进行了长达半年时间的核武器储存试验。当时我是厂保卫部部长，主要负责科研生产的保卫。这一次试验领导小组由苏耀光担任组长，我和总体室主任黄祖荫担任副组长。下面计划组有朱常权，试验组有刘淑鹤、孙盛捷、蒋海贵，技术安全组有王□唐等，装配组有黄克骥、张克林、庄明淮。苏耀光负责全面领导，我负责政治思想工作和保卫工作，外号“胖子”的黄祖荫负责技术工作，我们一起出差了整整半年时间。在进行武器储存试验时，一次产品总装中间发现一个部件的光洁度差了两道，苏耀光一定坚持要修到合

20 世纪 80 年代二二一厂新型材料研制加工车间

格标准才能进行总装。

我们长年生活在高原地区，已经习惯了蓝天白云的天气。但这里大山沟的天气变化实在太大了，甚至一天几变，让人难以防备。开始还阳光明媚，瞬间就电闪雷鸣，下起大雨来，一会儿又雨过天晴，又不知何时雷雨交加，甚至下起雹子来。那雹子还真有点吓人，大一点的打得你头破血流。有一天晚上，我们按计划将产品从总装坑道向另一坑道做运输试验，出发的时候天上布满星星，当从总装坑道出来，还没上公路就下起瓢泼大雨，天又黑，雨又大，山区道路路面又窄又滑，十分难走。苏耀光在前车带队，我在后车压阵，真让人揪着一颗心。本来运输速度有限制，每小时不得超20公里，因为雨太大了，视线极差，想快也快不起来。我在“后卫”车上焦急地跑前跑后，还好，总算没有出事。

这次储存试验取得了重要成果，获得国家科学技术进步二等奖。这是我第一次与苏耀光共事，以后又和他多次参加国家核试验，作业队都是以他为首，我做助手，两人相处配合得很好。

一次在某导弹基地进行弹弹结合试验中，因为导弹部分出现问题，导弹设计院在联合试验队党委会上提出，让我们厂撤掉引控系统试验的搭车。苏耀光转头对我说：“这是原则问题，不能让步。”他在会上坚持说：“这是国家批准的试验，不能撤，我们试验产品没有问题，而且在靶场一切测试准备就绪，要撤也得报国防科工委批准。”最后试验队党委决定按原计划进行，结果试验取得圆满成功。苏耀光当时给我的印象是：思维敏捷，处理问题果断。

他这个人平日爱下象棋，在厂里算是高手之一，工作之余爱“杀一盘”，就是有时喜欢“赖棋”。不过有的人就爱与他下那种“赖棋”玩，大家都图个乐呗。

光荣退役

王菁珩：20 世纪 80 年代，中央正确分析了国际形势，认为 15 年内世界大战打不起来，应该充分利用这个机遇，调整战略武器发展方针，缩短战线，多研制，少生产。作为我国第一个核武器研制、试验、生产基地，二二一厂在完成了第一代核武器研制生产历史使命后，撤点销号。

1987 年 3 月，二炮技术部栗副部长受国防部部长张爱萍的委托，来到二二一厂考察。厂里请他带给中央军委主席邓小平一封信。没过多久，栗副部长转告我们，小平同志认真看了我们带去的资料和信，沉思了一会儿后表示，可惜是可惜，15 年打不起来仗，就是要压缩，也只能这样办。听到小平同志发了话，我们便一心一意按照中央部署搞好撤点销号工作。

1987 年 8 月，核工业部蒋心雄部长、李定凡副部长、刘书林顾问，国家计委、国家经委、国防科工委部门领导来二二一厂宣讲 40 号文件。蒋部长在处级以上干部会上说：“由于世界和平和战争观点的重大转变，我国国防建设指导方针，从临战时期的国防建设转变为和平时期的国防建设。……随着国防建设战略方针的转移，我国核武器研制、生产任务布局也要进行调整。撤销二二一厂是中央经过调查研究，长期酝酿，反复论证，慎重做出的正确选择。”蒋心雄部长还着重指出：“要坚持边生产，边调整，逐步收缩转移的方针，为调整好做贡献。”

二二一厂撤点销号是特事特办的国家行为，是一项社会化的系统工程。撤厂的工作经历了思想上和组织上的准备、方案与政策的制定、方案

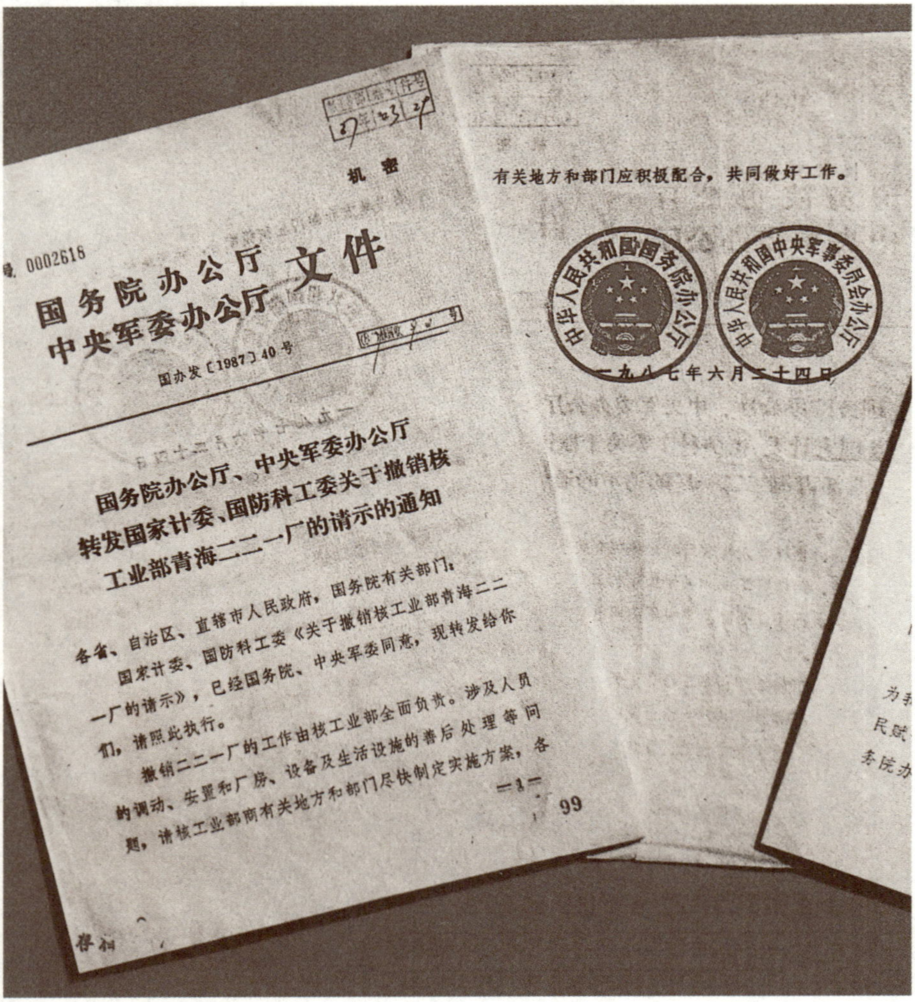

《国务院办公厅、中央军委办公厅转发国家计委、国防科工委关于撤销核工业部青海二二一厂的请示的通知》（1987 年 6 月）

的实施三个阶段。中核总公司成立了以李定凡副总经理为组长、刘书林为顾问的调整协调小组。厂、矿成立了科研生产和撤厂工作两条线的领导班子，设立调整工作办公室，下设职工安置、核设施退役处理、基地移交三个领导小组；组建了包括驻厂武警四支队在内的治安联防指挥部；制订了撤厂期间的思想政治工作大纲，人、财、物管理规定，经济责任制考评和包、保、核考核办法。

撤厂工作一开始经历了“从哪里来到哪里去”的大分散模式、扛着旗帜下山建点的“大集中，小分散”安置、成建制地整体移交等几种方案，最后形成带嫁妆“相对集中，合理分散”的安置模式。经对10个省市20多个城市的考察，确定职工集中在廊坊市（联营兴建企业）、淄博市、合肥市、西宁市经济效益较好的企业安置。

1990年7月，本着职工自愿报名、工作需要、厂方推荐、与地方协商原则，确定职工安置去向。在中央批准12个部（委）总公司上报的“两个安置办法”① 后，分散安置在全国27个省市（直辖市）532个县市展开，近万名创业者和后来人奔赴祖国各地新的岗位或退休人员安置点，并在核工业部内设立了离退休人员管理局，按事业单位管理。至此二二一厂撤点销号的任务圆满完成。从1974年到1987年，国营二二一厂在青海草原坚持生产了13年。国营二二一厂正式退役以后，职工将“两弹一星”精神带到祖国各地。创业者的历史功勋，写在共和国的史册上，也印在了辽阔的金银滩草原上。

谢建源：20世纪80年代，国家决定调整战略核武器发展方针，决定二二一厂完成历史使命后撤厂销号，厂房、生活设施等移交青海省安排利用。本着对子孙后代负责的精神，核工业总公司对二二一厂的核设施进行退役处理，采用国际公认的无害化处理后，达到不加任何限制的永久性开

① “两个安置办法”指《关于妥善安置国营二二一厂在职工若干问题的规定》和《关于妥善安置国营二二一厂离退休人员若干问题的规定》

放的三级退役标准，按国际上制定的最严格的土壤中铀残留极限值和贫铀表面污染控制暂行管理限值执行。经过五年时间的努力，圆满完成了三级退役要求。

1993 年 6 月退役处理通过了国家验收。基地整个工程质量优良，可交青海省安排利用。1994 年 6 月 15 日中国核工业总公司国营二二一厂与青海省海北藏族自治州正式签订移交协议，二二一厂完成了职工和退休人员的妥善安置、核设施退役处理、基地移交利用三大任务，还金银滩草原一片净土，221 基地成为世界上第一个化剑为犁的核武器研制基地。

1995 年 5 月 15 日新华社受权向全世界宣布："我国第一个核武器研制基地已全面退役。"221 基地曾为我国研制第一颗原子弹和氢弹做出历史性贡献。退役后，基地环境的整治，符合国家有关环保法规的要求，并通过国家验收。目前基地原址已移交地方政府安排利用，撤厂后图纸技术资料移交九院，以便他们完成后续任务。

王菁珩：首先说明，二二一厂运行了 30 多年，厂安全防护处定期对牲畜、大气、河水和土壤取样分析，没有对环境造成任何不利影响。工厂直接从事放射性工作人员无一人得放射性职业病，也无一人因接受超放射性剂量而死亡。"藏民进入厂区神秘死亡"，"绵羊出现畸形羊羔"，纯属无中生有的造谣。每年冬天，厂办牧场都会宰杀牛羊，分给职工食用，足以证明牛羊是健康的。

即便如此，二二一厂的核设施退役处理，仍采用国际公认的无害化处理，要求达到不加任何限制的永久性开放的"三级退役标准"。核工业部中国辐射防护研究院进行源项调查、方案拟定等工作，根据国际标准制定了最严格的土壤中铀残留极限值和贫铀表面污染控制暂时管理限值。二二一厂负责组织实施，二七九厂、核工业部中国辐射研究院等单位分片包干

1987年以后二二一厂退役，金银滩草原又归于一片宁静祥和的牧歌生活

施工，核工业部中辐院、中国兵器工业总公司204所、青海省环保局环境监测站负责监测。

对于高放废物、超过填埋坑掩埋标准的贫化铀、镭-226等污染物，装桶水泥固化后运往废物处理场。可燃性污染物，在焚烧炉内焚烧，灰烬残留物按限值进行填埋或装桶水泥固化处理。填埋坑经过两次勘探、比较，经国家环保总局批准，选定在六厂区656爆轰试验场以西400米处。坑内填埋放射性工号铲下的墙皮、各种爆轰试验场表层的土壤、使用手套和工作服等低放射性废物。填埋坑上铺有植被，立有竣工纪念碑，实行严格的监督管理。

二二一厂核设施退役处理工程历时5年，投入资金3000万元。1993年6月通过了国家验收。时任国务院副总理邹家华对当时的青海省省长田成平说：“世界核基地退役工作，做得最好的就是二二一厂。”

永远的丰碑

王菁珩： 二二一厂服役30多年后，1987年撤厂销号，完成了它的历史使命。因为要涉及一些无核化处理及人员的安置，所以又花了七年时间进行退役处理，1994年基地正式移交地方。

1987年，《国务院办公厅、中央军委办公厅转发国家计委、国防科工委

1989年8月二二一厂最后一届领导班子合影（前排左起：曹登实、陈家圣、张秀恒、王菁珩、高桐淮、吕义晋；后排左起：孙铁柱、叶定松、任春泽、蔡金生、侯廷馏）

关于撤销核工业部青海二二一厂的请示的通知》（国办发〔1987〕40号）下发后，职工强烈要求兴建纪念碑，发放纪念册，以怀念221基地艰苦卓绝奋斗的岁月，纪念为原子弹、氢弹突破而献身的光辉历程。职工们激动地说："哪怕是自己出钱，也要办，一定要办好。"厂、矿领导组织班子进行筹划，用厂的自有资金，待撤厂工作取得突破进展后，正式启动该工作。

1992年7月，厂、矿召开办公会议，会议前厂、矿领导前往办公楼东边空旷地方选址，经过比较，碑址选定在总厂办公楼马路交会处的东南角开阔地带。会议研究决定，纪念碑交由总厂工会副主席、一级美术师李纯荣进行设计，要求纪念碑以原子弹、氢弹突破为起点，到化剑为犁，基地和平利用为历史脉络，展现二二一厂人为祖国和人民所建立的历史功勋。李纯荣设计出草图和效果图后，找到青海民族工艺美术研究所一级工艺美术师陈新元，对纪念碑效果图进行完善，并做出缩小比例的石膏模型。最后，经李纯荣、陈新元与厂房屋修建处副处长林立柯高级工程师讨论后，确定方案为：纪念碑主体为四面锥体造型，线条简洁，雄伟壮观；碑的顶端是一个闪亮的不锈钢原子弹模型，象征着我国第一颗原子弹在这里研制；碑体顶部四面是四只展翅翱翔的和平鸽，以向世人宣告，热爱和平的中国人民，发展核武器的宗旨在于防御；碑的下部四面各有9个盾牌，寓意着厂36年的光辉历程；正面（东面）是碑体的名字；背面（西面）是用仿宋字体镌刻的527字的碑文，记载着二二一厂人为国防现代化艰苦创业、无私奉献、团结拼搏、勇攀高峰的时代精神和不朽业绩；南、北两面分别由18块花岗岩组成，分别镌刻着原子弹和氢弹爆炸蘑菇云的浮雕。纪念碑坐落在3.8米的花岗岩平台上，四周是大理石方形石柱，南、北、西三面以铁链相连，东面留有上下的九步台阶。碑高原设计为10.16米，象征1964年10月16日15时，我国成功爆炸第一颗原子弹的时刻。在做

1993 年 4 月 25 日二二一厂纪念碑落成典礼

模型时，大家感到在空旷的地区，纪念碑显得低了。随即，纪念碑的高度调整为 16.15 米。

1992 年 9 月 1 日，二二一厂举行了隆重的纪念碑奠基仪式。青海民族工艺美术研究所在陈新元的带领下，组织了两个施工队（一个青海施工队，一个以雕刻为主的福建惠安施工队）。他们以高度的政治热情，高标准、高质量地完成了纪念碑的施工任务。为了保证纪念碑 50 年不变形，石材不风化，施工队到福建泉州市有雕刻、建筑美誉之乡的惠安县选用花岗岩材料，用火车拉来两车皮 100 多吨的石材，并请来 40 多名雕刻工匠，进行雕刻施工。青海施工队 40 多人在进行纪念碑主体浇灌时，正值隆冬。他们吃住在工地，采取有效保温措施，抢战主体浇灌，确保施工质量。浇筑基座和碑体，基础挖了 5 米。12 个行书大字的碑名，为张爱萍将军题词，采用了经久耐用的贴金箔技术。

当时二二一厂计量室主任张志芳正在二炮工厂处工作，他敬请时任中央军委副秘书长、国防部部长张爱萍将军题写碑名，矿区调整办公室黄传贵负责起草撰写碑文。很快，张爱萍将军题写的“中国第一个核武器研制基地”12 个行书大字就寄来了。

1993 年 4 月 25 日，“中国第一个核武器研制基地”纪念碑落成典礼仪式隆重举行，二二一厂核设施退役处理验收会议的代表，驻厂部队，厂、矿职工，离退休人员和家属代表共 1000 多人参加。“中国第一个核武器研制基地”12 个镏金大字，在阳光照耀下闪烁着金色的光辉。精神饱满的四名持枪警卫战士庄严地守卫在纪念碑两旁。国务院办公厅秘书局、国家计委、国家环保局、中核总主管局部门领导，在喧天锣鼓和响彻云霄的鞭炮声中为纪念碑落成剪彩。厂长在会上激情地说：“1964 年 10 月 16 日，

参加二二一厂纪念碑落成典礼的部分人员留影（前排左起：刘玉春、陈正秋、谢建源、许雪梅；后排左起：张起龙、尤德良、陈常宜、吴克福、聂商）

中国第一个核武器研制基地纪念碑坐落在青海海晏二二一厂原址，右为纪念碑背面（摄于 1993 年）

我国爆炸成功的第一颗原子弹在这里研制出厂；1966 年 10 月 27 日，我国首次‘两弹结合’试验的原子弹在这里研制出厂；1967 年 6 月 17 日，我国爆炸成功的第一颗氢弹在这里研制出厂；我国第一代核武器主要在这里研制，并实现武器化批量生产，装备部队；我国第一个型号核武器在这里退役处理，为新的核武器研制基地输送了科技和管理人才，这里是‘两弹一星’精神孕育、形成之地。在厂撤点销号三大任务即将完成的前夕，雄伟壮观的纪念碑落成，她将向世界展示，核工业几代人，为中国核武器发展建立了历史功勋的二二一厂，在完成她的光荣使命后将落下庄严的帷幕，画上圆满的句号，还草原一片净土蓝天。”

如今，纪念碑已成为我国第一个核武器研制基地的地标建筑。

“中国第一个核武器研制基地”纪念碑碑文

中国第一颗原子弹在这里诞生，中国第一颗氢弹在这里研制成功。一九六四年十月十六日，中国首次核试验爆炸成功，它向全世界宣告：站起来的中华民族终于有了自己的原子弹，为打破核垄断，维护世界和平做出了历史性的重大贡献。

一九五八年，在以毛泽东主席和周恩来总理为首的老一辈无产阶级革命家的决策和领导下，独立自主，自力更生，创建我国第一个核武器研制、试验和生产基地——二二一厂。三十多年来，广大科技工作者、工人、干部、牧工、家属和人民解放军、警卫部队指战员，在党中央、国务院、中央军委、中央专委的统帅和指挥下，在全国和青海各族人民的大力协同下，在这块一千一百七十平方公里的神秘禁区内，艰苦创业，无私奉献，团结拼搏，勇攀高峰，攻克了原子弹、氢弹的尖端科学技术难关，成功地进行了十六次核试验，实现了武器化过程，生产出多种型号战略核武器装备部队，壮了国威、壮了军威。这一壮丽事业是几代人连续奋斗的结晶，多少人为之贡献了青春年华，有的献出了宝贵生命，党和人民不会忘记，共和国不会忘记。

雄关漫道真如铁，而今迈步从头越。遵照党中央、国务院的战略决策，二二一厂已经完成了它的历史使命，万名职工和他们的家属，带着核事业的优良传统和草原人的创业精神，告别核基地，奔赴新岗位为我国社会主义建设，谱写更新更美的篇章。

为中国核武器建立了历史功勋的人们，功载千秋！

一九九二年九月一日

中国核工业总公司二二一厂建立

纪念碑背面撰写的碑文共计 527 个字

紧挨着纪念碑不远处，后来补建了一座铁铸的碑，高达 5 米，上面刻满了 6000 多名曾经在 221 基地工作过的科学家、干部、工人的名字。这些名字在高原的烈日下灼灼发亮。尽管姓名墙已经锈迹斑斑，个别名字模糊不清，但是许多人仍驻足在那里，寻找自己或父辈等亲人的名字。

霍广盛：1992 年 4 月 1 日，我在四川九院招待所与老部长刘杰不期而遇，他立刻挽着我的手，在他下榻处叙谈了两个多小时。故人相见，家长里短，聊得十分亲切，其情无以言表。刘杰和钱三强从 1955 年开始就主持中国的原子能事业，研制“两弹”，功不可没。我跟随他数年，跑过不少地方，相识有年，感情颇深。

核武器由弹头和洲际导弹组成，弹头又由核材料和武器构件组成。它的战略威慑力量，事关国家安全。它的布局、建设无时无刻不是国家领导人操心的大事。中央的决策就是我们行动的指南，我们这些人都是做具体工作的，没有领导看得那么全面。就拿我参加的221基地选址工作来说吧，当年苏联专家提出建设“342”成品装配厂，在独立自主、自力更生建设我国第二代核武器基地之前，根据当时的国力是来不及付诸实施的。苏方的建议有它的道理，鸡蛋总不能都放在一个篮子里。在总结221基地建设经验的基础上，中央对新基地布局就考虑得更周全了。据曾参与领导过三个基地建设的李英杰回忆，早在1964年3月，二机部就在北京成立了“342”工程筹建处，由王志刚任党委书记，袁冠卿为主任，同样执行选址要靠山、分散、隐蔽的方针。1964年9月又做出了调整221基地规模，加快新基地建设的决定。等到第一颗原子弹爆炸成功以后，1964年12月，新基地工程设计任务书起草完毕，1965年4月经二机部审查后，上报中央专委。1965年5月，中央批示同意执行，此时九局局长李觉调任二机部副部长。1965年8月，宣

2009年5月221基地旧址竖起一座职工名单纪念墙，高5米、宽3米，由25块铁板焊接而成。纪念墙上方刻着“谨此向金银滩原子城的铸就者致敬”，下方刻着“历史将永远铭记所有把热血和青春奉献给这片土地的人们”，上面刻有曾在221基地工作过的6646人名单

布成立新基地工委和指挥部，由刁筠寿担任书记和指挥长，袁冠卿为副书记，李英杰、徐庆宝等7人为副指挥长。新基地的建设经历了和221基地颇为相似的艰苦历程，其间也经过一段特殊的困难时期，建设了差不多6年时间，到1972年左右新基地才初步建成。我和刘杰老部长一起回忆起这些往事，越聊越兴奋，有说不完的话，分手时仍言犹未尽。

刘杰部长工作严谨，指挥若定，认真负责，待人诚恳，这次见到他时，他已是77岁高龄的老人，还能来九院指导工作。临别时，刘杰还留下北京的地址、电话给我这个老兵，让我很感动，遂写成七律一首："年年春草随意绿，岁岁两鬓白发新。涪江如斯东逝水，故人有缘重相会。追忆卅八年前事，原子创业第一人。国威空前震寰宇，头等功勋应属君。"

昔日核武基地，今日旅游胜地（摄于2013年）

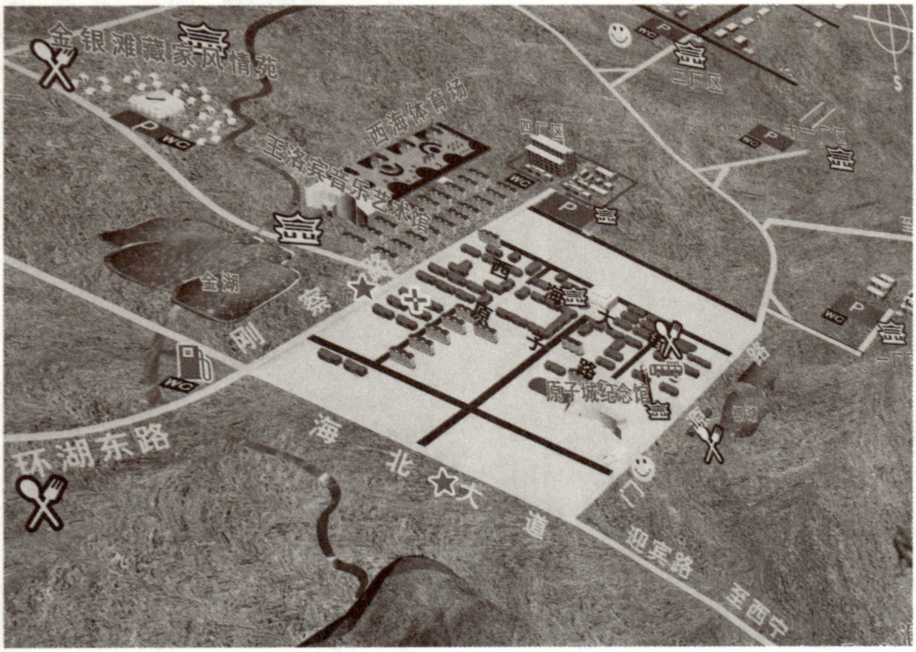

王菁珩：1994 年二二一厂退役后，基地移交给了海北藏族自治州。不久，海北州政府由门源县整体迁移到海晏县西海镇，该镇是青海省唯一的国家级卫生城镇。2011 年 5 月 25 日，退役后的二二一厂原址，被国务院批准为全国第五批重点文物保护单位；以后又被命名为国家爱国主义教育示范基地，并建起一座原子城纪念馆。原基地地下指挥中心、六厂区 656 爆轰试验场、核设施退役处理的“填埋坑”都在原址保存下来，供人参观。

霍广盛：20 世纪 60 年代末，核武器研制队伍大部分从青海转移到四川。80 年代加快武器化和小型化研制进程并装备部队，使核武器真正成为国防基石、大国重器。我们不能忘记李觉、吴际霖、赵敬璞等第一代领导组织者，不能忘记王淦昌、彭桓武、郭永怀、朱光亚、邓稼先、周光召、于敏、程开甲、陈能宽等老一辈科学家。缅怀先辈，激励后人，做民族脊梁。

王菁珩：伟大的事业产生伟大的精神。在研制中国核武器的艰难跋涉中，铸就了基地人事业高于一切、责任重于一切的价值观和“献青春、献终身、献子孙”的信念，以及执着、奉献、创新、团结、真诚的人格。

他们用青春、用热血、用智慧、用双手磨炼出的“两弹一星”精神，在践行社会主义核心价值观、实现伟大中国梦中继续传承、发扬光大。

重印补记

本书多处口述文字中，在1964—1965年时段，出现第九研究设计院和221研究设计分院两个几乎相同的机构，其名有时令人费解。经请教有关人员始知，前者统领三地，即局、所、基地全局，主管大会战党政、科研生产，后者只管基地社会行政事务、后勤，延续建设阶段，对口青海省相应系统。1964年第一颗原子弹爆响后不久，1965年2月221研究设计分院遂销号，其职能并入九院，而其主要人马，径往四川，筹建新基地。

本书出版后收到若干口述者、读者的修改意见，为求尽量还原历史的真实，编者作了若干文字上的修改和补充，以补救于万一，谨此说明。

侯曹 2018年6月

附　录

受访人简介

221基地大事记

221基地（厂）历任主要领导名单

1964年7月至1967年8月第一生产部102车间职工名单

第二生产部机关干部、工人名单（1970年2月统计）

上海地区历次调往221基地各类人员汇总

增补纪念墙未镌刻的部分名单

主要参考书目

人名索引

受访人简介①

刁有珠（1929—），辽宁省大连旅顺人。1948 年参加工作，1949 年加入中国共产党。1950 年任大连机械厂保卫科长兼支部书记，1960 年任大连工矿车辆厂副厂长。1964 年任大连市公安局二处、六处副处长兼总支书记。1964 年 5 月调二机部 221 基地任保卫处副处长。1965 年 8 月任 221 厂保卫部副部长、部长、公安局局长兼党委书记。1979 年 6 月任青海省矿区办事处副主任、二二一厂副厂长，1983 年 8 月任二二一厂党委书记。1985 年 7 月离休。

访谈时间：2016 年 12 月 5 日

访谈地点：北京海淀区花园路塔院宿舍

于刚德（1918—2007），山东栖霞人。1942 年参加革命，曾任县武工队队长、县大队长。1950 年在全国总工会疗养部、交通部工作，1953 年任全国总工会驻西藏办事处专员。1958 年调入二机部九局，1959 年上青海省海晏县筹备 221 厂，担任厂医院书记、交运处书记、总厂工会主席。1965 年到四川筹建 902 地区，先后任九院五所副所长、九院工学院副院长。1983 年离休，2007 年去世。

访谈时间：2005 年 5 月

访谈地点：北京海淀区清华东路寓所

① 受访人简介按姓氏笔画排序。

王士俊（1937—），陕西周至县人。1957 年考入兰州大学数学力学系，1962 年毕业后分到二机部北京九所二室。1962 年 12 月到青海 221 基地实验部，从事爆轰试验。1969 年“文化大革命”期间，被打成“现行反革命”。1973 年平反后在九院一所从事科研工作，副研究员。1997 年退休。

访谈时间：2016 年 2 月 12 日

访谈地点：四川绵阳科学城六区公寓

王之康（1935—），江苏苏州人，1953 年考入清华大学机械系，1958 年毕业留校，同年调入二机部北京九所，在二室、六室工作。1962 年到青海 221 基地，先后在生产准备处、器材处工作。1963 年到九院北京供应办公室。1967 年到四川 902 地区，先后在九院五所、六所做科研工作，研究员。1997 年退休。

访谈时间：2016 年 8 月 10 日

访谈地点：四川绵阳科学城葡萄园公寓

王成文（1934—），吉林长春人。1948 年推荐入东北银行专科学校，1954 年毕业分配到沈阳中国人民银行分行。1963 年调入青海 221 基地财务处工作。1964 年任材料核算科科长。1965 年任设计部财务科科长。1970 年到河南上蔡“五七”干校劳动。1972 年到四川 902 地区，先后任九院五所财务科长、副所长，九院计财部总会计师，高级会计师。1996 年退休。

访谈时间：2016 年 8 月 17 日

访谈地点：四川绵阳科学城九区公寓

王绍丰（1933—），黑龙江哈尔滨人。1950 年考入哈尔滨外语专门学校（现黑龙江大学外语学院）。1953 年毕业后分到国家计委专家办公室任俄语翻译。1958 年调二机部九局翻译组。同年陪同苏联专家到青海选 221 基地厂址。1960 年调入北京九所六室综合组任组长。1969 年 12 月到四川 902 地区，先后在九院情报处、科技信息中心工作。译审。1994 年退休。

访谈时间：2016 年 9 月 15 日

访谈地点：北京海淀区清华东路寓所

王菁珩（1937—），湖南常德津市人。1960 年北京航空学院（现北京航空航天大学）毕业，分配到二机部北京九所。1961 年 1 月到青海 221 基地，先后任机械二厂 512 车间技术员，第一生产部 102 车间技术员、车间副主任、主任，一分厂副厂长，二二一厂副厂长、厂长。1993 年 5 月任中国核工业总公司计划与经营开发局副局长兼 261 厂厂长。研究员级高级工程师。1999 年退休。

访谈时间：2016 年 12 月 8 日

访谈地点：北京西城区三里河公寓

任益民（1931—），陕西三原人。1953 年西北大学毕业。1960 年 4 月从地质部物探局青海物探大队调入二机部北京九所，担任二室五组组长。1963 年 3 月到青海 221 基地实验部任二室副主任、第一办公室主任。1970 年到河南上蔡“五七”干校劳动。1972 年到四川 902 地区，担任九院一所副所长。组织领导过多次核试验。1980 年以后担任九院副院长、常务副院长、九院党委书记。研究员。2003 年退休。

访谈时间：2016 年 8 月 11 日

访谈地点：四川绵阳科学城寓所

刘敏（1935—），北京人。1960 年北京航空学院空气动力学专业（现北京航空航天大学）毕业，分配到二机部北京九所，先后在二室、六室工作。1965 年到青海 221 研究设计分院设计部六室工作。1970 年到四川 902 地区，九院总体部任室主任，研究员。1997 年退休。

访谈时间：2016 年 8 月 22 日

访谈地点：北京海淀区万柳公寓

刘乃民（1933—），河北景县人，出生在齐齐哈尔市。1948 年 4 月参加革命，在铁路局材料处工作。1953 年调入北京铁路总工会，1957 年调入三机部。1958 年 7 月到二机部北京九所干部科，1959 年任干部科科长，长期从事审干、调干工作。1963 年到青海 221 基地，1965 年到四川 902 地区，任九院干部处处长。1987 年离休。

访谈时间：2016 年 12 月 11 日

访谈地点：四川绵阳科学城

刘云生（1937—），山东莱州人。1958 年考入山东艺术专科学校美术系。1963 年 8 月毕业分到青海省人事局后转到 221 基地工会，从事文体、宣传工作。1968 年 9 月到四川 902 地区工作，曾任俱乐部主任。20 世纪 70 年代曾参加氢弹试验。国家一级美术师，1996 年退休。

访谈时间：2016 年 8 月 12 日

访谈地点：四川绵阳科学城六区公寓

刘文翰（1934—），北京人。1960年从北京大学数学力学系毕业后分配到二机部北京九所，担任二室四组技术员。1963年到青海221基地实验部二室任技术员。1970年“文化大革命”期间，被打成现行反革命，关入四川大足监狱。1972年平反后在九院一所继续从事科研工作，研究员。1995年退休。

访谈时间：2015年12月24日

访谈地点：北京海淀区清华东路寓所

刘振东（1930—），辽宁沈阳人。1949年参军，1954年从北京工业学院（现北京理工大学）肄业后到沈阳724厂18车间工作，任工程师。1960年2月调入二机部北京九所，担任二室二组组长。1962年到青海221基地第二生产部任车间主任、分厂整顿办公室主任。高级工程师。1988年离休。

访谈时间：2016年9月18日

访谈地点：北京海淀区花园路塔院宿舍

孙维昌（1931—），辽宁新民人。1948年参加工作，先后担任724厂火工品车间技术副主任、炮弹装药装配车间主任。1958年任724厂第一作业区（分厂）第一副主任。1960年调入二机部北京九所任二室副主任，领导十七号工地爆轰试验。1962年到青海221基地任第二生产部副主任。1969年到四川902地区，任九院三所所长、书记。1978年任九院党委副书记、常务副书记。1992年离休。

访谈时间：2016年1月13日

访谈地点：北京海淀区花园路塔院寓所

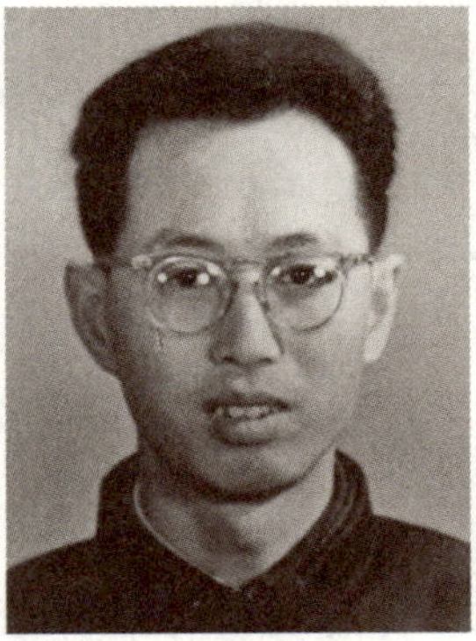

李诗清（1935—2014），湖北黄陂人。1955年7月武汉邮电学校毕业，分配到北京邮电部工程处工作。1959年3月调入二机部九局。同年到青海西宁参加筹建221基地，是早期进入基地的通信技术人员，历任通讯股长，科长。1965年到四川902地区，历任科长、处长，1995年退休。2014年去世。

访谈时间：2013年4月

访谈地点：四川绵阳科学城寓所

李根昌（1936—），河北衡水武邑县人。1955年考入太原铁路运输经济学校。1958年毕业分到太原铁路局。1958年12月调入二机部九局计划处。1959年4月到青海筹建221基地，在劳动工资处工作。1970年12月到河南上蔡“五七”干校劳动。1972年到四川902地区，在筹建第三矿区办事处、科学城办事处工作，任办事处副主任。经济师，1996年退休。

访谈时间：2016年3月2日

访谈地点：四川绵阳科学城九区公寓

吴安清（1929—），四川万县人。1950年参军，考入沈阳航校学习仪器仪表，1955年入党提干。1959年初调入二机部北京九所二室，从事仪表维修、管理工作。1961年到青海221基地筹建六厂区工号，实验部技术员。1967年到四川902地区，先后任九院一所科长、工程师。1989年退休。

访谈时间：2016年12月7日

访谈地点：四川绵阳科学城

沈祯祥（1936—），河南太康人。1956 年考入西北大学经济系工业会计专业，1960 年毕业后分到青海 221 基地，先后在基建财务处、第一生产部、九院财务领导小组工作。1969 年到陕西眉县、河南上蔡“五七”干校劳动。1972 年调四川九院财务处，曾任财务处副科长、九所财务科科长、九院调研室副主任、九院改革办主任。高级会计师。1996 年退休。

访谈时间：2016 年 8 月 15 日

访谈地点：四川绵阳科学城七区公寓

张珍（1929—2017），山东泰山人。1945 年参加革命，1958 年从北京工业学院（现北京理工大学）毕业，同年分配到二机部北京九所学术秘书室任学术秘书。1963 年到青海 221 基地任科研生产计划处计划科科长。1965 年到四川省委二部负责 902 地区的基建工作。曾任九院十一所所长、总体部主任、西南计算中心主任。1990 年离休。2017 年在北京去世。

访谈时间：2016 年 10 月 18 日

访谈地点：北京海淀区花园路塔院宿舍

张生文（1934—），陕西西安蓝田县人。1954 年西安初等师范学校毕业前调入西安公安局，担任地勤保卫工作。1958 年 6 月奉调入京到二机部报到，分配到九局。7 月即到兰州、西宁参加 221 基地早期筹建工作。1965 年到四川 902 地区，先后担任工程队书记、矿办行政科长、留守处主任。1994 年退休。

访谈时间：2017 年 3 月 17 日

访谈地点：四川绵阳科学城六区

张彩华（1935—），福建漳州人。1958 年从南京航空学院毕业，分到二机部北京九所，先后在九局学术秘书室、九局科研生产准备处、九院科研生产办公室、九所科研生产办公室工作，参加原子弹、氢弹、核武器小型化研制工作。高级工程师，1995 年退休。

访谈时间：2016 年 11 月 18 日

访谈地点：北京海淀区花园路塔院宿舍

周树榛（1933—），山东邹平人。1951 年在山东省银行参加工作，1956 年调地质部三局，1958 年调二机部九局财务处，1963 年到 221 基地基建指挥部财务处工作，1965 年到二机部九局综合办公室。1969 年到四川 902 基建指挥部财务处，历任科长、处长、总会计师，高级经济师。1993 年退休。

访谈时间：2016 年 8 月 16 日

访谈地点：四川绵阳科学城九区公寓

赵泽民（1919—），河北栾城人。1941 年参加革命，先后在华北局、军委公安部、政务院公安部、公安部工作。1958 年调到二机部九局任保卫保密处副处长、九局一处处长。1965 年 4 月到 902 地区担任保卫部部长兼矿区公安局局长，九院保卫部部长兼公安局局长。1983 年 10 月离休。

访谈时间：2016 年 11 月 21 日

访谈地点：四川绵阳科学城六区干休所

胡干达（1935—），江西吉安人。1958 年 10 月从中共中央直属机关调二机部九局，担任局领导秘书。1963 年到青海 221 基地任厂办公室秘书。1965 年到四川 902 地区基建指挥部办公室任秘书科长。先后担任宣传科长、所办公室主任、副所长、九院办公室主任。1995 年退休，参加院史编撰工作。

访谈时间：2015 年 11 月 3 日—2016 年 2 月 26 日

访谈地点：四川绵阳科学城医院和九区公寓

胡思得（1936—），浙江宁波人。1954 年考入上海复旦大学物理系，1958 年毕业后分到二机部北京九所一室，在邓稼先的领导下从事原子弹理论设计。1963 年底到青海 221 基地，在实验部任理论联系实验组组长、实验部二十四室副主任。历任理论部研究室副主任，九所副所长，九院副院长、院长。担任多个型号核装置的理论设计负责人，组织领导过多次核试验。研究员，中国工程院院士。

访谈时间：2016 年 11 月 29 日

访谈地点：北京海淀区花园路六号院办公楼

柯校枝（1937—），浙江缙云人。1958 年考入浙江大学光学仪器系，1963 年毕业分到二机部北京九所，同年到青海 221 基地生产准备处、专用设备仪表处、计划处从事器材设备的采购、外协工作。1969 年到四川 902 地区，80 年代后任九院器材处处长，高级工程师。1997 年退休。

访谈时间：2016 年 8 月 8 日

访谈地点：四川绵阳科学城九区公寓

唐孝威（1931—），江苏无锡人。1952年毕业于清华大学。先在中国科学院原子能研究所，后到苏联杜布纳联合原子核研究所担任中方研究员。1960年4月奉命回国，到二机部北京九所报到。1964年参加第一颗原子弹试验，1966年参加氢弹原理试验，担任物理测试队队长。先后在221基地实验部、九院二所、中国科学院高能物理研究所、浙江大学工作、任教，研究员，中国科学院院士。

访谈时间：2016年7月16日

访谈地点：北京市玉泉路中科院高能所宿舍

黄克骥（1936—），辽宁辽阳人。1952年技工学校毕业后分在沈阳铁西重型机械厂。1959年调到二机部，先在沈阳112厂实习，1960年4月到北京九所，1964年到青海221基地第二生产部，1964年参加第一颗原子弹装配工作，1966年参加氢弹原理试验装配工作。担任车间技术组组长、车间副主任、主任，分厂工会主席。1993年退休。

访谈时间：2016年12月4日

访谈地点：廊坊市爱民东道176号

章庆权（1937—），浙江湖州人。1959年7月山东大学化学系毕业，1963年4月该系电化学专业研究生毕业，分配到二机部北京九所，任设计部十五室二组技术员。1964年到青海221基地设计部五室一组任技术员。1972年到四川九院五所工作。1978年调离九院，在六机部三局工作，后调北京化工大学任教，副教授。1998年退休。

访谈时间：2016年8月23日

访谈地点：北京朝阳区化工大学宿舍

阎有铭（1933—），山西文水人。1955 年从太原兵工高级职业学校毕业，分到云南光学仪器厂。1958 年底调入二机部北京九所。1960 年调到二机部青海 221 基地生产筹备组，先后在基建、设备科工作。1965 年到四川 902 地区筹建 902、903、839 工程设计和基本建设。曾任九院建筑设计院院长，高级工程师。1994 年退休。

访谈时间：2016 年 8 月 9 日

访谈地点：四川绵阳科学城六区公寓

谢建源（1938—），福建福州人。1957 年考入清华大学，1963 年清华大学工程化学系毕业，分配到二机部北京九所。1964 年 3 月到青海 221 基地，在第一生产部 102 车间任技术员，负责安全组工作。1978 年调二机部九局，1985 年在核工业部军工局任型号处处长，具体管理核武器型号研制、定型、生产和交付任务。参与二二一厂核设施退役工程，任 221 离退休人员管理局办公室主任。研究员级高级工程师，1998 年退休。

访谈时间：2016 年 10 月 28 日

访谈地点：北京海淀区西四环印象公寓

赖祖武（1929—2009），福建福州人。1950 年从广西大学物理系毕业后考上浙江大学物理系研究生。1953 年全国高校院系调整，从浙江大学调到复旦大学物理系，创建电子学专业。1960 年调入二机部北京九所任三室副主任。1964 年上青海 221 基地担任实验部三室主任，负责组织次临界安全实验、快中子次临界实验，为第一颗原子弹爆炸成功做出了贡献。1970 年到四川 902 地区，担任九院十所副所长。1986 年任九院研究生部副主任，研究员。2009 年在北京去世。

访谈时间：2000 年 1 月

访谈地点：北京海淀区万柳公寓

霍广盛（1932—），河北乐亭人。1952 年从哈尔滨俄语专科学校毕业，分到铁道部担任苏联专家翻译，先后在铁道部、地质部，二机部北京九所工作。1958 年陪同苏联专家到青海选 221 基地厂址，以后在 221 基地一处情报科工作。1973 年到四川 902 地区，任九院情报处情报室主任，1991 年调入十所科生处工作，译审。1996 年退休。

访谈时间：2015 年 11 月 2 日

访谈地点：四川绵阳科学城寓所

221 基地大事记

1955 年　1 月 15 日，毛泽东主持召开中共中央书记处扩大会议，讨论并决定建设原子能工业。

1956 年　3 月 6 日，彭德怀在中央军委扩大会议做了关于战略方针的报告，提出我们必须积极着手研究中国尚不能生产的新式武器，如核子武器、导弹和其他新式武器。

4 月 25 日，毛泽东在中共中央政治局扩大会议上的讲话中指出，要有原子弹，在今天的世界上，我们要不受人家欺负，就不能没有这个东西。

8 月 17 日，中苏两国政府签订关于苏联援助中国建设原子能工业的协议。

11 月 16 日，《关于原子能建设问题》的报告（1956 年 7 月由周恩来提出）提出成立“原子能事业部”的建议，经毛主席同意后，提交第一届人大常委会第五十一次会议通过，决定成立第三机械工业部（以下简称三机部），任命宋任穷为部长，刘杰、袁成隆、刘伟、雷荣天、钱三强为副部长。

1957 年　10 月 15 日，中苏签订《国防新技术协定》，苏联应允在原子能工业、导弹、火箭武器、航空新技术以及导弹和核试验基地建设方面对中国进行援助。苏联将于 1957 年至 1961 年底，为中国提供原子弹教学模型和图纸资料，以及提供 P-2 导弹样品和有关的技术资料。

1958年　1月8日，三机部党组决定设立九局，任命李觉为局长，吴际霖、郭英会为副局长；成立九局临时党委，吴际霖代理党委书记，徐步宽、洪天成为党委副书记；党委成员有李觉、吴际霖、郭英会、徐步宽、洪天成、李信、袁冠卿。

1月17日，中共中央批准三机部关于为西北3个工厂和工程设计院等7个单位抽调215名干部的报告。

2月11日，第一届全国人民代表大会第五次会议决定，将第三机械工业部改名为第二机械工业部（以下简称二机部）。

3月，中苏两国专家组成联合选厂址小组，4月准备，5月出发，选定青海省海晏县金银滩为核武器研究基地（221基地）。

5月31日，中共中央总书记邓小平批复二机部上报的“五厂三矿”（衡阳铀水冶厂、包头核燃料元件厂、兰州铀浓缩厂、酒泉原子能联合企业、西北核武器研制基地待选定）的选址方案。

7月，中共中央总书记邓小平批复同意建西北核武器研制基地，代号02工程，也称221基地。

7月5日，二机部党组通知青海省委。

7月13日，二机部党组决定成立北京第九研究所（核武器研究所），由李觉兼任所长，洪天成为党委书记，吴际霖、郭英会兼任副所长。建所初期，设有3个研究室，后扩充为6个研究室和1个加工车间。

9月11日，中共中央发出通知，从其他各有关部门抽调16000多名干部和工人、支边青年充实核工业建设队伍。

11月，221基地开始施工。青海省政府组成了专门小组，协助解决征地、移民、筑路和生活物资供应问题，并挑选了7000多民工参加基地建设。二机部104建筑公司和103安装工程公司承担基地的施工任务，还有2000名退伍战士充实基建力量，在草原上形成一支庞大的建设队伍。

1959年　1月，221基地成立了第二机械实验厂筹备处，掩护名称“青海省第五建筑工程公司”，李觉兼任筹备处临时党委书记并任青海省委常委。

2月，221基地成立了筹建处，李信为筹建处主任，徐步宽为党委书记。利用苏联为221工程项目提供的初步设计，从厂房设计、设备配置、工艺要求等方面进行施工准备。

5月12日，二机部党组批准成立北京九所党委会，由吴际霖、郭英会、彭非、邓稼先等11人组成。

6月20日，苏共中央致信中共中央，拒绝提供原子弹教学模型和技术资料。

7月，周恩来向宋任穷传达中央决策：“自己动手，从头摸起，准备用八年时间搞出原子弹。”

12月23日，二机部制定原子能事业八年规划纲要，提出“三年突破，五年掌握，八年适当储备”的奋斗目标。

1960年 1月，中共中央批准二机部从全国选调105名高中级科技骨干，加强核武器的研制工作。

2月28日，北京郊区十七号爆轰试验工号破土动工。

3月，朱光亚正式调入北京九所任副所长。

4月28日，十七号爆轰试验场地打响爆轰试验第一炮。

5月3日，二机部党组任命郭永怀为北京九所副所长。

5月13日，北京九所成立理论部、实验部、设计部、生产准备部。

6月10日，商业部、解放军总后勤部决定在兰州成立综合二级批发站，以加强西北地区特种部队、部门的生活资料供应工作。二机部在该地区的企业单位均在供应范围之内。

7月16日，苏联政府单方面撕毁了同中国签订的所有协定和合同。

7月18日，毛泽东在北戴河会议上指出，要下决心搞尖端技术。赫鲁晓夫不给我们尖端技术，极好！如果给了，这个账是很难还的。

7月20日，南京大学教授程开甲调入北京九所任副所长。

8月，221基地爆轰试验场开始施工。随后，总装和炸药加工、机械加工、自备小电厂等项目也先后开工兴建。

8 月 23 日，在二机部工作的苏联专家全部撤走。

9 月，国家计委、国家经委批准二机部作为国家统配物资单位，并以零二单位在国家单列订货户头，予以保证。

9 月 30 日，刘杰被任命为二机部部长。

10 月，九局、九所机构进行一次大调整。李觉兼九所所长，副所长有吴际霖、朱光亚、王淦昌、彭桓武、郭永怀、程开甲、彭非。九所将四个部改为六个研究室和一个加工车间。

1960 年至 1962 年我国处于经济困难时期，地处青海高原的 221 基地不仅建设物资供应困难，职工的生活供应也难以保证，工程建设受到严重影响。周恩来总理十分关心核武器研制基地的建设职工，从东西两路调运粮食，粮食部一次就调拨大批黄豆。青海省政府先后拨给基地大批牛羊。商业部专门在甘肃兰州设立了二级批发站。这些措施稳定了职工队伍，保证了工程建设的正常进行。

1961 年　4 月 3 日，王淦昌、彭桓武同时调入北京九所任副所长。

5 月 8 日，二机部向中央提交《关于当前若干问题的请示报告》，详细汇报了核工业建设工作的进展情况、存在的困难和问题，并提出了若干建议。

7 月 16 日，中共中央发出《关于加强原子能工业若干问题的决定》，指出：为了自力更生突破原子能技术，加速我国原子能工业的建设，中央认为有必要进一步缩短战线，集中力量，加强有关方面对原子能工业建设的支援。

7 月 24 日，中共中央决定，从全国有关部门抽调技术骨干、高级医务干部及行政干部参加核工业建设。

10 月，中央派张爱萍和刘西尧率领调查组到核工业建设和原子弹研制第一线实地考察，并于 11 月 14 日向中央提出报告：只要坚持往前走，突破原子弹技术是完全可能的。

1962 年　11 月 3 日，毛泽东批示：“很好，照办，要大力协同做好这件工作。”

11月17日，中共中央决定成立以周恩来为主任，有国务院7位副总理及7位部长级干部参加的中央15人专门委员会（以下简称中央专委）。

11月，中央又调张兴钤、方正知、黄国光等126名高、中级科技人员陆续到青海221基地。

11月22日，二机部制定出《1963、1964年原子武器、工业建设、生产计划大纲》。

12月4日，中央专委第三次会议讨论和批准了二机部提出的两年工作规划，研究了221基地建设进展情况。

12月7日，中央专委决定，调集建工部、铁道部、交通部、水电部、工程兵、通信兵等13个部门，组成1.5万人的施工队伍，随带施工机具500台件、汽车300多辆开赴现场，会同基地原有的施工队伍突击建厂，厂内外108个子项目全面投入施工，并组建221厂基建联合指挥部，李觉任总指挥。

1963年　1月21日，国防工办、国防科委派出联合工作组到二机部检查工作。

年初，221基地建成可供大型爆轰试验的场地及发电厂和炸药加工、机械加工、仪器仪表加工等必需的配套工程。

3月，我国第一颗原子弹理论设计完成。北京九所的设计、实验和生产部门的科研人员陆续迁往青海221基地参加草原大会战。

4月2日，毛泽东、刘少奇、周恩来、彭真、陈毅、谭震林、李富春、薄一波等国家领导人接见了二机部二局专业会议全体代表和部分技术骨干。

8月，二机部刘杰部长到221基地检查工作，宣布第一颗原子弹代号为“596”。

12月，221基地六厂区进行了缩小尺寸的整体模型爆轰试验，解决了研制原子弹的关键技术问题。

1964年　1月31日，中央专委在向中共中央、毛泽东的报告中提出，为了国防安全，尽快调整核工业战略布局，根据“靠山、分散、隐蔽”的方针，建设后方基地。

3 月 2 日，二机部九局、北京第九研究所、青海国营综合机械厂合并成立第九研究设计院，李觉任院长兼党委书记，刁筠寿任第二书记，第一副院长吴际霖兼副书记，郭英会、王淦昌、郭永怀、彭桓武、马祥、乔献捷、彭非、朱光亚、程开甲、李信、陈能宽、徐庆宝任副院长。同时成立 221 研究设计分院，分院院长李信，党委书记刁筠寿（兼），副院长陈能宽、李英杰、徐庆宝、田子钦、聂怀德。

3 月，二机部部长刘杰再次来到 221 基地，参加科研会议时指出，整个工作已到决战阶段，为争取时间，完成两年规划，对产品结构方案、炸药部件加工工艺，应根据现实、可能的原则，先取一种方案，及早进行试验。

4 月，一个水、电、暖、路齐全，集生产、生活为一体的研制基地建成，共有 18 个厂区、生活区，总建筑面积为 56.4 万平方米，其中有 33 万平方米的厂房。厂区内有专线铁路 39.8 公里、一级公路 75 公里，设有青海矿区办事处。

6 月 6 日，在 221 基地六厂区进行了全尺寸爆轰模拟试验，试验取得成功。同时开展了临界度的测量，制定出次临界安全操作规程。

10 月 7 日，二机部发出《调整战略布局，突出建设三线新基地的行动大纲》。

10 月 16 日，我国第一颗原子弹爆炸成功。

1965 年 2 月 15 日，二机部决定九院、221 设计分院合并。

2 月 28 日，国务院任命李觉为二机部副部长。

4 月 3 日，四川 902 基建指挥部成立。任刁筠寿为总指挥兼党委书记，袁冠卿、李英杰、马祥、刘志民、姚军山、李力为副总指挥。

5 月 4 日，我国首次机载空投原子弹试验成功。

8 月 20 日，二机部向中共中央报告《关于突破氢弹技术问题的工作安排》。

9 月 9 日—10 月 20 日，成立 221 厂，吴际霖兼厂党委书记。

10 月 20 日，二机部派往青海的“四清”工作分团负责主持国营 221 厂工作。二机部副部长刘西尧任“四清”工作分团团长兼书记，副团长为李觉、戈克平、申居昌、李戈。

12月，中央专委第十四次会议原则批准二机部“关于核武器科研、生产两年（1966年至1967年）规划”。

1966年 3月4日，原子能研究所党委副书记李毅被任命为青海“四清”分团副书记兼常务副团长。

3月14日至30日，邓小平、薄一波等党和国家领导人先后视察了兰州铀浓缩厂、酒泉原子能联合企业和221核武器研制基地。

3月30日，邓小平等党和国家领导人在221厂视察并题词。

5月9日，我国进行了一次含有热核材料的原子弹试验。

10月27日，导弹、原子弹弹弹结合试验成功。

12月28日，氢弹原理试验取得突破。

1967年 3月至11月，毛泽东、周恩来、叶剑英、聂荣臻等中央领导人连续签发电报，指示二机部所属单位在“文化大革命”中实行军事管制，不准“串联”，不准夺权，不准停产，进行正面教育。

3月4日，221厂实行军事管制，军管组组长为贾乾瑞。

6月17日，我国第一颗氢弹空爆试验成功。

12月17日，国务院、中央军委决定自1968年1月1日起二机部第九研究设计院划归国防科委。

1968年 1月1日，九院划归军队系统，由国防科委领导，番号为总字819部队。

9月17日，221厂革命委员会成立，革委会主任王荣，政委肖泽泉。

1969年 9月23日，我国第一次地下核试验成功。

9月29日，成功进行了一次氢弹爆炸试验。

11月28日，中央联络组进驻221厂，联络组组长赵启民，副组长赵登程。

1970年 2月17日，九院成立临时党委，院长朱玉荣，党委书记姚陆。九院迁往四川。

12月9日，221厂启用兰字839部队编号。

1972 年　9 月 21 日至次年 3 月 10 日，在北京京西宾馆召开九院临时党委扩大会议（简称“九二一”会议），清算了赵登程、赵启民“二赵”的罪行，对其造成的冤假错案进行平反。

1973 年　7 月 26 日，国务院、中央军委决定，九院、221 厂仍划归第二机械工业部。

1974 年　1 月 1 日，院、厂正式分家。二机部新设立九局，管辖九院、221 厂、903 厂。

4 月 19 日，中央联络组进驻国营二二一厂，联络组组长梁步庭，副组长赵振清、刘书林。

9 月 16 日，成立国营二二一厂临时党委，党委书记梁步庭，革委会主任刘书林。

1982 年　5 月 4 日，二机部改为核工业部，九局改为军工局，九院改为核工业部第九研究院（九院）。九院院长为邓稼先，党委书记为李英杰。

1983 年　11 月 2 日，北京市中级人民法院判处赵登程有期徒刑 15 年。

1984 年　10 月 5 日，国营二二一厂实行厂长负责制，厂长王菁珩，党委书记张秀恒。

1985 年　1 月 3 日，核工业部第九研究院正式改名为中国工程物理研究院。

1987 年　6 月，《国务院办公厅、中央军委办公厅转发国家计委、国防科工委关于撤销核工业部青海二二一厂的请示的通知》（国办发〔1987〕40 号文件）下达，决定撤销二二一厂。

1993 年　6 月，二二一厂的核设施退役处理达到不加任何限制的永久性开放的三级退役标准，通过国家验收。

1994 年　6 月，核工业总公司国营二二一厂与青海省海北藏族自治州正式签订移交协议。

1995 年　5 月 15 日，新华社向全世界宣布，我国第一个核武器研制基地（国营二二一厂）全面退役。

2001 年　221 基地（厂）被国务院列为第五批全国重点文物保护单位。

2005 年　青海原子城（221 基地）被列为国家级爱国主义教育示范基地。

221 基地（厂）历任主要领导名单[①]

1　青海第二机械实验厂筹备处（1959 年 1 月 12 日至 1959 年 6 月 25 日）

书记：李觉（青海省委常委、九局局长兼）

副书记：徐步宽

2　青海机械厂筹备处（1959 年 6 月 25 日至 1962 年 6 月 2 日）

书记：徐步宽

3　青海机械厂筹备处（1962 年 6 月 2 日至 1963 年 2 月 2 日）

书记：赵敬璞（九局书记兼）

主任、党委副书记：李觉（九局局长、副书记兼）

副书记、政治部主任：徐步宽（九局副书记兼）

副主任：李信、乔献捷（九局副局长兼）、彭非、刘志民

政治部副主任：张有才

副主任：崔银茂、肖光、王志刚

（以上为党委常委）

① 本材料由王菁珩提供。

4　青海机械厂筹备处（1963 年 2 月 2 日至 1963 年 5 月 9 日）

代理书记：李觉（在赵敬璞休养期间）

副厂长：王志刚、乔献捷、李信、彭非、李英杰、徐庆宝（此六人于 1963 年 2 月 27 日任命）

5　国营综合机械厂（1964 年 1 月 1 日至 1965 年 9 月 9 日）

5.1　代理第一书记：李觉（1963 年 5 月 9 日至 1964 年 3 月 2 日）

第二书记：刁筠寿

副书记：吴际霖

5.2　九局、北京第九研究所、国营综合机械厂合并，成立第九研究设计院、221 研究设计分院（1964 年 3 月 2 日至 1965 年 2 月 15 日）

九院（第九研究设计院）代理书记：李觉

第二书记：刁筠寿

副书记：吴际霖

九院院长：李觉

第一副院长：吴际霖

副院长：郭英会、王淦昌、郭永怀、彭桓武、马祥、乔献捷、彭非、朱光亚、程开甲、李信、陈能宽、徐庆宝（后面三人于 1965 年 2 月 27 日任命）

221 研究设计分院书记：刁筠寿（兼）（1964 年 3 月 2 日至 1965 年 2 月 15 日）

副书记：吴丕恩

221 研究设计分院院长：李信（1964 年 3 月 2 日至 1965 年 2 月 15 日）

副院长：陈能宽、李英杰、徐庆宝、田子钦、聂怀德（后面二人于 1964 年 7 月 22 日任命）

5.3　221 研究设计分院与九院合并为九院（1965 年 2 月 15 日至 1965 年 9 月 9 日）

九院书记：李觉

第二书记：刁筠寿

副书记：吴际霖、吴丕恩

常委：李觉、刁筠寿、吴际霖、吴丕恩 、王志刚 、马祥、李信、郭英会、袁冠卿、朱光亚（后面三人于1965年9月9日任命）

5.4　902基建指挥部（1965年4月3日至1968年1月）

总指挥：刁筠寿（兼）

副总指挥：袁冠卿、李英杰、马祥、刘志民、姚军山、李力

书记：刁筠寿（兼）

副书记：苗兆瑞、徐杰、袁冠卿、刘志民、吴法周（后面三人任职时间为1965年9月9日至1968年1月）

建筑设计分院院长：李力

书记：姚军山

6　221厂（1965年9月9日至1965年10月20日）

书记：吴际霖（九院副书记、第一副院长兼）

副书记：王志刚、史克胜

7　国营221厂（1965年10月20日至1968年1月）

7.1　“四清”工作分团团长：刘西尧（二机部副部长兼分团书记，1965年10月20日至1967年3月4日）

副团长：李觉、戈克平、申居昌、李戈、李毅（1966年3月4日被任命为分团副书记兼常务副团长）

7.2　实行军事管制（1967年3月4日至1968年1月）

军管组组长：贾乾瑞（1967年3月4日至1967年5月）、姚光（1967年5月至

1968 年 7 月）

8 国防科委接管九院，启用中国人民解放军总字 819 部队番号（1968 年 1 月至 1973 年 6 月 20 日）
军管组组长：王俊峰（1968 年 7 月至 1968 年 9 月 17 日）

厂革命委员会成立（1968 年 9 月 17 日）
主任：王荣
第一副主任：董仁
副主任：徐超
九院临时小组成立（1968 年 9 月 22 日）
肖泽泉、王荣、武世鹏、李月坤、王俊峰、朱光亚、刁筠寿
九院下属 221 厂（1968 年 9 月）
厂长：徐超
政委：吴世俊
221 厂党的核心领导小组（1968 年 11 月 6 日）
组长：王荣
成员：董仁、徐超、龚幼卿、吴北针

九院院长：王荣（1969 年 11 月 1 日）
政治委员：肖泽泉
副院长：董仁、李英杰
副政治委员：刁筠寿

九院院长：朱玉荣（1969 年 12 月初）
政委：姚陆

启用中国人民解放军兰字 839 部队番号①（1970 年 12 月 9 日至 1974 年 4 月 19 日）

中国人民解放军 221 厂（1970 年 12 月 9 日至 1972 年 5 月 31 日）

中国人民解放军第 908 厂（1972 年 5 月 31 日至 1974 年 4 月 19 日）

9　中央联络组（1969 年 11 月 28 日至 1971 年 9 月 13 日）

组长：赵启民

副组长：赵登程

九院临时党委成立（1970 年 2 月 17 日）

书记：肖泽泉

副书记：王荣

常委：朱光亚、董仁、刁筠寿、李月坤、胡毅

（1974 年 1 月 1 日院、厂正式分家，九院迁往四川）

10　国营二二一厂（1974 年 4 月 19 日开始使用）

10.1　中央联络组组长：梁步庭（1974 年 2 月 20 日至 1975 年 11 月 8 日）

副组长：赵振清、刘书林

10.2　临时党委书记：梁步庭（1974 年 9 月 16 日至 1977 年 8 月 5 日）

副书记：刘书林、董天祯

革委会主任：刘书林

副主任：胡深伐、梁士超、王健、苏耀光、李春颖、白东齐、谢平海、郭宗仪、刘秀洪（女）

10.3　临时党委书记：刘书林（1977 年 8 月 5 日至 1977 年 10 月 17 日）

---

① 总字 819 部队（九院）大部分搬到四川 902 地区后，留在青海的 221 厂重命名为兰字 839 部队。

副书记、革委会主任：胡深伐

副书记：郑祖英

革委会副主任：董天祯

副书记兼政治部主任：梁礼秀

革委会副主任：魏孟川

10.4 厂长：胡深伐（1978 年 8 月 15 日撤销革委会，实行党委领导下的厂长负责制）

副厂长：苏耀光、白东齐、董天祯、谢平海、魏孟川、刁有珠、高光祥

书记：刘书林（1977 年 10 月 17 日至 1982 年 8 月 25 日）

副书记：胡深伐、郑祖英、王健、梁礼秀

副厂长：刁有珠、高光祥 陈家圣、郑哲、亓瑞云

10.5 书记：郑祖英（1982 年 8 月 25 日至 1983 年 8 月 31 日）

副书记：刁有珠

10.6 书记：刁有珠（1983 年 8 月 31 日至 1984 年 10 月 5 日）

厂长：白东齐

副厂长：王菁珩、高光祥、郑哲

总工程师：陈家圣

总会计师 ：叶定松

10.7 厂长：王菁珩（1984 年 10 月 5 日至 1993 年 5 月，实行厂长负责制）

书记：张秀恒

副书记：高桐淮

副厂长：吕义晋

总工程师：陈家圣

总会计师：叶定松

矿办副主任：曹登实

副厂长：任春泽、蔡金生、孙铁柱、丛洞一

1964年7月至1967年8月第一生产部102车间职工名单[①]

车间主任：何文钊（兼）

副主任：张志坚、宋家树、刘成发、赵家业、苏桂余、王铸、叶宏才

党支部书记：王国存、李满

车间调度：胡盘兴、桂祥安、杨俊岐

办事员：佚久泉、周万田、王林东

一大组（重工段）

1. 工艺：张家厚、查幼良、王菁珩、沈绍严、鞠庆融、刘恩懿（女）、姜以业、程建中、常修贵、刘庭贵

2. 设计：杨福光、杨占元、王来运、赵泰权、钱国祥

3. 装配：吴克福、牛志国、许自强、王友春、陈忠快

4. 工人：

（1）装配：严文楼、袁寅、郭学标、杨金元、杨庆元、邹振伦

（2）镗工、铣工：孙玉山、卢银福、孟宪章、周胜利

① 该名单由谢建源提供，若有遗漏、差错，敬请原谅。

（3）大球车：张洪年、裴玉成、包兴良、房彦江、王永文、李宪洲、宋协军、杨英洲、巩荣书、黄书铭、马国弟、严长发、高根生、史玉田

（4）小球车：钱镜清、荣纪泉、王崇德

（5）轻材料加工：毛波、魏景春、姜元柏、李炳钧、祈福祥、冀学忠

二大组（“596”任务完成以后合并到三大组）

朱世铨、武胜、徐庆智、刘庆禹

三大组（轻工段）

1. 工艺：马德顺、李志义、相守臣、许纪忠、李凤芝（女）、郑坎钧、赵大福、谢恒斌、张贤佑、李跃南、吕志钦、吴义生、王坚、陈殿举、王景瑞、吴士玉（女）、张宗池、杨金顺

工人：李作武、王文玉、庞芬忠、万玉山、杨俊岐、何惠兴、胡志福

2. 干燥空气站：洪声钰、尤兴发、林秉璋、刘文举、齐保汉、林伏远、刘指南、付开源、栾贵梁

工人：沈乃钧、钱浓秀（女）

3. 仪表维修：于锡祥、孙国良、温凯亭、郭雅闲（女）、沈佩英（女）

四大组（9502生产）

工艺：孔祥顺、郝金玺、刘明启、张东、王自和、赵炯、孟学明、戴祥生、冯鹤鸣、朱金安、史致轩、姜庆松

工人：王凌峰、刘雨林、徐仁智、孙文治

安全组

贾建中（女）、谢建源、权忠舆、韦钞熙、钟东汉、吴振林、吴东周、王理仁、孙树国、刘述昆

工人：

（1）8号切屑处理：张妙根、陈长寿、刘明礼、罗为琛

（2）轻材料原料和产品管理：曹福芝、史德胜、孙双才、郑金殿

分析组

1. 化学分析：谢仁寿、冯思维（女）、杨光玉（女）、王炎明、黄慧贞（女）、郭宗葆、方水浪

2. 光谱分析：侯廷镏、余振海、李成名、何九夷、唐良保、张振国、张静娟（女）、姜太和、孙冠义、周长柱、宋仁学、王茂公、姚大序、胡允杰、吕占文、周盛华、王桂英（女）、方贵楚、于钦华（女）、王云香（女）、陈锦华（女）、周美莲（女）

3. 质谱分析：王明室、陈为华、秦有钧、高加礼、张引、魏肯堂、李学梅（女）、马英桂（女）

4. 质谱制样：张增朴、殷小成、吴东周（安全组调来）

物性、检测组

1. 物理性能：郭信章、海玉英（女）、刘国新、刘金龙、徐庆胜、骆继湘（女）、赵鸿德、吴方近、刘智才、李佩（女）、赵传荣（女）、蔡秀金（女）、吴兰芳（女）、朱日璋、吴学义、宾朋、张玉珩、蒋国纯、杨风庭、汪光辉、王承舜、刘爱莲（女）、杨晓玲（女）、冯淑敏（女）

2. 检测：

（1）X光、超声：姜尚国、苏恒兴、徐和雄、付加禄、郭健、赵甦、柏朝茂、姚松年、宋富、高淑洁（女）、陆正华（女）

（2）轻材料涂层：赵福春、张良翰、刘素（女）、郝树深、贺全三、庞世辉、倪然夫、杨应达

维修组

1. 车工：杨勇义、鄢云沛、邢建华
2. 钳工：袁云芝、胡银万
3. 电工：鲍世良、赵成钧、关保林
4. 管道工：余明生
5. 白铁工：王玉民
6. 仪表：闫景瑞

器材组

进百孝、王翠兰（女）、孙希堂

保健灶

姚广武、马连成、赵秉炎、孙凤桐

第二生产部机关干部、工人名单（1970年2月统计）①

第二生产部领导

钱晋（1969年被迫害致死）、宋继亨、李茂山、徐光大、詹文林、张而明、黄元德、于广德（工人）、宋玉同（工人）、张玉贵（工人）、马新民、杨家斌、郑昌文、赵丙乾、刘洪川（工人）、胡全仁、赵振宇（工人）、冯运兴、梁祥善（化工）、王世修（化工）、曹振明、杨先平、陈家圣、王德贵（化工）

201车间干部

韩孝仇、周勋、张西元、韩裕平、刘兆民、王庆、庞志鹏、曾治成、朱良宏、张全禄、张秉义、宋勘、王芳廉、张久臣、朱珍国、马俊昌、吴志典、梅汉生、李振福、徐忠虎、叶海伦（女）、杨鑫树、高鹏、曹树功、马中和（女）、高之行

201车间工人

周福义、胡金海、孙堂、李长林、魏荣加、林正飞、刘应利、张世龙、刘银科、王春友、马久昌（1969年死亡）、高等元、宋在海、田树海、申焕武、刘栓成、李言

① 该名单由刘振东提供。原第二生产部部分领导和职工调入四川902地区九院工作，名单统计的是留在221厂的职工，共计620人。

先、王树林、张锡昌、梁永清、王永春、于林、陈登朝、郑景顺、王遒友、刘禄、高振福、王福兴、康学松、刘志义、石传贵、贾忠福、王长春、蔡昌恩、陈俊贤、王俊清、史绍佩、郑水欣、孙树立、王泽庆、石孝贵、徐占胜、王德成、靳聚成、杜香、唐士昌、腾国军、张振刚、宋文全、李玉梅、郭长德、张振清、朱玉章、赵志彬、刘黑孩、程保山、唐根家、李应功、历步先、彭士友、刘保太、刘风保、窦玉升、唐风岐、王文广、李长安、秦三海、魏若友、张合军、王天恩、敦铁钺

201 车间化工

薛九玲（女）、王兴清、孙玉花（女）、王立荣、王双林、沈占成、孙兆吉、杨秀坤、葛德轩、胡文荣、杨玉妹（女）、王均德、张怀荣、胡海林、陈永生、李培训、迟保纯、李明贵、王先玺、李开林、杨增堂、邱明光、汤祥勤、王宝荣、罗好良、桂金荣、梁高岑、张秀娥（女）、宋德勤、段忠义、何恩恒、王思奎、苏吉生、周玉清

202 车间干部

涂兴朝、段桂芬、刘世骥、杨云、郑麟伟、李安善、王德成、潘辉（女）、王淑惠（女）、刘道恒、周云成、闵秀兰（女）、杨守良、江淋兴、边文鼐、许震贵、杨超群、汤明渺、彭奇伟、苏银法、路占元、陈均亮、高希印、何淑碧（女）、周天麟、杨海坤、袁治平、刘耀南（1970 年 7 月 13 日死亡）

202 车间工人

赵培森、邹昌盛、王义明、顾昌荀、高方宝、汤海棋、葛沛兴（1970 年 7 月 13 日死亡）、张宝仁（1970 年 7 月 13 日死亡）、邓炳林、马积清、陈文源、王书怀、黄缪荣、苏克国、赵宝元、刘宝安、葛仁德、杨山林、朱全义、崔登国、许文有、季淑品、闫大眼、王天德、王成信、陶福元、张道生、徐明福、李会良、徐军和、姜玉龙、顾国忠、唐士富、韩万柱、岳松山、李钟芳（女）、张桂芳（女）、尤淑杰（女）、赵宏军、李殿义、刘留安、吴小雨、郭欣泉（女）、张翠风（女）、虞美华（女）、石玉馥

（女）、魏荣海、姚丽芬（女）、高宪华、叶富根、蔡潞、高玉清、王裕昌、李玉先、安令福、刘恒、王观敏、张茂德、安金昇、邢春生、王明理、韩乃顺、胡振平、王金廷、董华恒、郑振明、夏金荣、石玉成、韩石头、刘维福、李铁生、梁秀印、佟和、王运甫、杨田恩、康淑兰（女）、李春英（女）、李德宝、陈旺、曲辉河、王立臣、孙好义、刘茂贵、时铁江、符士祥、李怀增、刘玉宝、辛长顺（自杀）

203 车间干部

李长秋、李玉山、邢洪岐、任春泽、郭清泉、王玉明、李孝本、张金良、庄明淮、何文彬、王法宪、尹成耀、宋文山、沈顺康、陈瑞南、王绍斌、裴秋生、陈善政、吴文明、李必英

203 车间工人

褚学良、张克林、吕奎武、张庆梅（女）、赵守岩（女）、沈明关、徐兵、张廷凤、王锡耀、黄克骥、王遂德、关景元、曹庆祥、王华武、黄海忠、卢邦宪、陆振生、朱深林、周银祥、沈忠国、李文星、王鑫、李书财、赵海廷、王阳春、王希林、赵根学、张玉友、黄丙建、李殿清、何玉山、周泽坤、陈财兴、杜庆德、逄余庆、张广惠、马衍贵、张志刚、胡勇义、曹家义、梁希文、徐可章、杨广英（女）、张朝国、兰连旭、魏广水

204 车间干部

姜兴贤、杜凤芝（女）、余秀兰（女）、刘凤和、郑培森、张国清、于永宽、王桂枝（女）、吴教柏、刘超、王守道、刘延志、吴正云、陈蒂忠、付允乐、吴在嵩、唐海涛、赵瑞禾、谭绍统、唐懋功、连嗣南、伍容华、王开友、孙厚璋、邓庆儒、戴汉其、曾庆明、贺本国、陈付良、周芬芬（女）、夏仪芳、胡茂华、崔承凡、解圭章、盛恒新、赵营州、赵世兰（女）、郭桂香（女）、王廷忠

204 车间工人

高文、王德永、邹祥沅、王宝民、严金桃、乐金龙、王乐春、陈法森、郁开寿、林风文、崔玉义、张跃庭、刘恒齐、木福贞、韩长青、董连志、张随元、佟久荣（女）、鲍敏珠（女）、常利、闫全德、丁志发、于坤庭、徐培君、宋殿武、杨树德、贺朝福、吴银河、朱惠芬（女）、岳淑华（女）、杨如心、张文彬、顾忠良、张茂进、黄顺英（女）、梁东奎、刘生、白新长、银玉兰（女）

205 车间干部

姬燿先、陈柏合、曹丙寅、董根才、颜夏生、吕崇修、连德宏、王永真、李振智、段春贵、闫鹤鸣、张起龙、刘恒星、孟庆兰

205 车间工人

王合喜、苏兆林、蔡全福、张项智、刘维芳、李海木、吴太明、柳宏昌、张启勤、刘秋成、张合法、张爱芬（女）、杨孝增、周培才、刘开元、李聚友、唐林清、陈发水、杨宗坤、王殿清、郭良苦、栗发振、马胜春、魏全忠、李经发、李守信、郭进祥、张金栓、王银风（女）、王进福、刘振华、孙友海、秦瑞生、王成芳、张才、潘桂英（女）、陈柏松、刘玉洪、孙喜爱、于维智、杨富春、李风治、朱广仁、樊承招、李雅兰（女）、张玉萍（女）、王发夺、张连根、耿连弟、平燿金、徐瑞寅、马振生、孙桂桐、邓元洪、王玉书、吴士俊、王希枝、王同生、宋宝江、霍西林、肖开俊（女）、顾如生、石振江、张长林、冯秀华、赵钱勤、张文来、谢文珍（女）、马秀芳（女）、诸文英（女）、蔡桂兰（女）、杲良田、李才、陈伍银、王德兴、王振荣、徐书明、刘学祥、张文学、梁山俊、王行昌

二分厂学习班干部

刘品武、金佩琳、张翠荣（女）、毛伟（女）、杨联霞（女）、叶桂珍、张志达、贾安国、王忠臣、杨传芳、宋三明、陈体仁、许法荃、潘国旗、黄献瑞、彭秀英

（女）、关淑梅（女）、冯鸿良、连永林、石亚立、王海令、徐智明、周振堪、施淑珍（女）、谢立芳（女）、裘小嫒（女）、高岩（女）、冯树田、谭树荣、俞仙芳、宋绍连、谷红锋、张殿存、张子峰、王万和、赵春廷、靳秀德、张秀振、毕福全、韩兰珍（女）、袁显家、陆玉光、刘桂梅（女）、杨立科（女）、唐素琴（女）、姚玉兰（女）、仉兰（女）、张志远、董经才、常仿文、穆清斌、刘敬忠、王化平、秦志仁、马法旺、苏金有、朱胜元、曹洪德、郝聚荣、李官贤、赵志学、蔡治松、王兆永、梁爱梅（女）、陈立（女）、杨玉琢、张杰、杨淑媛（女）、高和读、王少斌、韩乐发、张柏昌、陈书山、刘喜志、张桂凤、单玉萍

西宁专案组

张汉卿、邓採珠、李永东、姜仁、蔡抱真、吴永文、方乃相、郑绥仁、程惠纯、李惠芬（女）、胡凤仪、左慧兰、夏伟发、吴凤杰、程庆兆、崔德堂、孙宗昶、王永山、沈钦明、陈月娥（女）、鲁艳君（女）、刘振东、杨芳玲（女）、孟庆铨、曾令志、赵宗培、李日照、张国盛

调902地区未走人员

王志伟、朱祖成、杨笃、董海山、陈良金、张凤英

上海地区历次调往221基地各类人员汇总[①]

从1958年到1966年期间，上海地区先后多批次地抽调技术人员、生产骨干和技校、初高中毕业生到青海221基地，从事核武器事业。

1958年九局肖玉琦是最早与李觉一起上草原的先遣队员之一。早期进场的还有章宝庆、冷元庆等人。

1960年中央组织部下令调105名中级职称以上的技术骨干进入二机部九局，其中有不少上海地区的科技骨干。

1962年又从全国抽调了126名技术骨干进入二机部九局，其中大部分人上青海221基地。退休后回上海的有林家骅、谢平海、汪达江、倪荣福等人。

1961年，上海医学院和护校应届毕业生三十余人，由黄光安带领直接上青海221基地。

1962年，从上海商业系统选调80多人，直接调入青海221基地，这些人后来成为基地生活、后勤保障系统的骨干。

1963届、1964届、1965届上海交通大学、复旦大学等各大专院校毕业生二百余人，直接分配到青海221基地下属科研、生产单位，他们大部分参与了第一颗原子弹、

① 由上海二九联谊会提供。

第一颗氢弹的研制工作。

1964 年，从上海公安系统抽调二十余名干警，由王文博带队，调入青海 221 基地负责安全保卫工作。

1964 届上海劳动局所属技校八十余名毕业生分到 221 基地，又在上海周边招收 200 多名高中、初中毕业生（大部分是女青年），送到青海 221 技校培训，毕业后参加工作，同时解决 221 基地青年男女比例失衡问题。

增补纪念墙未镌刻的部分名单[①]

青海原子城广场纪念墙上镌刻的 6000 多个人名，屹立近十年。由于风化、生锈，字迹难辨，幸好有心人及时拍下，整理出名单放到互联网上，供人查询。鉴于人名太多，篇幅太长，本书难以刊出，敬乞谅解。

纪念墙是 2009 年 5 月由青海省海北州原子城纪念馆修建的。当时的二二一厂和九院已分属不同部门，名单主要由双方通知其下属各单位收集、汇总后交原子城纪念馆镌刻。由于人事档案缺失，收集工作无法做到完整和精确，造成后来调出的不少人未统计入内；“文革”中非正常死亡的 221 厂人，因无单位申报也不在名单之中。可见这份名单并不完整，且错误在所难免。原在 221 基地工作的人员现在不少已经故去，一些人调离后分散全国各地，资料获取困难，现在补充遗漏的名单困难不少。本书编者尽其所能寻找到 20 世纪 60 年代在 221 基地工作的若干人员名字，作为附录刊出，难免挂一漏万，知情者可继续补充。221 基地纪念墙上的人员名单已成历史遗物，有胜于无，仅能立此存照而已。

2017 年 8 月

① 本名单共 224 人，由赖小平等人提供。

序号	姓名	进221厂工作时间/年	具体工作单位	序号	姓名	进221厂工作时间/年	具体工作单位
1	赖祖武	1963	实验部	33	胡振帮	1959	四分厂
2	阮　辉	1964	总厂干部劳资处	34	王佐富	1964	四分厂
3	吴当时	1963	实验部	35	霍慎斋	1963	三生部
4	盛菊芳	1964	实验部	36	李维华	1965	一分厂组织科
5	李嘉樑	1964	实验部	37	刘爱华	1963	四分厂
6	刘雅君	1964	实验部	38	李永贵	1958	四分厂
7	何　德	1963	实验部	39	田宝璋	1963	矿区商业局
8	张鸿江	1960	二分厂	40	张希禄	1965	矿区文教局
9	徐永梅	1964	商业局	41	刘金荣	1965	矿区文教局
10	王志锋	1958	职工医院	42	张西平	1963	交运处
11	姜万选	1964	一分厂	43	王增俊	1963	交运处
12	陶士元	1961	职工医院	44	杜金祥	1963	矿区商业局
13	刘国荣	1964	职工医院	45	柴文生	1963	矿区商业局
14	夏纬法	1963	二分厂	46	王明和	1963	矿区商业局
15	胡平越	1963	机关四处	47	马登木	1963	矿区商业局
16	马奎山	1964	一分厂	48	朱学兰	1963	矿区商业局
17	张淑英	1963	一分厂	49	胡伯鑫	1959	保卫部、实验部
18	刘秉元	1958	四分厂	50	李学良	1963	一分厂
19	高文忱	1959	四分厂	51	肖　光	1963	二分厂
20	王世惠	1960	总厂监委	52	刘湘雅	1964	行政处
21	王静一	1962	总厂财务处	53	曹玉侠	1963	机关四处
22	邵复生	1963	四分厂	54	严相新	1960	一分厂
23	张东峰	1958	职工医院	55	许德成	1964	邮局
24	王淑钧	1966	职工医院	56	张金凤	1963	邮局
25	孙秀章	1959	四分厂	57	宋玉田	1963	矿区商业局
26	赵维晋	1963	实验部	58	胡桂英	1963	矿区邮电局
27	唐士富	1964	二分厂	59	吴长智	1962	教育处
28	包瑞云	1965	二分厂	60	李妍云	1962	矿区法院
29	戚其莲	1961	三分厂	61	赵德华	1963	矿区公安局
30	于德发	1961	三分厂	62	张子峰	1964	二分厂
31	蔡法彪	1961	总体室	63	宫树明	1964	房建处
32	叶美霞	1963	行政处财务	64	崔玉义	1964	二分厂

续表

序号	姓名	进221厂工作时间/年	具体工作单位	序号	姓名	进221厂工作时间/年	具体工作单位
65	任相成	1959	004仓库	93	赵宝成	1962	九一中学
66	陈洪旺	1958	房建处	94	李玉琢	1962	九一中学
67	徐荣德	1958	房建处	95	周芳遮	1962	九一中学
68	张启玉	1964	一分厂	96	喻联璧	1962	九一中学
69	石玉瑛	1958	商业局	97	李全英	1963	九一中学
70	杨守清	1964	三分厂	98	刘其华	1963	九一中学
71	王广方	1963	器材处	99	刘　润	1963	九一中学
72	徐文兴	1963	三分厂	100	荣恩藻	1963	九一中学
73	肖庆忠	1959	邮电局	101	张满昇	1963	九一中学
74	杜修兰	1959	邮电局	102	张自学	1963	九一中学
75	毕务民	1962	交运处	103	魏通州	1963	九一中学
76	张昭芳	1962	交运处	104	茹桂英	1963	九一中学
77	任永成	1959	邮电局	105	刘存仁	1963	九一中学
78	邵文东	1959	邮电局	106	李如琳	1963	九一中学
79	吕奎武	1964	二分厂	107	谢家琼	1963	九一中学
80	孙建泰	1964	三分厂	108	邢良瑛	1963	九一中学
81	袁金莲	1965	邮局	109	谢丽明	1964	九一中学
82	袁鸿业	1966	邮局	110	石日鼎	1964	九一中学
83	武凤珍	1966	邮局	111	江为琼	1964	九一中学
84	魏灵先	1959	邮局	112	王汉林	1964	九一中学
85	吴素琴	1959	邮局	113	陈炜如	1964	设计部
86	左莲芳	1962	邮局	114	徐正林	1964	二分厂
87	杨海虎	1959	通讯科	115	朱文良	1964	九一中学
88	杜秀莲	1962	矿区二小	116	陆世佳	1964	九一中学
89	赵定华	1963	邮局	117	张瑞英	1964	九一中学
90	房鸿奎	1960	矿办工会	118	冯普信	1964	九一中学
91	袁广屏	1962	九一中学	119	尹发祥	1964	九一中学
92	王元刚	1962	九一中学	120	李瑞德	1964	九一中学

续表

序号	姓名	进221厂工作时间/年	具体工作单位	序号	姓名	进221厂工作时间/年	具体工作单位
121	孙善庆	1965	九一中学	149	韩月娥	1965	职工医院
122	孙　民	1965	九一中学	150	田米兰	1961	邮局
123	肖　荷	1965	九一中学	151	朱国柱	1959	一分厂
124	李保仲	1965	九一中学	152	许国金	1958	四分厂
125	刘　滨	1965	九一中学	153	王振合	1958	乙区总务科
126	陈锁荣	1965	九一中学	154	柴玉梅	1958	乙区托儿所
127	朱瑞昭	1965	九一中学	155	陈龙达	1964	三分厂
128	史祥文	1964	四分厂	156	王宫路	1964	四分厂
129	张得礼	1964	器材处	157	唐国升	1964	一分厂
130	张清振	1958	交运处	158	徐全兴	1959	三分厂
131	王文俊	1958	厂医院	159	唐永昌	1963	四分厂
132	刘时光	1963	器材处	160	刘秀田	1964	矿区文教局
133	邸全录	1959	十厂	161	宋裕家	1959	三分厂
134	李书振	1958	乙区基建处	162	薛永沴	1959	交运处
135	谈子扬	1963	四分厂	163	王永财	1958	四分厂
136	李茂福	1964	武装部	164	姜桂芳	1964	矿区商业局
137	刘树海	1963	三分厂	165	王泽民	1965	九一中学
138	袁景爱	1959	四分厂	166	孙正德	1963	三分厂
139	赵华山	1958	三分厂	167	张可达	1964	三分厂
140	肖香兰	1958	交运处	168	魏荣海	1959	二分厂
141	宋祥孚	1962	职工医院	169	谢鸿政	1965	实验部
142	叶承英	1962	职工医院	170	张秀云	1965	实验部
143	韩东科	1958	三分厂	171	刘振海	1959	乙区门诊部
144	安　奎	1958	三分厂	172	何佩珍	1961	乙区门诊部
145	胡广金	1958	交运处	173	史瑞耀	1963	三分厂
146	陈林起	1958	房建处	174	贺书英	1963	三分厂
147	刘翠莲	1958	交运处	175	袁椒培	1959	器材处
148	刘顺才	1965	通讯科	176	周兴裕	1959	一分厂

续表

序号	姓名	进 221 厂工作时间/年	具体工作单位	序号	姓名	进 221 厂工作时间/年	具体工作单位
177	张琳桥	1963	一分厂	201	马元仑	1963	实验部
178	支中亮	1958	实验部	202	王俊利	1963	实验部
179	史省梅	1963	三分厂	203	万振坤	1963	实验部
180	窦陶成	1964	交运处	204	李振先	1963	实验部
181	霍理恩	1963	商业局	205	程绍孔	1963	实验部
182	任秀风	1966	文教局	206	蒋霞芬	1963	实验部
183	李炎芳	1959	一分厂	207	张伦秀	1963	实验部
184	王美兰	1963	三分厂	208	张兰英	1963	实验部
185	李执海	1965	一分厂	209	高宝珍	1963	实验部
186	盛文惠	1965	房建处	210	韩康琦	1964	实验部
187	杨继荣	1963	实验部	211	曹国桢	1964	实验部
188	常玉丽	1963	实验部	212	平纯清	1964	实验部
189	方　澄	1963	实验部	213	冯　勤	1964	实验部
190	孟顺生	1963	实验部	214	丁荣甫	1964	实验部
191	张叔鹏	1963	实验部	215	王心受	1964	实验部
192	崔　汉	1963	实验部	216	曲治华	1964	实验部
193	唐阳纯	1963	实验部	217	赵春荫	1964	实验部
194	宋应松	1963	实验部	218	刘桂生	1963	实验部
195	卜德煦	1963	实验部	219	许宏温	1963	设计部
196	陈茂林	1963	实验部	220	章庆权	1963	设计部
197	葛幼吾	1963	实验部	221	陈长贵	1959	医院
198	孙定和	1963	实验部	222	张邦鹏	1964	二生部
199	刘榜华	1963	实验部	223	金　植	1964	221 电厂
200	周应乔	1963	实验部	224	任吉庆	1960	总厂生产计划处

主要参考书目

李觉，等．当代中国的核工业．北京：中国社会科学出版社，1987.
贾基业．两弹一艇人物谱．北京：中国原子能出版社，2016.
降边嘉措．李觉传．中国藏学出版社，2005.

人名索引

A

阿诺德 40

阿维利扬诺夫 23，27，54

安德烈耶夫 23，33，34，36，53

安 东 100

安金柱 353

安玉刚 382

B

巴德科 67

巴兰诺夫 53

白殿斌 123

白东齐 106，145，240，265，275，499

白新民 253

白泽普 141

毕庶凯 82，90

勃列日涅夫 413

薄一波 2，4，9

卜德煦 7，103，104

C

蔡抱真 268，277，351，384，403，433

蔡慈波 54，277

蔡金生 508

蔡盛德 260

蔡昇杰 203

曹登实 508

曹庚虞 40

曹沛如 82，221，222，228

曹庆祥 351

曹瑞兴 277

曹秀华 199

曹学恭 260

曹学乾 277

曹铁欧 484
曹玉伦 469
柴映州 426
常惠钦 243，275
常淑贞 329
晁孚恒 187
晁锦文 145
晁文义 255
陈伯达 42，60，61，460，466
陈昌连 350
陈长贵 92，143，379，421，434~436，451，478，488
陈常宜 169，276，303，480，511
陈德芳 395
陈德林 174
陈福民 286~288，350
陈 赓 3，171
陈光月 379
陈涵德 308
陈宏毅 48，296
陈洪建 436
陈家圣 277，338，353~356，508
陈锦雄 260
陈俊美 282，303
陈俊祥 317，385
陈乐山 313，315，319
陈茂林 104，105
陈能宽 8，15，17，20，48，169，170，180，184，204，205，213，257，265，268，269，272，273，275 ~ 277，296，306，308，316，317，330，331，344，346，348，359，371，380，458，492，494，517
陈启刚 450，468
陈汝华 277
陈圣让 75
陈士达 329
陈士榘 13，100
陈树楣 255
陈玮如 326
陈锡钧 276，349，350
陈小达 42，60，61
陈新元 509，510
陈学印 276
陈学增 276，288，289，296
陈训富 329
陈业明 455
陈 毅 483
陈 英 365，472
陈宇声 326，450
陈月华 222
陈 云 2，4，9，294
陈早林 344

陈正秋　461，511
陈　中　52
陈忠贤　201
陈梓仁　54
陈祖邦　461
成福时　326，328
程　诚　99，166，167，362
程洪涛　276，326
程惠纯　426，499
程继增　160
程开甲　6~8，49，170，184，275~277，296，494，517
程瑞华　466
程喜河　351
程裕昌　116
程元福　410
初成文　308
崔　汉　47
崔鹏程　5，135
崔银茂　77

D

达应新　449
代墨兰　228
戴登邦　220，230，232，233，235，237
戴玉珉　158~161
邓宝湖　274
邓炳林　342
邓稼先　5，6，8，9，11，16，17，20，41~43，47，48，52，115，156，172，296，311，313，314，317，359，386，442，492，517
邓小平　17，34，40，172，490，503
刁粉宝　330，345
刁会昌　274
刁筠寿　10，133，169，269，275~277，404，472，492，516
刁有珠　145，159~162，165，168，362，363，382，501
丁根林　51
丁厚本　174
丁云生　222
董大年　7，170，276
董阜兴　221，230，233
董海山　22，376，404，422，423，433，445，455，473
董连仲　158，161，174
董玲玲　222，233
董维申　438
独远珉　47
杜桂林　221，233，234，237~239
杜连喜　206
杜　挺　283，332
杜先宜　276，349

杜学祥　139
段长文　274
段思瑞　224，233，237~239
段映月　222，237，469

F

范成贵　197
范东珍　197
范广誉　221
方　澄　17
方继猷　54，55，57
方立山　116
方淑珍　255
方思林　326
方秀蓉　199
方正知　9，17，170，173，268，272，276，303，309，311，317，494
房玉德　277
费桂廉　499
冯大茂　240，459，462
冯贵业　82，90
冯兴平　260
冯玉刚　160
符绍荣　92
傅依备　59，170，282

G

高　潮　5，131，133，146，169，212，400，433
高殿华　330
高　峰　27，35，36，64，67，509，513
高国桐　281，344
高　杰　212
高敬鑫　202
高克勤　390
高　伦　359~361
高丕绩　157
高清波　253，260
高庆梅　260
高如礼　158
高　深　326
高淑芬　197
高素芳　197
高天佑　450
高桐淮　508
高延贵　199
高玉卿　253
高元对　274
高在堂　441，445
高振兴　222
戈克平　372，382，396
葛俊新　330
葛沛兴　429
耿素梅　197
耿万鹏　253，254
龚丽权　145

古多索夫 23，25，36，53
谷炳寅 462
谷才伟 18，47，49，51，77，105，141，154，184，271，296
谷 敏 484
顾 臣 277
顾 标 173
顾金坤 205
顾念怀 330
关景元 351
关维兴 369
官桂英 222，226
管新凯 326，450，459，461，466
郭富山 82，107
郭汉斌 49，51
郭善正 49，187，210
郭甚解 54
郭文元 260
郭宪民 476
郭学标 353
郭英会 4，6，9~12，14，16，21，23，24，26，30，31，34，36，37，40，44，46，52，100，115，120，133，156，170，171，227，275~277，418
郭永怀 6，8，14~17，49，170，184，257，273，275 ~ 277，296，325，349，350，359，400，405，492~494，517
郭玉新 257
郭占武 207
郭仲桃 326
郭宗仪 485
国淑琴 484

H

韩德新 455
韩康琦 7，104，170
韩思玉 390
韩文章 51
韩颖娟 453
韩 玉 222，226
郝桂秀 221
郝梅英 255
何 德 174，274
何根林 77
何广乾 24，25，30，33
何桂莲 6~8，42，398，457
何文彬 351
何文钊 277，296，332，377，495
何宴堂 82，130
何泽慧 281，296
何振明 221
何芝莲 150
何治英 219

贺联奎　289，452
贺　龙　172，450，484
赫鲁晓夫　100，414
洪天成　5，10，11，42，46，47
侯秉喜　255
侯春华　187
侯好玉　173，174，274
侯玉华　5
胡伯鑫　338
胡昌喜　468
胡德新　7，103，104，206
胡芳斌　213
胡风（张光人）　444~448，476，482
胡干达　2，9，13，15，21，39，45，47，49，293
胡木荣　54
胡仁娣　222
胡仁宇　5，16，17，20，59，170，273，276，279，281，296，317，322，325，411
胡若嘏　381
胡深伐　4，269，277
胡思得　268，272~274，313，319，385，387
胡香生　329
胡振兴　277，338
花平寰　455
黄宝忠　129
黄　斌　326
黄传贵　511
黄富仙　222
黄国光　9，17，170，239，269，272，273，276，288，289，325，494
黄慧娜　326
黄建平　49，51
黄开顺　329
黄克骥　350，352，353，501
黄乃淮　460
黄启之　158，161，485
黄瑞月　260
黄世明　273，276
黄颜斌　255
黄永胜　376，416
黄　愚　349，350
黄元德　338
黄祖洽　59，281，296，317，456，457
黄祖荫　501
惠钟锡　271，276，326，330，331，345，348，383
霍广盛　3，5，6，9，11，12，22，27，30，33，36，44，52，53，100，152，227，514，517
霍慎斋　269，277

J

纪登奎　467，472

纪奎生　221，226

季秀兰　221，233

冀鲁生　222

加夫里诺夫　6，7，45，52~54

贾安国　277，338

贾东华　139

贾　纪　49，184

贾乾瑞　374，400，402，403，456

江　青　379，436，483，484，486

江协琴　326

江子瑜　444

姜宝田　174，394

姜　靖　265，269，272~274，276，288，325

姜静群　373，400，402

姜南燕　350

姜　仁　277，338

姜　涛　145

姜晓钟　459，462

蒋介石　378，394

蒋蓉涛　276，349

蒋心雄　503

蒋贻权　222

蒋银竹　194，197

降今夫　5，42，46，156

焦玉珍　260

金显盛　468

靳铁生　277

经福谦　276

鞠清和　221

K

卡林尼切夫　23，32，36，53

康　生　484

康　治　145

柯校枝　144，201，204，206，211，218

科　巴　23，28~30，36，53

科达科夫　3

孔令娴　222

孔祥成　276

孔照明　222

L

赖东显　319

赖祖武　169，273，276，278，279，281，285，296，320，324，344

兰守信　174，195，198

郎垣蔚　187

劳顺茂　77

乐嘉禾　54，269

雷芳华　222

雷荣天　4

黎云浦　273

李宝生　134

李必英　277，338，351，353~355

李长发　329

李长锁　428

李常乐　49

李持贤　308

李春山　187

李纯荣　509

李德安　329

李德华　174

李德民　77，221

李德生　472

李德元　17，49

李殿发　187

李定凡　503，504

李凤翔　169

李富春　483

李根昌　77，81，83，85，108，112，115，120，123～125，127，146，149，176～180，241，243，442

李国宏　454，478

李国柱　54，55，57

李辉荣　174

李嘉樑　321

李嘉尧　18，41，47，49，52，184，265，269，275，296

李建华　260，277，411，422，430，485

李　杰　178

李金娥　221

李金花　222

李锦平　319，373，398

李巨元　351

李　觉　4，5，9～11，13～18，20，21，34，39～41，46，47，52，64～68，70～74，76，77，80～82，87，90，111，117，120～123，127，128，133，138，157，166，167，174，175，185，229，248，250，256，257，262，264，268，270，275～277，279，283，285，295，297，298，304，307，309，310，312，313，316，322，344，346～348，354～356，359，361，375，380～382，442，458，491，515，517

李朗伯　260

李　力　54，110，131，133

李留党　429

李　满　277

李佩芳　221

李　平　260

李　萍　222

李启廉　276

李清华　187，210

李　全　438
李荣光　82，90
李荣吉　319
李少甫　196
李绍周　4
李诗清　90，188，190，194，195，197，198
李书华　277，338
李淑英　194，196
李淑珍　260
李文星　350
李伍振　461
李希华　330
李喜存　221
李献瑞　326
李晓玲　441，442
李协忠　174
李　信　10，11，17，66，75，76，80～83，86，87，107，110，111，128，130，134，136，143，175，181，188，189，240，266，269，275～277，441～443，492
李修芳　222
李秀玲　390
李绪亭　222，238
李学兰　197
李学良　277
李彦海　174
李彦祥　326，345
李艺超　221
李　毅　372，373，382，384，387，396
李毅超　234
李英杰　133，265，269，515，516
李有和　221
李玉兰　329
李月元　260
李　震　483，484
李忠强　326，327
李忠信　438
李周群　461，466
李子君　423，455
李子清　111
李作亭　116，277
梁步庭　381，497
梁礼秀　428
梁士超　158
梁祥善　499
梁玉舟　330，345，348
梁　志　400，401
廖承权　7
廖泽先　222
列捷涅夫　42
林　彪　240，381，397，406，412，

426，428，440，451，454，458，465~467，469，471，473~475，483，484，486
林传骝　5，49，104，105，203，273，276，301，308
林道亮　471
林家骅　276
林立果　467
林立柯　509
林志坤　123
刘倍保　439
刘　彬　409，410
刘长海　329
刘长禄　274，276
刘成发　277
刘成贵　255
刘　丹　255
刘德山　330，461
刘德生　390
刘德兴　222
刘德柱　408
刘福光　255
刘　皋　145
刘桂昇　140
刘洪青　255
刘嘉树　313，315，319，388
刘建峰　364
刘建民　158，160
刘　剑　379，422，437，459
刘　杰　3，4，9，10，21~23，33，34，52，62，100，146，172，270，279，299，318，373，514，516
刘杰生　326~328，450
刘金汉　54，481
刘金凯　220，227，228
刘金玉　222，226
刘俊琳　5，65
刘俊琴　326
刘　恺　329
刘伦师　47
刘满玉　222
刘　敏　286，288，329，330，345，348，350，398，405
刘乃民　4，168，171，172
刘庆林　174
刘庆隆　221
刘瑞芬　429
刘　莎　3
刘少平　82
刘少奇　146，172，396，450，476
刘世友　187，210
刘书林　381，497，503，504
刘淑芳　184
刘淑鹤　501

刘淑珍　222，226
刘树林　221，499
刘松庆　222
刘天福　260
刘天华　220，221，230，275
刘　伟　21，34，375，499
刘文翰　386，387，391～396，414，434，443，444，448，474，475，480～482
刘文俊　450
刘文林　82
刘文选　353
刘文仲　203
刘西尧　21，51，172，303，345～348，372，382，384，386，387，472
刘锡三　203
刘贤权　374，375
刘孝先　197
刘雅君　321
刘　岩　222
刘燕珠　57
刘耀南　429
刘银树　221
刘玉春　511
刘玉璋　5
刘玉珍　145
刘月娥　240
刘月英　174
刘云生　249，251～253，256～258，260，366，367
刘云太　243
刘哲生　158，160
刘　贞　82，252
刘振东　141，150，277，292，338，342，408，426，433，435，454，479，499
刘志君　103
刘志宽　173，270，275
刘志民　73，76，79，83，86，87
刘志伟　438
刘致中　82，97，98，116，158
刘　镯　222，226
刘宗山　173，274，276
刘祖妹　329
柳　滨　105
柳均玲　160
龙文光　8，17，48，170，239，269，276，287，288，296，325，426
龙属川　274，281
卢长山　329
卢建先　329
卢学友　329
陆江山　174
陆瑞生　328
陆文堂　178

陆振声　351
路　坤　212，214
路庆魁　48
吕崇修　351
吕鸿武　197
吕金克　51，128
吕　萍　184
吕思保　255，351
吕义晋　508
吕正操　3
罗果金　54
罗　恒　260
罗庆献　221
罗庆尤　226
罗瑞卿　11，167，172，362
罗盛鉴　187
罗世杰　461
罗舜初　375
罗四维　282，303
罗中奎　77

M

马长安　277，449
马福康　212，214~216
马海亮　222，224，238，239
马久昌　379，437，454
马俊杰　326，327
马克忠　326，327
马荣成　82，90，275
马如寅　411
马斯洛夫　52~54
马文申　158，277，411，485
马希义　383
马　祥　106，201，203，209，269，275~277
马耀贤　299
马　瑜　40，167，360~362
马玉华　212，215
马玉文　174
马芝田　476
马志诚　158，160，275，353
马志清　40
马正一　4
毛崇礼　276
毛泽东　2，15，58，146，172，221，513
茅铁华　138，139，272
冒　逸　203
梅　志　476
孟凡会　174
孟建庭　242，275
孟庆兰　338
孟书宇　237
孟顺生　138，206，255，272
孟兴发　313，315，319

孟宇定　233
米锦太　145
苗文斌　187
苗兆瑞　173，458
缪盘根　329
缪兴元　187
莫　娟　222，233
莫文隆　187，210
慕承兰　222，226
穆守智　486
穆玉华　255，260

N

巴利斯·尼可列维奇　38
倪廷玉　400，401
倪永福　272
涅　金　7，52~54
聂海菊　197
聂怀德　160，270
聂荣臻　2，4，9，15，23，118，123，127，208，373，484
聂　商　511
牛广增　173，269，276，325，329，346
牛儒河　174

P

潘长春　351
潘　干　221
潘吉安　330，345
潘世中　329
潘　馨　276
潘振远　277
庞国相　450
裴文德　161
裴应林　221
裴兆麟　143，187，265，277，338
彭德怀　2，395，414
彭　非　42，47，76，128，243，275~277
彭桓武　6，8，14~17，49，59，170，184，275~277，279，281，296，359，405，492，494，517
彭如厚　221
彭　真　39，100
莆国现　429
浦　斌　260
普洛丹　53

Q

祁占武　203
齐宝英　208
齐道震　82
齐佩云　197
齐淑娴　260
齐永兰　222
钱金华　222
钱　晋　268，272，273，277，351，379，384，385，402 ~ 404，410，

420，431 ~ 434，437，445，455，485
钱三强　4~7，9，15，16，39，52，59，270，514
钱学森　5，288，350
强玉英　329
乔翠琴　82
乔献捷　76，106，128，144，157，161，201，216，269，275~277，346，361
乔　怡　330，345
秦宝富　222
秦森开　461
秦元勋　171，296，456
邱晋堂　221，233
邱信琪　54
邱祖荫　276，326，327，383
仇华荣　254，256，260
曲右祥　197
瞿寿德　326
权忠舆　283

R

任春泽　351，508
任嘉因　398
任益民　138，141，169，270，276，295，299，301，304，317，324，455，493

S

桑延平　222，228，230，238
邵金堂　187
申国凡　173
沈必文　298
沈国峰　331
沈寄安　321
沈绍严　283
沈永熙　221，229
沈祯祥　112，219，221~226
盛二杰　222
师新颖　222
施美珉　485
石合令　260
石来印　222
石　磊　484
史克胜　160，161
史信法　329
疏松桂　48，171，239，271，276,288，296，325，327，329~331，345，348，471
水鸿寿　313，319
松赞干布　32
宋爱华　326，461
宋炳寰　400，401
宋公田　484
宋光洲　51，105，111，147，169，

274，277
宋继亨　382，383
宋家树　43，168，170，277，283，333，335，494
宋锦祁　178，244
宋任穷　3，4，9，10，13，23，33，34，39，41，44，52，60，92，123，127，156
宋绍俊　92
宋　熊　123
宋耀明　178
宋应松　292，373，379，392~394，396，434~436，451，480
苏尔科夫　23，53
苏良法　480
苏桂余　9，277
苏　枚　474，484
苏文科　286
苏彦钧　174
苏燕京　187
苏耀光　138，169，173，264，265，268，272，276，296，309，311，317，500~502
苏玉平　418
苏肇冰　313，319
粟周全　260
隋尉祺　277
孙德江　221
孙和生　49
孙家林　9，49，106
孙　杰　426
孙清和　313，314，316，388
孙容娇　329
孙尚杰　222
孙绳璞　5，54
孙盛捷　501
孙天雄　187，210
孙铁柱　508
孙维昌　138，264，268，272，273，277 351，378，383，402 ~ 404，407，409，410，418，419，421，423~425，430~433，472~474，478，481，485
孙义亭　438
孙永才　220，230
孙振厚　157

T

塔　姆　6
谭凤伦　104
谭善交　390
谭树荣　135
谭显祥　203
谭震林　484
唐岭辉　256，257，260

唐孝威　17，20，169，170，276，296，301，306，411
唐兴安　221，233
陶　铸　279
田成平　507
田春秀　222
田国良　222
田米兰　194，197
田　普　221
田　奇　173
田子钦　123
帖玉祥　330，345
童传信　66，67，82，94
屠尔勒　24，41
涂斯春　483

W

万　里　39，69，363，365
汪　峰　24
汪国华　187
汪慕兰　222
汪　松　173，400
王爱芬　222
王宝琴　222
王秉璋　467，471
王炳茂　97
王长胜　5
王成文　221，232，233，235，237～239，462，466
王重敏　221
王春笃　326，328
王翠菊　197
王　度　221
王法宪　352
王方定　5，59，271，276，281，282，303
王富德　178
王淦昌　6，8，14～17，19，43，49，59，170，184，201，256，257，265，275～277，279，292，296，300，303，309～311，313，359，371，377，380，404，405，418，480，492，517
王高典　282，303，390
王贵臻　206
王国屏　406，469，471
王海棠　250，253，256，260
王汉民　260
王洪斌　277
王洪逵　8
王洪文　472
王华武　351，353
王化魁　329
王怀印　174
王纪欣　486

王家栋　277
王　鉴　40
王建青　187，210
王菁珩　35，75，123，247，372，381，490，495，497，500，503，506，508，517
王九皋　461
王俊丰　444~447，475，476
王立臣　429
王　零　278
王满刚　205
王梦兰　233
王　敏　260
王明恩　410
王明锐　174，314，315
王乃彦　170
王佩璇　43
王　庆　255，457
王庆埏　276
王　荣　216，375，404，405，414
王润民　255，269
王绍丰　11，12，36~38
王士杰　277
王士俊　397，429~431，434，437~441，474，476，477，480
王世璋　187
王叔贵　233
王淑慧　221
王淑英　174
王曙光　442
王树棠　326，330，345
王铁铮　326
王维英　222，260
王文广　342
王晓欣　222
王孝云　360
王秀霞　222，226
王亚民　255
王　炎　144，145，240，257，265，269，331
王艳秀　427
王贻玲　329
王贻仁　42
王　义　326~328，450
王义和　14，134，138~140，173，264，265，268，272，275，276，317，423，446
王寅堂　222
王玉振　156
王玉琢　158
王　毓　222
王云山　461，468
王泽民　469
王章移　276，281

王正明　286，349
王之康　13，47，49，51，58，102，113，128，147，186，201，216
王志刚　10，17，77，175，178，244，257，269，373，400，441～443，485，515
王志云　174
王　铸　277
王子欣　158
卫玉章　394，396
魏金凤　260
魏　涛　255
魏志平　174，274
文春初　208
闻伯俊　484
吴安清　7，61，134
吴昌玖　442
吴当时　282，286，303，321
吴东周　495
吴洪砚　161
吴际霖　4～7，9～18，21～24，26，29，31～36，39～46，52，66，73，90，110，113～115，133，174，175，180，181，201，227～229，257，264～266，268，270，275～277，281，292～298，309～313，322，339，344，349，359，371，373，375，380，400，404，441，442，472，491，492，517
吴景云　353
吴克福　353，511
吴丕恩　242
吴　群　484
吴荣生　222
吴士耀　277
吴素琴　197
吴文明　351
吴益三　60，138，141，173，268，271，276，306，309，317，392，396，456
吴永春　173
吴永文　9，169，268，271，273，277，342，351，384，402，403，409，410，433
吴月英　174
伍新民　221
武凤文　174
武　胜　494

X

西马诺夫斯基　53，55～58
夏英贵　329
鲜天泰　141
向　明　11

肖逢霖 54，105，133，296
肖　光 68，77，90，161，338，384
肖伦生 260
肖　敏 260
肖世州 195
肖玉琦 66，67，72，82
肖泽泉 404，405，414
谢恩惠 221
谢富治 483，484
谢光贤 170
谢家琪 275，402
谢建源 262，283，290，294，331，336，337，406，410～413，415，432，437，494，495，498，505，511
谢平海 147
谢子秀 187
谢子忠 174
辛长顺 454
辛茂德 260
邢宏勋 222
邢洪岐 351
邢建华 255
徐邦安 348
徐必寿 395
徐步宽 5，10，17，46，75，76，80～83，87，110，266
徐德田 203，215
徐德馨 468
徐福和 221，234，237
徐光大 277，338，351
徐海珊 308，411，430
徐浩书 192
徐鸿元 461
徐　杰 5，6，12，18，46，47，171，173，227，275
徐莲芳 49，184
徐龙云 256，260
徐　奇 471
徐庆宝 200，266，269，275～277，516
徐世忠 326
徐文阁 190
徐宜志 203
徐增海 46，47，82
徐智明 338
许大雄 212，215
许德强 329
许宏温 326，327，450
许雪梅 511
许油锤 429
许袁生 49
薛克明 64，67，78
薛克荣 106
薛念祖 202

薛铁辕　313，314

Y

闫安立　351
闫国训　228
闫素贞　187，209，210
闫喜林　222
严文灿　274，277
阎有铭　106，110，118，126，130
杨春章　351
杨　笃　409
杨芳林　222
杨　虎　40
杨　科　389
杨　森　173
杨守约　338
杨树盘　145
杨思礼　308
杨西光　278
杨希仁　326，327
杨献珍　397
杨秀珍　221
杨益民　397
杨　玉　434
杨忠胜　326，383
姚虎成　481
姚军山　110，133
姚礼屏　276，286，349
叶定松　221，338，508
叶清环　464
叶　群　467
叶　永　303
殷应庚　221
尹成跃　351
尹景明　92
尤德良　511
尤还珠　222
由吉祥　351，353
于　川　403，408，419，479
于洞庭　276
于刚德　90，117，122，248，252，260
于　敏　17，19，20，59，172，386，492，517
于　仁　319
于生云　253，260
于曦耀　158
于秀华　222
余淑贞　390
余松玉　54，138
余心柏　49，269
俞春宝　409，410
俞大光　17，49，170，239，269，276，288，296，325，327，452~454，469
俞大维　452
俞仙芳　277，338
俞显彬　260

虞云跃　187，210
虞子宇　463
郁增培　220~223，230
袁东方　161
袁恩奎　213，215
袁风鸣　221
袁冠卿　5，9，11，12，18，24，26，41，46，65~67，72，73，75，78，82，89，154，156，157，441，443，515，516
袁兰芝　212，214
袁瑞萍　222
袁素英　197
袁学凯　346
袁治平　277，338
岳长安　253，260
岳香英　174
恽前程　361

Z

臧坤望　276
曾德荣　329
曾纪荣　269
曾庆云　160，172
曾永光　221，226
曾云腾　60
扎里扬　52，53
翟毅东　472
詹文林　338，407，409
张爱萍　15，100，208，209，228，241，307，314，346，347，492，503，510，511
张邦鹏　379，416，421，424，425，435，437，438，451，455
张宝金　222
张宝仁　429
张彩华　54，55，57，58，101，110，182，184，187，209，493
张宏钧　184，186，187，209，288，296
张鸿江　268，277，338，351，384，402
张辉彬　222
张辉斌　222
张金山　233
张晋德　375
张　晶　255
张景凡　54，275
张敬植　276，325
张开善　49，184
张克林　501
张立敏　184，187，210
张丽湘　436
张曼昭　326
张明权　455
张培干　485

张培望　49，184
张起龙　511
张庆灵　222
张庆生　329
张全喜　187
张生文　65~67，69，71~73，78，81，82，89，93，97，441，443
张绳武　82，178
张世昌　158，160，361，365
张世民　203
张寿齐　138
张叔鹏　206
张　爽　256，260
张顺乾　199
张庭参　221
张渭渔　221
张希武　92，499
张　曦　105
张　燮　54
张兴钤　9，17，170，173，276，303，304，317，456，494
张秀恒　508
张秀兰　222
张秀丽　450
张秀荣　222
张雪林　228
张循时　5，46，154
张玉成　277
张冶那　24，66~70，74，82，89，90，110
张有才　73，77，79，83，86
张云亭　141，338，379，437，454，455
张增福　40，41，160
张志芳　510
张仲良　24
张宗林　41，62，220，230，240
章冠人　274，276，317，385
章庆权　325，326，382，448，450，459，471
章燕容　226
赵承祚　390
赵传国　377，414，440，477，485
赵　闯　277
赵　德　379，437，438，440
赵登程　376，378，379，381，414，426，428，434，440，449，451，467，471~474，480，483~486
赵东辉　499
赵　峰　82，98，158，255
赵桂英　222
赵海新　197
赵家业　277

赵敬璞　10，11，17，46，77，80，117，120~124，138，169，381，517
赵俊贤　75，83~85，92
赵连雨　329
赵明俊　403，418
赵铭东　277，338
赵培森　499
赵启民　376，378，379，381，414，426，428，449，467，471~474，484
赵瑞禾　277
赵世诚　288，296
赵守岩　350
赵顺兴　54
赵　文　105，220，222，228
赵兴海　174
赵修贤　276，326
赵永杰　403，418，479
赵永盛　308
赵玉林　483
赵泽民　5，8，40~42，44，47，59，99，114，154~157，160，162，166，170，359
赵振清　381，497
赵镇宇　342
赵忠田　174
赵忠尧　16
甄子舟　5，158，160
郑君里　34
郑绥仁　143，144，277，338，342，426
郑　涛　461，462
郑万芬　326
郑兴荣　150
郑　哲　274
支喜昌　477
钟明祥　459~461
周秉义　455
周恩来　6，10，15，100，146，172，352，359，433，513
周抚堂　54，110，133
周复芳　255，394，396
周光召　17，20，53，169，270，296，314，315，317，318，371，380，492
周怀德　338
周眉清　321
周木清　260
周其灼　202
周书年　208，330
周树榛　11，42，62，66，227，228，231，240
周庭桢　219
周　炜　221
周西风　145

周相林　485
周　扬　448
周裕清　281，344
周毓麟　171，296
周云杉　147
周泽利　458
周之奎　475
周治家　143
周　秩　381
周智勇　486
周忠心　253，260
朱宝根　260
朱处英　232
朱　德　172，483，484
朱光亚　6~8，15~18，21，22，43，48，49，52，53，59，170，171，184 ~ 186，210，257，265，275 ~ 279，281，294，296，298，307，309~311，313，322，332，344，359，371，380，403，442，492，494,517
朱贵学　455
朱建士　268，274，313，314，317，318
朱竟洪　276
朱君发　260
朱丽春　222
朱林甫　484
朱庆飞　51
朱荣根　329
朱少华　9，11，12，24，36，52
朱深林　341，351
朱淑英　75，82，292
朱文山　49
朱元梓　221，233，238
朱振田　143
朱镇生　461，464
朱志梅　350
诸巧华　255
竺家亨　49，319
祝国梁　326
祝麟方　325
庄明淮　351，501
卓光祥　105
宗兆起　455
邹家华　507
左汝良　169，277，338
左绍禹　326

亲历者说"金银滩传奇"

Legend on the Golden and Silvery Grassland

后记一

核武之功，乃千万人集体辛劳。偶得机缘与"原子弹摇篮""引爆原子弹"采编者论及：蛋生，鸡耶？遂共生追溯之念，此即本书由来。

因身居秘境，人微言轻；彼此隔离，不知全貌。时值侯君老父罹患癌疾，已入膏肓，其奔走京、绵，奉汤进药，辗转病榻之余，相约就近开始访问胡君，得知大概，遂规划方圆，草拟六七方面，是为大纲。初定对象若干，在采录中顺藤摸瓜，前后历时两载有余，因深得众人鼓励，遂奋力向前。

知易行难，初得文字，记忆碎片，剪裁拼接，离成甚远。又遍寻知情者补充，始知时不待我，不少当事人或故去，或失忆，或远隔，然这段历史，如今不为，岂不消失于烟雨？为时虽晚，亡羊补牢，故虽绵薄之力，仍砥砺前行。

丛书成例："访问整理"，语焉不详。所得素材，理出章回，纂成目录。其时间、地点、人物、事件……均需核对，查证落实，以免传讹。且两地两人，分头工作，幸有互联网助，分头编撰前、后三章，合成初稿后，以时排序，稍见条理，逐次展开，润色文字，统一体例，上交审查。整日埋头梳理，核实，补充，迄今已增删五次，十易其稿矣。

本书以民述为本，不涉中苏分裂高层动因[①]。范围宏大，内容庞杂，中途许多热心人，贡献遗稿、补述故事，迄今已近六十万言，孙二娘裹脚乎？读者可鉴。

武器本身由核材料和各组件、部件构成，研制则在科学家、行政领导组织之下，由金银滩各部门，在各机部工厂、全国科研院所、高等院校的大力协同，无私支援下，通力合作而成。核材料来自采、炼、制，其可歌可泣之事迹甚多，本书均未及。九院及二二一厂仅仅是核武皇冠上的明珠之一，自当谦虚谨慎，继续前进。值此本书付梓之际，愿借一角同贺同勉，并兼感谢青海人民养育恩情。

发展核武，本意自卫，然事不由人，超小型、多样化、精益求精，亦无止境。此二战催生的毁灭武器，人类自己打开的潘多拉盒，何时能进历史博物馆？今联合国已通过全面禁止核武器试验条约，本书绝非宣扬武力，愿为和平、发展祈福！有关书籍，也已不少，《当代中国的核工业》《596秘史》即其要者。前者叙事全面，官家版权。后者旁征博引，所述翔实。本书两个庶民，采编整理，区区拙作，能登大堂？小人物故事，具体鲜活，如此而已，岂有他哉！

书名由来？原拟名颇多，审之内容，“秘密”太俗，何密之有？然何奇可传？又或与口述史文体不符。盖金银滩，本西海草原，与世无涉，若非核武，何成姻缘。采编所得，不求文辞华丽，敷衍一段实录，或可闻世，遂定。

书中图片侯君经营多年，瞬间构形，当年金银滩何样？记忆已被时间冲刷，“过去即异域”，今图文并存，或可补救于万一。

---

① 中苏合分，贯穿世纪，影响深远，核武仅一。本书无力征引史家考证，故概不涉及既往，特此说明。

本书不足之处谅多，脚注若干系编者所加。由于口述有限、编者才疏学浅，偏颇、片面、遗漏难免，编者唯持公平，还历史公道，不尽之处，尚希宥谅；书中所述之真实性、准确度，依靠逻辑自洽方法，已用互证、考证寻真，力求可信，但亦难概全，若干史实唯待档案解密。个别史料，苦心求真，考证无果，终无定论，引之聊胜于无，是为存异。褒贬由人，不当之处，欢迎细心读者，批评指正。

科技穷理，资本逐利，边界难定，有悖自然。金银滩有幸，已复归蓝天白云，牧草春绿秋黄，牛羊漫山遍野，摇曳的经幡，扬鞭的尕娃，世世代代，和平宁静，安居乐业。

对局内人而言，本书可视为一部“家史”，历史即故事；对局外人而言，本书可读为一本“传奇”，故事即历史。

书稿既成，张兴钤院士，以九七高龄为本书序，樊洪业先生虽身患重疾，在病房犹认真审定书稿，王扬宗先生接力完成，出版社严查错惑，精编细审，均谨致谢忱。

在采编过程中，于亚娜、赖晓平、向林英提供遗稿，李晓玲、赵俊贤补充文字，在此一并致谢。其余多位帮助，恕不一一列举。

参与采编现代科技口述史，飞短流长。望而却步乎？拳拳之心，可昭日月。是为他人作嫁衣乎？但愿采撷的果蔬，制成开胃的“色拉”，奉献于爱好者的案头，传承，为复兴中华，增砖添瓦；激励，为百年强国梦，加倍努力。

曹治炜

丁酉年十月写于蜀地“松林斋”

亲历者说"金银滩传奇"

Legend on the Golden and Silvery Grassland

后记二

完成了第四本口述史书稿，如释重负，有些话想和读者做个交代。2015年10月，第三本口述氢弹历史书稿整理完毕，打算洗手不干了。但因有任益民、唐孝威等老人早先"下一步该说说草原大会战"的叮嘱，一直犹豫徘徊。2014年《亲历者说"原子弹摇篮"》出版，曹治炜看完书后随即写了一封信转交给我，诚挚地提出一些修改意见，让我很受感动。2016年春节，我回四川绵阳探视病中的老父亲，顺便上门拜访，结识了曹治炜老师，他是九院从事应用电子学的一位研究员，参加过好几次核试验。在他家中，我看到两本口述书稿上面，写满了密密麻麻的批注，俨然是一位认真读完全书并对史实有所思考的老同志。我们相见恨晚，促膝长谈，并就如何做口述史互相交流心得，从此两人成了忘年之交。

在四川护理父亲的那段时间，我对青海221基地"文革"期间发生的"二赵"运动颇感兴趣，遂采访老曹。他谈完"二赵"肆虐后，直言不讳地说：除了"会战""文革"，你更应该访谈九院为何要搬迁以及221的历史。回到北京以后，经过一段时间的酝酿，综合老曹的意见，我决定重操旧业，追溯九院人的"老家"，重拾录音笔，采访青海221基地的历史。

前面出的几本口述书，讲的是原子弹、氢弹研制与试验，现在让读者全面了解我国第一个核武器研制生产基地，自然顺理成章。形象地说，这也是“鸡”和“蛋”的关系。

2016 年 7 月，再次回到四川，见到老曹时，我拿出了其中一个章节。然后两人反复交换意见，共同商定了《亲历者说“金银滩传奇”》这本口述书的大纲。用老曹的话来说，我“把他拉下水了”。有了大纲以后，我们广泛打听，搜集并确定访谈者名单，一起投入紧张的采访。遍访九院知情的老人，讲述青海 221 基地筹划、选点、筹建、科研、生产、生活的全过程，内容包罗万象。但以两人微薄之力，困难、压力之大可想而知！好在我们南北相互呼应，分头采访，几乎天天晚上进行视频交流。面临的困难很多，又无法查阅档案，只能凭借口述者的记忆，一点点地汇集成篇、成章。虽感力不从心，但又不敢懈怠。我们两个人都不是专门研究历史的，没有受过史学训练，全是半路出家。为了探究自己也不甚了解的核基地秘密，义无反顾地一头扎进去。采访录音转成文字没有经费，自己掏钱，丝毫不吝惜时间和心力的付出。

访谈虽苦，却有几件苦中作乐值得追忆的事。在绵阳科学城采访时，老曹自己开一辆“三无”破面包车，乐颠颠地来回跑。那辆车除了刹车还灵外，浑身到处都响，零件几乎散架，只能在生活区穿梭代步，我开始不敢坐他的车，坚持乘公交车。老曹总是劝说：“坐车效率高，我会把好方向盘的。”

四川冬季没有暖气，室内室外一样的温度。每天晚上我们互通视频时，年逾八旬的老曹穿棉衣，戴帽子，戴手套，坐在电脑前对话，我笑他是“大棉猴”。北京虽然室外结冰，温度比绵阳冷多了，但室内有暖气，穿件夹衣夹裤足矣。我们分处两地，彼此访问一个个老人，每当获取一段未知的史料，马上互通信息，他会像孩童一样高兴地呵呵大笑。老曹秉执科研态度，十分严谨地对待口述内容，敢于质疑，甚至抠到每一个字眼。我们常常为了一个疑点争论得面红耳赤，互不相让。我则善于提问、整理和归纳，手边搜集有大量史料。两人发挥各自所长，相得益彰。在不断地质疑、不断地辩论、不断地修改中，书稿一步步日臻完善。因为，保证口述内容的真实性，是大家秉承的一贯信条。

历史发生时的场景、气氛和当事人的感受，往往无法见之于档案文献的记载，在采访过程中，需要口述者本人找到对历史的感觉，调动他们尽可能回到当时的场景之中。但是口述历史也有缺陷，因为时间久远，记忆模糊，或受到个人情感和立场的干扰，所叙述的事情有些不够准确。因此，最后统稿时，我们把握住两点，一是按照全书构架，以时间为轴，对口述者讲的内容进行归类，统一体裁，再冠以标题，然后系统理出全书的章节目录。出于叙事逻辑的连接考虑，有些同样的内容会在不同的章节中出现，个别地方会有重复。二是对全书的口述内容进行梳理和核实，在保留口述者讲的内容基础上，增加一些文字和新的史料。最后还要与相关资料和公开出版物进行比较和鉴别，以便核实、校对、纠正口述者的记忆误差。我是摄影工作者，责无旁贷，本书图片收集多年，一并插入付印，在所不辞。

本书采录了33位老人，最年轻者也80岁了，其中故去4人。很多老人在医院和家中病榻上访谈，我们以只争朝夕的态度，叩开一个个家门。更多列入采访名单的人因篇幅有限而不得不舍弃，只能遗憾地表示歉意！岁月匆匆，正是由于这么多人的鼎力支持，加上两个人共同努力，从2015年底算起，迄今已近两年矣！

核武器的口述历史由于保密远没有画上句号，我们仅仅开了一个头。对于时代赋予的机会和使命，我们能否承上启下呢？现实是“承上”得不够全面，“启下”得也不尽理想。希望更多的年轻人拿起录音笔，追踪老一代人的足迹，这也是后来人不容推卸的责任。再过十年，以上讲述的人可能大都不在了，但这件事所凝聚的人心力量不会消失，“两弹一星”的精神会永远传承与延续。

北京的谢建源、刘振东拿出珍藏四十多年的221一分厂102车间、二分厂全体职工的名单；二九联谊会上海分会提供上海地区调往221基地的人名……这些都凝结着热心人的心血而显得沉甸甸的，我们也一并附在书后。

此书完稿后交由中国工程物理研究院保密委员会审查，感谢政治部领导韩长霖、宣传部杨东对该书审查所付出的辛勤劳动；感谢夏雄、陈洪建提供的历史照片。

至此，从原子弹到氢弹，从十七号工地到221核基地，110位九院老人讲述的四本口述历史终于完成。关于九院（中国工程物理研究院）如何从青海高原搬迁至四川腹地，如何在大“三线”艰苦奋斗四十载，如何使核武器不断小型化、装备部队的研制历程，更多的史料需要继续抢救挖掘。希望有志于此事的年轻人接力下去，续写篇章，讲好中国核盾牌的故事。

最后感谢湖南教育出版社精心编辑，使本书得以在氢弹爆炸成功50周年、二二一厂退役30周年、九院建院60周年前夕面世，以飨读者。

侯艺兵

2017年5月于北京

图书在版编目(CIP)数据

亲历者说“金银滩传奇”/任益民等口述；侯艺兵，曹治炜访问整理. —长沙：湖南教育出版社，2018.3（2019.11重印）
（20世纪中国科学口述史/樊洪业主编）
ISBN 978-7-5539-5018-1

Ⅰ.①亲… Ⅱ.①任… ②侯… ③曹… Ⅲ.①科学工作者-访问记-中国-现代 Ⅳ.①K826.1

中国版本图书馆CIP数据核字（2017）第058728号

书　　名	20世纪中国科学口述史 亲历者说“金银滩传奇” Qinlizhe Shuo “Jinyin Tan” Chuanqi
作　　者	任益民　胡思得　王菁珩等口述 侯艺兵　曹治炜访问整理
责任编辑	朱　微
责任校对	刘　源　丁泽良
出版发行	湖南教育出版社(长沙市韶山北路443号)
网　　址	www.bakclass.com
电子邮箱	hnjycbs@sina.com
客　　服	电话0731-85486979
经　　销	湖南省新华书店
印　　刷	长沙超峰印刷有限公司
开　　本	710×1000　16开
印　　张	39.5
字　　数	578 000
版　　次	2018年3月第1版　2019年11月第1版第3次印刷
书　　号	ISBN 978-7-5539-5018-1
定　　价	108.00元(上、下册)